国家社科基金西部项目（批准号：18XJL010）

闽南师范大学学术著作出版基金

全球价值链视域下中国
与"一带一路"沿线国家
服务业竞合关系研究

Competitive and Cooperative Relationship of Service Industry in China and Countries along the "Belt and Road" from the Perspective of Global Value Chain

钟惠芸　著

中国财经出版传媒集团

经济科学出版社
Economic Science Press

·北京·

图书在版编目（CIP）数据

全球价值链视域下中国与"一带一路"沿线国家服务业竞合关系研究／钟惠芸著. -- 北京 ：经济科学出版社，2025. 5. -- ISBN 978 - 7 - 5218 - 6642 - 1

Ⅰ. F719

中国国家版本馆 CIP 数据核字第 2025RV0031 号

责任编辑：杜　鹏　张立莉　常家凤
责任校对：王苗苗　齐　杰
责任印制：邱　天

全球价值链视域下中国与"一带一路"沿线国家服务业竞合关系研究

QUANQIU JIAZHILIAN SHIYUXIA ZHONGGUO YU "YIDAIYILU" YANXIAN GUOJIA

FUWUYE JINGHE GUANXI YANJIU

钟惠芸　著

经济科学出版社出版、发行　新华书店经销
社址：北京市海淀区阜成路甲 28 号　邮编：100142
总编部电话：010 - 88191217　发行部电话：010 - 88191522
网址：www. esp. com. cn
电子邮箱：esp@ esp. com. cn
天猫网店：经济科学出版社旗舰店
网址：http://jjkxcbs. tmall. com
固安华明印业有限公司印装
710×1000　16 开　21 印张　330000 字
2025 年 5 月第 1 版　2025 年 5 月第 1 次印刷
ISBN 978 - 7 - 5218 - 6642 - 1　定价：126.00 元
（图书出现印装问题，本社负责调换。电话：010 - 88191545）
（版权所有　侵权必究　打击盗版　举报热线：010 - 88191661
QQ：2242791300　营销中心电话：010 - 88191537
电子邮箱：dbts@ esp. com. cn）

前　　言

在全球化的大背景下，服务业作为现代经济体系中的重要组成部分，其在全球价值链中的地位和作用日益凸显。随着"一带一路"倡议的提出和实施，中国与沿线国家的服务业合作成为推动全球经济一体化的新动力。本书旨在深入探讨中国服务业在全球价值链中的角色，分析中国与"一带一路"沿线国家服务业的竞合关系，并探索双方在全球价值链中的合作潜力。

本书的研究背景建立在中国经济转型升级和全球价值链重构的大趋势之上。随着"一带一路"倡议的深入推进，中国与沿线国家的服务业合作迎来了新的发展机遇。在此背景下，本书系统地梳理了全球价值链理论、增加值贸易理论，并结合"一带一路"服务价值链的形成基础，对中国与沿线国家服务业在全球价值链中的贸易依赖关系、地位、参与度、竞争力和合作潜力进行了全面分析。通过比较分析法、数理模型分析法和实证分析法，本书旨在为读者提供一个全面、深入的研究视角，以理解中国服务业在全球价值链中的发展现状和未来趋势。

本书的研究不仅具有理论价值，更具有实践意义。它为政策制定者提供了实施优势服务业与弱势服务业差异化战略、强化传统服务业与新兴服务业协同发展、推进服务业在"一带一路"区域价值链深化发展的政策参考。同时，也为学界提供了新的研究视角和方法论，促进了全球价值链研究的深入发展。

在全球化和区域经济一体化不断深化的今天，中国与"一带一路"沿线国家的服务业合作已成为推动全球经济增长的关键因素。本书为国家社科基金西部项目（批准号：18XJL010）的结题成果，由闽南师范大学学术著作出版专项经费资助出版，本书的研究成果无疑将为相关领域的研究者和实践者提供宝贵的参考和启示。随着研究的深入，我们期待本书能够激发更多的讨论和思考，为推动中国服务业在全球价值链中的高质量发展贡献智慧和力量。

敬请读者跟随本书的论述，一同探索中国与"一带一路"沿线国家服务业在全球价值链中的竞合关系和合作潜力。

目 录 CONTENTS

第Ⅲ篇 中国与"一带一路"沿线国家服务业 在全球价值链的位置、参与度和竞争力

第Ⅳ篇 中国与"一带一路"沿线国家服务业在全球价值链中的互补性与合作潜力

第Ⅴ篇　基本结论与政策建议

第 I 篇

导论、理论基础
与文献综述

第 I 篇

导论、理论基础
与文献综述

第一章
导　论

第一节　研究背景与研究意义

一、研究背景

（一）中国主动参与开放型世界经济的新格局正在形成

2013 年 9 月和 10 月，中国国家主席习近平在出访哈萨克斯坦和印度尼西亚时先后提出共建"丝绸之路经济带"和"21 世纪海上丝绸之路"（以下简称"一带一路"）的重大倡议。2015 年 3 月，中国发布《推动共建丝绸之路经济带和 21 世纪海上丝绸之路的愿景与行动》，阐明"一带一路"倡议的共建原则是坚持开放合作、和谐包容、市场运作和互利共赢，合作重点包括政策沟通、设施联通、贸易畅通、资金融通和民心相通。2017 年 5 月和 2019 年 4 月，中国先后举办了第一届和第二届"一带一路"国际合作高峰论坛。截至 2022 年 12 月，中国已经同 150 个国家和 32 个国际组织签署 200 余份共建"一带一路"合作文件，推动建立了 90 余个双边合作机制。[①] 此外，中国还连续举办了五届中国国际进口博览会、中非合作论坛北京峰会、博鳌亚洲论坛年会、上海合作组织青岛峰会、中国（北京）国际服务贸易交易会等。

---

① 资料来源：中国一带一路网，https：//www. yidaiyilu. gov. cn/xwzx/roll/77298. htm。

《中共中央关于党的百年奋斗重大成就和历史经验的决议》提出,我国坚持对内对外开放相互促进、"引进来"和"走出去"更好结合,推动贸易和投资自由化便利化,构建面向全球的高标准自由贸易区网络,推动规则、规制、管理、标准等制度型开放,形成更大范围、更宽领域、更深层次对外开放格局,构建互利共赢、多元平衡、安全高效的开放型经济体系,不断增强我国国际经济合作和竞争新优势。以习近平同志为核心的党中央基于对世界大势和时代潮流的科学判断,基于对中国经济社会发展形势和在全球治理中扮演角色的精准定位,提出了顺应全球治理体系变革内在要求和开放型经济体系大方向的共建"一带一路"倡议。"一带一路"倡议提出以来在合作中不断发展,已经成为范围最广、规模最大的国际合作平台和最受欢迎的国际公共产品。"一带一路"倡议不仅为全球经济治理的理论和实践提供了中国方案,也为谋求合作共赢的国际合作提供了新范式。"一带一路"建设推动了国家间、区域和次区域之间发展战略深度对接,赋予了经济全球化新的内涵,为世界经济注入持久增长的内生动力。随着合作不断深入,"一带一路"建设正沿着高质量发展方向不断前进,更多"一带一路"沿线国家和企业主体融入到全球价值链、产业链和供应链,实现更高水平的互利共赢,对全球产业分工模式与国际经济格局产生广泛而深远的影响,开放型世界经济的新格局正在形成。

（二）全球价值链重构趋势明显,区域价值链合作共识增强

20 世纪 80 年代以来,随着信息通信技术的发展和贸易成本的降低,全球价值链分工模式打破了传统的产品生产过程,生产体系被分割为不同的工序和模块,研发、设计、生产制造、营销及售后服务等各个环节的分工可以在全球范围内不同国家和区域进行。然而随着支撑近一轮经济全球化的制度红利和技术红利明显衰减,以及近年来英国脱欧、贸易摩擦等事件的发生,贸易、金融、投资等领域的多边体制受到空前挑战,主要经济体之间的竞争日益加剧,贸易保护主义和逆全球化趋势明显,全球价值链正在发生区域性结构变化。各经济体均寄希望于打造高质量的区域合作机制,特定区域内经济体的合作共识不断增强。2020 年 11 月,区域全面经济伙伴关系协定（RCEP）签署,作为涵盖 15 个成员国、覆盖全球近 1/3 人口和经济总量的

全球最大自贸区正式诞生。同时，还有美国、欧盟、日本等发达国家主导下的《全面与进步跨太平洋伙伴关系协定》（CPTPP）以及跨大西洋贸易与投资伙伴协议（TTIP）。传统的多边全球化（比如 WTO）暂时性推进不顺利，而更加灵活高效的双边、区域经济一体化正以前所未有的速度向前发展，全球价值链重构趋势明显。

2020 年以来，全球价值链复杂分工进一步面临严峻挑战，全球价值链体系的脆弱性凸显，世界经济发展的不均衡性与不确定性明显增加。经济全球化的本质是互联互通，而贸易链、物流链、人流链的中断，造成了全球化的收缩。许多国家逐步降低对外部价值链的依赖程度，减少跨国性的价值链环节，全球价值链呈现出在纵向分工上趋于缩短，在横向分工上趋于区域化的集聚趋势。与此同时，人工智能、云计算、大数据、物联网等新兴技术的发展也带来全球价值链的分散化和碎片化发展的新特征。这些变化趋势深刻影响全球价值链分工，推动产业空间布局由全球化向区域化、本地化和多元化转变。

（三）双循环战略的提出与实施

2020 年 5 月，中国提出"构建国内国际双循环相互促进的新发展格局"，双循环新发展格局为中国经济发展指明了方向，双循环并不是要封闭式发展，而是要更好地利用国际国内两个市场、两种资源，在扩大内需的基础上坚持更高质量的对外开放，从而形成优势互补、互惠互利的国际发展格局。党的二十大明确指出，必须完整、准确、全面贯彻新发展理念，坚持社会主义市场经济改革方向，坚持高水平对外开放，加快构建以国内大循环为主体、国内国际双循环相互促进的新发展格局，增强国内大循环内生动力和可靠性，提升国际循环质量和水平，加快建设现代化经济体系。

在此背景下，中国从倡议到行动，努力构建以中国为主导，"一带一路"沿线国家为主体共同参与的区域价值链，共商共建共享"一带一路"高质量发展，以推进产业升级为目标，推动全球价值链参与模式从单一、被动嵌入转向链条合作、主动引领等。

二、研究意义

随着我国经济发展和产业结构的调整，服务业在我国经济发展中的重要性不断增强，其产值和就业在经济中的比重也逐步增大，对整体经济增长速度和增长质量的影响越来越大。同时，伴随着服务业的日益开放，我国已成为世界第二大服务贸易进出口国，服务业外商直接投资、服务外包等形式迅速发展，服务产品生产如同制造业一样，越来越呈现出"全球化""碎片化"的发展特征。在服务业日益融入全球价值链分工的背景下，服务产品的总价值由参与生产与创造过程的各方共同分割，并根据各自贡献的价值增值获得相应收益。全球价值链条上利益的分配具有不平衡的特点，位于价值链上游的服务业大国凭借其掌握的核心技术向其他国家提供中间品，占据着全球价值链两端高附加值环节，与之相反，以大量进口国外中间投入品，并在下游进行简单生产环节的国家则在国际分工中获得微薄利润。

数据显示，2021 年我国承接服务外包合同额 3224 亿美元，执行额 2265 亿美元，同比分别增长 30.9% 和 29.2%[①]。其中，承接离岸服务外包合同额 1717 亿美元，执行额 1303 亿美元，同比分别增长 22.3% 和 23.2%，表明我国服务业已深度融入全球价值链中。尽管如此，服务业在全球价值链中的发展仍存在诸多不足，且与以美国为代表的发达经济体和服务大国之间相差甚远。中国改革开放 40 余年的成功经验表明，深度参与到欧美发达国家跨国公司主导的全球价值链分工体系一方面能够实现产业的迅速扩张以及经济的高速增长，并享受全球化带来的红利（钱书法等，2017）；另一方面中国也为此付出了相当大的代价，那就是长期被锁定在全球价值链的低端环节，难以实现价值链的攀升和产业升级（刘志彪，2011）。发达经济体和服务大国凭借其掌握的核心技术，在国际分工中处于主导地位，支配着全球价值链各环节的生产活动。以中国为主导的"一带一路"区域价值链是实现从全球价值链低端环节结构升级和打破区域经济发展不平衡的有效措施和手段，

---

① 资料来源：中华人民共和国商务部，http：//www.mofcom.gov.cn/。

"一带一路"区域价值链迎合了全球价值链体系重塑的需要，也满足了"一带一路"沿线发展中国家融入全球价值链的需求，依托区域合作冲破民族和国家边界实现产业升级，从而塑造开放、互联、共享的全球贸易体系和伙伴关系。

在经济全球化遭遇逆流，单边主义、贸易保护主义盛行，全球价值链体系脆弱性凸显，全球投资贸易规则深刻调整的背景下，中国服务业在参与全球价值链分工的过程中面临诸多困境，"一带一路"倡议的提出为中国服务业更好地参与全球价值链分工、打破发达国家和服务大国的束缚提供新的途径和思路。加强与"一带一路"沿线国家服务业的全球价值链合作，是中国推进"一带一路"建设的重要手段。我国服务业在"一带一路"区域价值链中拥有良好的发展基础，同时，"一带一路"沿线区域良好的发展前景使得我国服务业在"一带一路"区域价值链中的发展空间巨大。凭借着在"一带一路"沿线国家的良好发展，我国服务业逐步嵌入"一带一路"区域价值链，并朝着全球价值链高端环节迈进。面对多重挑战的世界政治经济形势，中国如何抓住全球格局转变契机，广泛利用"一带一路"沿线高端要素和资源，促进"一带一路"沿线国家要素和资源流动，实现资源的合理配置以及与"一带一路"沿线国家产业的融合互动，从而引领"一带一路"区域价值链高质量发展的需求越来越迫切，并成为学术界的研究热点。

"一带一路"倡议涉及众多国家，各个国家的经济发展水平不同，服务业在全球价值链中的分工、地位和竞争力差异较大。在各国积极融入全球价值链的背景下，服务业也不可避免地处于全球分工的压力之中。如何培育一国服务业的竞争优势、提升一国服务业在全球价值链中的分工地位和参与度，是各国亟须解决的问题。本书以全球价值链理论和增加值贸易理论为基础，将理论分析与实证方法相结合，围绕中国与"一带一路"沿线国家服务业在全球价值链中的竞合关系进行深入探讨，并结合中国与"一带一路"沿线国家在全球价值链的贸易依赖关系、位置和参与度进行细致的分析。中国与"一带一路"沿线国家服务业在全球价值链中的贸易依赖关系如何？服务业整体及其细分部门在全球价值链中的地位怎样？在全球价值链中的位置有何不同？融入全球价值链的程度有多深？融入方式有何区别？与"一带一路"沿线国家相比，中国服务业在全球价值链中竞争力如何并呈现何种变化趋势？中国与"一带一路"沿线国家服务业互补性基础和互补性动因是什么？互补性水平以及合作潜力如何？影响中国与"一带一路"沿线国家服务业在全球价值链中合作潜力的因素有哪些？本书旨在对以上问题逐一进行解答，正确回答这些问题有助于明晰中国服务业参与全球价值链和"一带一路"区域价值链的现状，提升中国服务业在全球价值链和"一带一路"区域价值链中的竞争力以及中国与"一带一路"国家服务业合作的潜力，构建以中国为主导的"一带一路"区域价值链，谋划"一带一路"服务价值链布局，加速服务业产业结构升级和高质量发展进而实现为国内经济增长助力的目标。

第二节　研究思路、研究内容与研究方法

一、研究思路

当前，我国产业结构和贸易结构正在调整和优化中，服务业在全球价值链分工中所处的地位越来越重要。一国要提升在全球价值链上的地位，离不开构建全球服务价值链。"一带一路"沿线区域市场为我国服务业更好地参与全球价值链提供了新的路径。"一带一路"倡议不仅能够带动沿线国家自身经济的发展，也有助于沿线国家在全球价值链中的国际竞争新优势的培育和发展，促进产业协同升级，向价值链的中高端发展。基于此背景，本书采用对外经贸大学全球价值链研究院 UIBE GVC Indicators 的 ADB – MRIO 数据库中投入产出数据，在全球价值链完全分解框架下，对中国与"一带一路"沿线国家服务业竞合关系进行深入剖析，以明确中国与"一带一路"沿线国家服务业的竞争性与合作潜力，进而为促进中国服务业在"一带一路"区域价值链中地位提升以及与"一带一路"沿线国家服务业的合作提供理论依据和政策参考。本书的研究思路如图 1 – 1 所示。

| 提出问题 | 研究背景（"一带一路"+全球价值链） → 中国与"一带一路"沿线国家服务业竞合关系 ← 导论+文献综述 |

理论基础

全球价值链理论　增加值贸易理论　全球价值链下服务业的角色　"一带一路"服务价值链的形成基础

中国与"一带一路"沿线国家服务业在全球价值链中的依赖关系——基于增加值贸易视角 → 贸易规模 / 贸易结构 / 贸易依存度

分析问题　实证分析

中国与"一带一路"沿线国家服务业在全球价值链的位置、参与度和竞争力 → 出口增加值分解模型 / 生产分解模型

GVC参与度指数 → 前向参与 / 后向参与 / 浅层参与 / 深层参与

GVC位置指数

GVC生产长度指数　区域 / 国家 / 部门

NRCA指数

中国与"一带一路"沿线国家服务业在全球价值链中的互补性与合作潜力 → 互补性（基础 / 动因 / 测度）/ 合作潜力（影响因素 / 实证分析）

解决问题　促进中国服务业在"一带一路"区域价值链中地位提升以及与"一带一路"沿线国家服务业合作的政策建议

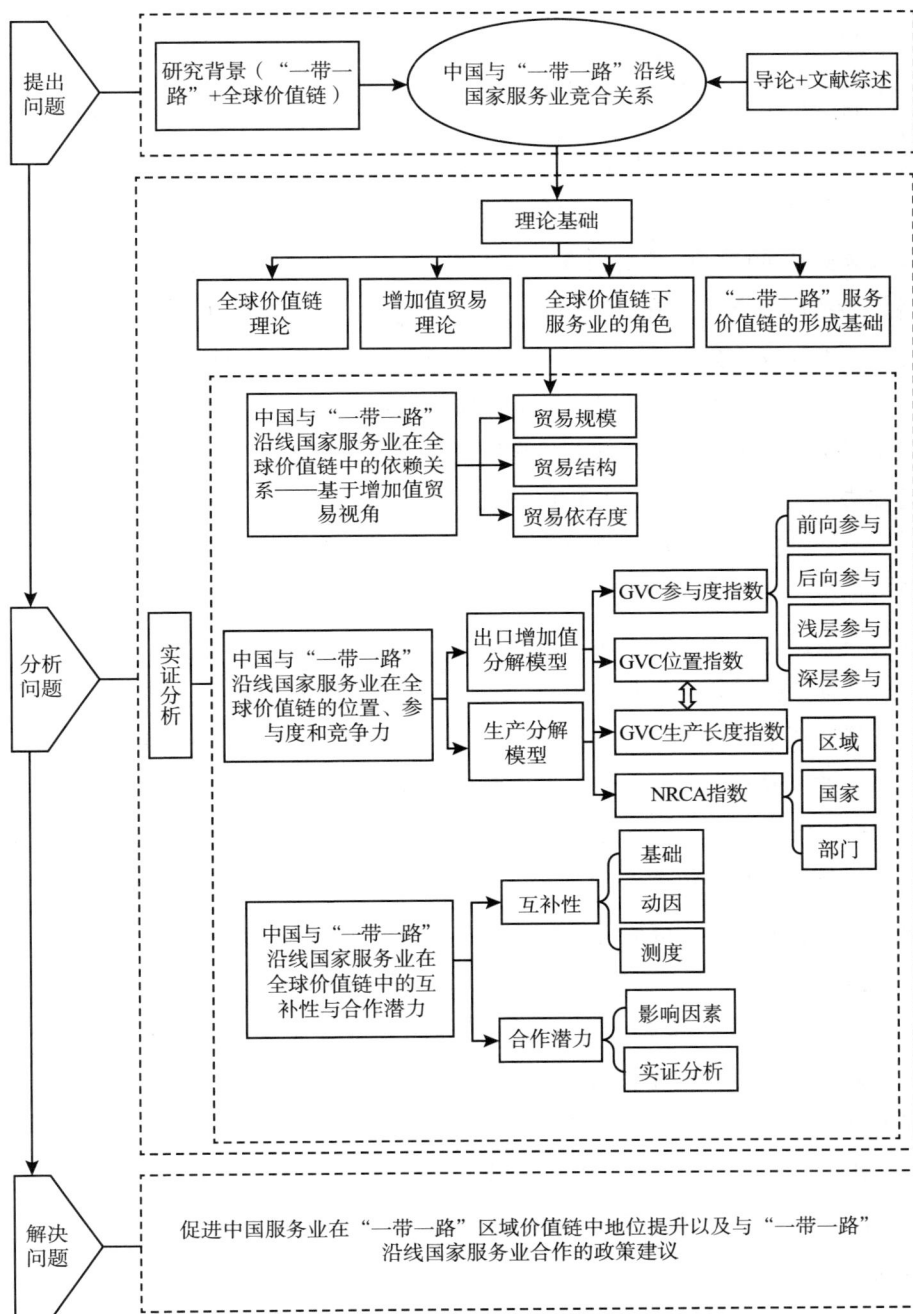

图1-1　研究思路

二、主要内容

基于以上研究思路，本书内容共分为 5 篇，包括第 I 篇导论、理论基础与文献综述，第 II 篇中国与"一带一路"沿线国家服务业在全球价值链中的依赖关系——基于增加值贸易视角，第 III 篇中国与"一带一路"沿线国家服务业在全球价值链的位置、参与度和竞争力，第 IV 篇中国与"一带一路"沿线国家服务业在全球价值链中的互补性与合作潜力，第 V 篇基本结论与政策建议，分别从 12 个方面进行阐述，各章节设置如下。

第一章是导论。这一章主要介绍本书的研究背景，延伸出研究的理论与现实意义。用框架图的形式明确课题研究思路，概述主要研究内容，提炼研究方法，突出创新之处，并指出研究存在的不足。

第二章是理论基础与文献综述。这一章首先对全球价值链理论、增加值贸易理论、全球价值链下服务业的角色、"一带一路"服务价值链的形成基础与发展演进过程进行系统的梳理，其次分别从"一带一路"倡议相关文献、全球价值链相关文献两个角度对已有文献成果进行总结并评述。

第三章是中国与"一带一路"沿线国家服务业增加值贸易规模分析。为了能够更好地把握研究对象，本章对服务业和服务贸易两个概念进行了界定并对后续研究过程中所使用的行业分类进行说明，在此基础上，从区域和国家视角详细分析中国与"一带一路"沿线国家服务业增加值贸易规模情况，从增加值的角度准确地解释中国与"一带一路"沿线国家服务业在全球价值链中的贸易依赖关系。

第四章是中国与"一带一路"沿线国家服务业增加值贸易结构分析。基于增加值贸易核算方法从区域和国家视角分析中国与"一带一路"沿线国家服务贸易结构，重点分析中国对"一带一路"沿线区域出口的前十位服务构成、自"一带一路"沿线区域进口的前十位服务构成、中国对"一带一路"沿线各国服务业增加值出口排名以及中国自"一带一路"沿线各国服务业增加值进口排名情况。

第五章是中国与"一带一路"沿线国家服务业增加值贸易依存度分析。使用增加值贸易分解数据从中国服务业增加值贸易的"一带一路"沿线国家构成、中国对"一带一路"沿线国家服务业增加值贸易的贡献程度以及中国与"一带一路"沿线国家服务业增加值贸易依存度3个方面阐述中国与"一带一路"沿线国家服务业在全球价值链中的依赖关系。

第六章是中国与"一带一路"沿线国家服务业在全球价值链中的地位比较研究——基于出口增加值分解模型。借鉴罗伯特·库普曼等（Koopman R et al.，2010，2014）出口增加值分解模型即 KPWW 方法，采用全球价值链位置指数和全球价值链参与度指数从区域、国家、部门三个维度对2011～2017 年中国与"一带一路"沿线国家服务业在全球价值链中地位进行深入剖析。

第七章是中国与"一带一路"沿线国家服务业在全球价值链中的位置比较研究——基于生产分解模型。运用王直等（Zhi Wang et al.，2017a，2017b）生产分解模型即 WWZ 方法，从区域、国家、部门三个层面测算并比较中国与"一带一路"沿线国家服务业在全球价值链中的位置。生产分解模型即 WWZ 方法，将全球价值链的分析框架从出口阶段向前延伸到生产阶段，从前向生产者视角（国内增加值去向）和后向使用者视角（最终品增加值来源）对总增加值进行分解。

第八章是中国与"一带一路"沿线国家服务业全球价值链参与度比较研究——基于生产分解模型。继续采用王直等（2017a，2017b）生产分解模型即 WWZ 方法，从增加值的前向联系（国内增加值去向）和后向联系（最终品增加值来源）两个维度分析并测度了中国与"一带一路"沿线国家服务业整体以及细分部门参与全球价值链的程度，并进行跨区域、跨国家比较。

第九章是中国与"一带一路"沿线国家服务业在全球价值链中的竞争力比较。基于增加值贸易数据构建国家/部门出口竞争优势的测算指标——NRCA 指数，并从区域和国家两个维度对"一带一路"沿线服务业整体以及细分部门在全球价值链中的竞争力进行测度与比较，找出中国相比"一带一路"沿线国家具有比较优势的服务部门，构建以中国为主导的"一带一路"区域价值链服务贸易开放体系，不断开拓服务市场，提升在全球价值链和"一带一路"区域价值链的地位。

第十章是中国与"一带一路"沿线国家服务业在全球价值链中的互补性分析。在中国与"一带一路"沿线国家服务业互补性基础与互补性动因的分析基础上，构建服务业增加值贸易互补性测度指标测算中国与"一带一路"沿线国家服务业部门的互补性，从而准确地评估中国与"一带一路"沿线国家服务业在全球价值链中的合作潜力。

第十一章是中国与"一带一路"沿线国家服务业在全球价值链中的合作潜力分析。就中国与"一带一路"沿线国家服务业合作潜力影响因素进行理论探讨，在此基础上采用扩展的贸易引力模型对各影响因素进行实证检验，最后提出促进中国与"一带一路"沿线国家服务业合作、提升中国在全球价值链和"一带一路"区域价值链中地位的政策建议。

第十二章是结论与政策建议。

三、研究方法

本书坚持比较分析、数理模型分析等理论与实证分析相结合、定性和定量分析相结合的研究方法，多视角、多层次地对全球价值链视域下中国与"一带一路"沿线国家服务业竞合关系进行深入探讨和政策设计研究。

（一）比较分析法

本书将对外经济贸易大学全球价值链研究院 UIBE GVC Indicators 的 ADB–MRIO 数据库包含的 34 个"一带一路"沿线国家划分为东亚、东南亚、南亚、中亚、西亚、东欧和中欧 7 个区域，在深入阐述中国与"一带一路"沿线国家服务业在全球价值链中的贸易依赖关系，中国与"一带一路"沿线国家服务业在全球价值链的位置、参与度和竞争力，中国与"一带一路"沿线国家服务业增加值贸易互补性等诸多问题时分区域、分国家、分部门使用比较分析法，比较分析法有助于明晰中国服务业在全球价值链和"一带一路"区域价值链中所扮演的角色，从而提升服务业在全球价值链和"一带一路"区域价值链中的地位。

（二）数理模型分析法

本书的研究基于罗伯特·库普曼等（2010，2014）出口增加值分解模型即 KPWW 方法和王直等（2017a，2017b）生产分解模型即 WWZ 方法展开，采用投入产出数据构建全球价值链位置指数、全球价值链前向参与指数、全球价值链后向参与指数、全球价值链浅层参与指数、全球价值链深层参与指数、基于前向产业关联的全球价值链生产长度指数、基于后向产业关联的全球价值链生产长度指数、NRCA指数和互补性测度指数等指标对中国与"一带一路"沿线国家服务业参与全球价值链分工的特征以及竞合关系进行量化比较与分析。

（三）实证分析法

运用投入产出子系统模型和敏感度分析对中国制造业的生产性服务供给情况进行评估。将中国工业企业数据库与投入产出数据相结合，通过构建服务联系指数，进行面板数据回归分析，考察不同来源及类型的异质性服务投入对中国制造业全要素生产率的影响效应。基于服务贸易影响因素的理论分析构造扩展的贸易引力模型对中国与"一带一路"沿线国家服务业在全球价值链中合作潜力的影响因素进行实证分析。

第三节　创新点与不足之处

一、创新点

本书摒弃传统总值贸易分析方法，以增加值贸易为统计口径，按照增加值来源和去向详细地分解了中国向"一带一路"沿线国家出口以及中国自"一带一路"沿线国家进口的服务贸易数据，深度解读了中国与"一带一路"沿线国家服务业在全球价值链中的贸易依赖关系，同时构建全球价值链参与度指数、全球价值链位置指数、全球价值链生产长度指数、NRCA指数和互补性测度指数等指标系统研究中国与"一带一路"沿线国家服务业参与"一带一路"区域价值链和全球价值链的程度、方式和地位，以期准确地评估中国与"一带一路"沿线国家服务业竞合关系，提升中国服务业在全球价值链和"一带一路"区域价值链中的竞争力以及中国与"一带一路"沿线国家服务业合作的潜力，谋划"一带一路"服务价值链布局，加速服务业产业结构升级和高质量发展从而带动中国经济发展。

增加值贸易核算方法需要使用跨国投入产出表，目前的大型跨国投入产出数据库主要包括 TiVA 数据库、WIOD 数据库、GTAP 数据库、EORA 数据库、AIIOT 数据库等。2012 年 3 月 OECD 与 WTO 联合研究项目开发的 TiVA 数据库提供了 1995 年、2000 年、2005 年、2008～2011 年共 7 年 63 个经济体的增加值贸易数据，最新数据截至 2011 年，严重缺失近年数据；世界投入产出数据库（WIOD）最新发布的数据（WIOD2016）只更新到 2014 年，涉及的"一带一路"沿线国家也只有 16 个，且亚洲国家较少，欧洲国家居多；美国全球贸易分析数据库（GTAP）最新发布的数据（GTAP9）提供了 2004 年、2007 年和 2011 年 140 个国家或地区、57 个部门的投入产出数据，数据年份较少且不连续；联合国贸发会议发布的 EORA 数据库按照国家—国家（产业）或国家（产业）—国家编制世界投入产出表，没有国家（产业）—国家（产业）这种形式；日本亚研所的亚洲国际投入产出数据库（AIIOT）公布了 1985 年、1990 年、1995 年、2000 年和 2005 年五年的亚洲国际投入产出表，数据表年份不连续且截至 2005 年，并仅涵盖"一带一路"沿线少数国家。鉴于以上原因，本书选择使用对外经贸大学全球价值链研究院的 UIBE GVC Indicators 数据库，该数据库所使用的数据是在 WIOD、TiVA 和 ADB - MRIO 数据基础上加工而成，ADB - MRIO 是亚洲开发银行在 WIOD 的基础上编制而来的跨国投入产出表，覆盖 2011～2017 年 63 个国家/地区的投入产出数据，其中，34 个为"一带一路"国家，且亚洲国家较多，是最适合用于分析亚洲生产网络以及"一带一路"国家的价值链联系。

二、不足之处

对外经贸大学全球价值链研究院 UIBE GVC Indicators 的 ADB - MRIO 数据库覆盖 2011～2017 年 63 个国家/地区的投入产出数据，其中，34 个为"一带一路"沿线国家，已经是目前最为丰富和翔实的数据库之一，但难以覆盖"一带一路"沿线的所有国家，囿于数据获得的局限性，本书无法展开对更多的"一带一路"沿线国家进行研究。由于本书研究对象涉及 34 个

"一带一路"沿线国家 17 个服务业细分部门，研究对象众多，服务业合作内容广泛，研究成果难以囊括所有内容，研究难以面面俱到，而产业竞争性和互补性的测算在国内外均是一个研究相对成熟的领域，有着众多的研究视角、方法和不同的指标体系，本书只能在数据的可得性和指标体系的丰富性之间权衡找到最佳的契合点，如何更系统客观地测算中国与"一带一路"沿线国家服务业的竞合关系，以明晰中国与"一带一路"沿线国家服务业的合作潜力、合作路径等问题还需要进一步深入研究。

第二章

理论基础与文献综述

　　当今社会经济的发展日新月异，不断成长的服务业日益成为经济社会持续发展和产业结构调整优化、转型升级的强劲引擎，全球价值链重构不仅发生在生产领域，更广泛地拓展到服务领域，服务贸易在全球价值链分工体系中的作用越发重要。"一带一路"倡议下，一国应更加注重发展服务业，培育向全球价值链中高端延伸的竞争新优势，提升本国在"一带一路"区域价值链中的竞争力。结合本书研究目的，本章将对"一带一路"服务价值链形成与发展的理论基础以及"一带一路"服务价值链的形成基础进行探讨，并归纳梳理"一带一路"倡议以及全球价值链相关文献，从而提炼出研究的思路和重点。

第一节　理 论 基 础

一、全球价值链理论

　　20 世纪后半叶以来，尤其是最近几十年，国际分工格局出现重大转型，全球价值链分工模式已经成为经济全球化与国际分工的新常态（Baldwin & Lopez - Gonzalez，2013；Mattoo et al.，2013）。

　　价值链（value chains）理论始于美国哈佛商学院教授迈克尔·波特的研究，在其 1985 年出版的《竞争优势》一书中首次提出了价值链的概念，并指出每一个企业的生产经营都是由设计、研发、制造、物流、营销等各个环节组成的紧密集合体，每个生产环节创造的价值各不相同，由此构成创造价值链条的动态过程。迈克尔·波特所指的价值链主要强调单个垂直一体化企业的竞争优势，随着国际外包业务的不断开展，价值链概念从单个垂直一体化企业拓展至不同企业之间而形成的价值体系，即价值增加链（value-added chain）。同年，布鲁斯·科古特（Bruce Kogut，1985）通过经验研究认为，价值增加链是分散在不同地区的企业将资本、劳动、原材料以及技术等生产要素集合成产品生产、流通和销售的价值增值过程，单个企业处于价值增值链中的某个增值环节。

两位先驱人物之后，为了研究全球范围内企业之间的合作关系，加里·格里芬和米格尔·科尔泽涅维茨（Gary Gereffi & Miguel Korzeniewicz，1994）在价值链和价值增加链的基础上，提出了全球商品链（global commodity chain，GCC）这一新的概念。加里·格里芬和米格尔·科尔泽涅维茨（Gary Gereffi & Miguel Korzeniewicz，1994）认为，全球商品链是全球产业网络研究的新型工具，分布在世界各地规模不同的企业、机构组织在由产品的设计、生产和营销等行为组成的生产网络中开展合作，从而形成了全球商品链。加里·格里芬和米格尔·科尔泽涅维茨（Gary Gereffi & Miguel Korzeniewicz，1994）还指出，全球商品链有两种管理结构，购买者驱动型（buyer-driven）商品链和生产者驱动型（producer-driven）商品链。购买者驱动型商品链是指大型零售商，贸易公司与品牌公司在国际生产网络的建立和协调中起控制作用的管理形式。生产者驱动型商品链是指大型跨国制造商在生产网络的建立和协调中起控制作用的管理形式。

20世纪90年代，格里芬（Gereffi）和科尔泽涅维茨（Korzeniewicz）等人的研究仅仅局限在商品的概念上，并没有突出强调在价值链上运营的企业对于价值创造和价值获取的重要性。进入21世纪之后，以格里芬（Gereffi）、开普林斯基（Kaplinsky）和阿尔恩特（Arndt）为代表的学者对全球商品链概念进行了进一步的发展。加里·格里芬和拉斐尔·开普林斯基（Gary Gereffi & Raphael Kaplinsky，2001）在《价值链的价值》一文中基于全球商品链分析了全球范围内产业联系和产业升级问题，并提出全球价值链（global value chain，GVC）概念。全球价值链理论弥补了价值链和商品链研究的局限性，突出了在整个产业链中不同环节的价值创造和分配问题。斯文·W. 阿尔恩特和亨里克·凯尔科斯（Sven W. Arndt & Henryk Kierzkowski，2001）指出，全球价值链上各个价值环节通过跨国生产网络组织的片段化生产和空间转移串联在一起。拉斐尔·开普林斯基和迈克·莫里斯（Raphael Kaplinsky & Mike Morris，2001）认为，全球价值链是参与国际生产网络的世界企业依据各自的要素禀赋完成最终产品生产过程中某个环节的生产，包括市场调研、创意形成、技术研发与设计、模块制造与组装加工、销售和售后服务等环节。全球价值链上各环节创造的价值随各种要素密集度的变化而变化，并不是每一个环节都创造价值，只有战略环节才能创造价值。因此，抓住战略价值环节，也就控制了该产业的全球价值链。

（一）全球价值链利益分配

根据全球价值链理论及其形成条件，随着全球价值链网络的构建和深化发展，全球价值链分工呈现出一明显特征：发达国家主导全球价值链，并从中获取较大比例贸易利得。

1992 年，国内重要科技业者宏碁集团创办人施振荣先生提出的"微笑曲线"（smile curve）理论很好地诠释了全球价值链分工现状。图 2 – 1 微笑曲线描述了全球价值链生产各环节所产生的附加值以及在价值链中所处地位的情况。微笑曲线表明，设计、研发、销售、售后服务环节具有高投入、高回报的特点，创造的附加值较高，通常位于价值链的"高端"；而生产、加工组装、质量检验、库存管理比较简单，对技术的要求不高，创造的附加值也较低，通常位于价值链的"低端"。相应地，处于价值链"低端"的企业通常会从事劳动密集的加工组装、委托组装（original equipment assembling，OEA）或委托加工（original entrusted manufacture，OEM）等低附加值环节，如果要获得更多的附加值，就必须向两端延伸，要么从事上游端的产品研发、设计，要么从事下游端的销售、传播、品牌延伸及营销管理等环节，占据价值链的"高端"。

（二）全球价值链驱动机制

格里芬（1994）将全球价值链分为两种类型：生产者驱动（producer-driven）和购买者驱动（buyer-driven）。生产者驱动型全球价值链指的是拥

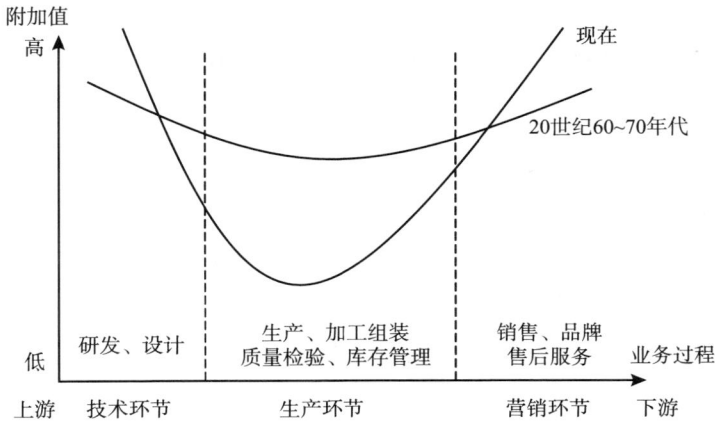

图 2 – 1　全球价值链下的微笑曲线

资料来源：笔者根据施振荣"微笑曲线"绘制。

有先进技术和市场优势的大型制造商凭借对前后生产过程的联结，通过提供、分配服务来控制整个生产系统，形成全球范围内的生产供应网络和垂直专业化分工体系。生产者驱动型全球价值链的最大特征是在这种价值链下通常由大型的跨国企业充当协调整个生产系统的核心角色。

购买者驱动型全球价值链是由拥有良好品牌声誉和广大销售市场的企业集团通过全球采购、贴牌加工等生产方式构建全球商品流通网络，联结复杂的市场供求关系并满足强大的市场需求。购买者驱动型全球价值链通常是由大型零售商、品牌商和供应链管理者掌控，他们拥有良好的品牌优势以及对销售渠道强大的掌控力。与生产者驱动型全球价值链的掌控者不同，这些大型购买商虽然不具备生产能力，却可以凭借对市场需求的垄断，吸引众多供应商，使其实际具有强大的生产能力。

目前，全球价值链驱动机制出现向购买者驱动型转变的趋势。主要原因如下：第一，市场需求对企业产品研发能力提出更高要求。一方面，对于产品已经走向成熟的企业而言，进一步研发的空间不大；另一方面，知识经济时代提高了知识与创新的离散化程度，致使生产者驱动的全球价值链中领导者维持其研发与创新垄断地位的能力逐渐削弱，因此，生产者驱动的全球价值链中领导者面临的竞争压力陡增。第二，市场需求越来越重要，从而大型购买商地位逐步提升。上述两方面原因促使全球价值链的驱动力呈现出由生产者驱动向购买者驱动转变的趋势,这种转变在未来一段时间还将继续存在并不断增强。

（三）全球价值链治理

全球价值链治理是指通过价值链对各生产主体之间关系和制度进行管理从而有序进行价值链活动。有的全球价值链治理理论认为,全球价值链治理包括规则制定治理、监督裁决性治理和执行性治理三种类型,并提出了一系列识别治理者的指标,包括治理者所占 GVC 价值增加份额、所占 GVC 上利润份额、所占 GVC 购买力份额等。规则制定治理主要制定一些参与全球价值链所需的质量、价格、劳动、环境等基本条件和规则,监督裁决性治理以监测各类行为主体是否遵从全球价值链的治理规则为主,执行性治理以协助全球价值链参与者达到治理规则为主。

还有的理论将全球价值链治理模式划分为四类:第一,市场型,即处于价值链上的企业不存在任何隶属、所有权控制等关系,纯粹是贸易联系;第二,网络型,即具有生产互补能力的企业对价值链的各个环节进行分工,企业之间是一种平等合作关系;第三,准层级型,即价值链上核心企业对其他企业实施高度控制,核心企业对价值链运行规则有严格的规定;第四,层级型,即核心企业对价值链上的某些运行环节采取直接的股权控制,跨国公司及其分支机构之间的关系就属于这一类。

二、增加值贸易理论

（一）增加值贸易的理论渊源

第二次世界大战后,新的国际经济贸易秩序形成,在当时的经济环境下,生产要素国际流动较少,各经济体之间的贸易主要以最终产品的形式跨境流动,国际贸易的统计方法遵循《国民经济核算体系》（SNA）中的"物品跨境原则"和"原产地原则"。虽然传统的总值贸易统计方法在很长一段时间里对获取各国/地区的贸易数据进而影响政策走向方面起到了主导性作用,但这种核算方法将产品的价值全部归功于出口该产品的经济体,完全忽视了该出口产品中来自除最终出口国以外的其他国家的增加值投入。随着全球价值链分工的深入发展，产品的生产过程不断碎片化，各生产工序不仅在一国/地区内部进行，甚至还多次跨越国界进行生产，这使得中间产品贸易越来越普遍。随着中间品跨境流动增多，产品价值中包含了越来越多的来自各个国家/地区的增加值，传统的总值贸易统计方法已经无法真实反映参与产品生产环节的各经济体在全球价值链中的分工地位和贸易利益。

具体来说，传统总值贸易统计方法的缺陷体现在三个方面：第一，传统贸易统计方法下中间产品重复统计问题。在全球价值链下，中间产品的跨境流动现象越来越频繁，而总值贸易统计方法对中间产品的每一次跨境流动都计入国际贸易收支账户，无疑会造成对多次跨境流动的中间产品重复统计，并往往将重复统计的中间产品的价值记录在最后组装出口国，这将大大高估加工出口组装国的出口额。这种重复计算对发展中国家影响较大，因为发展中国家一般处于价值链低端的加工组装环节，其生产活动需要进口大量的中间投入品。第二，传统贸易统计方法下各国真实贸易模式被隐藏问题。传统贸易统计方法下，"贸易大国"往往不是"贸易强国"，贸易数量巨大并不代表真实的贸易实力，传统贸易统计方法统计一国出口商品的总价值，无法真实反映世界各经济体在国际分工中的地位和贸易利益。第三，传统贸易统计方法未能完整统计各国利润分配问题。传统贸易统计方法无法真实反映各国在商品生产过程中所创造的价值，无法体现各国在贸易中所分配到的利得。尤其是对于发展中国家来说，它们往往处于全球价值链的低端环节，获得的利润微小，但按照传统贸易统计方法出口总额却很高，造成处于全球价值链低端的国家贸易额过高，与其他贸易伙伴国之间的贸易差额偏离事实。

（二）基于增加值口径的新型国际贸易统计体系

20世纪80年代以来，信息通信技术快速发展、全球范围内关税水平显著下降等因素共同作用使跨国的复杂生产协作成为可能，全球价值链分工模式逐渐显现。基于此，诸多学者研究了多种方法对国家、行业、企业、产品等层次的贸易数据进行分解并构建相关指标，从增加值贸易的角度准确分析各经济体在全球价值链中的参与模式、地位与竞争力等。增加值贸易统计方法统计产品价值链上每一个环节的贸易流量净增加值，区别于传统贸易统计方法产品总值统计。

1. 垂直专业化。戴维·哈默斯等（David Hummels et al., 2001）最早规范地定义了垂直专业化，并界定了系统测算垂直专业化的量化指标，即一国生产的出口品中所包含的进口品价值（VS），或者一国出口品中被其他国家作为中间投入品用于生产出口品的部分（VS1）。戴维·哈默斯对垂直专业化的这种测算方法简称 HIY 方法，是最早使用国家投入产出表对全球价值链进行测度的方法，该方法虽然可以用来分析一国的垂直专业化程度，但是得基于两大假设条件：第一，用于满足国内需求与出口所进行的最终产品生产，需要与进口投入品数量上完全保持相等，此假设不适用于以加工贸易出口为主的发展中国家和发展中经济体。第二，所有进口的中间投入品需要100% 为国外增加值，此假设未考虑到通过进口再出口的第三方转口情形，以及进口品中蕴含着较大国内增加值的发达国家。因此，在全球价值链网络日益完善的背景下，垂直专业化指标不能准确衡量一国参与全球价值链的情况。

2. 增加值贸易法。鉴于 HIY 方法的不足之处，学者们对 HIY 方法不断进行完善，逐渐形成了增加值贸易法，其优点在于：一方面，使用世界投入产出表可以更加准确地反映出一国出口中对其他国家中间投入品的进口情况，解决了 HIY 方法中第一个假设存在的缺陷；另一方面，可以更加准确地分离一国出口产品中的间接附加值和再进口附加值，从而克服了 HIY 方法中第二个假设的缺陷。

最早使用世界投入产出表测量贸易增加值的学者是纪尧姆·道丁等（Guillaume Daudin et al., 2011）、罗伯特·约翰逊和吉列尔莫·诺格尔（Robert Johnson & Guillermo Noguera，2012）、马赛·提摩尔等（Marcel Timmer et al., 2013，2014）、罗伯特·库普曼等（2014）、王直等（2013，2017a，2017b）。

纪尧姆·道丁等（2011）首次提出"增加值贸易"的概念，并按照最终产品增加值的来源，分别测度经济体出口贸易总额中的进口投入品份额、出口中间品至别国加工后再出口至第三国的份额、出口至第三国再重新进口份额，从而厘清了"谁生产什么和为谁生产"的问题。罗伯特·约翰逊和吉列尔莫·诺格尔（2012）基于投入产出表和双边贸易数据计算出双边贸易的价值增加额，并从最终产品被消费的角度入手，正式定义了增加值出口（VAX），指出增加值出口为国内增加值最终被外国吸收的部分，并据此测算了各国增加值贸易。马赛·提摩尔等（2013，2014）将隐含在最终产品中的增加值分解为劳动报酬与资本收入两个部分，通过对全球价值链进行切片化研究，认为中国处于价值链低端环节的最主要原因是中国出口对资本和低技术劳动力的严重依赖。

罗伯特·库普曼等（2010）对 HIY 方法中的同密度中间投入品的假设进行了放松，并基于区域间投入产出模型中的分块矩阵模式创立了一个总出口的增加值分解模型对总出口贸易进行分解。罗伯特·库普曼等（2014）进一步完善了总出口分解模型，提出无论是国家层面还是产业层面，一国的出口总值都可以分解为被国外吸收的国内增加值，出口后复进口的国内增加值，国外价值增值，纯重复计算的中间贸易品 4 个部分，并根据出口总值的最终去向，进一步细分为 9 个部分，形成规范的增加值贸易核算方法（简称 KPWW 方法）。KPWW 方法是垂直专业化和增加值贸易相关研究的集大成者，将不同的国家纳入到同一研究框架体系下，这种方法整合了已有研究成果，为全球价值链分析提供了一个完整的理论框架，操作上比较契合实际。

但罗伯特·库普曼等学者提出的 KPWW 方法存在缺陷，该方法只能分解一国总出口，不能反映不同出口品在进行各种增加值和重复计算分解时的异质性问题，于是王直等（2013，2017a，2017b）拓展了罗伯特·库普曼等的分解核算框架，将一国总出口进一步细分为 16 个部分，提出可以在部门、双边、双边/部门层面分解总贸易流量（简称 WWZ 方法），并提出前向生产联系和后向生产联系的概念并加以区分，建立了从官方总值贸易统计到贸易增加值统计的一套更为系统的贸易流分解方法及核算框架，成为目前测算贸易增加值的核心方法，把价值链研究提高到一个新水平。

（三）全球价值链下相关数据库的建立与完善

全球价值链下增加值贸易的研究与跨国投入产出表（ICIO）数据是分不开的。跨国投入产出数据的不断完善为增加值贸易核算方法的应用提供了条件，目前的大型数据库主要包括 TiVA 数据库、WIOD 数据库、GTAP 数据库、EORA 数据库、AIIOT 数据库等。

第一，经济合作与发展组织（OECD）与世界贸易组织（WTO）联合编制的全球投入产出数据库，即 TiVA 数据库。2012 年 3 月，OECD 与 WTO 联合研究项目开发出 TiVA 数据库，该数据库提供了 1995 年、2000 年、2005 年、2008 ~ 2011 年共 7 年来自 63 个经济体（包括 OECD 成员国、欧盟 28 国、20 国集团、大部分东亚和东南亚经济体以及一系列南美洲国家）、34 个产业部门（16 个制造业、14 个服务部门等）的增加值贸易数据，以此反映各国在全球价值链中的分工地位和获利的情况。但是由于最新数据截至 2011 年，严重缺失近年数据，因此，本书没有采用此数据库公布的投入产出表。

第二，欧盟的世界投入产出数据库，即 WIOD 数据库。2013 年，欧盟对外发布的世界投入产出数据库（WIOD）中的世界投入产出表涵盖了 1995 ~ 2011 年 40 个经济体（包括世界 13 个主要经济体和 27 个欧盟成员经济体）35 个产业部门的连续性时间序列数据，2016 年 11 月公开发布的最新版世界投入产出数据库（WIOD2016）提供了 2000 ~ 2014 年 43 个经济体（包括世界 15 个主要经济体和 28 个欧盟成员经济体）、56 个产业部门（19 个制造业、29 个服务业等）的中间品和最终品贸易数据。该数据库公布的国际投入产出表综合了各国的国际供给与使用情况，区分了中间品和最终使用。已有众多学者使用该数据库发表了一系列重要论文，极大地推进了增加值贸易核算方法的发展。考虑到"一带一路"倡议是在 2013 年 9 月 ~ 2014 年 3 月间提出，而 WIOD 最新发布的数据（WIOD2016）只更新到 2014 年，涉及的"一带一路"沿线国家也只有 16 个，分别是保加利亚、塞浦路斯、捷克、爱沙尼亚、希腊、克罗地亚、匈牙利、印度尼西亚、印度、立陶宛、拉脱维亚、波兰、俄罗斯、斯洛伐克、斯洛文尼亚和土耳其，且这 16 个国家中亚洲国家较少，欧洲国家居多，所以本书没有采用此数据库公布的投入产出表。

第三，美国全球贸易分析数据库，即 GTAP 数据库。该数据库自 1992 年开始由美国普渡大学和 27 个国际机构共同参与开发，定期公布全球贸易资料库，其中包括双边的贸易资料、国际间贸易往来所需的运输以及各种形式的贸易保护政策资料，并以单个国家的投入产出表为基础编制了国家间投入产出表。截至 2023 年 GTAP 数据库最新发布的是第 11 版的数据（GTAP11），提供了 2004 年、2007 年、2011 年、2014 年和 2017 年 140 个国家/地区、57 个部门的投入产出数据。由于公布的数据年份较少且不连续，因此，对本书研究的帮助不大。

第四，联合国贸易和发展组织开发的全球价值链数据库，即 EORA 数据库。2013 年 2 月联合国贸发会议发布了 EORA 数据库，涵盖了 1990 ~ 2015 年 190 个国家的投入产出数据。该数据库与 WIOD 数据库的建立方式较为类似，但是该数据库的世界投入产出表是按照国家—国家（产业）或国家（产业）—国家进行编制的，没有国家（产业）—国家（产业）这种形式，并不适合本书的研究。

第五，日本亚研所的亚洲国际投入产出数据库，即 AIIOT 数据库。截至 2023 年 AIIOT 数据库公布了 1985 年、1990 年、1995 年、2000 年和 2005 年五年的亚洲国际投入产出表，2005 年的投入产出表囊括了 10 个国家/地区（中国、印度尼西亚、韩国、马来西亚、菲律宾、新加坡、泰国、日本、美国以及中国台湾）76 个产业部门的数据。该数据库的投入产出表是在亚洲国家/地区的单方投入产出表的基础上，结合相关贸易数据编制而成，由于公布的投入产出数据表年份不连续且截至 2005 年，并且仅涵盖了"一带一路"沿线少数国家，因此，本书没有采用此数据库公布的数据。

本书数据来源于对外经贸大学全球价值链研究院的 UIBE GVC Indicators 数据库，该数据库所使用的数据是在 WIOD、TiVA 和 ADB – MRIO 数据基础上加工而成，ADB – MRIO 是亚洲开发银行在 WIOD 的基础上编制而来的跨国投入产出表，覆盖 2011 ~ 2017 年 63 个国家/地区 35 个部门（17 个为服务业部门）的投入产出数据，其中 34 个为"一带一路"沿线国家，包括东亚 2 国（中国和韩国），东南亚 9 国（新加坡、印度尼西亚、马来西亚、菲律宾、泰国、越南、老挝、文莱和柬埔寨），南亚 7 国（印度、孟加拉国、斯里兰卡、巴基斯坦、不丹、马尔代夫和尼泊尔），中亚 2 国（哈萨克斯坦和吉尔吉斯斯坦），西亚 1 国（土耳其），东欧 8 国（俄罗斯、斯洛文尼亚、克罗地亚、罗马尼亚、保加利亚、爱沙尼亚、拉脱维亚和立陶宛），中欧 5

国（波兰、捷克、斯洛伐克、奥地利和匈牙利），这 34 个国家中亚洲国家较多，有 21 个最适合用于分析亚洲生产网络以及"一带一路"沿线国家的价值链联系。

三、全球价值链下服务业的角色

随着服务贸易自由化和全球价值链的深入发展，学者们逐渐认识到服务业是价值提升和实现的重要源泉，是全球价值链分工得以形成和发展的基础与前提，在价值链活动协调和制造业产品价值创造方面发挥着重要作用（Francois & Hoekman，2010）。服务业是下游商品的重要投入，诸如交通运输、通信、计算机和信息等服务的发展，使得在全球范围内分散和协调生产成为可能，全球价值链得以迅速发展。

目前，服务业正逐步成为影响全球价值链生产环节增加值与竞争力的关键因素。一方面，研发服务、商务服务、金融服务、保险服务、咨询服务等生产性服务具有高知识含量、高技术含量、高附加值等特点，不仅可以提高制造环节的生产效率，通过丰富制造业的服务内容从而不断拓展价值链增加值的增长空间。另一方面，服务全球化发展以及国际经贸规则的重构，不断提升了服务业在全球价值链分工中的功能。例如，信息服务水平提高，有助于全球价值链上不同生产环节企业间信息共享与协同运作，提升企业经营水平和全球价值链运作效率，消除企业间的信息阻隔。物流服务效率提高，能改进和优化全球价值链空间布局，推动企业间工艺流程分工合作的深化，提升企业生产效率和增加值。服务难以测度，在全球价值链中服务与商品是互补关系，从而服务业在全球价值链中的角色非常重要。

（一）服务业在全球价值链中的角色

关于服务业在全球价值链中的角色，世界银行在 2017 年 7 月发布的《全球价值链发展报告》中指出，服务业在当前全球价值链中的角色主要体现在以下 3 个方面。

1. 随着运输物流的发展和通信技术的变革，服务业作为纽带将跨国性的分段式生产环节联系起来，加快了全球价值链的形成。服务业对独立的制造业阶段有联结作用，为治理分布在世界各国的生产环节，公司需要各种服务（如交通运输、信息传输、后勤和金融等）协调各种生产活动和人（Jones & Kierzkowski，2001）。服务业在全球价值链分工体系中发挥着"连接剂"和"润滑剂"的作用，如果没有这些服务连接和协调，全球价值链的生产区段分散化就无法形成与发展。随着全球产业链分工的不断深化，先进和高效的服务业既促进分散化生产连接成本和交易费用的降低，又推动全球价值链的不断重塑和优化。

2. 服务业作为企业外部要素投入（outsourced inputs），通过服务业外商直接投资和国际服务外包等形式推动全球价值链的发展。服务不仅是价值链不同阶段之间的纽带（支持作用），也是商品和服务生产过程中的重要中间投入。价值链起始阶段的研发、设计和工程活动以及价值链末端的营销、分销和售后服务都是重要的服务活动，若这些生产活动一旦外包，就变成了服务业中间投入。作为中间投入的服务与货物的贸易一样可以提高资本和劳动的跨行业和跨境的配置效率（Jones，2011），进而提高生产率。

3. 服务业作为企业内部要素的投入（in-house inputs），促进制造企业参与到全球价值链分工中。服务投入作为企业内部职能，被制造企业内化。企业通常在内部开发自己的支撑服务，如研发、IT 服务与会计咨询等。随着服务投入嵌入制造业的生产过程中，制造业投入服务化成为未来发展的趋势。制造业和服务业之间的边界越来越模糊，之前从制造业价值链中分离出来的生产性服务，根据制造业价值链各环节的需求，在市场因素和产业关联的作用下，重新嵌入到制造业相应环节，逐渐形成"你中有我，我中有你"的深度融合格局。生产性服务业在与制造业价值链融合的过程中，向制造业价值链注入知识、技术等高级要素，提升了制造业生产效率和管理效率，带来 1 + 1 > 2 的价值链整合效应，重构为新的更高附加值的产业价值链，从而显著推动制造业的全球价值链地位升级。

（二）全球服务价值链的形成与发展

全球价值链的形成是经济全球化的必然结果，全球价值链首先发生在制造业领域，随着全球化进程的推进，国际分工逐渐扩展到服务业领域，服务业的全球价值链开始显现。全球服务价值链指的是服务业的全球化分工，是以跨国公司为主导的、将服务分割为不同的生产任务、按照效率最大化原则分配到不同国家/地区而形成的服务业的全球性网络组织。服务业的全球化是经济全球化进入新阶段的主要标志,虽然制造业的全球化从19世纪初期就蓬勃发展,但服务业的全球化是在20世纪70年代之后才开始加速。

随着服务业全球分工的不断发展,服务价值链由国内延伸到国外,形成了全球服务价值链,即服务价值链中的需求分析、服务研发、流程设计、模块开发、服务要素生产、服务生产与传递、售后服务等生产环节不再局限于一个国家或地区内部,而是在全球范围内进行合理配置(见图2-2)。如上游的需求分析、服务研发、流程设计、模块开发环节可以在技术和知识储备雄厚的发达国家进行,下游的呼叫中心、系统维护等可以在劳动力和土地成本较低的发展中国家进行,从而最大限度地降低服务生产和传递成本。

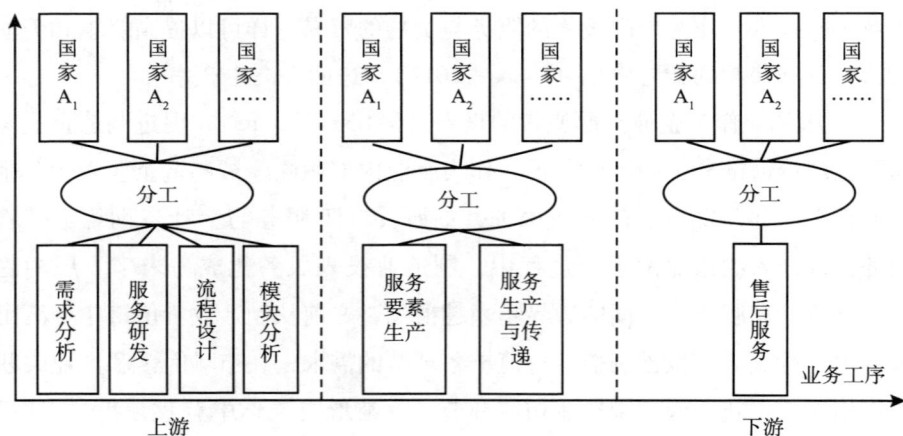

图2-2 全球服务价值链

资料来源:原小能. 全球服务价值链及中国服务业价值链的位置测度 [J]. 云南财经大学学报. 2017(1).

1. 国际直接投资与全球服务价值链。在全球服务价值链的形成过程中,国际直接投资的发展是其重要途径。上游跨国服务企业通过国际直接投资,把服务活动的不同环节布局到不同国家中下游服务部门,以期降低成本,提高生产效率。由于服务本身具有无形性、不可分离性等特征,服务的价值增值和制造业有较大不同,对于服务来说,价值增值不是存在于某种实物形态中，而是存在于提供服务的整个过程。当消费者一旦接受某个服务企业时，价值增值就开始了，服务企业必须深入分析该消费者的需求，为消费者及时提供解决问题的方案，并对服务效果进行评估、反馈，这个服务过程不仅为消费者带来效用，也为自身带来利润。通过国际直接投资，服务价值增值过程延伸至全球范围，从而形成全球服务价值链。

2. 国际服务外包与全球服务价值链。国际服务外包是一种新型服务贸易方式，目前已成为国际生产与分工合作的重要形式。国际服务外包推进了国际分工的深化、价值创造和价值增值的全球化以及服务生产和交付的全球化，同时也推进了服务全球价值链的形成。国际服务外包将服务活动的不同环节布局到不同国家和地区，寻找最优资源配置和利益最大化生产方式。服务外包发展初期表现为互联网技术的外包，主要嵌入全球价值链的低端环节，进入中期以来，中端外包成为主流，业务流程外包的需求日益增长，而知识服务外包的出现，进一步提升了服务外包的价值链嵌入层次，服务价值链的全球分割得以实现，从而在全球范围内形成服务业的价值链布局。

四、"一带一路"服务价值链的形成基础

现有的全球价值链分工体系，以美国、德国、日本和中国这四大"巨头"为核心，逐渐形成北美区域价值链、欧洲区域价值链和亚洲区域价值链。2008 年全球金融危机之后单边主义和贸易保护主义盛行，全球价值链区域化特征更加明显。"一带一路"倡议正是在这样的背景下提出的，"一带一路"倡议顺应了全球价值链区域化发展的浪潮，为中国重塑全球价值链分工体系、重构对外开放新格局和开放型经济体系提供了绝佳的机遇，也为中国服务业实现产业升级，打破发达国家和服务大国的束缚提供了新的途径和思路。中国服务业在"一带一路"区域价值链中发展基础优良，同时"一带一路"沿线区域良好的发展前景使得中国服务业在"一带一路"区域价值链中的发展空间巨大。凭借在"一带一路"沿线国家的良好发展，中国服务业逐步嵌入"一带一路"区域价值链，并朝着全球价值链高端环节迈进。中国服务业通过参与"一带一路"区域价值链，不断促进"一带一路"沿线国家要素资源的合理配置以及与"一带一路"沿线国家产业的融

合互动，为"一带一路"服务价值链的形成打下良好的基础。中国与"一带一路"沿线国家在地理位置上临近，与"一带一路"沿线各国发展服务业的诉求相契合，具备形成"一带一路"服务价值链的关键要素，主要体现在以下几个方面。

（一）要素禀赋

根据要素禀赋理论，一国的要素禀赋决定了其在国际市场上所具有的比较优势，比较优势的发挥程度又决定了一国某行业嵌入到全球价值链中的位置。在开放型市场状态下，要素跨国流动便利性增强，使参与分工环节的所有国家要素投入总量提高，现有要素重新配置则使有限的资源实现了最大化的利用效果。中国服务业在参与"一带一路"区域价值链的过程中，一方面可以充分利用"一带一路"沿线国家广阔的市场空间，输出本国充裕和闲置的生产要素，从中收获的贸易利得又能为研发和提高国内核心生产能力提供充足的资金支持，从而为中国服务业向全球价值链高端攀升提供坚实的支撑条件；另一方面通过与"一带一路"沿线国家流入的生产要素相结合，中国匮乏的要素供给得以补充，显著丰富了中国服务业在国际市场上所提供产品的种类，为服务业向全球价值链高端攀升进行了量的积累。

中国服务业通过参与"一带一路"区域价值链可以显著地改变初始的要素禀赋，提高中国服务业产品的档次、种类和质量，并优化服务业内部结构，使得要素向知识、技术密集型服务行业集聚，而面临要素逐渐流失的劳动密集型服务行业的生产规模将逐渐萎缩，最终使中国形成以知识和技术密集型为主导的服务业内部结构，提升中国服务业在全球价值链和"一带一路"区域价值链中的竞争力，在相对较高水平的基础上进一步打破发达国家和服务大国的控制，实现向全球价值链和"一带一路"区域价值链中高附加值位置迈进的目标。

（二）专业化分工

专业化分工是指结合本国和别国所具备的不同优势领域，将产品不同的生产环节分布在诸多国家进行，从而提高生产效率。中国服务业通过参与"一带一路"区域价值链，可将研发、设计、生产、组装、营销等不同生产工序适当的配置到生产效率相对较高的"一带一路"国家，从而将多个国家连接到特定服务产品的生产链条上，形成一个以价值增值为纽带的"一带一路"区域垂直专业化分工体系。这样一方面减少了中国服务业企业在自身不具备比较优势领域的投资，降低了收益率较低的沉没成本投入，集中精力专注于具有比较优势的核心生产环节和研发，最终有利于服务业企业提高核心生产能力和关键技术能力，培育自有品牌，进而增强服务业企业在全球价值链和"一带一路"区域价值链中的竞争能力。另一方面生产环节进一步分解后，将细化的各个生产环节分配给"一带一路"沿线生产该环节相对专业的国家进行，参与分工的各个国家专注于特定环节的生产，很容易形成规模经济和范围经济，专业化的生产模式带来生产效率的提升，从而满足全球价值链中更庞大的市场需求，需求量的扩大将从量的积累方面为中国服务业实现向全球价值链高端迈进积聚力量。对于发展中国家服务业企业来说，从国外进口大量原材料或服务中间品中形成的"学习效应"也会提升企业的劳动生产率。

（三）技术外溢

中国服务业通过对外直接投资活动参与"一带一路"沿线国家产品内垂直分工时，一方面，作为"一带一路"区域价值链的主导和支配国将服务产品生产、销售、研发等环节分配给沿线具有比较优势的国家，参与分工的"一带一路"沿线国家向中国服务业企业提供中间投入品，其中高水平的技术信息在这种垂直分工模式中会直接外溢给中国服务业企业，为服务业企业研发节省大量的资金和精力，此外，中国服务业企业还可以通过模仿跟随"一带一路"东道国企业以及前后相关联机制，同时借助自我学习，消化、吸收、再创新"一带一路"沿线国家成熟的技术信息，从而缩短研发新产品的周期，为中国服务业在全球价值链中同发达国家和服务大国竞争助力。另一方面，作为"一带一路"区域价值链的参与国，中国将承接来自"一带一路"沿线各国对服务产品的需求，个性化的产品需求势必对服务业企业技术水平和产品质量提出更高的要求，推动服务业企业适应技术创新节奏并加强自身能力建设，完成服务业产业的优化升级。

除了以上垂直型技术外溢，即通过垂直专业化分工对上下游关联企业的技术进步产生示范、援助和带动作用，另一种技术外溢是平行外溢，随着

"一带一路"价值链分工的不断深化，沿线国家的服务业企业与中国同类型的服务业企业形成竞争局面，为抢占更多市场，在不同生产环节具有比较优势的"一带一路"服务业企业所掌握的技术会对我国产生示范作用，无形当中推动中国服务业加快技术进步的步伐。中国服务业企业得益于参与"一带一路"价值链分工产生的技术外溢，以此来实现本国服务业技术水平的跨越式提升，不断缩小在全球价值链中与发达国家和服务大国在技术上的差距，从而为逐渐主导和控制"一带一路"服务价值链创造条件。

（四）需求因素

根据"市场范围假说"，某产业所面临的需求规模会影响该产业的生产分工与规模经济，也就是说，需求量的不断扩大将推动产业产品生产过程分割，生产过程的碎片化又反作用于市场规模，促使该产业的销售市场进一步扩大。中国服务业在参与"一带一路"区域价值链的过程中，面临着沿线国家庞大的市场需求，市场规模的扩大将推动服务产品生产过程碎片化。随着产品内分工的深化发展，"一带一路"区域价值链网络在完善程度、广度以及深度方面都将实现质的提升，服务业规模经济效应日益显现，产业综合能力也将增强，多方力量共同支撑我国服务业在全球价值链中实现高质量发展。

需求规模的扩大除了会诱导企业提高自身的综合实力，以便获得更强的市场竞争力，还会带来终端需求效应。随着国外市场需求量的快速增长，来自于该市场的消费者需求量、需求层次与需求偏好将引起国内服务业企业的高度重视，各服务业企业不得不改造升级其产品，以更好地满足国外市场消费群体，这无疑会提升国内相关服务业企业生产效率，增加服务产品种类，提高服务产品质量和档次。也就是说，中国服务业企业在参与"一带一路"区域价值链时，面对的多样化、复杂性需求将迫使企业进行产业升级，进而促进服务业高质量发展，在价值链中以较强的竞争优势向价值链高附加值位置攀升。

中国服务业在"一带一路"区域价值链中优良的发展基础和广阔的发展空间会通过量的积累最终促成服务业综合实力发生质的提升，而服务业综合竞争力的提升必然将助推中国服务业向全球价值链高附加值位置攀升，同时实现中国服务业在"一带一路"区域价值链中的竞争力提升和协作发展以及在"一带一路"服务价值链中的主导和引领作用。中国服务业通过参与"一带一路"区域价值链改变了初始的要素禀赋以及中国服务业内部结构，提高了中国服务产品的档次、种类和质量，使中国服务业具备向全球价值链高端迈进的基础；通过参与"一带一路"区域价值链，服务业获得了生产效率的提升以及雄厚的资金积累，为更加广泛的参与全球价值链并向全球价值链高端攀升创造了条件；参与"一带一路"区域价值链过程中通过垂直型和水平型技术外溢的方式获得服务业技术水平的提升，这为中国服务业在发达国家和服务大国主导下的全球价值链中实现地位的显著提升培育了核心竞争优势；"一带一路"区域庞大的需求市场通过诱导效应和终端需求效应促使中国服务业拥有更加完善的价值链网络和产业的综合能力。

第二节 文献综述

一、"一带一路"倡议相关文献综述

2013 年 9 月和 10 月，我国先后提出建设"丝绸之路经济带"和"21世纪海上丝绸之路"的重大倡议。"一带一路"倡议促进了全球经济要素自由流动，使得资源的配置更加高效和市场融合度更高，是国际区域经济合作的一种新模式（张静中和王文君，2016）。"一带一路"倡议的提出，不仅得到沿线国家、地区的积极响应，在国内也掀起了学术界的研究热潮，主要涉及"一带一路"倡议的内涵、意义、机遇与挑战、区域合作等理论研究以及对"一带一路"区域价值链的研究。

（一）"一带一路"倡议的内涵、意义、机遇与挑战

"一带一路"倡议是沿线国家区域经济合作的开放性倡议，旨在有效利用外部资源和外部市场，实现中国经济转型（隆国强，2015）。卢峰（2015）认为，在世界经济增长重心和中国对外贸易增长重心向发展中国家和新兴经济体转移的背景下，"一带一路"倡议契合中国扩大开放、睦邻友

善、和平发展、和谐世界的理念与目标，有助于推动中国与沿线国家的经济持续快速增长，是中国统筹国内外"两个大局"的具体呈现，也为全球经济可持续增长提供新的解决方案与思路。凌胜利（2016）指出，从地缘战略视角来看，"一带一路"倡议有利于拓展周边地缘关系，深化周边地缘联系，释放地缘经济能量，发挥重塑周边地缘的积极效果。冯宗宪和蒋伟杰（2017）研究表明，充分利用"一带一路"倡议平台，促进发展中国家间的产业内贸易，是中国新型开放经济战略的重要举措。"一带一路"倡议提出以来，相关工作取得积极进展，顶层设计逐步完善，支撑措施和保障体系陆续建立，国际认同度不断提高，重大项目成果初现。但全球化退潮、国际经贸环境不佳、大国竞争与博弈加剧、民粹主义政治思潮泛滥和非传统安全威胁上升等，仍对"一带一路"建设构成挑战（傅梦孜和徐刚，2017）。张燕生等（2018）指出，"一带一路"建设是一项庞大而非常复杂的系统工程，应警惕和重视"一带一路"建设可能出现的风险、隐患和冲突，未雨绸缪，妥善化解可能出现的挑战、矛盾和困难，借鉴世界历史经验教训，才能为"一带一路"建设持续前行保驾护航。

（二）"一带一路"倡议下的区域合作

1. 产业合作。"一带一路"倡议下的区域合作包括中国与沿线各区域在制造业、信息技术、交通运输、能源电力、农业、金融和教育等行业领域的投资合作。刘志中（2017）、刘清才和齐欣（2018）、蒋随（2021）等探讨了中国与俄罗斯的合作；陈谢晟（2017）、华红娟和张海燕（2018）、廖佳和赵灿蒙（2020）等分析了中国与中东欧国家的合作；曲如晓和刘霞（2017）、魏蕾（2018）、刘一达（2021）研究了中国与西亚国家间的合作；宗会明和郑丽丽（2017）、邹春萌（2018）、刘园园（2021）等研究了中国与东南亚国家的"一带一路"倡议合作情况；安虎森和栾秋琳（2017）、金仁淑（2018）、杜金柱等（2020）等研究了"一带一路"倡议下中国与东亚分工新格局的演变；韩永辉和罗晓斐（2017）、王素荣和赵珊珊（2018）、蒿琨（2021）等研究了中国与中亚国家的合作；王绍媛（2016）、湛柏明和贾净雪（2018）等分析了中国与沿线新兴经济体之间的合作；曾兴（2021）研究了"一带一路"倡议背景下中国与南亚文化贸易的竞争性与互补性。

李新瑜和张永庆（2020）在"一带一路"倡议背景下系统分析了中俄两国农产品贸易结构、贸易总量以及双边贸易情况，并对两国农产品贸易与物流体系建设提出科学的发展建议。余晓钟和刘利（2020）以中亚地区为例，从合作园区框架搭建、合作区位选取、合作内容确定、合作主体作用、运行机制几个方面分析国际能源产业合作园区运行模式，提出能源产业园区在发展方向、区位选择、政策完善、合作环境改善四个方面的建议。吴俊红和曹晶晶（2021）构建了物流便利化水平测度指标并运用熵值法测算"一带一路"沿线国家物流便利化水平，然后基于2009～2016年60个沿线国家的面板数据，实证分析物流便利化对"一带一路"沿线国家跨境电商的影响。李虹等（2021）基于2019年"一带一路"沿线65个国家（地区）的数据，构建了可以充分衡量投资潜力、投资风险的指标体系，使用K-means聚类算法给出了劳动驱动型、资源驱动型、市场驱动型和战略驱动型国家的聚类分析和行业布局建议。

也有大量研究围绕国内各省区参与"一带一路"建设分工展开。许建英（2015）、阿布都伟力·买合普拉（2017）、原帼力和麦迪娜·依布拉音（2017）、姜荣春（2018）、谢泗薪和孙秀敏（2018）等指出，要借助新疆"丝绸之路经济带"核心区的区位优势，进一步推进境外园区建设，加强交通、通信等基础设施建设，将新疆打造成为"一带一路"建设的商贸物流、交通枢纽和文化科教中心；尤权（2014）、闫兴（2017）、吴娟和黄茂兴（2017）指出要进一步发挥福建海丝核心区优势，深度融入"一带一路"建设，积极作为，完善市场条件、改善营商环境，强化港口建设、促进互通互联，创新合作机制、实现深度对接，以侨台优势推进人文深度融合，依托临海优势推进海洋产业加速发展；孙琳和周其厚（2017）、刘长英（2018）指出，"一带一路"倡议下，广西被定位为"国际通道、战略支点和重要门户"，在国家开放战略格局中有着重要地位，应大力促进广西旅游资源的有效开发，实现旅游资源开发跨越式发展；张汝根等（2020）指出，"一带一路"背景下黑龙江省正在积极探索适合本省的对外合作对象和发展路径，开展对俄跨境能源产业合作无疑应该成为黑龙江新的经济增长点。杨春媛（2021）以四川装备制造业为例，分析四川与中亚双方经贸合作的前景和存在的问题，并进一步探讨了四川与中亚地区装备制造业合作的路径。

2. 贸易合作。学术界关于贸易合作领域的文献研究较多，主要涉及沿线国家的贸易潜力、贸易结构、贸易关系、贸易效率和贸易便利化等方面。有学者分析了中国与"一带一路"沿线某一国之间的贸易潜力（田泽等，2016；温焜和张旭萌，2017；包斯日古楞和其丽木格，2021）；有学者研究了中国与"一带一路"沿线某区域国家之间的贸易潜力，如中国与西亚（韩永辉等，2015）、中国与南亚（胡艺等，2018）、中国与东南亚（张欣等，2019）、中国与中亚五国（郝瑞锋，2020）、中国与中东欧（周平等，2020）、中国与东北亚（施锦芳和李博文，2021）等；还有一些学者研究了中国与"一带一路"沿线多个区域多个国家之间的贸易潜力（魏龙等，2016；张会清，2017；陈继勇和陈大波，2018；常向阳等，2018）。

蔡中华等（2016）研究了中国在"一带一路"沿线各区域专利申请与出口贸易分布的情况，并构建专利结构与出口结构相似度指数测算，分析了中国在"一带一路"沿线国家专利布局与出口相似度之间的关系。吾斯曼·吾木尔和司马义·阿布力米提（2018）利用贸易强度指数、序样本最优分类法和贸易专业化指数探讨了我国与"丝绸之路经济带"主要沿线国家贸易市场结构、贸易产品结构以及贸易模式优化问题。张志新等（2019）通过 TCD、RTA 等指数分析法分析中国与西亚国家贸易关系，同时构建贸易引力模型，运用西亚 12 国 2010~2017 年的面板数据，计算出中国与西亚国家的贸易潜力指数，发现双边贸易潜力较稳定，属"潜力开拓型"。刘伟和刘宸希（2021）在分析双边贸易现状和进出口商品结构的基础上，运用贸易互补性指数、贸易结合度指数对双边贸易的互补性进行实证分析，结果表明，双方间贸易种类较多，贸易互补性很强，贸易结合度指数均呈稳中有增的趋势。李月娥和张吉国（2021）采用随机前沿引力模型实证分析中国与 15 个主要贸易对象国的农产品贸易效率及贸易潜力，并从制度视角分析农产品贸易效率的影响因素。齐玮等（2021）对 2010~2019 年"一带一路"沿线国家的贸易便利化水平进行测算，并构建随机前沿引力模型分析贸易便利化对我国与沿线各国进出口额的影响。

自"一带一路"倡议提出以来，中国与"一带一路"沿线国家的贸易呈现出快速增长的趋势，相关领域的研究也不断涌现，然而这些研究主要聚焦于货物贸易，服务贸易的研究较少。现有关于中国与"一带一路"沿线国家之间服务贸易的研究文献主要聚焦讨论中国与沿线个别或少数国家之间服务贸易的竞争力，且多采用国际市场占有率（IMS）、贸易竞争优势指数（TC）、显示性比较优势指数（RCA）等指标对服务业国际竞争力进行评价（肖德和李坤，2016；周启良和湛柏明，2017；王江等，2017；陈艳玲，2017；尚涛和殷正阳，2018；杨丽和王晓晓，2018）。例如，周启良和湛柏明（2017）测算了中国和"一带一路"沿线国家11类服务业的比较优势和竞争优势，在此基础上综合评价中国与"一带一路"沿线国家服务贸易国际竞争力以及服务贸易潜力。王江等（2017）采用IMS指数、RCA指数、TC指数和Michaely竞争优势指数四种指标对比分析了中国与"一带一路"沿线10国生产性服务贸易竞争力，发现中国生产性服务贸易发展水平低、结构比较劣势明显，中国在高技术含量服务领域不具有竞争优势。尚涛和殷正阳（2018）利用RCA指数和RSCA指数分析了中国与"一带一路"沿线65个国家12个服务贸易部门的比较优势及其动态演进。

（三）"一带一路"区域价值链的研究

随着"一带一路"倡议的提出和发展，关于"一带一路"区域价值链的研究越来越丰富。长期以来虽然我国一直都是全球价值链的参与者，但被发达国家或服务大国支配和控制的状况难以突破，"一带一路"倡议的推行对构建以我国为主导的区域价值链，突破发达经济体和服务大国的封锁提供了可能。魏龙等（2016）基于"一带一路"建设经济可行性的视角探讨中国从嵌入全球价值链到主导区域价值链转变的可能性。钱书法等（2017）选取"一带一路"沿线具有代表性的11个国家，以显性比较优势指数为基础构建基于引领能力的显性产业合作优势指数，总结了我国与这11国之间开展合作的优势产业组合，并提出构建"一带一路"区域价值链的产业合作路径。陈健和龚晓莺（2018）更是给出了构建以我国产业为主导的"一带一路"区域价值链生成路径。姚星等（2018）应用1992～2013年"一带一路"沿线61国或地区的投入产出数据，运用社会网络分析方法，对影响在"一带一路"区域构建分工网络的因素进行探讨，发现经济规模、人口规模、共同语言和地理距离对其进一步发展和完善有显著影响。何颖珊（2021）指出，中国与"一带一路"沿线国家具备产业联动的现实基础，应着力破解制约中国与"一带一路"沿线国家产业联动的瓶颈问题从而推动与"一带一路"沿线国家产业联动的发展，促进"一带一路"价值链治理模式的形成。

目前越来越多的文献开始聚焦定量分析中国与"一带一路"沿线国家在全球价值链中的分工地位。王恕立和吴楚豪（2018）基于世界投入产出表（WIOD，2016）、贸易增加值数据库（TiVA）以及联合国商品贸易数据库（UNCTAD），构建非等间距出口上游度指标测算"一带一路"沿线15国的国际分工地位，从产业层面探析中国与"一带一路"沿线国家在全球价值链中的位置。温怀玉和霍伟东（2018）采用罗伯特·库普曼等（2014）的全球价值链牵引力指数（TFI）对中、日、美制造业全球价值链分工地位进行评价，进一步基于联合国制造业竞争力评价体系，探讨"一带一路"区域层面制造业竞争力的地位，最终在创新驱动制造业转型升级的基础上提出了促进中国制造业全球价值链分工地位提升的路径与对策。李惠茹和陈兆伟（2018）在增加值贸易分析框架下，以制造业为例，运用显性比较优势指数、价值链位置指数、价值链参与度指数和出口增加值分解等方法，探讨了"一带一路"建设对中国区域性高端产业价值链分工体系构建的影响。李俊久和蔡琬琳（2018）借助罗伯特·库普曼等（2014）的方法，测算了中国与26个"一带一路"沿线国家在1999～2011年的全球价值链分工参与指数和地位指数，结果发现，我国在全球价值链中所处的地位虽处于上升趋势，但目前仍处在下游地位。戴翔和宋婕（2021）采用双重差分模型检验"一带一路"建设的全球价值链优化效应，并在有效构建和测算"五通"指数基础上，使用中介效应模型论证"一带一路"倡议促进"一带一路"沿线国家全球价值链分工地位提升的作用机制。郝晓等（2021）利用"一带一路"沿线37个国家的面板数据构建计量模型，采用静态面板OLS和动态面板系统GMM方法，实证检验基础设施对全球价值链分工地位的影响。钟祖昌等（2021）利用2003～2011年全球55个国家之间的双边投资数据，实证检验了一国对外直接投资网络对其全球价值链分工地位和参与度的影响。

二、全球价值链相关文献综述

近年来，对全球价值链的拓展性研究主要从理论和实证两方面围绕全球价值链的地位测算、全球价值链下的产业升级、全球价值链的治理以及全球价值链和国内价值链的融合等领域展开。

（一）全球价值链的地位测算

20 世纪 80 年代以来，众多学者相继提出全球价值链理论，国际分工呈现新的变化，国际贸易以及利益分配错综复杂，由于在全球价值链的位置差异体现出价值链话语权的不同，一国融入全球价值链的程度以及所处的价值链位置将直接决定一国贸易获利能力。全球价值链这一新现象的出现引起了很多学者的重视，并对全球价值链的地位测算展开深入研究，包括全球价值链长度测算机制、全球价值链上游度演进机制、基于增加值贸易的全球价值链地位测算等。

1. 全球价值链长度测算机制。迪森伯格等（Dietzenbacher et al.，2005，2008）较早地开展了一国或产业在全球价值链上具体位置测量方法的研究，提出用平均传递步长（average propagation length，APL）来衡量生产网络体系中不同产业部门之间的距离或复杂程度。罗梅罗等（Romero et al.，2009）使用平均传递步长（APL）来衡量生产分割程度和经济复杂程度。法利（Fally，2012）定义了生产阶段数（the average number of production stages embodied in each product）和产品与最终需求的距离（distance to final demand）来衡量生产长度。马风涛（2015）依据法利（2012）提出的计算方法对中国制造业部门全球价值链长度进行测算并对其影响因素进行了分析。倪红福等（2016）拓展了法利（2012）基于单区域投入产出模型测度生产分割的生产阶段数，并利用全球投入产出表测算了中国产业部门参与全球生产分割的情况并对其影响因素进行了考察。近年来，王直等（2017b）构建了全球价值链平均生产长度并对 44 个国家和地区 56 个部门 2000～2014 年全球价值链生产长度进行测算，结果表明全球价值链生产长度整体呈现出增长趋势，但不同国家和部门的变化趋势不同。

2. 全球价值链上游度演进机制。法利（2011）、安特拉斯等（2012）、安特拉斯和乔尔（Antras & Chor，2013）在国际分散化生产工序的基础上根据中间品使用行业与最终产品之间的距离定义了上游度（upstreamness）概念，并用生产工序与最终产品的距离来表示。法利（2011）在封闭经济条件下，利用单国投入产出模型构建了一个线性多元一次方程系统，采用生产到最终需求的距离定义上游度。安特拉斯等（2012）延伸了法利（2011）的测算思想，立足于投入产出表来研究开放型经济产业分工行业上游，经过数理推导从产品生产端到所有最终需求的距离的角度定义了上游度，其构建的方法与法利（2011）的上游度是一致的。鞠建东和余心玎（2014）基于中国的行业上游度指标以及海关数据定量分析了中国制造业所处全球价值链的位置以及获益水平，并首次考察了进出口单位价值差异与行业上游度之间的关系。马风涛（2015）利用世界投入产出表计算了中国制造部门全球价值链长度和上游度，并对其影响因素进行实证分析后发现：劳动生产率、国内增加值水平、研发投入和劳动力熟练程度对制造部门上游度的提升有促进作用。

3. 基于增加值贸易的全球价值链地位测算。戴维·哈默斯等（2001）开创性地对垂直专业化的概念作了比较科学规范的界定，并据此构建了"垂直专业化比率"等量化指标。劳伦斯·劳（Lawrence J. Lau，2007）考虑到中国依托加工贸易参与全球价值链分工，构建出一种反映中国加工贸易特点的非竞争型投入产出模型，并以此方法计算了中美出口贸易中隐含的各部分价值。纪尧姆·道丁等（2011）按照最终产品附加值的来源，运用GTAP数据库计算经济体出口贸易总额中的进口投入品份额，出口中间品至别国加工后再出口至第三国的份额、出口至第三国再重新进口份额，从而弄清了"谁为谁生产"的问题。罗伯特·约翰逊和吉列尔莫·诺格尔（2012）基于投入产出表和双边贸易数据计算出双边贸易的价值增加额，并从最终产品被消费的角度入手，正式定义了增加值出口（VAX），即为一国生产而最终被国外消化吸收的国内增加值。

罗伯特·库普曼等（2010）在贸易增加值核算的框架下构建了全球价值链参与指数（GVC Participation）和全球价值链地位指数（GVC Position），前者用于反映一国参与全球价值链分工的程度，后者用于反映一国在全球价值链中的地位。全球价值链地位指数用于分辨一国在价值链的上游、中游还是下游，如果该国在全球价值链分工生产中更多的充当中间品需求者的角色，则该国在价值链上处于上游；如果该国更多地扮演中间品供给者的角色，那么该国处于价值链的下游。王直等（2013，2017a，2017b）进一步扩展罗伯特·库普曼等提出的贸易分解法，将一国总出口的贸易增加值分解公式由国家层面拓展至部门层面，构建了一国双边且分部门的总出口分解公式，总结出分析国际分工中各个工序环节价值创造的总贸易核算法。

国内学者也开始利用增加值贸易核算方法分析中国在全球价值链中的地位。王厚双等（2015）根据 TiVA 数据库增加值贸易数据对 2009 年服务贸易前 6 名的国家服务业在全球价值链分工中的地位进行测算与比较，结果表明，中国服务业在全球价值链分工中的地位先下降后上升，但与发达经济体相比差距仍然较大。尹伟华（2017）利用 WWZ 模型和最新 WIOT 数据，通过构建前后向垂直专业化、全球价值链分工地位等指标，对比剖析了中国和美国服务业参与全球价值链的程度以及地位演变的情况。孟东梅等（2017）从国外增加值来源国和占比变动、增加值出口比值的变化趋势和垂直专业化率及其构成三个维度对中国服务业全球价值链地位的演变趋势逐一进行分析，结果表明，中国服务业已深入融入到全球价值链中，且正在向上游环节移动。陈雯等（2017）利用 WIOD 数据库增加值贸易数据，测算了中国在全球价值链的地位、贸易收益与竞争力，结果表明，中国在全球价值链分工中处于下游环节，但贸易收益持续提高。赵燕梅等（2021）利用世界投入产出表 1995～2011 年的增加值贸易数据，对"金砖三国"——中国、俄罗斯和印度之间出口额所含的国内增加值和国外增加值进行测算，比较分析中国、俄罗斯和印度的贸易趋势、结构特征和贸易收益，从而明晰"金砖三国"在全球价值链中的地位与作用。

还有一些测算指标从竞争力、价值链收益等角度来描述一国或部门在全球价值链中的地位。例如，马赛·提摩尔等（2013）将与产品生产直接和间接相关的"活动"所创造的国内增加值定义为全球价值链收入（global value chain income，GVCI），并构建了全球价值链显性比较优势指标（revealed comparative advantage in GVC）分析欧洲国家的竞争力问题。聂聆和李三妹（2014）借鉴马赛·提摩尔等（2013）提出的全球价值链收入及核算框架测算了全球制造业全球价值链收入分布情况以及中国制造业在全球价值链上的竞争力和分工地位问题。

（二）全球价值链下的产业升级

在全球价值链分工背景下研究产业升级已成为至关重要的发展问题，也是目前国内外理论界最引人瞩目的研究领域，主要指国际化企业在嵌入全球价值链中积累资本、加强创新，获取其他跨国企业的先进技术和管理经验，从而提升产品增加值和市场竞争力，向价值链高附加值环节攀升的行为（Raphael Kaplinsky & Mike Morris，2003；John Humphrey & Hubert Schmitz，2004）。约翰·汉弗莱和休伯特·施密茨（John Humphrey & Hubert Schmitz，2002）从企业层面提出了从工艺升级、产品升级、功能升级、链条升级四种产业升级模式，并将这一升级过程称为全球价值链升级，其直接结果是促进全球价值链分工地位提升和增值能力提升。拉姆·穆丹碧（Ram Mudambi，2008）在研究"微笑曲线"时发现，全球价值链下的产业升级是处于中游低附加值生产环节的企业或尚未嵌入价值链的企业通过嵌入价值链获取技术进步，从而进入到价值链上游和下游具有高附加值的活动中。保罗·克雷斯塔内洛和杰赛普·塔塔拉（Paolo Crestanello & Giuseppe Tattara，2011）研究意大利威尼托地区服装制鞋产业的生产去本地化现象，发现发达国家通过将价值链上低附加值环节外包给发展中国家从而提升本国产业竞争力。马丽亚罗萨利·阿格斯蒂诺等（Mariarosaria Agostino et al.，2015）发现，在全球价值链中，产业升级取决于创新能力以及国际市场渗透能力，具备创新能力和国际市场出口能力的企业竞争力优于其他竞争企业。

国内学者对于全球价值链背景下产业升级问题研究的切入点，大多建立在后发国家或后发企业在全球价值链体系中处于被俘获和被治理的弱势地位，以及集中在价值链低端的制造与组装环节这一基本事实，有学者认为，突破全球价值链低端锁定并向上攀升是产业升级的唯一出路（邱国栋和刁玉柱，2014）。刘林青和周潞（2011）基于全球价值链理论的产业国际竞争力二维评价模型重新审视了中国农产品的国际竞争力，认为世界五百强中的"涉农企业"已开始影响甚至改变中国国内农产品产业价值链的基本架构，提升中国农产品竞争力的关键在于提升中国农产品企业的全球价值链参与度。巫强和刘志彪（2012）从下游消费品行业的角度解释了我国本土装备制造业面临市场空间障碍的原因，认为，构建本土大买家主导的国家价值链同时提高价值链终端的竞争力将有利于突破本土装备制造业的市场空间障碍局面。王岚和李宏艳（2015）基于全球价值链布局模型刻画了中国制造业融入全球价值链的路径以及演进特征，研究发现，影响中国制造业价值链分工地位高低的最重要因素是其在价值链的嵌入位置，而制约制造业转型升级的关键因素是中国制造业较弱的增值能力。赵蓉等（2020）在构建双循环新发展格局和中国区域发展不平衡的背景下，将全球价值链、国内区域间融合发展纳入同一研究框架，作为推动制造业产业升级的切入点。刘冬冬等（2021）在质量内生决定理论模型的基础上从工艺升级和产品升级两个维度实证分析了全球价值链嵌入对制造业升级的影响。屠文娟等（2021）基于豪斯曼（Hausmann）构建的出口复杂度测算指标和高技术产品对应的国际贸易标准分类 SITC Rev. 3 的编码，测算了我国高技术产业及其细分行业的出口技术复杂度，进而探讨我国高技术产业发展的升级路径及对策建议。

（三）全球价值链的治理

目前国内外学者对于全球价值链治理的研究主要聚焦在以下两个方面。

第一，全球价值链治理模式选择。斯特凡诺·蓬特和蒂莫西·斯特金（Stefano Ponte & Timothy Sturgeon，2014）基于微观、中观及宏观的系统框架提出"模块化"的全球价值链治理模式。"模块化"全球价值链治理模式为学者们更加系统、深入地研究价值链治理模式提供了更广阔的视角。裴长洪等（2014）采用跨国面板数据实证检验了负面清单管理模式对服务业全球价值链的影响，检验结果表明，负面清单管理模式推动了服务业价值链"片段化"发展，并促使服务业占据全球价值链分工体系更加有利的主导地位。曾繁华等（2015）从全球价值链治理视角剖析创新驱动制造业转型升级机理及演化路径，认为，中国新型制造业应抓住体制机制创新、技术创新和技术产业化商业模式创新"三驾马车"的带动作用，推动制造业在全球价值链中的转型升级。杨珍增和杨宏（2021）指出，东道国制度质量通过"固定成本效应"和"传统边界效应"影响跨国公司的全球价值链治理模式。一方面，制度质量提高会降低企业对外直接投资的制度固定成本，促进企业对股权型治理模式的采用；另一方面，制度质量提高会降低市场不完全所导致的内部化需求，减少股权型治理模式的采用。

第二，影响全球价值链治理的因素。吴建新和刘德学（2007）认为，消费环节、文化习俗、ISO9000质量标准、ISO14000环保标准、SA8000劳工标准、政府政策、国际规则等外部因素会对全球价值链治理结构产生影响。王克岭等（2013）在对全球价值链治理模式以及影响因素分析的基础上，指出，标准化、技术发展与创新、供应商与采购商的关联度以及政策是对全球价值链治理起决定作用的影响因素。阿媞贝·埃洛拉等（Aitziber Elola et al.，2013）探析了地方产业集群的产生、演化以及产业集群如何嵌入全球价值链，研究表明，全球价值链治理模式受地方因素和全球因素两者的影响，且同一价值链中可能存在几种不同的治理模式。许晖等（2014）认为，我国外贸企业通过采取自有品牌制造、业务流程外包等创新路径以及价值链上下游嵌入、原价值链环节深度嵌入、新价值链嵌入三种方式实现国际化转型与全球价值链治理角色演变。斯特凡诺·蓬特和蒂莫西·斯特金（2014）采用模块化的处理方法，提出了一个具有微观、中观和宏观三层次的全球价值链治理框架，认为，在宏观层面上，非政府组织、标准制定者和社会运动日益增长的影响力是影响全球价值链治理的关键因素。郭周明和裴莹（2020）指出，在数字经济背景下，全球价值链的重构呈现以近岸外包为主、再外包为辅的区域化趋势，复杂价值链日渐收缩，并出现以即时制供应链和数字平台为核心驱动力的治理结构变化。

（四）全球价值链和国内价值链的融合

随着全球价值链的兴起，很多学者开始关注中国融入全球价值链的问题，不少学者主张要积极构建国内价值链（张少军和刘志彪，2013）和区域价值链（魏龙和王磊，2016）。张少军和刘志彪（2013）指出，中国国内价值链并没有成功对接全球价值链，中国应利用大国优势，发展和延长国内价值链，培育其与国内的产业关联和技术经济联系，形成链条对链条的良性竞争。杨书群和汤虹玲（2013）指出，中国在全球价值链分工中一直低位徘徊，要改变这种状况必须在全球价值链体系下构建中国制造业国家价值链。魏龙和王磊（2016）从价值链转换的条件、转换后的影响两个角度探讨了"一带一路"倡议的可行性问题，实证结果显示中国具备主导区域价值链的条件。张彦（2020）指出，在全球价值链中遭遇"反攀升压制"的现实背景下，RCEP区域价值链合作为中国制造找到了"替代方案"，同时有利于发挥示范效应，探索高质量共建"一带一路"的新路径。彭冬冬和林珏（2021）指出，"一带一路"沿线国家间的价值链合作是沿线国家化解逆全球化危机、摆脱价值链低端锁定的有效途径，而建立高标准的自由贸易协定可以为沿线的价值链合作提供重要支撑。

三、文献评述

纵观现有相关文献，学者们在"一带一路"倡议和全球价值链两个领域的研究成果日益丰硕。对"一带一路"倡议的研究主要围绕"一带一路"倡议的内涵、意义、机遇与挑战、产业合作、贸易合作等理论以及"一带一路"区域价值链展开。随着"一带一路"倡议的提出和发展，关于"一带一路"区域价值链的研究越来越丰富，从产业整体层面看，学者们通过对现状的深入分析普遍认为，长期以来虽然我国一直都是全球价值链的参与者，但被发达经济体和服务大国所支配和控制的状况难以突破，"一带一路"倡议的推行对构建以我国为主导的区域价值链，突破发达经济体和服务大国的封锁提供了可能。对全球价值链的研究主要围绕全球价值链的地位测算、全球价值链下的产业升级、全球价值链的治理以及全球价值链和国内价值链的融合等领域展开，在全球价值链的地位测算方面，得益于增加值贸易核算方法的日益成熟，学者们通过构建全球价值链长度指数、全球价值链上游度指数、全球价值链参与度指数、全球价值链地位指数等精确地测算与分析了我国制造业和服务业全球价值链分工的地位、参与程度与竞争力。

由此可见，虽然目前学术界对于"一带一路"倡议下的产业合作与贸易合作、全球价值链以及"一带一路"区域价值链等领域进行了较为深入且系统性的研究，但现有文献在诸多领域仍需要深入探讨。首先，对于"一带一路"区域价值链的研究，学者们普遍分析了在"一带一路"沿线区域构建以我国为主导的区域价值链的可能性以及具体的实现路径，然而大多数学者专注于从制造业角度出发，集中研究我国制造业在构建"一带一路"区域价值链中的影响，仅有少数学者涉足服务业，解析了服务业在"一带一路"区域价值链中的发展现状，但仍仅限于对生产性服务业的研究，并没有涉及所有服务行业，现有研究领域仍有待扩展。其次，对于我国服务业参与全球价值链分工的研究，仅有少数学者从增加值贸易的角度深入探析发展现状及其成因，在这为数不多的研究成果中学者们或者仅分析了出口产品中局部增加值构成的含义，或者仅对服务业整体进行考察，导致无法更全面且深入地剖析我国服务业及其细分行业在全球价值链中的发展现状及其成因，分析的广度和深度仍有待深化。最后，鲜有学者将我国服务业参与"一带一路"区域价值链和全球价值链相结合进行研究，有关"一带一路"服务价值链领域的研究尚处于起步阶段。

综上所述，既有研究的不足引领我们更加系统地运用增加值贸易核算方法对中国与"一带一路"沿线国家服务业竞合关系进行深入剖析，以明确中国与"一带一路"沿线国家服务业的竞争性与合作潜力，进而为促进中国服务业在"一带一路"区域价值链中地位提升以及与"一带一路"沿线国家服务业的合作提供理论依据和政策参考。

第 II 篇

中国与"一带一路"沿线国家
服务业在全球价值链中的
依赖关系
——基于增加值贸易视角

中国与"一带一路"沿线国家
服务业增加值贸易规模分析

第一节 相关概念界定和行业分类说明

为了能够更好地把握研究对象，避免概念上的分歧，本章将对服务业和服务贸易这两个概念进行界定并对本章及下文后续研究过程中计算与分析所使用的行业分类进行说明。

一、相关概念界定

（一）服务业

目前理论界对服务业的概念尚有争议，由于全球经济一体化，三次产业之间的界限越来越模糊，不断融合，出现交叠现象，再加上服务业的外延不断拓宽，每个国家的国情不同，对服务业的界定也不同，因此使用"排除法"定义服务业成为较为通用的方法，即指除农业、工业和建筑业以外的其他所有行业。

我国目前采用第三产业的统计体系代替服务业统计体系。1984 年，我国首次发布《国民经济行业分类》国家标准，并分别于 1994 年、2002 年、2011 年、2017 年先后进行了 4 次修订，2017 年的修订版开始实施最新的《国民经济行业分类》（GB/T4754 – 2017）。大体上，我国的第三产业包括以下 4 个方面：流通部门（含交通运输、邮电通信业、批零贸易和餐饮业等）、为生产和生活服务的部门（含金融保险业、房地产业和地质勘探业等）、为提高居民素质和科学文化水平服务的部门（含文教艺术业、广播电视电影业、卫生体育和社会福利业等）和为社会公共需要服务的部门（含国家机关、党政机关和社会团体等）。但是事实上，第三产业与服务业还是有所区别。

服务业的范围非常广泛且具有复杂性，其复杂性体现为构成庞杂、性质差异和目标多元等，因此，学者对服务业的分类也因其侧重点或用途不同而不同，主要有以下 3 种。

（1）按照要素密集特征分类为资本密集型、劳动密集型和知识密集型。发展中国家的服务业相对落后，国际竞争力弱，导致服务业的发展受到限制，发展中国家主要从事低技术含量的劳动密集型服务生产环节，服务业在全球价值链上的增值能力弱，地位得不到提升。

（2）按照活动服务或需求对象分类为生产性服务业、消费性服务业和公共服务业 3 大类。生产性服务业主要指交通运输、科技、金融和商务服务等；消费性服务业主要与居民生活相关，如餐饮、文体娱乐等；公共服务业主要是非营利性的公共机构组织，如卫生教育、国防等。

（3）按照相对发展时间分类为传统服务业和现代服务业。现代服务业是相对于传统服务业而言，主要是由于信息技术和知识经济的发展而演变出来，是一种具有高技术含量和文化含量或新服务方式的服务业。

（二）服务贸易

服务贸易的概念首次出现在 20 世纪 70 年代，在 80 年代被纳入国际贸易理论。传统观点认为，服务贸易是一种服务提供行为，由此获得外汇收入，这样的交易行为发生于国际之间就形成了国际服务贸易。

随着全球经济一体化进程逐步推进，服务贸易也在稳步发展，服务贸易相关理论也在逐渐完善。其中，服务贸易总协定（GATS）对服务贸易的描述与定义是最普遍接受的。GATS 将服务贸易划分为 4 种方式：跨境交付（服务的跨境交易）、商业存在（服务供给者为需求者建立相关服务机构，形成商业存在）、境外消费（境外获得服务并付费）、自然人流动（以自然人身份为他国消费者提供服务）。

服务贸易有多种分类方法，GATS 提出将服务贸易分为 12 类，分别是商业服务（计算机和专门服务）、金融服务（银行和保险）、健康和社会服务、环境服务、文化和娱乐服务、体育服务、教育服务、交通运输服务、建筑服务、分销服务。国际货币基金组织（IMF）将服务贸易分为要素服务和非要素服务两个大类。要素服务主要是与资本项目相关的服务，主要包括金融、旅游、运输、保险、咨询、特许权、私人服务；非要素服务主要是与资本项目无关的服务，主要包括股息、利息、国外投资收益、其他资本净利润。也有分类方法将服务贸易按照服务转移程度、服务生产要素及服务产生时间 3 个角度分类。按照服务转移程度来分，服务贸易包括生产者服务、消费者服务、分配型服务；按服务生产要素来分，服务贸易包括资本密集型服务、技术和知识密集型服务、劳动密集型服务；按服务产生时间来分，服务贸易包括传统服务贸易和新兴服务贸易。

二、行业分类说明

本书研究数据来源于对外经贸大学全球价值链研究院 UIBE GVC Indicators 数据库，该数据库所使用的数据是在 WIOD、TiVA 和 ADB‑MRIO 数据基础上加工而成，ADB‑MRIO 是亚洲开发银行在 WIOD 的基础上编制的跨国投入产出表，覆盖 2011～2017 年 63 个国家/地区 35 个部门的投入产出数据，其中 34 个为"一带一路"沿线国家，包括东亚 2 国（中国和韩国），东南亚 9 国（新加坡、印度尼西亚、马来西亚、菲律宾、泰国、越南、老挝、文莱和柬埔寨），南亚 7 国（印度、孟加拉国、斯里兰卡、巴基斯坦、不丹、马尔代夫和尼泊尔），中亚 2 国（哈萨克斯坦和吉尔吉斯斯坦），西亚 1 国（土耳其），东欧 8 国（俄罗斯、斯洛文尼亚、克罗地亚、罗马尼亚、保加利亚、爱沙尼亚、拉脱维亚和立陶宛），中欧 5 国（波兰、捷克、斯洛伐克、奥地利和匈牙利）。需要说明的是，本章及下文后续研究中提及的"一带一路"国家均为这 34 个国家。

UIBE GVC Indicators 的 ADB‑MRIO 数据库涉及的 35 个部门中有 17 个为服务业部门，包括 c19 汽车及摩托车的销售、维护及修理，c20 燃油零售批发（不含汽车及摩托车），c21 零售（不含汽车及摩托车），c22 住宿和餐饮业，c23 陆路运输，c24 水路运输，c25 航空运输，c26 旅行社业务，c27 邮政通信业，c28 金融业，c29 房地产业，c30 租赁和商务服务业，c31 公共管理和国防及社会保障业，c32 教育，c33 卫生和社会工作，c34 其他社区、社会及个人服务业和 c35 私人雇佣的家庭服务业，本章及下文后续研究中提及的服务业均为这 17 个细分行业。

根据樊茂清和黄薇（2013）、戴翔和尹伟华（2015）等的相应研究结果，本书将 UIBE GVC Indicators 的 ADB－MRIO 数据库中 17 个服务业部门分为劳动密集型服务业、资本密集型服务业和知识密集型服务业 3 大类，劳动密集型服务业包括 c19 汽车及摩托车的销售、维护及修理，c20 燃油零售批发（不含汽车及摩托车），c21 零售（不含汽车及摩托车），c22 住宿和餐饮业，c26 旅行社业务，c35 私人雇佣的家庭服务业 6 个细分部门；资本密集型服务业包括 c23 陆路运输，c24 水路运输，c25 航空运输，c27 邮政通信业，c29 房地产业 5 个细分部门；知识密集型服务业包括 c28 金融业，c30 租赁和商务服务业，c31 公共管理和国防及社会保障业，c32 教育，c33 卫生和社会工作，c34 其他社区、社会及个人服务业 6 个细分部门。需要说明的是，本章及下文后续研究中对服务业的分类均按照此种界定方法。

本章及下文后续研究中的服务贸易是指在增加值贸易理论和基于增加值统计口径的新型国际贸易统计体系的指引下对 UIBE GVC Indicators 的 ADB－MRIO 数据库中 34 个"一带一路"沿线国家 17 个服务业细分部门的进出口情况进行解析。中国服务业在全球价值链中的发展仍存在诸多不足，且与以美国为代表的发达国家和服务大国之间相差甚远。发达经济体和服务大国凭借其掌握的核心技术，在国际分工中处于主导地位，支配着全球价值链各环节的生产活动。同时，在世界经济发展缓慢和"逆全球化"盛行的国际背景下，处于相对被动地位的中国服务业试图在短时间内单纯的通过参与全球价值链实现产业升级，地位攀升以及强劲带动国内经济增长的目标难度较大。而"一带一路"倡议的提出为中国服务业实现产业升级，打破发达国家和服务大国的束缚提供了新的途径和思路。"一带一路"沿线区域越来越成为我国服务业突破国际国内经济发展困境，实现产业在全球价值链中高质量发展的重要切入点。在深入了解中国服务业如何通过参与"一带一路"区域价值链更好地实现其在全球价值链中高质量发展之前,必须要了解中国与"一带一路"沿线国家服务业在全球价值链中的贸易依赖关系,明晰中国与"一带一路"沿线国家服务出口和进口中不同来源和去向的增加值构成,以此为明确中国服务业在"一带一路"区域价值链和全球价值链中的参与程度和地位以及中国与"一带一路"沿线国家服务业竞合关系提供数据依据。

第二节　区域维度服务业增加值贸易规模

　　为了对中国与"一带一路"沿线国家服务业增加值贸易现状有一个较为充分的了解,同时考虑到中国与"一带一路"沿线国家服务业在全球价值链中的竞争力很大程度上体现在贸易领域,因此,本章以及接下来两章就服务业增加值贸易规模、服务业增加值贸易结构、服务业增加值贸易依存度3个方面对中国与"一带一路"沿线国家服务业增加值贸易现状进行分析、阐述。

　　2013年9月和10月,我国先后提出共建"丝绸之路经济带"和"21世纪海上丝绸之路"的重大倡议。"一带一路"倡议自提出以来,得到了沿线国家的积极响应以及国际社会大多数成员的欢迎和认可。截至2022年12月,中国已经同150个国家和32个国际组织签署200余份共建"一带一路"合作文件,签署范围自亚欧大陆拓展至非洲、拉美和加勒比地区、南太平洋地区[①]。"一带一路"倡议的核心是政策沟通、设施联通、贸易畅通、资金融通和民心相通,作为"一带一路"倡议"五通之一"的贸易畅通是"一带一路"建设的重点内容,服务贸易作为国际贸易的重要组成部分成为贸易畅通建设的重要内容。"一带一路"倡议的推进和实施不仅为沿线国家服务贸易发展开辟了新的机遇,也为中国调整产业结构、促进新兴服务业的发

---

　　① 中国一带一路网,https://www.yidaiyilu.gov.cn/xwzx/roll/77298.htm。

展和布局提供了重要的契机。

图 3 - 1 描绘了 2011 ~ 2017 年中国与"一带一路"沿线国家服务业增加值贸易总体规模情况。可以发现,中国与"一带一路"沿线国家服务业增加值贸易呈现出平稳上升的趋势,发展前景向好,贸易总额从 2011 年的 594. 28 亿美元上升至 2017 年的 665. 27 亿美元,年均增长率为 1. 90%。从出口来看,中国对"一带一路"沿线国家服务业增加值出口呈现出小幅下降趋势,出口额从 2011 年的 186. 45 亿美元下降至 2017 年的 178. 35 亿美元。从进口来看,中国正成为"一带一路"沿线国家服务出口的重要市场,中国自"一带一路"沿线国家进口的服务业增加值呈现出较为快速的增长趋势,进口额从 2011 年的 407. 82 亿美元上升至 2017 年的 486. 91 亿美元,年均增长率高达 3. 00%。从贸易差额来看,2011 ~ 2017 年,中国与"一带一路"沿线国家服务业增加值贸易均呈现为逆差,逆差额在 2016 年达到峰值 335. 01 亿美元,之后小幅回落,至 2017 年逆差额为 308. 56 亿美元。

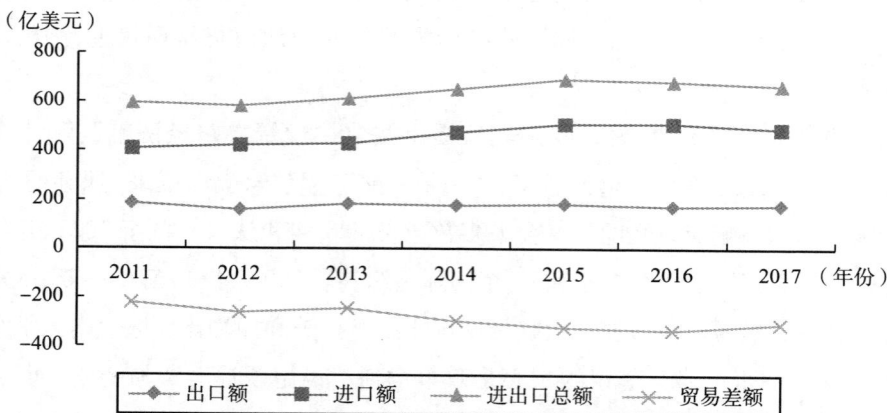

图 3 - 1　中国与"一带一路"沿线国家服务业增加值贸易总体规模

资料来源:对外经贸大学全球价值链研究院 UIBE GVC Indicators 的 ADB - MRIO 数据库。

从图 3 - 2 中国与"一带一路"沿线区域服务业增加值进出口规模来看,中国与东亚地区进出口总额从 2011 年的 99. 91 亿美元上升为 2017 年的 200. 94 亿美元,年均增长率为 12. 35%;与东南亚地区进出口总额从 2011

年的 175.53 亿美元上升为 2017 年的 178.90 亿美元，年均增长率为 0.32%；
与南亚地区进出口总额从 2011 年的 117.38 亿美元下降为 2017 年的 106.89
亿美元，年均增长率为 -1.55%；与东欧地区进出口总额从 2011 年的
150.09 亿美元下降为 2017 年的 105.97 亿美元，年均增长率为 -0.06%；与
中欧地区进出口总额从 2011 年的 35.78 亿美元上升为 2017 年的 59.63 亿美
元，年均增长率为 8.89%；与中亚地区进出口总额从 2011 年的 10.25 亿美
元下降为 2017 年的 8.02 亿美元，年均增长率为 -4.01%；与西亚地区进出
口总额从 2011 年的 5.34 亿美元下降为 2017 年的 4.92 亿美元，年均增长率
为 -1.35%。

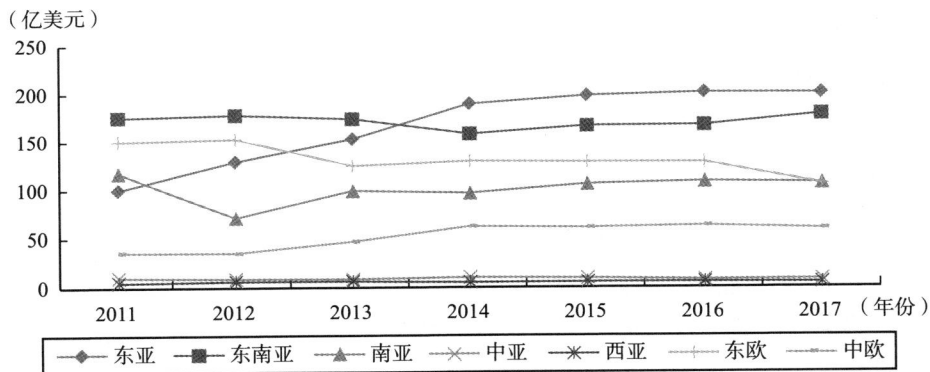

图 3-2　中国与"一带一路"沿线区域服务业增加值进出口规模

资料来源：对外经贸大学全球价值链研究院 UIBE GVC Indicators 的 ADB - MRIO 数据库。

从图 3-3 中国与"一带一路"沿线区域服务业增加值进出口总额所
占比重来看，东亚和东南亚是与中国进行服务贸易合作的最重要区域，这
两个区域占中国与沿线区域服务业增加值贸易的近 60%，其中与东亚进
出口总额所占比重呈逐年上升趋势，2017 年为 30.27%；与东南亚进出口
总额所占比重先下降后上升，2015 年达到最低值，占比为 24.08%，之后
逐步上升，至 2017 年上升为 26.89%。南亚和东欧是与中国进行服务贸
易合作第二重要的区域，但服务业增加值贸易进出口总额所占比重均呈现
出下降趋势，与南亚进出口总额所占比重 2011 年为 19.78%，2017 年降

为 16.10%；与东欧进出口总额所占比重 2011 年为 25.26%，2017 年降为 15.93%。中国与中欧服务业增加值贸易进出口总额所占比重呈缓慢上升趋势，由 2011 年的 6.03% 上升为 2017 年的 8.98%。中国与中亚、西亚服务贸易合作最少，且进出口总额占比呈现出缓慢下降的趋势，与中亚服务业增加值贸易进出口总额所占比重 2011 年为 1.73%，2017 年降为 1.21%；与西亚服务业增加值贸易进出口总额所占比重 2011 年为 0.90%，2017 年下降为 0.74%。

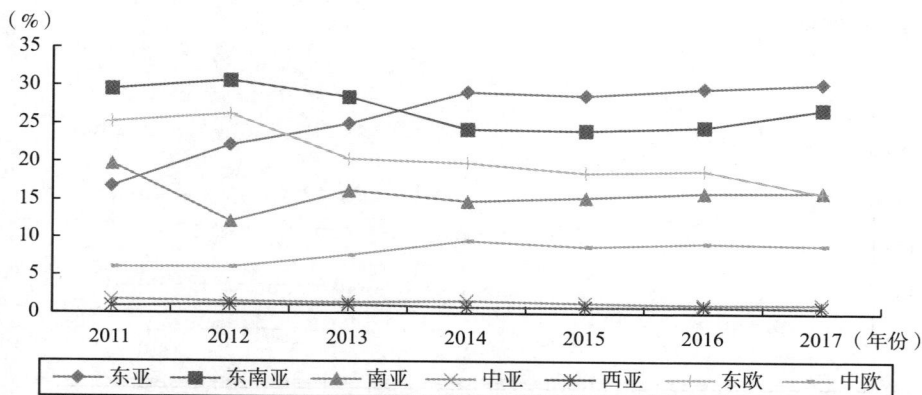

图 3 - 3　中国与"一带一路"沿线区域服务业增加值进出口总额所占比重

资料来源：对外经贸大学全球价值链研究院 UIBE GVC Indicators 的 ADB - MRIO 数据库。

从中国对"一带一路"沿线区域服务业增加值出口额来看（见图 3 - 4），东南亚和东亚是中国最大的服务出口区域，2011 年中国对东南亚的服务业增加值出口额为 74.23 亿美元，之后呈缓慢的下降趋势，2017 年出口额为 61.02 亿美元，中国对东亚的服务业增加值出口则呈缓慢的上升趋势，2011 年出口额为 40.43 亿美元，2017 年为 48.79 亿美元。南亚和中欧是中国第二大服务出口区域，至 2017 年出口南亚的服务业增加值为 35.37 亿美元，出口中欧的服务业增加值为 22.21 亿美元。中国对中亚和东欧的服务业增加值出口较小，2017 年对中亚的出口额为 4.99 亿美元，对东欧的出口额为 3.03 亿美元。中国对西亚的服务业增加值出口额最小，2017 年出口额仅为 0.57 亿美元。

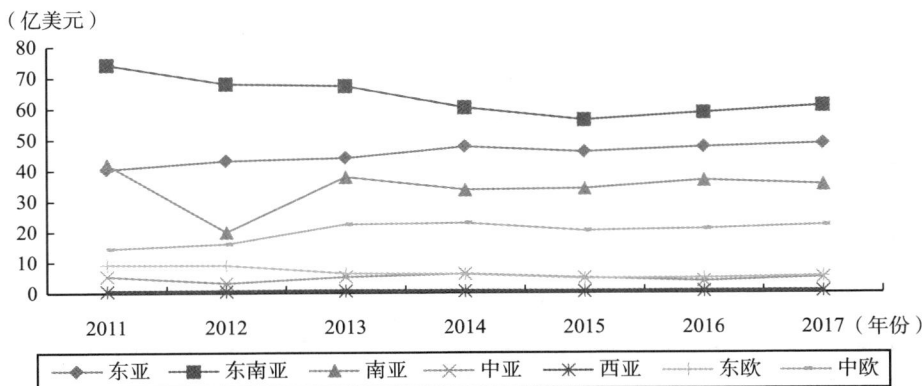

（亿美元）

图3-4 中国对"一带一路"沿线区域服务业增加值出口额

资料来源：对外经贸大学全球价值链研究院 UIBE GVC Indicators 的 ADB–MRIO 数据库。

从中国自"一带一路"沿线区域服务业增加值进口额来看（见图3-5），东亚和东南亚是中国最大的服务进口区域，且呈现出较为强劲的增长趋势。中国2011年从东亚进口的服务业增加值为59.48亿美元，2017年上升为152.14亿美元，年均增长率为16.94%；2011年从东南亚进口的服务业增加值为101.30亿美元，2017年上升为117.88亿美元，年均增长率为2.55%。东欧和南亚是中国第二大服务进口区域，但进口额呈现出下滑趋势，尤其是东欧。中国2011年从东欧进口的服务业增加值为140.78亿美元，2017年降为100.56亿美元，年均增长率为-5.45%，自东欧进口额的下降主要是由于自俄罗斯进口额的大幅下降；中国2011年从独联体进口的服务业增加值为114.02亿美元，2017年降为71.56亿美元，年均增长率为-7.47%。2011年从南亚进口的服务业增加值为75.29亿美元，2017年降为71.52亿美元，年均增长率为-0.85%。中欧是中国第三大服务进口区域，且进口额呈现出上升趋势，2011年从中欧进口的服务业增加值为21.21亿美元，2017年为37.42亿美元，年均增长率为9.92%。中国从中亚和西亚进口的服务业增加值最小，且呈现下滑趋势，2011年中国从中亚进口的服务业增加值为4.91亿美元，2017年为3.03亿美元，年均增长率为-7.71%，从西亚进口的服务业增加值为4.85亿美元，2017年为4.36亿美元，年均增长率为 -1. 76%。

（亿美元）

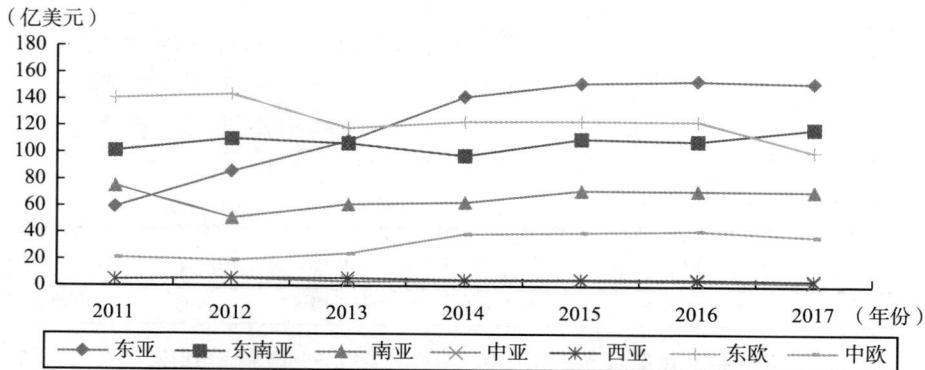

图 3 - 5　中国自"一带一路"沿线区域服务业增加值进口额

资料来源：对外经贸大学全球价值链研究院 UIBE GVC Indicators 的 ADB - MRIO 数据库。

　　从中国与"一带一路"沿线区域服务业增加值贸易差额来看（见图 3 - 6），中国与"一带一路"沿线各区域贸易差额基本上均为逆差，与东亚逆差额最大，且呈上升趋势，至 2017 年逆差额为 103. 35 亿美元；与东欧逆差额位居第二，但呈下降趋势，至 2017 年逆差额为 95. 15 亿美元；与东南亚、南亚的逆差额次之，2017 年逆差额分别为 57. 43 亿美元和 36. 15 亿美元；与中欧和西亚的逆差额最小，2017 年分别为 15. 21 亿美元和 3. 79 亿美元；与中亚除 2012 年和 2016 年外均呈现为顺差，但顺差额较小，2017 年为 1. 96 亿美元。

　　综上所述，东亚、东南亚是与中国进行服务贸易合作的最重要区域，中国与东亚、东南亚进出口总额规模最大，所占比重最高，南亚、东欧是与中国进行服务贸易合作第二重要的区域，但与南亚、东欧的进出口总额呈下降趋势，尤其是与俄罗斯下降趋势明显，与中欧服务贸易合作趋势非常稳定，中国与中亚、西亚服务贸易进出口总额规模最小。中国与"一带一路"沿线各区域进出口贸易差额基本上均为逆差，与东亚逆差额最大。

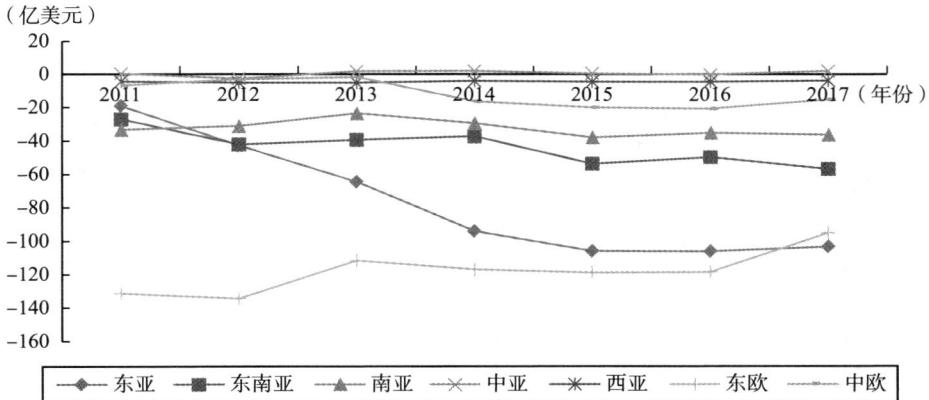

图3-6　中国与"一带一路"沿线区域服务业增加值贸易差额

资料来源：对外经贸大学全球价值链研究院 UIBE GVC Indicators 的 ADB - MRIO 数据库。

第三节　国家维度服务业增加值贸易规模

从具体国家来看，表3-1显示了中国与"一带一路"沿线国家服务业增加值进出口总额所占比重情况，可以发现，中国与韩国服务贸易关系最为密切，服务贸易往来最为频繁，服务业增加值进出口额在"一带一路"沿线国家进出口总额中占比最大，2017年高达31.46%，接下来是新加坡、印度、俄罗斯、印度尼西亚、泰国和菲律宾，分别占比17.74%、13.10%、11.58%、8.68%、8.61%和4.80%；中国与马来西亚、越南、巴基斯坦、孟加拉国、哈萨克斯坦和匈牙利服务贸易往来较少，占比分别是3.03%、2.40%、1.96%、1.16%、1.10%和1.01%；而中国与老挝、文莱、柬埔寨、斯里兰卡、不丹、马尔代夫、尼泊尔、吉尔吉斯斯坦、土耳其、斯洛文尼亚、克罗地亚、罗马尼亚、保加利亚、爱沙尼亚、立陶宛、拉脱维亚和斯洛伐克服务贸易相互依赖程度很低，服务业增加值进出口额在沿线国家进出口总额中的占比均不到1%。

表 3 - 1　　　　　中国与"一带一路"沿线国家服务业增加值
进出口总额所占比重　　　　　　单位：%

国家	2011 年	2012 年	2013 年	2014 年	2015 年	2016 年	2017 年	Δ（2017～2011 年）
韩国	17.59	23.24	26.08	30.34	30.56	30.75	31.46	13.87
新加坡	14.33	14.08	14.88	14.75	13.53	14.11	17.74	3.41
印度尼西亚	13.11	13.36	10.49	7.41	7.52	7.70	8.68	-4.43
马来西亚	3.51	3.69	3.52	3.14	2.80	2.73	3.03	-0.48
泰国	8.14	9.04	9.41	8.43	9.15	8.13	8.61	0.47
菲律宾	3.31	3.69	3.79	3.73	3.58	4.20	4.80	1.49
越南	2.47	1.89	2.04	2.14	2.24	2.36	2.40	-0.06
老挝	0.02	0.02	0.03	0.03	0.02	0.02	0.04	0.01
文莱	0.03	0.05	0.05	0.04	0.03	0.03	0.03	-0.01
柬埔寨	0.14	0.18	0.19	0.20	0.19	0.19	0.20	0.06
印度	16.74	8.80	13.04	12.06	12.85	12.81	13.10	-3.64
孟加拉国	1.31	1.49	1.59	1.24	1.25	1.61	1.16	-0.15
斯里兰卡	0.19	0.22	0.21	0.20	0.20	0.22	0.22	0.03
巴基斯坦	2.21	2.03	1.82	1.69	1.78	1.62	1.96	-0.26
不丹	0.02	0.02	0.02	0.02	0.02	0.02	0.02	0.00
马尔代夫	0.09	0.11	0.11	0.11	0.11	0.12	0.12	0.03
尼泊尔	0.10	0.12	0.12	0.13	0.14	0.16	0.15	0.05
哈萨克斯坦	1.67	1.50	1.36	1.52	1.32	1.05	1.10	-0.57
吉尔吉斯斯坦	0.13	0.12	0.10	0.13	0.11	0.13	0.16	0.03
土耳其	0.94	1.13	1.09	0.83	0.83	0.85	0.77	-0.17
俄罗斯	21.30	22.24	16.00	15.46	14.90	14.68	11.58	-9.73
斯洛文尼亚	0.07	0.08	0.13	0.13	0.12	0.12	0.13	0.06
克罗地亚	0.11	0.12	0.17	0.13	0.11	0.10	0.11	0.00
罗马尼亚	0.15	0.18	0.18	0.37	0.37	0.38	0.40	0.25
保加利亚	0.09	0.11	0.14	0.24	0.15	0.16	0.15	0.06

续表

国家	2011 年	2012 年	2013 年	2014 年	2015 年	2016 年	2017 年	Δ (2017 ~ 2011 年)
爱沙尼亚	0.10	0.11	0.17	0.17	0.15	0.15	0.13	0.03
立陶宛	0.05	0.03	0.08	0.06	0.06	0.06	0.06	0.02
拉脱维亚	0.08	0.08	0.08	0.09	0.08	0.08	0.09	0.00
波兰	1.59	1.80	2.25	2.27	2.16	2.16	2.48	0.89
捷克	0.96	1.06	1.24	2.55	2.36	2.45	2.62	1.66
斯洛伐克	0.13	0.17	0.48	0.27	0.27	0.27	0.31	0.19
奥地利	2.56	2.60	2.87	3.57	3.75	3.69	2.91	0.35
匈牙利	1.06	0.73	1.13	1.29	0.84	0.99	1.01	- 0.05

资料来源：对外经贸大学全球价值链研究院 UIBE GVC Indicators 的 ADB - MRIO 数据库。

从中国与"一带一路"沿线国家服务业增加值进出口总额来看（见图 3 - 7），中国与韩国服务业增加值进出口额在"一带一路"沿线国家中位居第一，从 2011 年的 99.91 亿美元上升为 2017 年的 200.94 亿美元，年均增长率为 12.35%。与新加坡服务业增加值进出口额在"一带一路"沿线国家中位居第二，从 2011 年的 95.00 亿美元上升为 2017 年的 137.75 亿美元。与印度服务业增加值进出口额在"一带一路"沿线国家中位居第三，2017 年进出口总额为 83.69 亿美元，但与 2011 年的 95.07 亿美元相比下降了 11.38 亿美元。其次是俄罗斯、印度尼西亚和泰国，2017 年进出口总额分别为 73.93 亿美元、55.46 亿美元和 55.00 亿美元。2017 年与中国服务业增加值进出口额介于 10 ~ 30 亿美元的国家有马来西亚、菲律宾、越南、巴基斯坦、波兰、捷克和奥地利，其余国家与中国服务业增加值进出口额均小于 10 亿美元。从年均增长率来看，捷克的年均增长率最高，为 20.61%；其次是罗马尼亚，为 19.46%；斯洛伐克第三，为 18.60%；然后是韩国、斯洛文尼亚、保加利亚、老挝，分别为 12.35%、11.82%、11.02% 和 10.36%。年均增长率介于 5% ~ 10% 的有波兰、尼泊尔、菲律宾、柬埔寨、立陶宛、马尔代夫、爱沙尼亚、新加坡和吉尔吉斯斯坦，增长率分别为 9.84%、9.05%、8.47%、8.44%、7.90%、7.52%、6.43%、6.39% 和 5.04%，其余国家年均增长率均小于 5%，甚至为负。

图 3 - 8 和图 3 - 9 表明，新加坡、韩国、泰国、印度、印度尼西亚、马来西亚、越南、巴基斯坦、波兰和孟加拉国是中国的前十大"一带一路"出口国家，2017 年对这 10 国的服务业增加值出口额已达中国对"一带一路"沿线国家出口总额的 87.61%。其中，对新加坡的服务业增加值出口额位居第一，为 97.25 亿美元；对韩国的出口额位居第二，为 48.79 亿美元；对泰国的出口额位居第三，为 18.49 亿美元。韩国、俄罗斯、印度、新加坡、印度尼西亚、泰国、菲律宾、奥地利、捷克和马来西亚是中国的前十大"一带一路"进口国家，2017 年自这 10 国的服务业增加值进口额已达我国自"一带一路"沿线国家总进口额的 92.67%。其中，自韩国的进口额位居第一，为 152.14 亿美元；自俄罗斯的进口额位居第二，为 71.56 亿美元；自印度的进口额位居第三，为 65.77 亿美元。

从中国与"一带一路"沿线国家服务业增加值贸易差额来看（见图 3 - 10），中国与"一带一路"沿线各国服务业增加值贸易基本上均为逆差，与韩国逆差额最大，且呈上升趋势，至 2017 年逆差额为 103.35 亿美元；与俄罗斯逆差额位居第二，但逆差额呈下降趋势，至 2017 年逆差额为 69.18 亿美元；与印度逆差额居第三，2017 年逆差额为 47.86 亿美元；然后是印度尼西亚、菲律宾和泰国，逆差额分别为 22.85 亿美元、20.25 亿美元和 18.02 亿美元；接下来是奥地利、捷克和土耳其，逆差额分别为 7.94 亿美元、5.22 亿美元和 3.79 亿美元，表明中国与这些"一带一路"沿线国家的贸易合作主要是进口服务。中国也与个别"一带一路"沿线国家服务业增加值贸易呈现为顺差，但顺差额不大，其中，与新加坡顺差额位居第一，为 56.74 亿美元；其余顺差国家为孟加拉国、巴基斯坦、越南和哈萨克斯坦，顺差额分别为 5.47 亿美元、5.29 亿美元、3.35 亿美元和 2.10 亿美元。

（亿美元）

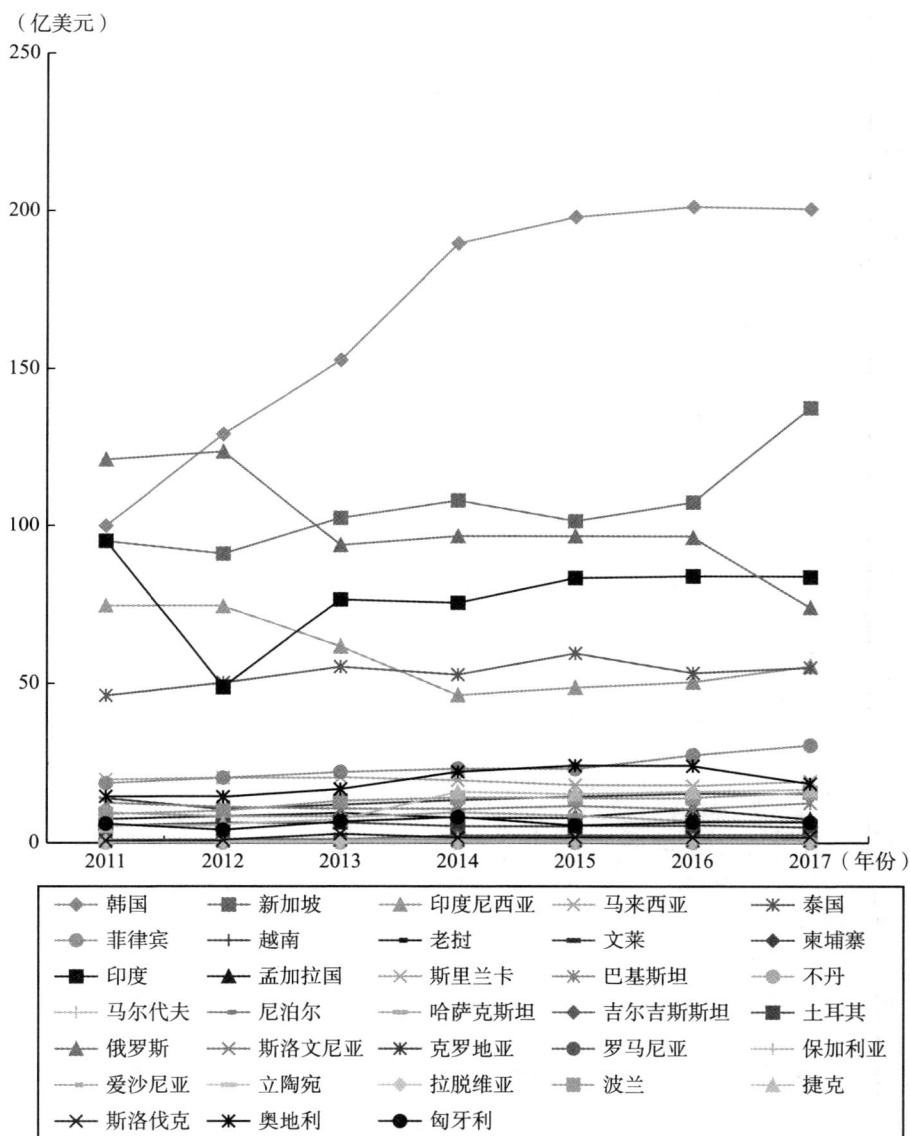

图3-7　中国与"一带一路"沿线国家服务业增加值进出口总额

资料来源：对外经贸大学全球价值链研究院 UIBE GVC Indicators 的 ADB - MRIO 数据库。

（亿美元）

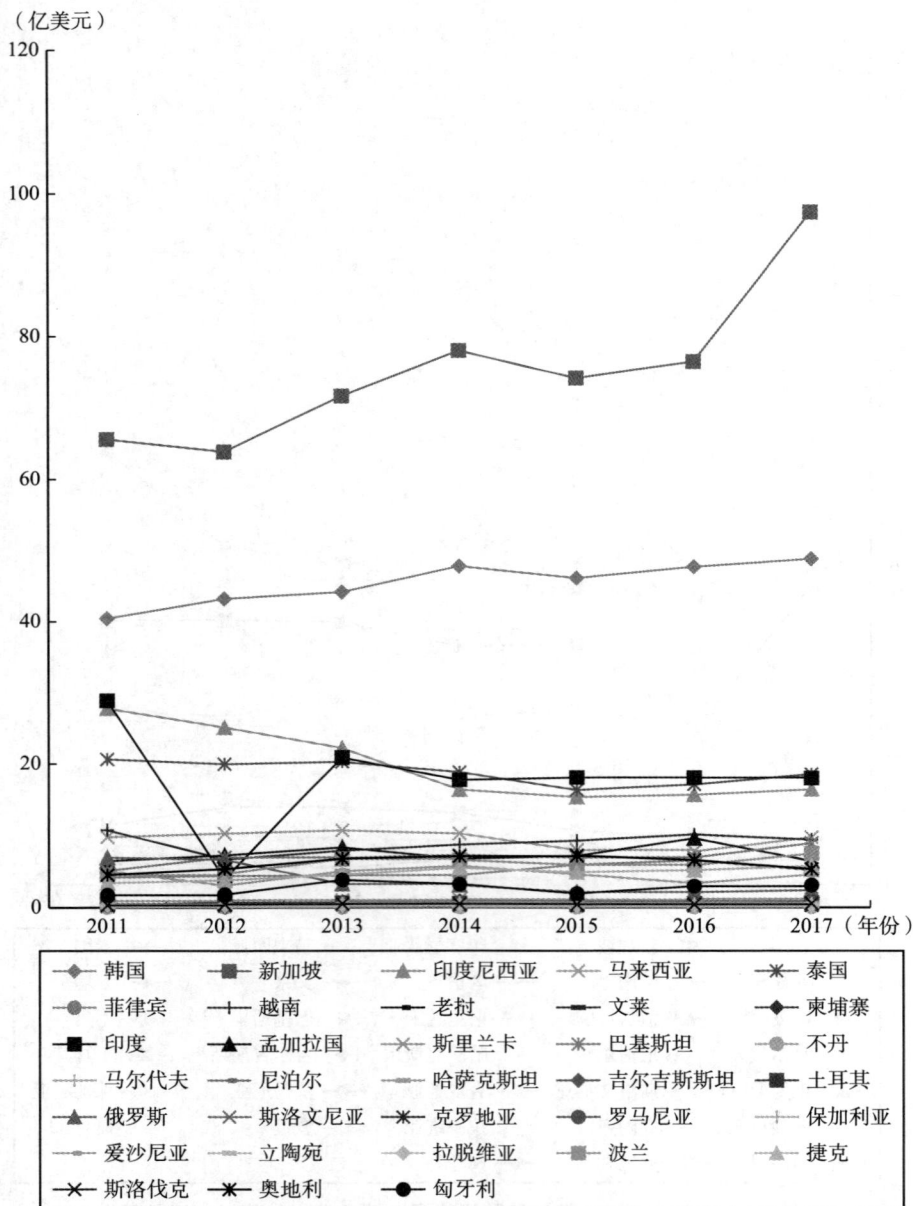

图 3 – 8 中国对"一带一路"沿线国家出口的服务业增加值

资料来源：对外经贸大学全球价值链研究院 UIBE GVC Indicators 的 ADB – MRIO 数据库。

（亿美元）

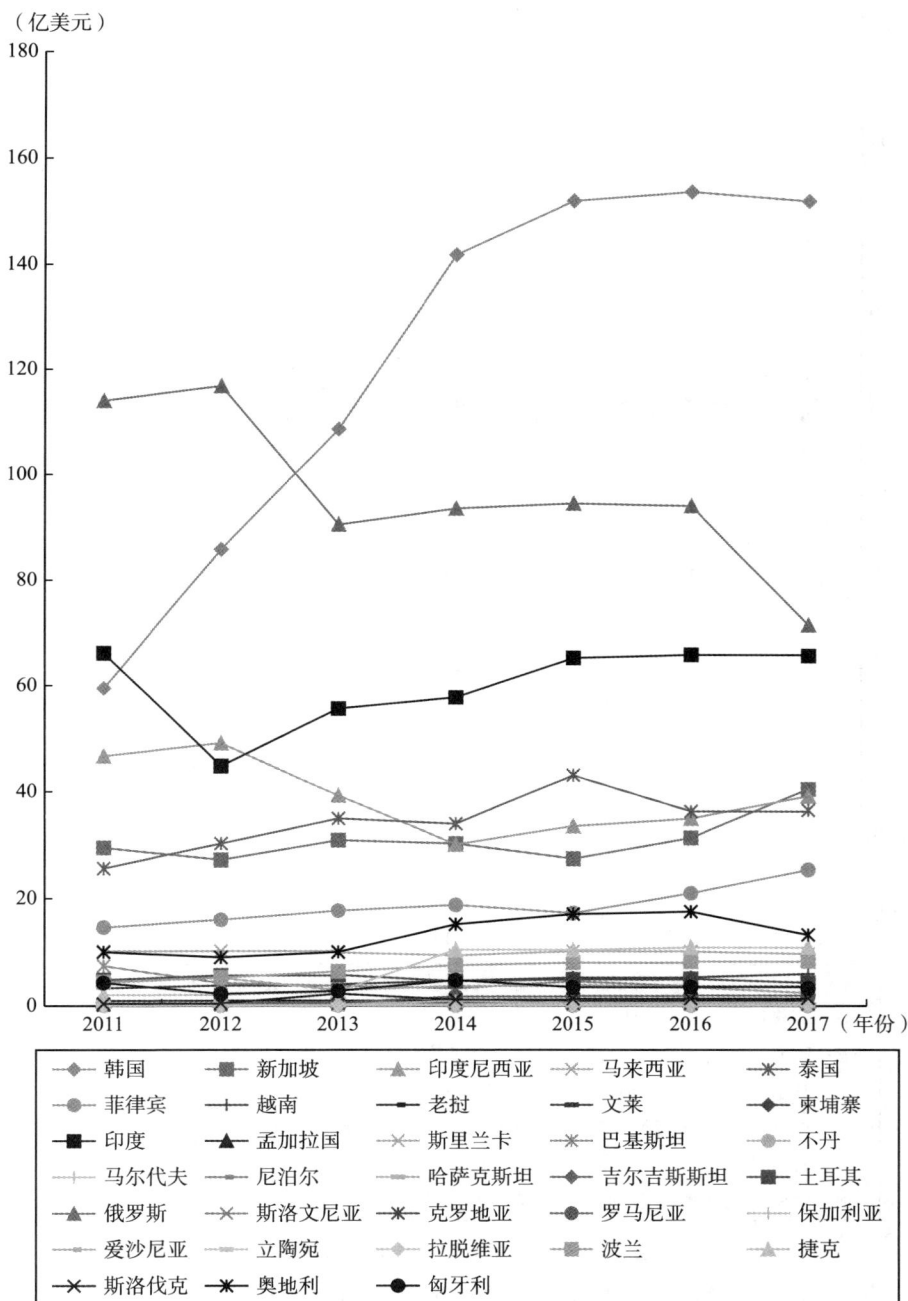

图 3 - 9　中国自"一带一路"沿线国家进口的服务业增加值

资料来源：对外经贸大学全球价值链研究院 UIBE GVC Indicators 的 ADB - MRIO 数据库。

（亿美元）

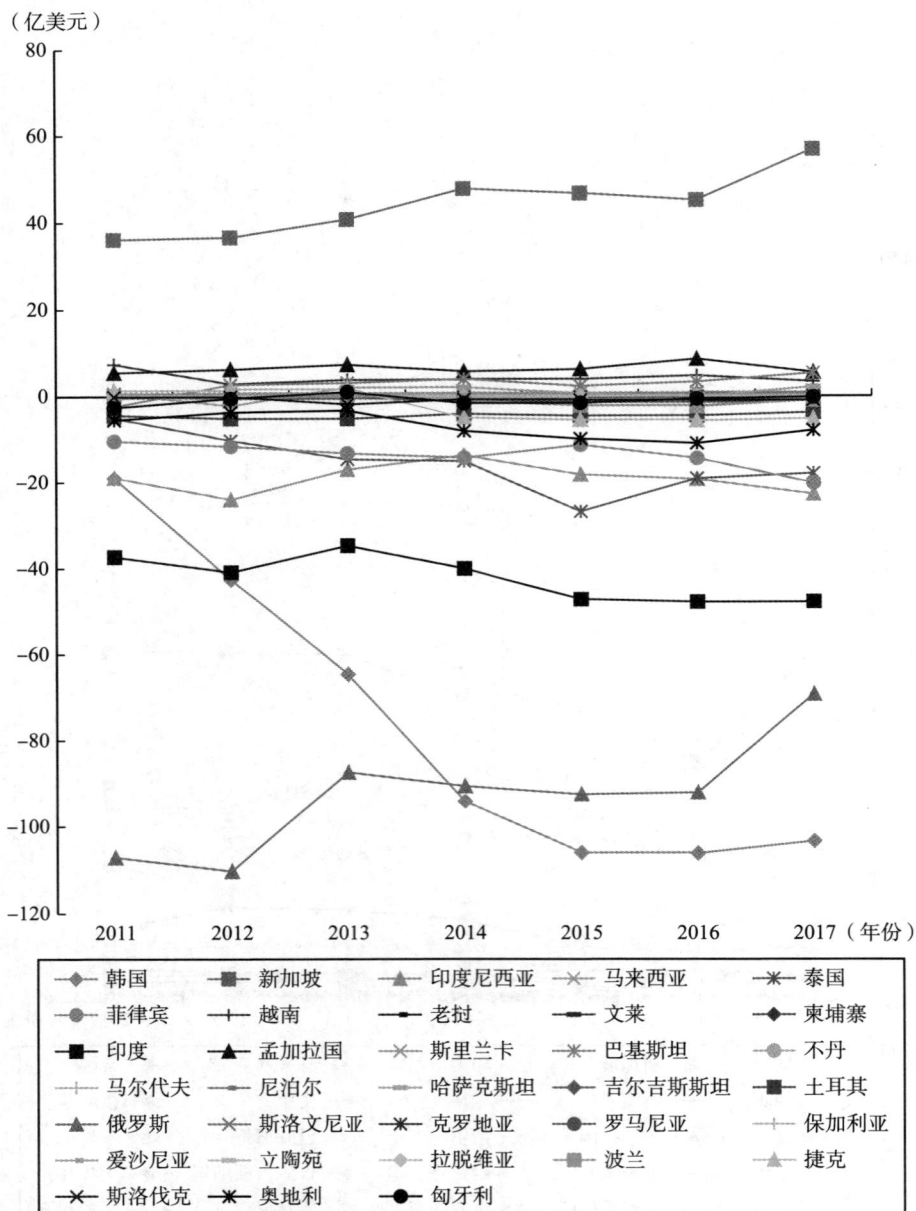

图 3-10　中国与"一带一路"沿线国家服务业增加值贸易差额

资料来源：对外经贸大学全球价值链研究院 UIBE GVC Indicators 的 ADB - MRIO 数据库。

第四节 结 论

本章采用对外经贸大学全球价值链研究院 UIBE GVC Indicators 的 ADB – MRIO 数据库增加值贸易数据从区域和国家两个视角对中国与"一带一路"沿线国家服务业增加值贸易规模进行分析,分析结论如下。

1. 中国与"一带一路"沿线国家服务业增加值贸易呈现出平稳上升的趋势,发展前景向好。东亚、东南亚是中国与"一带一路"沿线国家服务贸易合作的最重要区域,增加值贸易额占比接近 60%,南亚、东欧是第二重要的区域,中国与中亚、西亚服务贸易合作规模最小。

2. 新加坡、韩国、泰国、印度、印度尼西亚、马来西亚、越南、巴基斯坦、波兰和孟加拉国是中国的前十大"一带一路"出口国家,2017 年对这 10 国的服务业增加值出口额已达中国对"一带一路"沿线国家出口总额的 87.61%。其中,对新加坡的出口额位居第一,对韩国的出口额位居第二,对泰国的出口额位居第三。韩国、俄罗斯、印度、新加坡、印度尼西亚、泰国、菲律宾、奥地利、捷克和马来西亚是中国的前十大"一带一路"进口国家,2017 年自这 10 国的服务业增加值进口额已达我国自"一带一路"沿线国家总进口额的 92.67%。其中,自韩国的进口额位居第一,自俄罗斯的进口额位居第二,自印度的进口额位居第三。

3. 中国与"一带一路"沿线国家服务业增加值贸易呈现为逆差,其中与东亚逆差额最大,且呈上升趋势,与东欧逆差额位居第二,与东南亚、南亚的逆差额次之,与中欧和西亚的逆差额最小。从具体国家来看,与韩国逆差额最大,与俄罗斯、印度逆差额分别位居第二和第三,然后是印度尼西亚、菲律宾和泰国、奥地利、捷克和土耳其等。中国也与个别"一带一路"沿线国家呈现为顺差,其中与新加坡顺差额位居第一,为 56.74 亿美元,其余顺差国家为孟加拉国、巴基斯坦、越南和哈萨克斯坦,但顺差额不大。

第四章

中国与"一带一路"沿线国家
服务业增加值贸易结构分析

第一节　区域维度服务业增加值贸易结构

图 4-1 和图 4-2 分别描述了 2017 年中国向"一带一路"出口的前十位服务构成和自"一带一路"进口的前十位服务构成，可以看出，2017 年中国向"一带一路"出口的前十位服务构成中位居第一的是 c30 租赁和商务服务业，占比高达 46%；位居第二的是 c24 水路运输，占比为 15.88%；位居第三的是 c34 其他社区、社会及个人服务业，占比为 12.56%。接下来依次是 c25 航空运输、c27 邮政通信业、c28 金融业、c26 旅行社业务、c23 陆路运输、c20 燃油零售批发和 c22 住宿和餐饮业，占比分别是 6.70%、4.46%、3.21%、3.17%、2.73%、2.57% 和 1.45%。

在 2017 年中国自"一带一路"进口的前十位服务构成中位居第一的是 c20 燃油零售批发，占比高达 21.35%；位居第二的是 c30 租赁和商务服务业，占比高达 20.16%；位居第三的是 c34 其他社区、社会及个人服务业，占比为 18.35%。接下来依次是 c21 零售，c23 陆路运输，c24 水路运输，c25 航空运输，c27 邮政通信业，c19 汽车及摩托车的销售、维护及修理和 c28 金融业，占比分别是 12.38%、10.41%、2.41%、5.75%、2.15%、1.70% 和 1.27%。

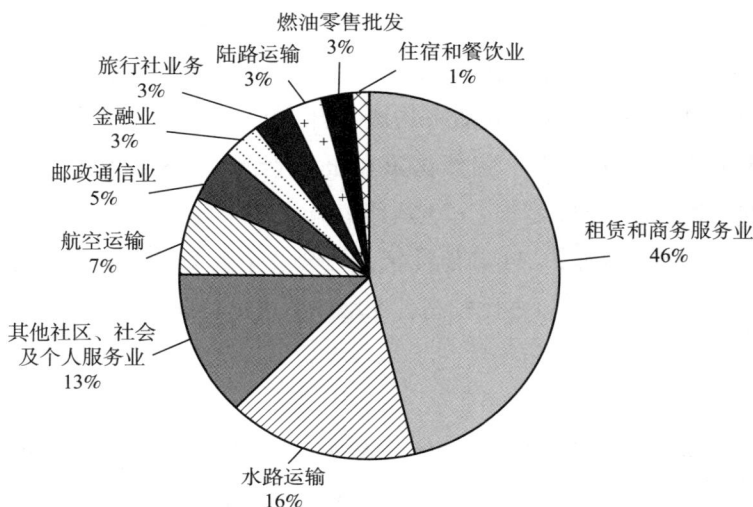

图 4 – 1　2017 年中国向"一带一路"出口的前十位服务构成

资料来源：对外经贸大学全球价值链研究院 UIBE GVC Indicators 的 ADB – MRIO 数据库。

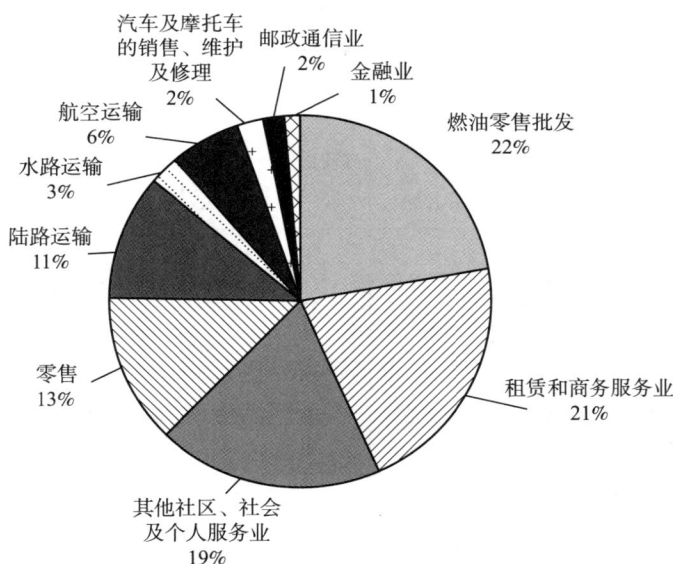

图 4 – 2　2017 年中国自"一带一路"进口的前十位服务构成

资料来源：对外经贸大学全球价值链研究院 UIBE GVC Indicators 的 ADB – MRIO 数据库。

接下来，本章分区域对中国与"一带一路"沿线国家服务业增加值贸易的结构进一步进行分析。表 4-1、表 4-2 分别统计了 2017 年中国对"一带一路"沿线地区增加值出口的前十位服务构成和中国自"一带一路"沿线地区增加值进口的前十位服务构成。自 2013 年"一带一路"倡议提出以来,中国与"一带一路"沿线国家在服务业领域不断深化合作,尤其是 c20 燃油零售批发,c21 零售,c23 陆路运输,c24 水路运输,c25 航空运输,c30 租赁和商务服务业,c34 其他社区、社会及个人服务业 7 个细分行业的增加值出口和增加值进口占比较高,在增加值进出口前十位服务构成中位居前列。

表 4-1 2017 年中国对"一带一路"沿线地区增加值出口的前十位服务构成

位次	东亚	东南亚	南亚	中亚	西亚	东欧	中欧
1	租赁和商务服务业 73.93%	租赁和商务服务业 31.99%	其他社区、社会及个人服务业 67.92%	租赁和商务服务业 81.08%	其他社区、社会及个人服务业 80.79%	陆路运输 23.85%	租赁和商务服务业 56.05%
2	航空运输 12.25%	水路运输 15.61%	水路运输 10.88%	陆路运输 5.03%	水路运输 7.00%	租赁和商务服务业 18.54%	陆路运输 14.30%
3	燃油零售批发 4.56%	金融业 12.51%	租赁和商务服务业 7.15%	邮政通信业 3.71%	陆路运输 4.61%	邮政通信业 17.54%	航空运输 11.88%
4	旅行社业务 3.21%	其他社区、社会及个人服务业 10.13%	航空运输 5.98%	旅行社业务 3.32%	金融业 2.90%	航空运输 12.47%	其他社区、社会及个人服务业 8.14%
5	陆路运输 2.14%	邮政通信业 5.77%	金融业 2.44%	金融业 3.10%	航空运输 1.91%	其他社区、社会及个人服务业 10.06%	旅行社业务 3.45%
6	其他社区、社会及个人服务业 1.58%	航空运输 5.75%	邮政通信业 1.97%	航空运输 2.74%	租赁和商务服务业 1.30%	水路运输 7.17%	水路运输 3.23%
7	邮政通信业 1.31%	住宿和餐饮业 4.95%	陆路运输 1.37%	卫生和社会工作 0.68%	邮政通信业 0.66%	燃油零售批发 4.66%	燃油零售批发 1.89%

续表

位次	东亚	东南亚	南亚	中亚	西亚	东欧	中欧
8	住宿和餐饮业 0.66%	教育 4.23%	住宿和餐饮业 1.13%	其他社区、社会及个人服务业 0.28%	公共管理和国防及社会保障业 0.56%	旅行社业务 3.03%	住宿和餐饮业 0.52%
9	水路运输 0.26%	卫生和社会工作 3.01%	旅行社业务 0.72%	水路运输 0.06%	旅行社业务 0.27%	住宿和餐饮业 2.16%	邮政通信业 0.32%
10	公共管理和国防及社会保障业 0.08%	旅行社业务 2.58%	零售 0.15%	—	—	公共管理和国防及社会保障业 0.33%	金融业 0.10%

资料来源：对外经贸大学全球价值链研究院 UIBE GVC Indicators 的 ADB – MRIO 数据库。

表 4 – 2   2017 年中国自"一带一路"沿线地区增加值进口的前十位服务构成

位次	东亚	东南亚	南亚	中亚	西亚	东欧	中欧
1	零售 38.56%	租赁和商务服务业 46.78%	其他社区、社会及个人服务业 86.22%	陆路运输 42.80%	其他社区、社会及个人服务业 23.44%	陆路运输 54.03%	租赁和商务服务业 46.23%
2	燃油零售批发 30.81%	其他社区、社会及个人服务业 19.46%	租赁和商务服务业 4.82%	租赁和商务服务业 21.65%	陆路运输 17.02%	燃油零售批发 38.99%	燃油零售批发 19.12%
3	租赁和商务服务业 12.60%	邮政通信业 6.58%	邮政通信业 2.15%	零售 8.05%	零售 12.04%	航空运输 3.35%	陆路运输 6.91%
4	航空运输 9.95%	航空运输 5.68%	陆路运输 1.58%	其他社区、社会及个人服务业 7.77%	航空运输 11.44%	租赁和商务服务业 1.27%	零售 6.46%
5	汽车及摩托车的销售、维护及修理 4.28%	陆路运输 4.73%	航空运输 1.45%	金融业 4.88%	燃油零售批发 9.56%	其他社区、社会及个人服务业 0.90%	其他社区、社会及个人服务业 6.12%

续表

位次	东亚	东南亚	南亚	中亚	西亚	东欧	中欧
6	其他社区、社会及个人服务业 2.15%	卫生和社会工作 3.92%	卫生和社会工作 1.14%	邮政通信业 4.31%	金融业 6.85%	邮政通信业 0.61%	航空运输 5.74%
7	水路运输 0.54%	旅行社业务 2.90%	教育 1.00%	旅行社业务 3.02%	邮政通信业 5.43%	公共管理和国防及社会保障业 0.17%	汽车及摩托车的销售、维护及修理 4.25%
8	住宿和餐饮业 0.43%	住宿和餐饮业 2.61%	住宿和餐饮业 0.81%	公共管理和国防及社会保障业 2.81%	汽车及摩托车的销售、维护及修理 5.00%	水路运输 0.17%	旅行社业务 1.25%
9	邮政通信业 0.12%	金融业 2.60%	汽车及摩托车的销售、维护及修理 0.26%	航空运输 2.38%	水路运输 3.54%	旅行社业务 0.17%	住宿和餐饮业 1.06%
10	陆路运输 0.11%	水路运输 1.89%	零售 0.18%	燃油零售批发 2.24%	租赁和商务服务业 2.66%	住宿和餐饮业 0.08%	邮政通信业 0.97%

资料来源：对外经贸大学全球价值链研究院 UIBE GVC Indicators 的 ADB – MRIO 数据库。

中国对中亚、东亚和中欧出口的 c30 租赁和商务服务业在中国对该区域出口总额中占比分别高达 81.08%、73.93% 和 56.05%；对西亚和南亚出口的 c34 其他社区、社会及个人服务业在对该区域出口总额中占比分别高达 80.79% 和 67.92%；对东欧和中欧出口的 c23 陆路运输在对该区域出口总额中占比分别高达 23.85% 和 14.30%；对东南亚和南亚出口的 c24 水路运输在对该区域出口总额中占比分别高达 15.61% 和 10.88%；对东亚和中欧出口的 c25 航空运输在对该区域出口总额中占比分别高达 12.25% 和 11.88%。

中国自南亚、西亚和东南亚进口的 c34 其他社区、社会及个人服务业在中国自该区域进口总额中占比分别高达 86.22%、23.44% 和 19.46%；自东南亚、中欧和中亚进口的 c30 租赁和商务服务业在自该区域进口总额中占比分别高达 46.78%、46.23% 和 21.65%；自东欧、中亚和西亚进口的 c23 陆路运输在自该区域进口总额中占比分别高达 54.03%、42.8% 和 17.02%；

自东亚进口的 c21 零售在自该区域进口总额中占比高达 38.56% ；自东欧、东亚和中欧进口的 c20 燃油零售批发在自该区域进口总额中占比分别高达 38.99% 、30.81% 和 19.12% 。

第二节 国家维度服务业增加值贸易结构

表 4 - 3 统计了 2017 年中国对"一带一路"沿线各国服务业增加值出口排名，从增加值出口总额来看，中国对 17 个沿线国家的服务业增加值出口总额超过 1 亿美元，其中对新加坡的出口额位居第一，为 97.28 亿美元，对韩国的出口额位居第二，为 48.79 亿美元，对泰国、印度和印度尼西亚的出口额位居第三至第五位，分别为 18.49 亿美元、17.92 亿美元和 16.30 亿美元，接下来依次是对马来西亚、越南、巴基斯坦、波兰、孟加拉国、捷克、奥地利、菲律宾、哈萨克斯坦、匈牙利、俄罗斯和斯里兰卡的出口额，分别为 9.68 亿美元、9.36 亿美元、8.89 亿美元、7.46 亿美元、6.45 亿美元、5.77 亿美元、5.33 亿美元、5.19 亿美元、4.56 亿美元、3.09 亿美元、2.38 亿美元、1.11 亿美元，对其余 16 个沿线国家出口额则不足 1 亿美元。

表 4 - 3 2017 年中国对"一带一路"沿线各国服务业增加值出口排名

单位：百万美元

位次	总和		位次	汽车及摩托车的销售、维护及修理		位次	燃油零售批发		位次	零售	
	国家	指数		国家	指数		国家	指数		国家	指数
1	新加坡	9727.55		新加坡	0	1	新加坡	407.18	1	菲律宾	109.44
2	韩国	4879.37		韩国	0	2	韩国	222.31	2	新加坡	6.37
3	泰国	1849.08		泰国	0	3	俄罗斯	24.05	3	斯里兰卡	4.69
4	印度	1791.61		印度	0	4	奥地利	21.98	4	泰国	2.89
5	印度尼西亚	1630.49		印度尼西亚	0	5	匈牙利	7.37	5	马尔代夫	0.61
6	马来西亚	968.23		马来西亚	0	6	波兰	6.47	6	文莱	0.13

续表

位次	总和		位次	汽车及摩托车的销售、维护及修理		位次	燃油零售批发		位次	零售	
	国家	指数		国家	指数		国家	指数		国家	指数
7	越南	935.58		越南	0	7	捷克	4.68	6	韩国	0.13
8	巴基斯坦	889.06		巴基斯坦	0	8	斯里兰卡	3.48	8	马来西亚	0.03
9	波兰	746.29		波兰	0	9	菲律宾	2.39	9	波兰	0.01
10	孟加拉国	644.69		孟加拉国	0	10	斯洛伐克	1.40		柬埔寨	0
11	捷克	576.65		捷克	0	11	马尔代夫	0.87		俄罗斯	0
12	奥地利	533.21		奥地利	0	12	泰国	0.66		奥地利	0
13	菲律宾	519.30		菲律宾	0	13	斯洛文尼亚	0.45		匈牙利	0
14	哈萨克斯坦	455.64		哈萨克斯坦	0	14	立陶宛	0.39		捷克	0
15	匈牙利	309.38		匈牙利	0	15	柬埔寨	0.37		斯洛伐克	0
16	俄罗斯	237.87		俄罗斯	0	16	文莱	0.35		斯洛文尼亚	0
17	斯里兰卡	110.80		斯里兰卡	0	17	拉脱维亚	0.32		立陶宛	0
18	柬埔寨	82.12		柬埔寨	0	18	马来西亚	0.05		拉脱维亚	0
19	尼泊尔	79.16		尼泊尔	0	19	哈萨克斯坦	0.01		哈萨克斯坦	0
20	罗马尼亚	77.51		罗马尼亚	0		印度尼西亚	0		印度尼西亚	0
21	土耳其	56.63		土耳其	0		越南	0		越南	0
22	斯洛伐克	55.27		斯洛伐克	0		老挝	0		老挝	0
23	保加利亚	54.85		保加利亚	0		印度	0		印度	0
24	爱沙尼亚	52.24		爱沙尼亚	0		孟加拉国	0		孟加拉国	0
25	吉尔吉斯斯坦	43.13		吉尔吉斯斯坦	0		巴基斯坦	0		巴基斯坦	0
26	斯洛文尼亚	36.69		斯洛文尼亚	0		不丹	0		不丹	0
27	拉脱维亚	30.63		拉脱维亚	0		尼泊尔	0		尼泊尔	0

续表

位次	总和		位次	汽车及摩托车的销售、维护及修理		位次	燃油零售批发		位次	零售	
	国家	指数		国家	指数		国家	指数		国家	指数
28	克罗地亚	29.70		克罗地亚	0		吉尔吉斯斯坦	0		吉尔吉斯斯坦	0
29	立陶宛	21.20		立陶宛	0		土耳其	0		土耳其	0
30	马尔代夫	12.69		马尔代夫	0		克罗地亚	0		克罗地亚	0
31	文莱	12.20		文莱	0		罗马尼亚	0		罗马尼亚	0
32	不丹	8.82		不丹	0		保加利亚	0		保加利亚	0
33	老挝	7.90		老挝	0		爱沙尼亚	0		爱沙尼亚	0

位次	住宿和餐饮业		位次	陆路运输		位次	水路运输		位次	航空运输	
	国家	指数		国家	指数		国家	指数		国家	指数
1	泰国	112.72	1	波兰	153.14	1	新加坡	2926.55	1	韩国	597.67
2	越南	71.97	2	韩国	104.66	2	泰国	893.28	2	新加坡	337.67
3	菲律宾	67.83	3	捷克	104.21	3	孟加拉国	382.69	3	孟加拉国	201.99
4	孟加拉国	34.17	4	俄罗斯	97.43	4	波兰	36.52	4	泰国	195.58
5	韩国	32.38	5	奥地利	48.93	5	捷克	19.39	5	捷克	114.48
6	印度尼西亚	25.58	6	新加坡	32.85	6	马来西亚	16.07	6	波兰	99.25
7	柬埔寨	21.22	7	马来西亚	30.71	7	保加利亚	14.58	7	菲律宾	49.97
8	奥地利	9.24	8	尼泊尔	29.34	8	奥地利	14.48	8	越南	46.05
9	罗马尼亚	7.53	9	柬埔寨	28.55	9	菲律宾	12.85	9	马来西亚	28.83
10	斯里兰卡	5.61	10	吉尔吉斯斯坦	21.54	10	韩国	12.82	10	奥地利	28.66
11	文莱	2.91	11	泰国	19.68	11	罗马尼亚	9.55	11	印度尼西亚	26.60
12	克罗地亚	2.24	12	斯里兰卡	15.71	12	俄罗斯	6.79	12	俄罗斯	17.41
13	匈牙利	1.12	13	拉脱维亚	9.60	13	爱沙尼亚	5.66	13	罗马尼亚	17.12
14	捷克	1.05	14	匈牙利	8.07	14	土耳其	3.96	14	匈牙利	16.78
15	俄罗斯	0.70	15	越南	6.92	15	印度	1.95	15	保加利亚	12.91
16	斯洛文尼亚	0.47	16	爱沙尼亚	6.57	16	斯洛文尼亚	1.32	16	哈萨克斯坦	12.53

续表

位次	住宿和餐饮业		位次	陆路运输		位次	水路运输		位次	航空运输	
	国家	指数		国家	指数		国家	指数		国家	指数
17	保加利亚	0.38	17	罗马尼亚	5.01	17	匈牙利	0.82	17	爱沙尼亚	6.97
18	爱沙尼亚	0.14	18	保加利亚	4.43	18	印度尼西亚	0.72	18	拉脱维亚	6.07
19	立陶宛	0.11	19	哈萨克斯坦	3.55	19	斯洛伐克	0.61	19	印度	5.59
20	拉脱维亚	0.10	20	印度尼西亚	3.28	20	克罗地亚	0.39	20	斯洛伐克	4.61
21	尼泊尔	0.08	21	斯洛伐克	3.14	21	立陶宛	0.37	21	斯洛文尼亚	3.88
22	斯洛伐克	0.04	22	不丹	3.02	22	吉尔吉斯斯坦	0.19	22	斯里兰卡	2.83
23	马来西亚	0.02	23	土耳其	2.61	23	拉脱维亚	0.10	23	立陶宛	2.11
23	马尔代夫	0.02	24	克罗地亚	2.29	24	哈萨克斯坦	0.09	24	吉尔吉斯斯坦	1.14
	新加坡	0	25	斯洛文尼亚	1.99	25	马尔代夫	0.06	25	土耳其	1.08
	波兰	0	26	立陶宛	1.63	26	老挝	0.05	26	克罗地亚	0.97
	巴基斯坦	0	27	老挝	0.80	27	文莱	0.03	27	马尔代夫	0.64
	哈萨克斯坦	0	28	菲律宾	0.25	28	不丹	0.01	28	文莱	0.30
	老挝	0	29	文莱	0.19		斯里兰卡	0	29	不丹	0.14
	印度	0	29	巴基斯坦	0.19		越南	0	30	尼泊尔	0.13
	不丹	0	31	马尔代夫	0.07		尼泊尔	0	31	巴基斯坦	0.03
	吉尔吉斯斯坦	0		孟加拉国	0		柬埔寨	0	31	老挝	0.03
	土耳其	0		印度	0		巴基斯坦	0		柬埔寨	0

位次	旅行社业务		位次	邮政通信业		位次	金融业		位次	房地产业	
	国家	指数		国家	指数		国家	指数		国家	指数
1	新加坡	425.74	1	新加坡	624.01	1	越南	383.00		新加坡	0
2	韩国	156.45	2	马来西亚	209.78	2	马来西亚	187.79		韩国	0
3	泰国	104.54	3	俄罗斯	76.67	3	泰国	136.76		泰国	0

位次	旅行社业务		位次	邮政通信业		位次	金融业		位次	房地产业	
	国家	指数		国家	指数		国家	指数		国家	指数
4	捷克	50.23	4	韩国	63.98	4	巴基斯坦	45.58		印度	0
5	马来西亚	42.22	5	泰国	49.63	5	菲律宾	42.40		印度尼西亚	0
6	尼泊尔	21.93	6	越南	47.93	6	孟加拉国	20.60		马来西亚	0
7	哈萨克斯坦	9.94	7	巴基斯坦	27.33	7	哈萨克斯坦	15.00		越南	0
8	奥地利	9.49	8	印度尼西亚	19.31	8	新加坡	10.34		巴基斯坦	0
9	波兰	8.32	9	尼泊尔	12.52	9	尼泊尔	9.74		波兰	0
10	俄罗斯	7.94	9	柬埔寨	12.52	10	斯里兰卡	6.48		孟加拉国	0
11	吉尔吉斯斯坦	6.61	11	印度	12.28	11	印度尼西亚	4.95		捷克	0
12	匈牙利	6.03	12	斯里兰卡	12.04	12	老挝	4.40		奥地利	0
13	菲律宾	4.78	13	吉尔吉斯斯坦	9.76	13	柬埔寨	3.26		菲律宾	0
14	爱沙尼亚	4.19	14	哈萨克斯坦	8.73	14	印度	2.99		哈萨克斯坦	0
15	巴基斯坦	2.80	15	罗马尼亚	6.37	15	土耳其	1.64		匈牙利	0
16	斯洛伐克	2.65	16	孟加拉国	4.90	16	捷克	0.98		俄罗斯	0
17	拉脱维亚	2.05	17	斯洛文尼亚	4.87	17	文莱	0.80		斯里兰卡	0
18	印度尼西亚	1.45	18	奥地利	3.87	18	斯洛伐克	0.79		柬埔寨	0
19	立陶宛	0.65	19	菲律宾	3.57	19	韩国	0.70		尼泊尔	0
20	罗马尼亚	0.43	20	爱沙尼亚	3.16	20	不丹	0.57		罗马尼亚	0
21	保加利亚	0.42	21	波兰	3.09	21	克罗地亚	0.55		土耳其	0
22	印度	0.40	22	保加利亚	2.79	22	吉尔吉斯斯坦	0.47		斯洛伐克	0
22	克罗地亚	0.40	23	文莱	2.05	23	波兰	0.34		保加利亚	0

续表

位次	旅行社业务 国家	指数	位次	邮政通信业 国家	指数	位次	金融业 国家	指数	位次	房地产业 国家	指数
24	斯洛文尼亚	0.32	24	老挝	1.19	24	马尔代夫	0.25		爱沙尼亚	0
25	马尔代夫	0.16	25	克罗地亚	0.67	25	俄罗斯	0.17		吉尔吉斯斯坦	0
26	土耳其	0.15	26	土耳其	0.38	26	奥地利	0.13		斯洛文尼亚	0
27	文莱	0.06	27	不丹	0.31	27	爱沙尼亚	0.03		拉脱维亚	0
28	不丹	0.03	27	立陶宛	0.31	27	立陶宛	0.03		克罗地亚	0
28	老挝	0.03	29	马尔代夫	0.20	29	罗马尼亚	0.02		立陶宛	0
	孟加拉国	0	30	匈牙利	0.12	29	拉脱维亚	0.02		马尔代夫	0
	越南	0	31	捷克	0.05	29	匈牙利	0.02		文莱	0
	斯里兰卡	0	32	斯洛伐克	0.04	32	斯洛文尼亚	0.01		不丹	0
	柬埔寨	0	33	拉脱维亚	0.03	32	保加利亚	0.01		老挝	0

位次	租赁和商务服务业 国家	指数	位次	公共管理和国防及社会保障业 国家	指数	位次	教育 国家	指数	位次	卫生和社会工作 国家	指数
1	新加坡	4884.02	1	韩国	3.86	1	越南	137.85	1	泰国	77.51
2	韩国	3607.17	2	印度尼西亚	0.90	2	菲律宾	119.04	2	越南	61.01
3	印度尼西亚	1191.68	3	立陶宛	0.89	3	不丹	2.01	3	菲律宾	37.11
4	马来西亚	409.76	4	匈牙利	0.85	4	马尔代夫	1.13	4	柬埔寨	7.42
5	哈萨克斯坦	404.39	5	斯洛伐克	0.43	5	柬埔寨	0.88	5	吉尔吉斯斯坦	3.41
6	波兰	384.04	6	捷克	0.41	6	文莱	0.23	6	马尔代夫	2.84
7	奥地利	373.45	7	奥地利	0.40	6	波兰	0.23	7	不丹	0.67
8	捷克	275.32	8	斯洛文尼亚	0.35	8	韩国	0.18	8	文莱	0.12
9	匈牙利	200.64	9	土耳其	0.32	9	马来西亚	0.17	9	波兰	0.11

续表

位次	租赁和商务服务业		位次	公共管理和国防及社会保障业		位次	教育		位次	卫生和社会工作	
	国家	指数		国家	指数		国家	指数		国家	指数
10	越南	149.42	10	克罗地亚	0.20	10	泰国	0.15	9	马来西亚	0.11
11	印度	137.39	11	保加利亚	0.15	11	奥地利	0.06	11	印度尼西亚	0.08
12	泰国	110.84	12	拉脱维亚	0.12	11	印度	0.06	12	奥地利	0.03
13	巴基斯坦	90.45	13	菲律宾	0.09	13	斯洛伐克	0.05	13	匈牙利	0.02
14	菲律宾	32.30	14	马来西亚	0.08	14	捷克	0.04	14	韩国	0.01
15	爱沙尼亚	23.94	15	爱沙尼亚	0.03	14	匈牙利	0.04	14	罗马尼亚	0.01
16	斯洛文尼亚	19.87	16	俄罗斯	0.02	14	罗马尼亚	0.04	14	斯洛伐克	0.01
17	斯里兰卡	18.93	17	巴基斯坦	0.01	17	保加利亚	0.02	14	克罗地亚	0.01
18	罗马尼亚	17.95		新加坡	0	17	爱沙尼亚	0.02	14	斯里兰卡	0.01
19	保加利亚	15.10		柬埔寨	0	17	印度尼西亚	0.02		新加坡	0
20	拉脱维亚	11.34		吉尔吉斯斯坦	0	20	克罗地亚	0.01		斯洛文尼亚	0
21	斯洛伐克	11.23		尼泊尔	0	20	斯洛文尼亚	0.01		保加利亚	0
22	克罗地亚	7.95		马尔代夫	0		新加坡	0		爱沙尼亚	0
23	文莱	4.56		文莱	0		拉脱维亚	0		立陶宛	0
24	柬埔寨	4.38		不丹	0		俄罗斯	0		捷克	0
25	立陶宛	3.77		哈萨克斯坦	0		立陶宛	0		印度	0
26	尼泊尔	2.71		波兰	0		土耳其	0		尼泊尔	0
27	马尔代夫	1.95		越南	0		巴基斯坦	0		俄罗斯	0
28	不丹	1.39		印度	0		吉尔吉斯斯坦	0		拉脱维亚	0
29	土耳其	0.74		泰国	0		尼泊尔	0		土耳其	0
30	俄罗斯	0.35		斯里兰卡	0		哈萨克斯坦	0		巴基斯坦	0

续表

位次	租赁和商务服务业		位次	公共管理和国防及社会保障业		位次	教育		位次	卫生和社会工作	
	国家	指数		国家	指数		国家	指数		国家	指数
31	老挝	0.08		罗马尼亚	0		斯里兰卡	0		哈萨克斯坦	0
	孟加拉国	0		老挝	0		老挝	0		老挝	0
	吉尔吉斯斯坦	0		孟加拉国	0		孟加拉国	0		孟加拉国	0

位次	其他社区、社会及个人服务业		位次	私人雇佣的家庭服务业							
	国家	指数		国家	指数						
1	印度	1630.95		新加坡	0						
2	巴基斯坦	722.67		韩国	0						
3	印度尼西亚	355.90		泰国	0						
4	泰国	144.82		印度	0						
5	韩国	77.04		印度尼西亚	0						
6	新加坡	69.90		马来西亚	0						
7	匈牙利	67.50		越南	0						
8	波兰	54.78		巴基斯坦	0						
9	土耳其	45.75		波兰	0						
10	马来西亚	42.60		孟加拉国	0						
11	斯里兰卡	41.03		捷克	0						
12	菲律宾	37.30		奥地利	0						
13	越南	31.44		菲律宾	0						
14	斯洛伐克	30.27		哈萨克斯坦	0						
15	奥地利	22.50		匈牙利	0						
16	克罗地亚	14.03		俄罗斯	0						
17	罗马尼亚	13.49		斯里兰卡	0						
18	立陶宛	10.95		柬埔寨	0						

续表

位次	其他社区、社会及个人服务业		位次	私人雇佣的家庭服务业					
	国家	指数		国家	指数				
19	俄罗斯	6.34		尼泊尔	0				
20	捷克	5.81		罗马尼亚	0				
21	保加利亚	4.06		土耳其	0				
22	马尔代夫	3.91		斯洛伐克	0				
23	柬埔寨	3.52		保加利亚	0				
24	斯洛文尼亚	3.15		爱沙尼亚	0				
25	尼泊尔	2.72		吉尔吉斯斯坦	0				
26	爱沙尼亚	1.52		斯洛文尼亚	0				
27	哈萨克斯坦	1.39		拉脱维亚	0				
28	老挝	1.32		克罗地亚	0				
29	拉脱维亚	0.88		立陶宛	0				
30	不丹	0.67		马尔代夫	0				
31	文莱	0.47		文莱	0				
32	孟加拉国	0.33		不丹	0				
	吉尔吉斯斯坦	0		老挝	0				

资料来源：对外经贸大学全球价值链研究院 UIBE GVC Indicators 的 ADB – MRIO 数据库。

从具体部门来看，中国对"一带一路"沿线国家 c30 租赁和商务服务业，c34 其他社区、社会及个人服务业，c24 水路运输，c25 航空运输和 c28 金融业 5 个部门的出口额最大，其中 c30 租赁和商务服务业的前三大"一带一路"出口对象国为新加坡、韩国和印度尼西亚，出口额分别为 48.84 亿美元、36.07 亿美元和 11.92 亿美元；c34 其他社区、社会及个人服务业的前三大"一带一路"出口对象国为印度、巴基斯坦和印度尼西亚，出口额分别为

16.31 亿美元、7.23 亿美元和 3.56 亿美元；c24 水路运输的前三大"一带一路"出口对象国为新加坡、泰国和孟加拉国，出口额分别为 29.27 亿美元、8.93 亿美元和 3.83 亿美元；c25 航空运输的前三大"一带一路"出口对象国为韩国、新加坡和孟加拉国，出口额分别为 5.98 亿美元、3.38 亿美元和 2.02 亿美元；c28 金融业的前三大"一带一路"出口对象国为越南、马来西亚和泰国，出口额分别为 3.83 亿美元、1.88 亿美元和 1.37 亿美元。

其余服务业部门对"一带一路"沿线国家的出口情况如下：c20 燃油零售批发前三大"一带一路"出口对象国为新加坡、韩国和俄罗斯，出口额分别为 4.07 亿美元、2.22 亿美元和 0.24 亿美元；c21 零售前三大"一带一路"出口对象国为菲律宾、新加坡和斯里兰卡，出口额分别为 1.09 亿美元、0.06 亿美元和 0.05 亿美元；c22 住宿和餐饮业前三大"一带一路"出口对象国为泰国、越南和菲律宾，出口额分别为 1.13 亿美元、0.72 亿美元和 0.68 亿美元；c23 陆路运输前三大"一带一路"出口对象国为波兰、韩国和捷克，出口额分别为 1.53 亿美元、1.05 亿美元和 1.04 亿美元；c26 旅行社业务前三大"一带一路"出口对象国为新加坡、韩国和泰国，出口额分别为 4.26 亿美元、1.56 亿美元和 1.05 亿美元；c27 邮政通信业前三大"一带一路"出口对象国为新加坡、马来西亚和俄罗斯，出口额分别为 6.24 亿美元、2.10 亿美元和 0.77 亿美元；c32 教育前三大"一带一路"出口对象国为越南、菲律宾和不丹，出口额分别为 1.38 亿美元、1.19 亿美元和 0.02 亿美元；c33 卫生和社会工作前三大"一带一路"出口对象国为泰国、越南和菲律宾，出口额分别为 0.78 亿美元、0.61 亿美元和 0.37 亿美元。值得注意的是，中国 c19 汽车及摩托车的销售、维护及修理，c29 房地产业和 c35 私人雇佣的家庭服务业三个部门对"一带一路"沿线国家的出口量均为 0。

表 4-4 统计了 2017 年中国自"一带一路"沿线各国服务业增加值进口排名，从进口总额来看，中国自 18 个沿线国家的进口总额超过 1 亿美元，其中自韩国的进口额位居第一，为 152.14 亿美元，自俄罗斯的进口额位居第二，为 71.56 亿美元，自印度的进口额位居第三，为 65.77 亿美元，自新加坡、印度尼西亚、泰国、菲律宾、奥地利和捷克的进口额位居第四至第九

位，分别为 40.57 亿美元、39.15 亿美元、36.51 亿美元、25.44 亿美元、13.27 亿美元、10.99 亿美元，自马来西亚、波兰、越南、土耳其、巴基斯坦、匈牙利、哈萨克斯坦、罗马尼亚和斯洛伐克的进口额介于 1 亿 ~ 10 亿美元，对其余 15 个沿线国家的进口额则不足 1 亿美元。

表 4 - 4   2017 年中国自"一带一路"沿线各国服务业增加值进口排名

单位：百万美元

位次	总和		位次	汽车及摩托车的销售、维护及修理		位次	燃油零售批发		位次	零售	
	国家	指数		国家	指数		国家	指数		国家	指数
1	韩国	15214.16	1	韩国	650.46	1	韩国	4687.59	1	韩国	5866.28
2	俄罗斯	7155.62	2	波兰	105.99	2	俄罗斯	2919.80	2	波兰	166.80
3	印度	6577.22	3	奥地利	31.90	3	新加坡	2304.09	3	土耳其	52.48
4	新加坡	4056.59	4	土耳其	21.78	4	奥地利	347.92	4	奥地利	37.45
5	印度尼西亚	3915.35	5	匈牙利	15.96	5	波兰	204.31	5	吉尔吉斯斯坦	24.41
6	泰国	3650.58	6	孟加拉国	14.64	6	匈牙利	116.59	6	捷克	22.68
7	菲律宾	2544.09	7	斯洛伐克	3.74	7	土耳其	41.68	7	斯洛伐克	8.32
8	奥地利	1327.34	8	巴基斯坦	2.89	8	捷克	34.63	8	老挝	7.58
9	捷克	1098.50	9	老挝	1.85	9	斯洛伐克	12.10	9	匈牙利	6.44
10	马来西亚	969.33	10	捷克	1.37	10	罗马尼亚	7.89	10	巴基斯坦	4.23
11	波兰	838.60	11	罗马尼亚	1.15	11	柬埔寨	5.87	11	孟加拉国	3.16
12	越南	600.16	12	文莱	0.97	12	保加利亚	5.79	12	罗马尼亚	2.96
13	土耳其	435.78	13	斯里兰卡	0.81	13	吉尔吉斯斯坦	4.96	13	尼泊尔	2.41
14	巴基斯坦	360.08	14	尼泊尔	0.34	14	斯里兰卡	4.38	14	斯里兰卡	1.40
15	匈牙利	333.55	15	保加利亚	0.17	15	越南	3.82	15	保加利亚	1.13
16	哈萨克斯坦	245.74	16	马来西亚	0.12	16	拉脱维亚	2.72	16	不丹	1.04
17	罗马尼亚	178.18	17	斯洛文尼亚	0.11	17	泰国	2.60	17	泰国	0.98
18	斯洛伐克	144.24	18	泰国	0.07	18	巴基斯坦	1.93	18	新加坡	0.97

续表

位次	总和		位次	汽车及摩托车的销售、维护及修理		位次	燃油零售批发		位次	零售	
	国家	指数		国家	指数		国家	指数		国家	指数
19	孟加拉国	97.31	19	新加坡	0.03	19	哈萨克斯坦	1.83	19	马尔代夫	0.55
20	马尔代夫	65.08	19	爱沙尼亚	0.03	20	斯洛文尼亚	0.90	19	拉脱维亚	0.55
21	吉尔吉斯斯坦	57.50	21	越南	0.02	21	爱沙尼亚	0.76	21	斯洛文尼亚	0.51
22	柬埔寨	46.30	21	哈萨克斯坦	0.02	22	马来西亚	0.71	22	马来西亚	0.41
23	斯洛文尼亚	46.20	23	不丹	0.01	23	孟加拉国	0.70	23	柬埔寨	0.40
24	保加利亚	42.60	23	拉脱维亚	0.01	24	马尔代夫	0.68	24	菲律宾	0.37
25	克罗地亚	37.71	23	马尔代夫	0.01	25	不丹	0.61	25	爱沙尼亚	0.11
26	爱沙尼亚	31.85		立陶宛	0	26	老挝	0.24	26	立陶宛	0.08
27	斯里兰卡	30.22		克罗地亚	0	27	立陶宛	0.22	26	文莱	0.08
28	拉脱维亚	23.96		印度尼西亚	0	28	尼泊尔	0.20	28	克罗地亚	0.05
29	立陶宛	19.63		菲律宾	0	29	文莱	0.14		俄罗斯	0
30	尼泊尔	18.29		柬埔寨	0	30	菲律宾	0.04		越南	0
31	老挝	16.75		印度	0	31	克罗地亚	0.01		哈萨克斯坦	0
32	文莱	5.00		吉尔吉斯斯坦	0		印度尼西亚	0		印度尼西亚	0
33	不丹	3.85		俄罗斯	0		印度	0		印度	0
位次	住宿和餐饮业		位次	陆路运输		位次	水路运输		位次	航空运输	
	国家	指数		国家	指数		国家	指数		国家	指数
1	印度尼西亚	234.06	1	俄罗斯	3984.82	1	新加坡	880.73	1	韩国	1513.58
2	韩国	65.15	2	泰国	311.89	2	韩国	82.66	2	印度尼西亚	365.36

续表

位次	住宿和餐饮业		位次	陆路运输		位次	水路运输		位次	航空运输	
	国家	指数		国家	指数		国家	指数		国家	指数
3	马尔代夫	56.07	3	哈萨克斯坦	118.69	3	泰国	73.00	3	俄罗斯	207.32
4	泰国	43.62	4	马来西亚	116.41	4	越南	71.89	4	泰国	140.39
5	奥地利	31.25	5	捷克	91.94	5	马来西亚	61.33	5	印度	97.82
6	柬埔寨	10.68	6	越南	91.17	6	土耳其	15.44	6	马来西亚	88.23
7	菲律宾	9.75	7	巴基斯坦	86.55	7	俄罗斯	6.72	7	捷克	74.98
8	越南	9.16	8	波兰	84.01	8	印度尼西亚	5.94	8	新加坡	74.27
9	捷克	5.26	9	土耳其	74.18	9	罗马尼亚	4.24	9	波兰	70.97
10	罗马尼亚	3.38	10	罗马尼亚	64.14	10	印度	1.96	10	越南	60.05
11	俄罗斯	1.90	11	奥地利	55.60	11	波兰	1.89	11	土耳其	49.85
12	波兰	1.24	12	匈牙利	24.35	12	菲律宾	1.01	12	匈牙利	42.54
13	斯洛伐克	1.07	13	柬埔寨	18.08	13	爱沙尼亚	0.78	13	奥地利	26.20
13	不丹	1.07	14	印度	17.82	14	文莱	0.69	14	罗马尼亚	20.87
15	斯里兰卡	0.73	15	韩国	16.61	15	马尔代夫	0.67	15	菲律宾	15.03
16	匈牙利	0.69	16	菲律宾	11.14	16	奥地利	0.50	16	拉脱维亚	9.11
17	土耳其	0.58	17	吉尔吉斯斯坦	11.08	17	捷克	0.48	17	哈萨克斯坦	7.09
18	克罗地亚	0.31	18	斯洛文尼亚	7.36	18	拉脱维亚	0.34	18	保加利亚	6.94
19	保加利亚	0.28	19	拉脱维亚	7.01	19	克罗地亚	0.33	19	巴基斯坦	5.01
20	爱沙尼亚	0.25	20	斯里兰卡	6.98	20	匈牙利	0.23	20	斯洛文尼亚	3.30
21	马来西亚	0.14	21	印度尼西亚	6.50	21	斯洛文尼亚	0.21	21	爱沙尼亚	2.45
22	立陶宛	0.11	22	新加坡	4.92	22	保加利亚	0.08	22	克罗地亚	1.97
23	拉脱维亚	0.09	23	保加利亚	3.15	23	老挝	0.05	23	斯里兰卡	0.51
24	尼泊尔	0.07	24	斯洛伐克	2.73	23	哈萨克斯坦	0.05	24	马尔代夫	0.43

续表

位次	住宿和餐饮业		位次	陆路运输		位次	水路运输		位次	航空运输	
	国家	指数		国家	指数		国家	指数		国家	指数
25	斯洛文尼亚	0.06	25	克罗地亚	2.41	25	巴基斯坦	0.03	25	立陶宛	0.28
26	孟加拉国	0.05	26	老挝	1.75	26	孟加拉国	0.02	26	不丹	0.25
27	巴基斯坦	0.03	27	爱沙尼亚	1.72	26	立陶宛	0.02	27	斯洛伐克	0.23
27	文莱	0.03	28	立陶宛	0.90	28	斯洛伐克	0.01	28	文莱	0.16
29	新加坡	0.01	29	不丹	0.51		吉尔吉斯斯坦	0	29	吉尔吉斯斯坦	0.11
	吉尔吉斯斯坦	0	30	尼泊尔	0.50		斯里兰卡	0	30	老挝	0.05
	老挝	0	31	孟加拉国	0.19		不丹	0	31	孟加拉国	0.03
	哈萨克斯坦	0	32	马尔代夫	0.11		柬埔寨	0	32	尼泊尔	0.01
	印度	0	33	文莱	0.08		尼泊尔	0		柬埔寨	0

位次	旅行社业务		位次	邮政通信业		位次	金融业		位次	房地产业	
	国家	指数		国家	指数		国家	指数		国家	指数
1	马来西亚	136.73	1	印度尼西亚	493.69	1	新加坡	257.83	1	韩国	31.02
2	越南	80.91	2	印度	143.72	2	泰国	110.13	2	奥地利	3.12
3	泰国	71.85	3	泰国	142.49	3	越南	79.87	3	斯洛伐克	1.50
4	新加坡	56.95	4	马来西亚	91.88	4	马来西亚	61.30	3	巴基斯坦	1.50
5	菲律宾	50.37	5	菲律宾	27.31	5	菲律宾	48.67	5	波兰	1.49
6	捷克	22.43	6	俄罗斯	25.11	6	土耳其	29.86	6	捷克	1.37
7	奥地利	12.66	7	土耳其	23.66	7	哈萨克斯坦	14.26	7	罗马尼亚	1.04
8	罗马尼亚	8.94	8	韩国	18.68	8	奥地利	11.88	8	新加坡	0.82
9	哈萨克斯坦	6.40	9	奥地利	13.48	9	斯里兰卡	5.03	9	菲律宾	0.68
10	匈牙利	5.52	10	越南	12.66	10	韩国	3.72	10	柬埔寨	0.58
11	土耳其	4.89	11	斯洛文尼亚	12.00	11	斯洛文尼亚	3.18	11	匈牙利	0.47

续表

位次	旅行社业务		位次	邮政通信业		位次	金融业		位次	房地产业	
	国家	指数		国家	指数		国家	指数		国家	指数
12	波兰	3.28	12	新加坡	11.70	12	印度尼西亚	2.49	12	保加利亚	0.32
13	斯洛伐克	3.05	13	哈萨克斯坦	7.98	13	波兰	1.47	13	哈萨克斯坦	0.21
14	吉尔吉斯斯坦	2.76	14	波兰	7.96	14	捷克	1.40	14	越南	0.18
15	韩国	2.57	15	匈牙利	6.58	15	巴基斯坦	0.60	15	立陶宛	0.16
16	保加利亚	1.95	16	巴基斯坦	6.02	16	克罗地亚	0.55	16	爱沙尼亚	0.14
17	斯洛文尼亚	1.78	17	柬埔寨	5.58	17	吉尔吉斯斯坦	0.54	17	拉脱维亚	0.04
18	文莱	1.12	18	吉尔吉斯斯坦	5.09	18	孟加拉国	0.51	17	斯里兰卡	0.04
19	尼泊尔	0.92	19	斯洛伐克	4.29	19	罗马尼亚	0.46	19	斯洛文尼亚	0.03
20	马尔代夫	0.63	20	捷克	3.89	20	爱沙尼亚	0.45	19	文莱	0.03
21	老挝	0.17	21	爱沙尼亚	3.67	21	柬埔寨	0.44		土耳其	0
22	拉脱维亚	0.15	22	罗马尼亚	2.39	22	文莱	0.42		克罗地亚	0
23	爱沙尼亚	0.10	23	马尔代夫	2.28	23	马尔代夫	0.41		泰国	0
24	巴基斯坦	0.09	24	老挝	2.06	24	印度	0.39		马来西亚	0
25	克罗地亚	0.07	25	保加利亚	1.55	25	老挝	0.34		印度尼西亚	0
26	立陶宛	0.01	26	尼泊尔	0.91	26	斯洛伐克	0.09		吉尔吉斯斯坦	0
	不丹	0	27	斯里兰卡	0.57	26	匈牙利	0.09		孟加拉国	0
	印度尼西亚	0	28	克罗地亚	0.53	28	不丹	0.08		马尔代夫	0
	俄罗斯	0	29	立陶宛	0.34	28	保加利亚	0.08		印度	0
	印度	0	30	拉脱维亚	0.30	30	拉脱维亚	0.06		老挝	0
	斯里兰卡	0	31	孟加拉国	0.22	31	尼泊尔	0.01		不丹	0
	孟加拉国	0	32	文莱	0.12		俄罗斯	0		尼泊尔	0
	柬埔寨	0	33	不丹	0.03		立陶宛	0		俄罗斯	0

续表

位次	租赁和商务服务业		位次	公共管理和国防及社会保障业		位次	教育		位次	卫生和社会工作	
	国家	指数		国家	指数		国家	指数		国家	指数
1	菲律宾	2253.96	1	菲律宾	21.86	1	巴基斯坦	71.47	1	泰国	382.61
2	印度尼西亚	2140.18	2	韩国	15.27	2	越南	31.61	2	巴基斯坦	81.76
3	韩国	1917.60	3	吉尔吉斯斯坦	8.52	3	泰国	24.43	3	越南	74.03
4	泰国	989.31	4	印度尼西亚	7.95	4	奥地利	22.89	4	新加坡	12.90
5	捷克	788.01	5	克罗地亚	7.22	5	韩国	11.93	5	菲律宾	4.72
6	奥地利	672.42	6	土耳其	7.08	6	菲律宾	4.36	6	韩国	4.58
7	新加坡	442.25	7	奥地利	5.10	7	捷克	3.02	7	奥地利	2.68
8	印度	333.16	8	捷克	4.98	8	克罗地亚	2.95	8	克罗地亚	1.18
9	波兰	140.39	9	马来西亚	3.77	9	波兰	1.40	9	印度尼西亚	0.82
10	匈牙利	103.33	10	尼泊尔	3.60	10	印度尼西亚	1.39	10	波兰	0.74
11	越南	66.85	11	柬埔寨	2.99	11	保加利亚	0.62	11	捷克	0.54
12	哈萨克斯坦	65.65	12	老挝	2.65	12	斯洛伐克	0.34	12	文莱	0.23
13	马来西亚	58.30	13	匈牙利	2.30	13	土耳其	0.33	13	土耳其	0.21
14	罗马尼亚	49.30	14	新加坡	2.24	14	俄罗斯	0.17	14	斯洛伐克	0.17
15	斯洛伐克	25.91	15	立陶宛	1.85	15	斯洛文尼亚	0.15	15	斯洛文尼亚	0.13
16	爱沙尼亚	13.27	16	巴基斯坦	1.64	16	匈牙利	0.14	16	保加利亚	0.11
17	斯洛文尼亚	12.32	17	斯洛文尼亚	1.27	17	文莱	0.12	17	匈牙利	0.09
18	土耳其	11.59	18	马尔代夫	0.85	18	马来西亚	0.10	18	罗马尼亚	0.07
19	俄罗斯	9.06	19	爱沙尼亚	0.78	19	爱沙尼亚	0.09	19	立陶宛	0.05
20	巴基斯坦	7.33	20	俄罗斯	0.62	20	立陶宛	0.05	20	马来西亚	0.04

位次	租赁和商务服务业		位次	公共管理和国防及社会保障业		位次	教育		位次	卫生和社会工作	
	国家	指数		国家	指数		国家	指数		国家	指数
21	保加利亚	5.12	21	拉脱维亚	0.56	20	罗马尼亚	0.05	20	尼泊尔	0.04
22	斯里兰卡	4.03	22	斯洛伐克	0.37	20	拉脱维亚	0.05	22	爱沙尼亚	0.03
23	克罗地亚	3.26	23	保加利亚	0.27	23	新加坡	0.01	23	拉脱维亚	0.01
24	拉脱维亚	2.39	24	不丹	0.25	23	吉尔吉斯斯坦	0.01		俄罗斯	0
25	立陶宛	1.34	25	文莱	0.22		尼泊尔	0		马尔代夫	0
26	柬埔寨	0.77		波兰	0		马尔代夫	0		吉尔吉斯斯坦	0
27	马尔代夫	0.15		泰国	0		柬埔寨	0		柬埔寨	0
28	尼泊尔	0.12		印度	0		老挝	0		老挝	0
29	文莱	0.11		越南	0		不丹	0		不丹	0
	不丹	0		哈萨克斯坦	0		印度	0		印度	0
	吉尔吉斯斯坦	0		罗马尼亚	0		哈萨克斯坦	0		哈萨克斯坦	0
	孟加拉国	0		斯里兰卡	0		斯里兰卡	0		斯里兰卡	0
	老挝	0		孟加拉国	0		孟加拉国	0		孟加拉国	0

位次	其他社区、社会及个人服务业		位次	私人雇佣的家庭服务业	
	国家	指数		国家	指数
1	印度	5982.35	1	马来西亚	184.54
2	泰国	1357.21	2	克罗地亚	0.29
3	印度尼西亚	656.96	3	菲律宾	0.04
4	韩国	326.48		新加坡	0
5	马来西亚	165.31		印度	0
6	土耳其	102.15		泰国	0
7	菲律宾	94.79		印度尼西亚	0

续表

位次	其他社区、社会及个人服务业		位次	私人雇佣的家庭服务业						
	国家	指数		国家	指数					
8	巴基斯坦	89.00		韩国	0					
9	斯洛伐克	80.33		土耳其	0					
10	孟加拉国	77.80		巴基斯坦	0					
11	奥地利	52.28		斯洛伐克	0					
12	波兰	46.64		孟加拉国	0					
13	捷克	41.55		奥地利	0					
14	哈萨克斯坦	23.57		波兰	0					
15	越南	17.95		捷克	0					
16	克罗地亚	16.59		哈萨克斯坦	0					
17	保加利亚	15.03		越南	0					
18	立陶宛	14.22		保加利亚	0					
19	罗马尼亚	11.30		立陶宛	0					
20	尼泊尔	9.14		罗马尼亚	0					
21	匈牙利	8.23		尼泊尔	0					
22	爱沙尼亚	7.21		匈牙利	0					
23	斯里兰卡	5.74		爱沙尼亚	0					
24	斯洛文尼亚	2.88		斯里兰卡	0					
25	马尔代夫	2.25		斯洛文尼亚	0					
26	柬埔寨	0.90		马尔代夫	0					
27	新加坡	0.88		柬埔寨	0					
28	拉脱维亚	0.57		拉脱维亚	0					
29	文莱	0.49		文莱	0					
30	俄罗斯	0.10		俄罗斯	0					
	不丹	0		不丹	0					

续表

位次	其他社区、社会及个人服务业		位次	私人雇佣的家庭服务业					
	国家	指数		国家	指数				
	吉尔吉斯斯坦	0		吉尔吉斯斯坦	0				
	老挝	0		老挝	0				

资料来源：对外经贸大学全球价值链研究院 UIBE GVC Indicators 的 ADB – MRIO 数据库。

从具体部门来看，中国自"一带一路"沿线国家 c34 其他社区、社会及个人服务业，c21 零售，c20 燃油零售批发，c23 陆路运输，c30 租赁和商务服务业，c25 航空运输 6 个部门的增加值进口额最大，其中，c34 其他社区、社会及个人服务业的前三大"一带一路"进口来源国为印度、泰国和印度尼西亚，进口额分别为 59.82 亿美元、13.57 亿美元和 6.57 亿美元；c21 零售的前三大"一带一路"进口来源国为韩国、波兰和土耳其，进口额分别为 58.66 亿美元、1.67 亿美元和 0.52 亿美元；c20 燃油零售批发的前三大"一带一路"进口来源国为韩国、俄罗斯和新加坡，进口额分别为 46.88 亿美元、29.20 亿美元和 23.04 亿美元；c23 陆路运输的前三大"一带一路"进口来源国为俄罗斯、泰国和哈萨克斯坦，进口额分别为 39.85 亿美元、3.12 亿美元和 1.19 亿美元；c30 租赁和商务服务业的前三大"一带一路"进口来源国为菲律宾、印度尼西亚和韩国，进口额分别为 22.54 亿美元、21.40 亿美元和 19.18 亿美元；c25 航空运输前三大"一带一路"进口来源国为韩国、印度尼西亚和俄罗斯，进口额分别为 15.14 亿美元、3.65 亿美元和 2.07 亿美元。

其余服务业部门自"一带一路"沿线国家的进口情况如下：c24 水路运输前三大"一带一路"进口来源国为新加坡、韩国和泰国，进口额分别为 8.81 亿美元、0.83 亿美元和 0.73 亿美元；c19 汽车及摩托车的销售、维护及修理的前三大"一带一路"进口来源国为韩国、波兰和奥地利，进口额分别为 6.50 亿美元、1.06 亿美元和 0.32 亿美元；c27 邮政通信业前三大"一带一路"进口来源国为印度尼西亚、印度和泰国，进口额分别为 4.94

亿美元、1.44 亿美元和 1.42 亿美元；c33 卫生和社会工作前三大"一带一路"进口来源国为泰国、巴基斯坦和越南，进口额分别为 3.83 亿美元、0.82 亿美元和 0.74 亿美元；c28 金融业前三大"一带一路"进口来源国为新加坡、泰国和越南，进口额分别为 2.58 亿美元、1.11 亿美元和 0.80 亿美元；c22 住宿和餐饮业的前三大"一带一路"进口来源国为印度尼西亚、韩国和马尔代夫，进口额分别为 2.34 亿美元、0.65 亿美元和 0.56 亿美元；c26 旅行社业务前三大"一带一路"进口来源国为马来西亚、越南和泰国，进口额分别为 1.37 亿美元、0.81 亿美元和 0.72 亿美元；c32 教育前三大"一带一路"进口来源国为巴基斯坦、越南和泰国，进口额分别为 0.71 亿美元、0.32 亿美元和 0.24 亿美元；c29 房地产业前三大"一带一路"进口来源国为韩国、奥地利和斯洛伐克，进口额分别为 0.31 亿美元、0.03 亿美元和 0.02 亿美元；c31 公共管理和国防及社会保障业前三大"一带一路"进口来源国为菲律宾、韩国和吉尔吉斯斯坦，进口额分别为 0.22 亿美元、0.15 亿美元和 0.09 亿美元。

值得注意的是，中国 c35 私人雇佣的家庭服务业仅自马来西亚、克罗地亚和菲律宾分别有 1.85 亿美元、0.29 百万美元和 0.04 百万美元的进口额，而自其余"一带一路"沿线国家的进口量均为 0。

第三节　结　　论

本章采用根据对外经贸大学全球价值链研究院 UIBE GVC Indicators 的 ADB - MRIO 数据库增加值贸易数据从区域和国家两个视角对中国与"一带一路"沿线国家服务业增加值贸易结构进行研究，研究结论如下。

1. 自 2013 年"一带一路"倡议提出以来，中国与"一带一路"沿线国家在服务业领域不断深化合作，33 个沿线国家中，中国对 17 个国家的服务业增加值出口总额超过 1 亿美元，其中对新加坡的出口额位居第一，为 97.28 亿美元，对韩国、泰国的出口额位居第二和第三。中国自 18 个国家的进口总额超过 1 亿美元，其中自韩国的进口额位居第一，为 152.14 亿美元,自俄罗斯、印度的进口额位居第二和第三。

2. 中国与"一带一路"沿线国家在 c20 燃油零售批发,c21 零售,c23 陆路运输,c24 水路运输,c25 航空运输,c30 租赁和商务服务业,c34 其他社区、社会及个人服务业 7 个细分行业的增加值出口额和进口额占比较大。其中,c30 租赁和商务服务业在向"一带一路"沿线国家出口的前十位服务构成中位居第一,2017 年占比高达 45.14%,位居第二、第三的是 c24 水路运输和 c34 其他社区、社会及个人服务业。中国 c19 汽车及摩托车的销售、维护及修理,c29 房地产业和 c35 私人雇佣的家庭服务业三个部门对"一带一路"沿线国家的出口量均为 0。中国自"一带一路"沿线国家进口的前十位服务构成中位居第一的是 c20 燃油零售批发,2017 年占比高达 21.35%,位居第二、第三的是 c30 租赁和商务服务业和 c34 其他社区、社会及个人服务业。

3. 从中国向"一带一路"沿线国家增加值出口位居前三的 3 个部门来看,c30 租赁和商务服务业的前三大"一带一路"出口对象国为新加坡、韩国和印度尼西亚,c24 水路运输的前三大"一带一路"出口对象国为新加坡、泰国和孟加拉国,c34 其他社区、社会及个人服务业的前三大"一带一路"出口对象国为印度、巴基斯坦和印度尼西亚;从中国自"一带一路"沿线国家增加值进口位居前三的 3 个部门来看,c20 燃油零售批发的前三大"一带一路"进口来源国为韩国、俄罗斯和新加坡,c30 租赁和商务服务业的前三大"一带一路"进口来源国为菲律宾、印度尼西亚和韩国,c34 其他社区、社会及个人服务业的前三大"一带一路"进口来源国为印度、泰国和印度尼西亚。

近年来我国服务贸易发展迅猛,服务贸易规模快速扩大。从 2014 年至今,我国服务贸易总额均位居世界第二,仅次于美国,已成为名副其实的世界服务贸易大国。通过对中国与"一带一路"沿线国家服务业增加值贸易规模和贸易结构进行分析发现,在"一带一路"区域我国服务业不仅出口总量逐年增加,而且出口产品结构持续优化,以租赁和商务服务业,其他社区、社会及个人服务业,水路运输,陆路运输,航空运输的发展最为突出。发达国家发展经验表明,新兴服务贸易与资本、知识密集型服务产业关联度大，新兴服务贸易的快速增长，将在一定程度上带动相关战略性新兴、智能、高技术等领域服务业的较快增长。我国应进一步探索稳固与加强租赁和商务服务业，其他社区、社会及个人服务业，水路运输，陆路运输，航空运输等资本、知识密集型服务业在"一带一路"区域价值链中的发展，推动服务出口朝着高附加值领域跃进，为我国服务业在"一带一路"区域价值链中的发展创造良好的基础。

第五章

中国与"一带一路"沿线国家
服务业增加值贸易依存度分析

近年来我国服务贸易发展迅猛，服务贸易规模快速扩大。从 2014 年至今，服务贸易总额均位居世界第二，仅次于美国，已成为名副其实的世界服务贸易大国。受全球价值链的影响，我国的经济发展在很大程度上存在着对国外需求的贸易依赖现象。但在全球价值链分工盛行的背景下，服务产品的总价值由参与生产和创造过程的各个参与方共同分割，并根据各自贡献的价值增值获得相应收益。全球价值链条上利益的分配具有不平衡的特点，位于价值链上游的服务业大国凭借其掌握的核心技术向其他国家提供中间品，占据着全球价值链两端高附加值环节。增加值贸易核算方法能够真实反映一国或地区在参与全球生产网络过程中创造的实际价值，更为现实和准确地体现了全球价值链下的国家分工和利益分配，鉴于此，本章对中国与"一带一路"沿线国家服务业增加值贸易依存度进行深入剖析，以期明晰中国与"一带一路"沿线国家服务业在全球价值链中的贸易依赖关系以及贸易真实收益情况。

第一节 中国服务业增加值贸易的
"一带一路"沿线国家构成

根据前面对现有文献的梳理，当今增加值贸易的主流核算方法主要有两种，分别是罗伯特·库普曼等（Koopman R et al.，2010，2014）提出的出口增加值分解模型即 KPWW 方法与王直等（2013）提出的生产分解模型即 WWZ 方法，二者均将一国的出口贸易分解为最终被国外吸收的国内增加值（DVA）、返回并最终被本国吸收的国内增加值（RDV）、生产本国出口的国外增加值（FVA）和中间产品贸易的纯重复计算部分（PDC）四大类，其中，DVA 反映了前向参与全球价值链的方式，即经济体作为供给者通过向下游经济体出口商品或服务参与全球价值链分工，FVA 反映了后向参与全球价值链的方式，即经济体作为使用者通过进口上游经济体的中间商品或服务参与 GVC 分工。

表 5-1 描绘了中国服务业国内增加值（DVA）出口的"一带一路"沿线国家构成，数据显示，"一带一路"沿线国家在中国服务业国内增加值出口构成中的比重呈现出上升趋势，2011 年比重为 7.06%，2017 年上升为 10.79%，中国服务业与"一带一路"沿线国家在全球价值链中的增加值贸易联系不断增强。从区域视角来看，东南亚是中国服务业国内增加值出口的最大市场，在中国服务业 2011~2017 年国内增加值出口构成中的平均比重高达 3.79%，南亚、东欧和中欧分别是第 2~第 4 大国内增加值出口市场，平均比重分别为 0.96%、0.48% 和 0.44%，中国服务业国内增加值较少出口到东亚和中亚，这两个市场在国内增加值出口构成中的平均比重分别为 0.90% 和 0.10%，中国服务业与西亚地区的贸易联系最不密切，2017 年的比重仅为 0.02%。

表 5-1　中国服务业国内增加值（DVA）出口的"一带一路"沿线国家构成

单位：%

国家		2011 年	2012 年	2013 年	2014 年	2015 年	2016 年	2017 年	平均值
东亚	韩国	1.04	0.68	1.09	1.13	0.45	0.57	1.31	0.90
	合计	4.09	3.85	4.37	4.61	2.01	2.26	5.34	3.79
	新加坡	2.09	2.36	2.64	3.11	1.41	1.43	3.67	2.39
东南亚	印度尼西亚	0.76	0.47	0.59	0.42	0.17	0.20	0.46	0.44
	马来西亚	0.27	0.21	0.28	0.26	0.09	0.10	0.28	0.21
	菲律宾	0.12	0.12	0.13	0.12	0.07	0.16	0.16	0.13

续表

国家		2011 年	2012 年	2013 年	2014 年	2015 年	2016 年	2017 年	平均值
东南亚	泰国	0.56	0.51	0.53	0.49	0.17	0.22	0.53	0.43
	越南	0.31	0.18	0.22	0.23	0.11	0.14	0.28	0.21
	老挝	0.00	0.00	0.00	0.00	0.00	0.00	0.00	0.00
	文莱	0.01	0.01	0.01	0.00	0.00	0.00	0.00	0.00
	柬埔寨	0.01	0.02	0.02	0.02	0.01	0.01	0.02	0.02
南亚	合计	1.20	1.62	1.05	0.89	0.39	0.50	1.10	0.96
	印度	0.83	1.08	0.58	0.47	0.21	0.25	0.58	0.57
	孟加拉国	0.18	0.30	0.23	0.17	0.08	0.13	0.19	0.18
	斯里兰卡	0.03	0.03	0.03	0.03	0.01	0.02	0.03	0.02
	巴基斯坦	0.15	0.19	0.19	0.19	0.08	0.10	0.27	0.17
	不丹	0.00	0.00	0.00	0.00	0.00	0.00	0.00	0.00
	马尔代夫	0.00	0.00	0.00	0.00	0.00	0.00	0.00	0.00
	尼泊尔	0.01	0.01	0.02	0.02	0.01	0.01	0.02	0.02
中亚	合计	0.11	0.05	0.14	0.16	0.05	0.05	0.14	0.10
	哈萨克斯坦	0.10	0.04	0.13	0.15	0.05	0.05	0.12	0.09
	吉尔吉斯斯坦	0.01	0.00	0.00	0.01	0.00	0.00	0.01	0.01
西亚	土耳其	0.01	0.02	0.02	0.02	0.01	0.01	0.02	0.01
东欧	合计	0.26	0.24	0.17	0.16	0.05	0.08	2.40	0.48
	俄罗斯	0.20	0.18	0.09	0.08	0.02	0.04	0.07	0.10
	斯洛文尼亚	0.00	0.01	0.01	0.01	0.00	0.00	0.01	0.01
	克罗地亚	0.01	0.01	0.01	0.01	0.00	0.00	2.15	0.31
	罗马尼亚	0.01	0.01	0.01	0.01	0.01	0.01	0.02	0.01
	保加利亚	0.01	0.01	0.02	0.02	0.01	0.01	0.02	0.01
	爱沙尼亚	0.01	0.01	0.02	0.02	0.01	0.01	0.02	0.01
	立陶宛	0.00	0.00	0.01	0.01	0.00	0.00	0.20	0.03
	拉脱维亚	0.01	0.01	0.01	0.01	0.00	0.00	0.01	0.01
中欧	合计	0.40	0.33	0.60	0.60	0.30	0.28	0.61	0.44
	波兰	0.13	0.12	0.18	0.18	0.06	0.08	0.22	0.14
	捷克	0.09	0.08	0.12	0.14	0.12	0.07	0.16	0.11

续表

国家		2011 年	2012 年	2013 年	2014 年	2015 年	2016 年	2017 年	平均值
中欧	斯洛伐克	0.01	0.01	0.01	0.01	0.00	0.01	0.02	0.01
	奥地利	0.13	0.09	0.18	0.19	0.08	0.09	0.15	0.13
	匈牙利	0.05	0.03	0.10	0.08	0.03	0.04	0.05	0.05
发达国家	美国	3.53	3.54	2.30	2.65	0.60	1.40	2.97	2.43
"一带一路"沿线国家合计		7.06	6.71	7.35	7.47	3.25	3.71	10.79	6.62

资料来源：对外经贸大学全球价值链研究院 UIBE GVC Indicators 的 ADB – MRIO 数据库。

从国家视角来看，新加坡、韩国、印度、印度尼西亚、泰国、克罗地亚、马来西亚和越南 8 个国家是中国服务业最大的国内增加值出口市场，在中国服务业国内增加值出口构成中的平均比重分别为 2.39%、0.90%、0.57%、0.44%、0.43%、0.31%、0.21% 和 0.21%；孟加拉国、巴基斯坦、波兰、奥地利、捷克和俄罗斯 6 个国家是中国服务业第二大的国内增加值出口市场，在国内增加值出口构成中的平均比重分别为 0.18%、0.17%、0.14%、0.13%、0.11% 和 0.10%，中国对其余 13 个沿线国家服务业国内增加值出口较少，其中出口到哈萨克斯坦、匈牙利和立陶宛的平均比重分别为 0.09%、0.05% 和 0.03%，出口到柬埔寨、斯里兰卡和尼泊尔的平均比重均为 0.02%，出口到吉尔吉斯斯坦、土耳其、罗马尼亚、保加利亚、爱沙尼亚、拉脱维亚和斯洛伐克的平均比重均为 0.01%；对老挝、文莱、不丹和马尔代夫 4 个国家服务业国内增加值的出口为 0。

我们发现，2011 ~ 2017 年，"一带一路"沿线有 21 个国家在中国服务业国内增加值出口构成中的比重呈现出上升趋势，其中克罗地亚和新加坡上升速度最快，分别上升了 2.14% 和 1.58%，上升速度较快的国家还有韩国、立陶宛、巴基斯坦、波兰和捷克，分别上升了 0.27%、0.20%、0.12%、0.09% 和 0.07%。沿线国家中，印度尼西亚、泰国、越南、印度和俄罗斯 5 个国家在中国服务业国内增加值出口构成中的比重趋于下降，老挝、文莱、不丹、马尔代夫、土耳其和拉脱维亚 6 个国家在中国服务业国内增加值出口构成中的比重无变化。从美国在中国服务业国内增加值出口构成中的比重来看，2011 年为 3.53%，2017 年下降为 2.97%，表明中国服务业国内增加值出口贸易对美国的依赖性有所下降。

表 5 - 2 描绘了中国服务业国外增加值（FVA）进口的"一带一路"沿线国家构成，数据显示，"一带一路"沿线国家在中国服务业国外增加值进口来源构成中的比重呈现出略微上升的趋势，2011 年比重为 6.59%，2017年上升为 6.61%，进一步表明中国与"一带一路"沿线国家在全球价值链中的增加值贸易联系在不断增强。从区域视角来看，东南亚、东亚和南亚地区是中国服务业的前三大国外增加值进口市场，在国外增加值进口来源构成中的平均比重分别为 1.85%、1.38% 和 1.30%，中欧、东欧和中亚地区分别为中国服务业第 4 ~ 第 6 大进口市场，在国外增加值进口来源构成中的平均比重分别为 0.56%、0.18% 和 0.16%，中国服务业与西亚地区的贸易联系最不密切，在国外增加值进口来源构成中的平均比重仅为 0.02%。

表 5 - 2　　中国服务业国外增加值（FVA）进口的"一带一路"沿线国家构成

单位：%

国家		2011 年	2012 年	2013 年	2014 年	2015 年	2016 年	2017 年	平均值
东亚	韩国	1.41	1.35	1.57	1.61	0.88	0.93	1.90	1.38
东南亚	合计	2.53	2.11	2.24	1.92	0.97	1.07	2.11	1.85
	新加坡	0.01	0.01	0.01	0.01	0.01	0.01	0.02	0.01
	印度尼西亚	1.14	0.95	0.93	0.67	0.34	0.36	0.77	0.74
	马来西亚	0.28	0.27	0.31	0.29	0.13	0.13	0.32	0.25
	菲律宾	0.14	0.13	0.14	0.14	0.09	0.11	0.18	0.13
	泰国	0.68	0.59	0.64	0.57	0.27	0.31	0.58	0.52
	越南	0.29	0.16	0.21	0.22	0.13	0.15	0.25	0.20
	老挝	0.00	0.00	0.00	0.00	0.00	0.00	0.00	0.00
	文莱	0.01	0.01	0.01	0.01	0.00	0.00	0.00	0.01
	柬埔寨	0.01	0.02	0.02	0.02	0.01	0.02	0.02	0.02
南亚	合计	1.73	1.36	1.54	1.35	0.73	0.86	1.51	1.30
	印度	1.16	0.75	0.82	0.69	0.35	0.39	0.73	0.70
	孟加拉国	0.32	0.32	0.39	0.32	0.21	0.27	0.35	0.31

续表

国家		2011 年	2012 年	2013 年	2014 年	2015 年	2016 年	2017 年	平均值
南亚	斯里兰卡	0.03	0.03	0.04	0.04	0.02	0.02	0.04	0.03
	巴基斯坦	0.20	0.24	0.26	0.27	0.13	0.15	0.35	0.23
	不丹	0.00	0.00	0.00	0.00	0.00	0.00	0.00	0.00
	马尔代夫	0.00	0.00	0.00	0.00	0.00	0.00	0.00	0.00
	尼泊尔	0.02	0.02	0.02	0.02	0.01	0.02	0.03	0.02
中亚	合计	0.15	0.10	0.22	0.24	0.12	0.09	0.22	0.16
	哈萨克斯坦	0.14	0.10	0.21	0.23	0.11	0.09	0.21	0.16
	吉尔吉斯斯坦	0.01	0.00	0.01	0.01	0.00	0.00	0.02	0.01
西亚	土耳其	0.02	0.02	0.02	0.02	0.01	0.01	0.02	0.02
东欧	合计	0.27	0.24	0.20	0.18	0.08	0.12	0.18	0.18
	俄罗斯	0.19	0.17	0.10	0.09	0.03	0.07	0.08	0.10
	斯洛文尼亚	0.01	0.01	0.01	0.01	0.01	0.01	0.01	0.01
	克罗地亚	0.02	0.01	0.02	0.01	0.01	0.01	0.02	0.01
	罗马尼亚	0.01	0.02	0.02	0.02	0.01	0.01	0.03	0.02
	保加利亚	0.01	0.02	0.02	0.02	0.01	0.01	0.02	0.02
	爱沙尼亚	0.01	0.01	0.01	0.02	0.01	0.01	0.01	0.01
	立陶宛	0.01	0.00	0.01	0.01	0.00	0.00	0.01	0.01
	拉脱维亚	0.01	0.01	0.01	0.01	0.00	0.00	0.01	0.01
中欧	合计	0.50	0.49	0.72	0.72	0.37	0.39	0.75	0.56
	波兰	0.17	0.16	0.24	0.24	0.12	0.13	0.27	0.19
	捷克	0.12	0.11	0.15	0.16	0.08	0.09	0.19	0.13
	斯洛伐克	0.01	0.01	0.01	0.01	0.00	0.01	0.02	0.01
	奥地利	0.15	0.15	0.21	0.22	0.12	0.12	0.21	0.16
	匈牙利	0.06	0.05	0.11	0.09	0.04	0.04	0.09	0.07
发达国家	美国	7.83	7.45	5.42	6.35	3.58	3.97	7.19	5.97
"一带一路"沿线国家合计		6.59	5.65	6.47	5.99	3.14	3.46	6.61	5.42

资料来源:对外经贸大学全球价值链研究院 UIBE GVC Indicators 的 ADB – MRIO 数据库。

从国家视角来看,韩国、印度尼西亚、印度、泰国、孟加拉国、马来西亚、巴基斯坦和越南 8 个国家是中国服务业最大的国外增加值进口市场，在中国服务业国外增加值进口来源构成中的平均比重分别为 1.38%、0.74%、0.70%、0.52%、0.31%、0.25%、0.23% 和 0.20%；波兰、奥地利、哈萨克斯坦、菲律宾、捷克、俄罗斯、匈牙利和斯里兰卡 8 个国家是中国服务业第二大的国外增加值进口市场，在国外增加值进口来源构成中的平均比重分别 为 0.19%、0.16%、0.16%、0.13%、0.13%、0.10%、0.07% 和 0.03%，中国从其余 13 个国家进口的服务业国外增加值较少，分别是柬埔寨、尼泊尔、土耳其、罗马尼亚、保加利亚、爱沙尼亚、文莱、吉尔吉斯斯坦、斯洛文尼亚、克罗地亚、立陶宛、拉脱维亚和斯洛伐克，其中前 6 个国家在国外增加值进口构成中的比重均为 0.02%，后 7 个国家在国外增加值进口来源构成中的比重均为 0.01%；从老挝、不丹和马尔代夫 3 个国家服务业进口的国外增加值均为 0。

比较 2011 年和 2017 年的数据可以看出，"一带一路"沿线有 19 个国家在中国服务业国外增加值进口来源构成中的比重呈现出上升趋势，其中韩国上升速度最快，上升了 0.49%，上升速度较快的国家还有巴基斯坦、波兰、捷克和哈萨克斯坦，分别上升了 0.15%、0.10%、0.07% 和 0.07%。沿线国家中，印度尼西亚、泰国、越南、印度、俄罗斯和克罗地亚 6 个国家在中国服务业国外增加值进口来源构成中的比重趋于下降，老挝、文莱、不丹、马尔代夫、土耳其、立陶宛和拉脱维亚 7 个国家在中国服务业国外增加值进口来源构成中的比重无变化。从美国在中国服务业国外增加值进口构成中的比重来看，2011 年为 7.83%，2017 年下降为 7.19%，表明中国服务业国外增加值进口贸易对美国的依赖性有所下降。

从上述分析可以发现，中国服务业对东南亚、南亚、东亚和东欧地区具有较强的依赖度，其中，东南亚、南亚和东欧是中国服务业的前三大国内增加值出口市场，东南亚、东亚和南亚是中国服务业的前三大国外增加值进口市场，尤其是新加坡、韩国、印度、印度尼西亚、泰国和越南等国家。个别国家例如老挝、不丹和马尔代夫与中国服务业尚无增加值贸易联系，在中国服务业国内增加值出口和国外增加值进口来源构成中的比重均为 0。

中国服务业对中欧、中亚的依赖度虽较小，但与这些地区的增加值贸易关联在逐年加强，尤其是波兰、捷克和哈萨克斯坦，在中国服务业国内增加值出口和国外增加值进口来源构成中的比重呈现出较为明显的上升趋势，表明中国服务业增加值贸易依赖的市场逐步多元化和分散化，中国服务业融入到全球价值链的广度加深了。

第二节　中国对"一带一路"沿线国家服务业增加值贸易的贡献程度

接下来，我们从前向联系和后向联系两个角度来考察中国对"一带一路"沿线国家服务业增加值贸易的贡献程度，以此判断"一带一路"沿线国家服务业对中国的依赖程度。表5-3给出了中国在"一带一路"沿线国家服务业国内增加值出口中的占比，从区域视角来看，中国在东亚地区服务业国内增加值出口中的平均占比最高，为14.50%，表明东亚地区服务业对中国的依赖性在"一带一路"沿线地区中最大。中国在东南亚地区服务业国内增加值出口中的平均占比第二高，为5.60%，在中亚地区服务业国内增加值出口中的平均占比第三高，为4.83%，然后依次是南亚、中欧、西亚地区，平均占比分别为2.82%、1.79%和1.48%。中国在东欧地区服务业国内增加值出口中的平均占比最低，仅为0.94%，表明东欧地区服务业对中国的依赖性在"一带一路"沿线地区中最小。

表5-3　中国在"一带一路"沿线国家服务业国内增加值（DVA）出口中的占比

单位：%

国家		2011年	2012年	2013年	2014年	2015年	2016年	2017年	平均值
东亚	韩国	10.21	13.62	14.82	15.17	16.83	14.11	16.73	14.50
东南亚	新加坡	5.11	5.98	4.99	6.45	6.95	7.23	8.29	6.43
	印度尼西亚	24.51	22.09	27.02	25.55	17.68	7.30	28.84	21.86
	马来西亚	3.05	2.50	3.09	2.67	2.90	4.45	2.84	3.07
	菲律宾	7.67	4.69	8.01	7.57	6.39	6.82	8.11	7.04

续表

国家		2011 年	2012 年	2013 年	2014 年	2015 年	2016 年	2017 年	平均值
东南亚	泰国	4.99	4.79	5.42	4.78	4.37	4.22	3.75	4.62
	越南	2.34	1.36	2.14	1.97	1.82	1.77	1.90	1.90
	老挝	2.68	1.69	2.73	2.15	3.38	3.20	1.84	2.53
	文莱	1.81	1.37	1.56	1.01	1.84	2.14	1.02	1.54
	柬埔寨	1.55	0.95	1.55	1.46	1.52	1.71	1.51	1.46
南亚	印度	4.50	6.40	4.87	5.19	5.06	4.47	6.38	5.27
	孟加拉国	1.89	1.47	2.15	2.34	2.70	3.08	2.41	2.29
	斯里兰卡	0.43	0.28	0.44	0.42	0.47	0.46	0.44	0.42
	巴基斯坦	6.31	8.17	6.25	5.22	3.98	5.50	5.32	5.82
	不丹	1.95	1.02	2.06	1.55	2.08	2.20	1.64	1.79
	马尔代夫	2.25	1.29	2.24	2.11	2.09	2.16	2.11	2.03
	尼泊尔	2.09	1.95	2.13	2.10	2.25	2.33	2.16	2.14
中亚	哈萨克斯坦	2.87	1.73	1.62	1.69	3.49	4.77	1.86	2.58
	吉尔吉斯斯坦	6.37	6.69	9.19	6.54	7.17	7.63	5.90	7.07
西亚	土耳其	1.39	1.43	1.85	1.63	0.96	1.52	1.59	1.48
东欧	俄罗斯	6.25	2.31	5.34	6.16	3.83	3.55	6.28	4.82
	斯洛文尼亚	0.36	0.30	0.57	0.66	0.70	0.78	0.63	0.57
	克罗地亚	0.20	0.47	0.79	0.47	0.54	0.53	0.44	0.49
	罗马尼亚	0.21	0.18	0.20	0.51	0.52	0.58	0.50	0.39
	保加利亚	0.29	0.14	0.30	0.41	0.43	0.51	0.40	0.36
	爱沙尼亚	0.28	0.21	0.56	0.53	0.61	0.79	0.57	0.51
	立陶宛	0.13	0.07	0.19	0.15	0.19	0.18	0.15	0.15
	拉脱维亚	0.16	0.16	0.26	0.32	0.31	0.32	0.32	0.26
中欧	波兰	0.73	0.65	0.97	1.05	1.24	1.20	1.05	0.98
	捷克	1.00	0.94	1.40	4.91	5.30	4.34	5.08	3.28
	斯洛伐克	0.43	0.38	1.28	0.64	0.74	0.77	0.62	0.70
	奥地利	2.08	2.00	1.93	2.90	2.98	3.15	3.05	2.58
	匈牙利	2.01	0.98	1.27	1.41	1.35	1.46	1.38	1.41

资料来源：对外经贸大学全球价值链研究院 UIBE GVC Indicators 的 ADB – MRIO 数据库。

从国家视角来看，中国在印度尼西亚服务业国内增加值出口中的平均占比最高，占比为21.86%，表明印度尼西亚服务业对中国的依赖性在"一带一路"沿线国家中最大。排在第2、第3位的是韩国和吉尔吉斯斯坦，中国在这两国服务业国内增加值出口中的平均占比分别为14.50%和7.07%，然后依次是菲律宾、新加坡、巴基斯坦、印度、俄罗斯、泰国、捷克和马来西亚，平均占比分别为7.04%、6.43%、5.82%、5.27%、4.82%、4.62%、3.28%和3.07%。中国在哈萨克斯坦、奥地利、老挝、孟加拉国、尼泊尔、马尔代夫、越南、不丹、文莱、土耳其、柬埔寨和匈牙利服务业国内增加值出口中的平均占比在"一带一路"沿线国家中排在第12～23位，分别为2.58%、2.58%、2.53%、2.29%、2.14%、2.03%、1.90%、1.79%、1.54%、1.48%、1.46%和1.41%。中国在波兰、斯洛伐克、斯洛文尼亚、爱沙尼亚、克罗地亚、斯里兰卡、罗马尼亚、保加利亚和拉脱维亚服务业DVA出口中的平均占比在"一带一路"沿线国家中排在第24～32位，分别为0.98%、0.70%、0.57%、0.51%、0.49%、0.42%、0.39%、0.36%和0.26%。中国在立陶宛服务业国内增加值出口中的平均占比最低，仅为0.15%，表明立陶宛服务业对中国的依赖性在"一带一路"沿线地区中最小。

比较2011年和2017年的数据可以看出，中国在韩国、新加坡、印度尼西亚、菲律宾、印度、孟加拉国、斯里兰卡、尼泊尔、土耳其、俄罗斯、斯洛文尼亚、克罗地亚、罗马尼亚、保加利亚、爱沙尼亚、立陶宛、拉脱维亚、波兰、捷克、斯洛伐克和奥地利21个国家服务业国内增加值出口构成中的比重出现了上升，其中韩国、印度尼西亚、捷克、新加坡、印度5个国家服务业国内增加值出口构成中的比重上升速度较快，分别上升了6.52%、4.33%、4.08%、3.18%和1.88%，在其余16个国家的上升速度较慢，上升速度均小于1%。中国在马来西亚、泰国、越南、老挝、文莱、柬埔寨、巴基斯坦、不丹、马尔代夫、哈萨克斯坦、吉尔吉斯斯坦和匈牙利12个国家服务业国内增加值出口构成中的比重趋于下降，其中，在泰国和哈萨克斯坦的下降速度较快，分别下降了1.24%和1.01%，在其余国家的下降速度较慢，下降速度均小于1%。

表5-4描绘了中国在"一带一路"沿线国家服务业国外增加值进口来源中的占比,从区域视角来看,中国在东亚地区服务业国外增加值进口来源中的平均占比最高,为12.76%,表明东亚地区服务业对中国的依赖性在"一带一路"沿线地区中最大,在东南亚、中亚地区服务业国外增加值进口来源中的平均占比为第2大和第3大,分别为6.10%、6.03%,然后依次是中欧、南亚和西亚地区,平均占比分别为2.20%、2.17%和1.81%。中国在东欧地区服务业国外增加值进口来源中的平均占比最低,仅为1.41%,表明东欧地区服务业对中国的依赖性在"一带一路"沿线地区中最小。

表5-4　中国在"一带一路"沿线国家服务业国外增加值（FVA）进口中的占比

单位：%

	国家	2011年	2012年	2013年	2014年	2015年	2016年	2017年	平均值
东亚	韩国	9.61	10.67	13.16	12.59	14.11	13.48	15.68	12.76
东南亚	新加坡	6.07	6.55	5.85	8.09	7.94	8.32	10.33	10.22
	印度尼西亚	25.55	25.05	27.40	25.35	18.23	7.59	28.87	22.58
	马来西亚	2.84	1.77	2.88	2.63	3.59	5.07	2.86	3.09
	菲律宾	6.18	4.12	6.73	6.46	5.49	5.21	7.09	5.90
	泰国	5.37	3.90	5.76	5.01	5.03	3.69	4.14	4.70
	越南	2.75	1.86	2.75	2.63	2.91	2.08	2.73	2.53
	老挝	2.53	2.18	2.60	1.83	3.61	3.71	1.71	2.59
	文莱	1.62	1.24	1.47	0.95	1.88	2.38	1.04	1.51
	柬埔寨	1.75	1.70	1.74	1.53	1.72	2.10	1.67	1.74
南亚	印度	3.43	2.50	4.10	4.18	4.86	2.25	5.05	3.77
	孟加拉国	1.17	0.51	1.41	1.59	2.59	0.51	2.08	1.41
	斯里兰卡	0.38	0.28	0.37	0.38	0.42	0.36	0.42	0.37
	巴基斯坦	6.65	2.82	6.64	6.00	6.80	2.59	6.85	5.48
	不丹	1.07	1.04	1.11	0.94	1.21	1.26	1.04	1.10
	马尔代夫	1.81	1.70	1.77	1.66	1.72	1.94	1.81	1.77
	尼泊尔	1.17	1.22	1.16	1.21	1.36	1.43	1.39	1.28
中亚	哈萨克斯坦	4.47	4.86	2.95	2.53	4.96	6.28	2.91	4.14
	吉尔吉斯斯坦	6.70	8.88	9.07	7.16	8.27	8.38	6.96	7.92

续表

	国家	2011 年	2012 年	2013 年	2014 年	2015 年	2016 年	2017 年	平均值
西亚	土耳其	1.54	2.03	2.15	1.93	1.14	1.91	1.95	1.81
东欧	俄罗斯	7.99	8.75	6.47	7.29	6.76	7.36	7.81	7.49
	斯洛文尼亚	0.52	0.46	0.71	0.81	0.92	1.04	0.80	0.75
	克罗地亚	0.23	0.53	0.99	0.56	0.68	0.71	0.52	0.60
	罗马尼亚	0.22	0.24	0.24	0.62	0.67	0.80	0.64	0.49
	保加利亚	0.36	0.24	0.38	0.56	0.64	0.97	0.58	0.53
	爱沙尼亚	0.39	0.35	0.67	0.63	0.73	1.11	0.73	0.66
	立陶宛	0.23	0.13	0.31	0.24	0.24	0.32	0.22	0.24
	拉脱维亚	0.31	0.35	0.43	0.58	0.65	0.71	0.63	0.52
中欧	波兰	0.77	0.97	1.16	1.26	1.55	1.51	1.32	1.22
	捷克	1.33	1.41	1.91	5.89	6.33	5.28	6.35	4.07
	斯洛伐克	0.51	0.38	1.34	0.73	0.78	0.75	0.79	0.75
	奥地利	2.45	2.27	2.42	3.44	3.70	3.98	3.36	3.09
	匈牙利	2.15	1.53	1.74	1.83	1.97	2.09	1.86	1.88

资料来源：对外经贸大学全球价值链研究院 UIBE GVC Indicators 的 ADB – MRIO 数据库。

从国家视角来看，中国在印度尼西亚服务业国外增加值进口来源中的平均占比最高，占比为 22.58%，表明印度尼西亚服务业对中国的依赖性在"一带一路"沿线国家中最大。排在第 2、第 3 位的是韩国和新加坡，中国在这两国的平均占比分别为 12.76% 和 10.22%，然后依次是吉尔吉斯斯坦、俄罗斯、菲律宾、巴基斯坦、泰国、哈萨克斯坦、捷克、印度、马来西亚和奥地利，平均占比分别为 7.92%、7.49%、5.90%、5.48%、4.70%、4.14%、4.07%、3.77%、3.09% 和 3.09%。中国在老挝、越南、匈牙利、土耳其、马尔代夫、柬埔寨、文莱、孟加拉国、尼泊尔、波兰和不丹服务业国外增加值进口中的平均占比在"一带一路"沿线国家中排在第 14～24 位，分别为 2.59%、2.53%、1.88%、1.81%、1.77%、1.74%、1.51%、1.41%、1.28%、1.22% 和 1.10%。中国在斯洛伐克、斯洛文尼亚、爱沙尼亚、克罗地亚、保加利亚、拉脱维亚、罗马尼亚和斯里兰卡服务业国外增

加值进口中的平均占比在"一带一路"沿线国家中排在第 25～32 位,分别
为 0.75%、0.75%、0.66%、0.60%、0.53%、0.52%、0.49%、0.37%。
中国在立陶宛服务业国外增加值进口中的平均占比最低,仅为 0.24%,表
明立陶宛服务业对中国的依赖性在"一带一路"沿线地区中最小。

比较 2011 年和 2017 年的数据可以看出,中国在韩国、新加坡、印度尼
西亚、马来西亚、菲律宾、印度、孟加拉国、斯里兰卡、巴基斯坦、马尔代
夫、尼泊尔、吉尔吉斯斯坦、土耳其、斯洛文尼亚、克罗地亚、罗马尼亚、
保加利亚、爱沙尼亚、拉脱维亚、波兰、捷克、斯洛伐克和奥地利 23 个国
家服务业国外增加值进口来源构成中的比重出现了上升,其中,在韩国、捷
克、新加坡、印度尼西亚和印度 5 个国家服务业国外增加值进口来源构成中
的比重上升速度较快,分别上升了 6.07%、5.03%、4.26%、3.31% 和
1.62%,在其余 18 个国家的上升速度较慢,上升速度均小于 1%。中国在
泰国、越南、老挝、文莱、柬埔寨、不丹、哈萨克斯坦、俄罗斯、立陶宛和
匈牙利 10 个国家服务业国外增加值进口来源构成中的比重趋于下降,其中,
在哈萨克斯坦和泰国的下降速度较快,分别下降了 1.56% 和 1.23%,在其
余国家的下降速度较慢,下降速度均小于 1%。

从上述分析可以发现,中国在东亚、东南亚和中亚地区服务业国内增加
值出口和国外增加值进口来源中的占比高于沿线其他区域,尤其是印度尼西
亚、韩国、吉尔吉斯斯坦、新加坡、菲律宾、巴基斯坦、泰国等国家,且占
比呈现出上升趋势,中国对这些国家服务业增加值贸易的贡献程度较大,这
些国家服务业对中国的依赖性也较强。中国对东欧地区服务业增加值贸易
的贡献度和依赖性较小,尤其是在罗马尼亚、保加利亚、拉脱维亚和立陶
宛等国服务业国内增加值出口构成中和国外增加值进口来源中的占比均远
远小于 1%。

第三节　中国与"一带一路"沿线国家服务业增加值贸易依存度量化分析

传统贸易理论采用双边总值贸易数据来测算国家之间的相互依存度,但

在全球价值链背景下，双边增加值贸易才能够客观反映国家间的生产合作关系以及相互依存度。接下来本书将构建前向依存度指标 $BiDVA_{cj}$ 和后向依存度指标 $BiFVA_{cj}$ 来衡量中国与"一带一路"沿线国家服务业在全球价值链中的依存度特征，计算公式如下所示：

$$BiDVA_{cj} = RDVA_{cj} / RDVA_{jc} = (DVA_{cj} / DVA_c) / (DVA_{jc} / DVA_j) \quad (5-1)$$

$$BiFVA_{cj} = RFVA_{cj} / RFVA_{jc} = (FVA_{cj} / FVA_c) / (FVA_{jc} / FVA_j) \quad (5-2)$$

其中，下标 c 代表中国，j 代表"一带一路"增加值贸易伙伴国。$RDVA_{cj}$ 为中国对"一带一路"增加值贸易伙伴 j 国出口的国内增加值占中国国内增加值出口总额的百分比，衡量中国对 j 国的前向依赖性；$RDVA_{jc}$ 为"一带一路"增加值贸易伙伴 j 国对中国出口的国内增加值占 j 国国内增加值出口总额的百分比，衡量 j 国对中国的前向依赖性。若 $BiDVA_{cj}$ 大于 1，说明两相比较，中国对 j 国的前向依存度更高，中国的增加值出口更加依赖于 j 国市场，反之则说明 j 国的增加值出口更加依赖于中国市场。$RFVA_{cj}$ 为中国从"一带一路"增加值贸易伙伴 j 国进口的增加值占中国国外增加值进口总额的百分比，衡量中国对 j 国的后向依赖性；$RFVA_{jc}$ 为"一带一路"增加值贸易伙伴 j 国从中国进口的增加值占 j 国国外增加值进口总额的百分比，衡量 j 国对中国的后向依赖性。若 $BiFVA_{cj}$ 大于 1，说明两相比较，中国对 j 国的后向依存度更高，中国的增加值进口更加依赖于 j 国市场，反之则说明 j 国的增加值进口更加依赖于中国市场。

表 5-5 统计了 2011 年、2014 年和 2017 年中国与"一带一路"沿线区域服务业在全球价值链中的前向依存度，可以看出，中国服务业国内增加值出口对于东欧地区具有较大的依赖性，前向依存度大于 1，2011 年为 3.33，2014 年为 1.72，2017 年为 1.87。除东欧地区以外，中国与"一带一路"沿线其他地区的前向依存度均小于 1，表明中国服务业国内增加值出口对"一带一路"沿线其他地区依赖性较小，尤其是对西亚、中亚和东亚的依赖性，2017 年前向依存度仅分别为 0.01、0.06 和 0.08。中国服务业国内增加值出口对东南亚、中欧和南亚的依赖性高于对中亚、西亚的依赖性，2017 年前向依存度分别为 0.43、0.38 和 0.19。

表 5 – 5   中国与"一带一路"沿线区域服务业在全球价值链中的前向依存度

地区	2011 年			2014 年			2017 年		
	$RDVA_{cj}$（%）	$RDVA_{jc}$（%）	$BiDVA_{cj}$	$RDVA_{cj}$（%）	$RDVA_{jc}$（%）	$BiDVA_{cj}$	$RDVA_{cj}$（%）	$RDVA_{jc}$（%）	$BiDVA_{cj}$
东亚	1.02	10.21	0.10	1.11	15.17	0.07	1.30	16.73	0.08
东南亚	3.67	4.37	0.84	1.52	3.96	0.38	1.74	4.08	0.43
南亚	1.18	4.43	0.27	0.87	4.81	0.18	1.09	5.77	0.19
中亚	0.11	3.00	0.04	0.15	1.82	0.08	0.13	2.09	0.06
西亚	0.01	1.39	0.01	0.01	1.63	0.01	0.01	1.59	0.01
东欧	0.26	0.08	3.33	0.16	0.09	1.72	0.17	0.09	1.87
中欧	0.40	1.32	0.30	0.58	1.97	0.30	0.56	1.59	0.38

资料来源：对外经贸大学全球价值链研究院 UIBE GVC Indicators 的 ADB – MRIO 数据库。

表 5 – 6 统计了 2011 年、2014 年和 2017 年中国与"一带一路"沿线区域服务业在全球价值链中的后向依存度，可以看出，中国服务业国外增加值进口对于东南亚地区具有较大的依赖性，后向依存度 2011 年为 1.44，2017年上升为 2.16。中国服务业国外增加值进口对"一带一路"沿线其余地区的依赖性较小，后向依存度指标均小于 1，尤其是对西亚、中亚和东欧的依赖性，2017 年后向依存度仅分别为 0.01、0.05 和 0.06。中国服务业国外增加值进口对南亚、中欧和东亚的依赖性高于对西亚、中亚和东欧的依赖性，2017 年后向依存度分别为 0.34、0.28 和 0.11。

表 5 – 6   中国与"一带一路"沿线区域服务业在全球价值链中的后向依存度

地区	2011 年			2014 年			2017 年		
	$RFVA_{cj}$（%）	$RFVA_{jc}$（%）	$BiFVA_{cj}$	$RFVA_{cj}$（%）	$RFVA_{jc}$（%）	$BiFVA_{cj}$	$RFVA_{cj}$（%）	$RFVA_{jc}$（%）	$BiFVA_{cj}$
东亚	1.36	9.61	0.14	1.54	12.59	0.12	1.75	15.68	0.11
东南亚	0.06	0.04	1.44	0.06	0.05	1.23	0.10	0.05	2.16
南亚	0.02	0.03	0.50	0.01	0.04	0.36	0.01	0.04	0.34
中亚	0.00	0.05	0.03	0.00	0.03	0.08	0.00	0.04	0.05

续表

地区	2011 年			2014 年			2017 年		
	$RFVA_{cj}$ (%)	$RFVA_{jc}$ (%)	$BiFVA_{cj}$	$RFVA_{cj}$ (%)	$RFVA_{jc}$ (%)	$BiFVA_{cj}$	$RFVA_{cj}$ (%)	$RFVA_{jc}$ (%)	$BiFVA_{cj}$
西亚	0.02	1.54	0.01	0.02	1.93	0.01	0.02	1.95	0.01
东欧	0.00	0.04	0.07	0.00	0.03	0.06	0.00	0.03	0.06
中欧	0.00	0.02	0.31	0.01	0.03	0.27	0.01	0.02	0.28

资料来源：对外经贸大学全球价值链研究院 UIBE GVC Indicators 的 ADB – MRIO 数据库。

　　中国与"一带一路"沿线各地区服务业的前后向依存度情况与中国服务业对"一带一路"增加值进出口的现状相一致。经过改革开放 40 多年的发展，中国非常注重拓展与周边国家的经贸往来，同时中国也成为各国竞相争夺的目标市场，中国服务业对"一带一路"沿线各地区尤其是东南亚、南亚、东亚和中东欧地区具有较大的增加值进出口额及较高的前后向依存度。

　　表 5 - 7 和表 5 - 8 统计了中国与"一带一路"沿线国家服务业在全球价值链中的前后向依存度，并对中国与美国服务业的前后向依存度进行横向比较。从表 5 - 7 来看，2017 年中国除了与新加坡的前向依存度大于 1，与其余沿线国家服务业的前向依存度都小于 1，由此表明新加坡是中国服务业国内增加值出口的最大市场，中国服务业国内增加值出口对新加坡具有较大的依赖性，对其余沿线国家依赖性较小，小于沿线国家服务业国内增加值出口对中国市场的依赖性。

表 5 - 7　　中国与"一带一路"沿线国家服务业在全球价值链中的前向依存度

国家		2011 年			2014 年			2017 年		
		$RDVA_{cj}$ (%)	$RDVA_{jc}$ (%)	$BiDVA_{cj}$	$RDVA_{cj}$ (%)	$RDVA_{jc}$ (%)	$BiDVA_{cj}$	$RDVA_{cj}$ (%)	$RDVA_{jc}$ (%)	$BiDVA_{cj}$
东亚	韩国	1.02	10.21	0.10	1.11	15.17	0.07	1.30	16.73	0.08
东南亚	新加坡	1.66	1.33	1.25	1.90	1.41	1.35	2.67	1.71	1.57
	印度尼西亚	0.74	24.51	0.03	0.41	25.55	0.02	0.46	28.84	0.02

续表

国家		2011 年			2014 年			2017 年		
		$RDVA_{cj}$ （%）	$RDVA_{jc}$ （%）	$BiDVA_{cj}$	$RDVA_{cj}$ （%）	$RDVA_{jc}$ （%）	$BiDVA_{cj}$	$RDVA_{cj}$ （%）	$RDVA_{jc}$ （%）	$BiDVA_{cj}$
东南亚	马来西亚	0.27	3.05	0.09	0.26	2.67	0.10	0.28	2.84	0.10
	菲律宾	0.12	7.67	0.02	0.12	7.57	0.02	0.16	8.11	0.02
	泰国	0.55	4.99	0.11	0.48	4.78	0.10	0.53	3.75	0.14
	越南	0.31	2.34	0.13	0.23	1.97	0.12	0.28	1.90	0.15
	老挝	0.00	2.68	0.00	0.00	2.15	0.00	0.00	1.84	0.00
	文莱	0.01	1.81	0.00	0.00	1.01	0.00	0.00	1.02	0.00
	柬埔寨	0.01	1.55	0.01	0.02	1.46	0.01	0.02	1.51	0.02
南亚	印度	0.82	4.50	0.18	0.46	5.19	0.09	0.57	6.38	0.09
	孟加拉国	0.18	1.89	0.09	0.17	2.34	0.07	0.19	2.41	0.08
	斯里兰卡	0.03	0.43	0.06	0.03	0.42	0.07	0.03	0.44	0.08
	巴基斯坦	0.15	6.31	0.02	0.19	5.22	0.04	0.27	5.32	0.05
	不丹	0.00	1.95	0.00	0.00	1.55	0.00	0.00	1.64	0.00
	马尔代夫	0.00	2.25	0.00	0.00	2.11	0.00	0.00	2.11	0.00
	尼泊尔	0.01	2.09	0.01	0.02	2.10	0.01	0.02	2.16	0.01
中亚	哈萨克斯坦	0.10	2.87	0.03	0.14	1.69	0.08	0.12	1.86	0.07
	吉尔吉斯斯坦	0.01	6.37	0.00	0.01	6.54	0.00	0.01	5.90	0.00
西亚	土耳其	0.01	1.39	0.01	0.01	1.63	0.01	0.02	1.59	0.01
东欧	俄罗斯	0.20	6.25	0.03	0.08	6.16	0.01	0.07	6.28	0.01
	斯洛文尼亚	0.00	0.36	0.01	0.01	0.66	0.01	0.01	0.63	0.02
	克罗地亚	0.01	0.20	0.07	0.01	0.47	0.01	0.02	0.44	0.05
	罗马尼亚	0.01	0.21	0.06	0.01	0.51	0.04	0.02	0.51	0.04
	保加利亚	0.01	0.29	0.03	0.01	0.41	0.04	0.02	0.40	0.04
	爱沙尼亚	0.01	0.28	0.04	0.02	0.53	0.04	0.02	0.57	0.04
	立陶宛	0.00	0.13	0.03	0.01	0.15	0.04	0.01	0.15	0.04
	拉脱维亚	0.01	0.16	0.06	0.01	0.32	0.03	0.01	0.32	0.03
中欧	波兰	0.12	0.73	0.17	0.17	1.05	0.16	0.22	1.05	0.21
	捷克	0.09	1.00	0.09	0.14	4.91	0.03	0.16	5.08	0.03

111

续表

国家		2011 年			2014 年			2017 年		
		RDVA$_{cj}$（%）	RDVA$_{jc}$（%）	BiDVA$_{cj}$	RDVA$_{cj}$（%）	RDVA$_{jc}$（%）	BiDVA$_{cj}$	RDVA$_{cj}$（%）	RDVA$_{jc}$（%）	BiDVA$_{cj}$
中欧	斯洛伐克	0.01	0.43	0.02	0.01	0.64	0.02	0.02	0.62	0.03
	奥地利	0.12	2.08	0.06	0.18	2.90	0.06	0.15	7.02	0.02
	匈牙利	0.05	2.01	0.02	0.08	1.41	0.06	0.05	1.38	0.04
发达国家	美国	3.55	2.70	1.32	2.69	3.71	0.72	3.07	3.82	0.81

资料来源：对外经贸大学全球价值链研究院 UIBE GVC Indicators 的 ADB – MRIO 数据库。

表 5 – 8　　中国与"一带一路"沿线国家服务业在全球价值链中的后向依存度

国家		2011 年			2014 年			2017 年		
		RFVA$_{cj}$（%）	RFVA$_{jc}$（%）	BiFVA$_{cj}$	RFVA$_{cj}$（%）	RFVA$_{jc}$（%）	BiFVA$_{cj}$	RFVA$_{cj}$（%）	RFVA$_{jc}$（%）	BiFVA$_{cj}$
东亚	韩国	1.36	9.61	0.14	1.54	12.59	0.12	1.75	15.68	0.11
东南亚	新加坡	3.24	1.06	3.05	4.29	0.96	4.46	8.07	1.17	6.90
	印度尼西亚	1.11	25.55	0.04	0.64	25.35	0.03	0.70	28.87	0.02
	马来西亚	0.27	2.84	0.09	0.28	2.63	0.11	0.29	2.86	0.10
	菲律宾	0.13	6.18	0.02	0.14	6.46	0.02	0.17	7.09	0.02
	泰国	0.66	5.37	0.12	0.55	5.01	0.11	0.54	4.14	0.13
	越南	0.28	2.75	0.10	0.21	2.63	0.08	0.23	2.73	0.08
	老挝	0.00	2.53	0.00	0.00	1.83	0.00	0.00	1.71	0.00
	文莱	0.01	1.62	0.00	0.01	0.95	0.01	0.01	1.04	0.01
	柬埔寨	0.01	1.75	0.01	0.02	1.53	0.01	0.02	1.67	0.01
南亚	印度	1.12	3.43	0.33	0.66	4.18	0.16	0.67	5.05	0.13
	孟加拉国	0.31	1.17	0.27	0.31	1.59	0.20	0.32	2.08	0.15
	斯里兰卡	0.03	0.38	0.08	0.04	0.38	0.09	0.04	0.42	0.09
	巴基斯坦	0.19	6.65	0.03	0.26	6.00	0.04	0.33	6.85	0.05
	不丹	0.00	1.07	0.00	0.00	0.94	0.00	0.00	1.04	0.00

续表

国家		2011 年			2014 年			2017 年		
		$RFVA_{cj}$（%）	$RFVA_{jc}$（%）	$BiFVA_{cj}$	$RFVA_{cj}$（%）	$RFVA_{jc}$（%）	$BiFVA_{cj}$	$RFVA_{cj}$（%）	$RFVA_{jc}$（%）	$BiFVA_{cj}$
南亚	马尔代夫	0.00	1.81	0.00	0.00	1.66	0.00	0.00	1.81	0.00
	尼泊尔	0.02	1.17	0.01	0.02	1.21	0.02	0.03	1.39	0.02
中亚	哈萨克斯坦	0.14	4.47	0.03	0.22	2.53	0.09	0.19	2.91	0.06
	吉尔吉斯斯坦	0.01	6.70	0.00	0.01	7.16	0.00	0.01	6.96	0.00
西亚	土耳其	0.02	1.54	0.01	0.02	1.93	0.01	0.02	1.95	0.01
东欧	俄罗斯	0.18	7.99	0.02	0.08	7.29	0.01	0.07	7.81	0.01
	斯洛文尼亚	0.01	0.52	0.01	0.01	0.81	0.01	0.01	0.80	0.01
	克罗地亚	0.02	0.23	0.07	0.01	0.56	0.01	0.01	0.52	0.02
	罗马尼亚	0.01	0.46	0.06	0.01	0.62	0.03	0.01	0.64	0.04
	保加利亚	0.01	0.36	0.03	0.02	0.56	0.04	0.02	0.58	0.04
	爱沙尼亚	0.01	0.39	0.01	0.01	0.63	0.01	0.01	0.73	0.03
	立陶宛	0.01	0.23	0.02	0.01	0.24	0.03	0.01	0.22	0.03
	拉脱维亚	0.01	0.31	0.04	0.01	0.58	0.02	0.01	0.63	0.01
中欧	波兰	0.16	0.77	0.21	0.23	1.26	0.18	0.25	1.32	0.19
	捷克	0.11	1.33	0.09	0.16	5.89	0.03	0.17	6.35	0.03
	斯洛伐克	0.01	0.51	0.02	0.01	0.73	0.02	0.01	0.79	0.02
	奥地利	0.14	2.45	0.06	0.21	3.44	0.06	0.17	3.36	0.05
	匈牙利	0.06	2.15	0.03	0.08	1.83	0.05	0.08	1.86	0.04
发达国家	美国	7.64	5.88	1.30	6.15	7.92	0.78	6.74	7.42	0.91

资料来源：对外经贸大学全球价值链研究院 UIBE GVC Indicators 的 ADB – MRIO 数据库。

具体来看，2017 年中国服务业国内增加值出口对新加坡的依赖性最高，前向依存度为 1.57，依赖性第二高的是波兰，前向依存度却仅为 0.21，依赖性排在第三位的是越南，前向依存度为 0.15，接下来是泰国，前向依存度为 0.14。中国对沿线其余国家的依赖性更小，前向依存度均小于等于 0.10，尤其是老挝、文莱、不丹、马尔代夫和吉尔吉斯斯坦 5 个国家，中国与这 5 个国家服务业的前向依存度均为 0。从中国与美国服务业的前向依存度计算结果来看，2017 年中国与美国服务业的前向依存度为 0.81，低于中国与新加坡的前向依存度，但远高于中国与其余沿线国家的前向依存度。

从表 5 - 8 来看，2017 年中国除了与新加坡的后向依存度大于 1，与其余沿线国家服务业的后向依存度均小于 1，表明新加坡是中国服务业增加值进口的最大来源市场，中国服务业增加值进口对新加坡具有非常大的依赖性，对其余沿线国家依赖性较小，小于沿线国家服务业国外增加值进口对中国市场的依赖性。

就具体来看，2017 年中国服务业国外增加值进口对新加坡的依赖性最高，后向依存度高达 6.90，依赖性第二高的是波兰，后向依存度却仅为 0.19，依赖性排在第三位的是孟加拉国，后向依存度为 0.15，接下来是印度、泰国和韩国，后向依存度分别为 0.13、0.13 和 0.11。中国对沿线其余国家的依赖性较小，后向依存度均小于等于 0.10，尤其是老挝、文莱、不丹、马尔代夫和吉尔吉斯斯坦 5 个国家，中国与这 5 个国家服务业的后向依存度均为 0。从中国与美国服务业的后向依存度来看，2017 年中国与美国服务业的后向依存度为 0.91，低于中国与新加坡的后向依存度，但远高于中国与其余沿线国家的后向依存度。

服务业是新加坡经济的重要支柱，新加坡在商业服务、交通通信、批发零售、金融服务等行业的优势明显，具有较大的发展潜力。近些年来，中国与新加坡服务贸易均保持快速增长，两国服务贸易进出口部门结构存在竞争性，也存在互补性，中国应当抓住 RCEP 签署的重大机遇，与新加坡以及越南、泰国、韩国等 RCEP 国家在大量嵌套高附加值的服务环节进行广泛合作。

第四节　结　　论

本章基于增加值贸易核算方法将一国的出口贸易分解为最终被国外吸收的国内增加值（DVA）、返回并最终被本国吸收的国内增加值（RDV）、生产本国出口的国外增加值（FVA）和中间产品贸易的纯重复计算部分（PDC）四大类的研究基础，通过使用出口贸易分解数据从中国服务业参与全球价值链的"一带一路"沿线国家构成、中国对"一带一路"沿线国家服务业增加值贸易的贡献程度以及中国与"一带一路"沿线国家服务业在全球价值链中的相互依存度3个方面阐述了中国与"一带一路"沿线国家服务业在全球价值链中的贸易依赖关系。研究结论如下。

1. 中国服务业对东南亚、南亚、东亚和东欧地区具有较强的依赖性，其中，东南亚、南亚和东欧是中国服务业的前三大国内增加值出口市场，东南亚、东亚和南亚是中国服务业的前三大国外增加值进口市场。新加坡是中国服务业增加值贸易的最大市场，其次是韩国、印度、泰国、老挝等国家。中国服务业对中欧、中亚的依赖度虽较小，但与这些地区的增加值贸易关联在逐年加强，尤其是波兰、捷克和哈萨克斯坦，表明中国服务业增加值贸易依赖的市场逐步多元化和分散化，中国服务业融入到全球价值链的广度加深了。

2. 中国对东南亚、东亚和中亚国家服务业增加值贸易的贡献程度较大，尤其是印度尼西亚、韩国、吉尔吉斯斯坦、新加坡、菲律宾、巴基斯坦、泰国等国家，这些国家服务业对中国的依赖性也较强。中国对东欧地区服务业增加值贸易的贡献度和依赖性较小，尤其是在罗马尼亚、保加利亚、拉脱维亚和立陶宛等国服务业国内增加值出口构成中和国外增加值进口来源中的占比均远远小于1%。

3. 从中国与美国服务业的前后向依存度来看，低于中国与新加坡的前后向依存度，但远高于中国与其余沿线国家的后向依存度。从美国在中国服务业国内增加值出口和国外增加值进口构成中的比重来看，中国服务业增加值贸易对传统的贸易伙伴美国的依赖性有所下降。

在"一带一路"区域价值链中，中国服务业增加值贸易对沿线大多数国家的依赖程度与贡献程度均较大，中国服务业在"一带一路"区域价值链中形成了较好的发展局面。当前国际形势复杂多变，全球经济持续处于低速增长区间，全球价值链复杂分工面临严峻挑战，呈现出在纵向分工上趋于缩短，在横向分工上趋于区域化集聚。面对全球价值链的这些变化，逆全球化思潮、贸易保护主义以及金融动荡等不利因素持续，中国政府应加大"一带一路"区域市场开拓力度，优化"一带一路"区域价值链布局，打造"一带一路"的中国服务品牌，提升中国服务业国内增加值出口和国外增加值进口与"一带一路"沿线国家的相互依赖度，以此弥补美国、欧盟等传统市场萎缩形成的缺口，构建发达国家与发展中国家双轮驱动的全球服务市场布局，从而高质量发展中国服务贸易。通过参与"一带一路"区域分工，获得服务业生产效率的提升以及雄厚的资金积累，为我国服务业更加广泛的参与全球价值链并向全球价值链高端攀升创造条件。

第Ⅲ篇

中国与"一带一路"沿线国家
服务业在全球价值链的
位置、参与度和竞争力

中国与"一带一路"沿线国家服务业在全球价值链中的地位比较研究

——基于出口增加值分解模型

第一节 引 言

随着全球价值链的发展,以商品总值为统计口径的传统贸易统计方法由于不能够识别出口贸易中的国外增加值而出现重复统计的问题,因此夸大了一国的真实贸易水平。为了克服传统贸易统计方法的重复统计问题,学者们提出增加值贸易统计方法。增加值贸易统计方法为国际贸易对各国(地区)国际分工地位以及产业竞争力等的影响提供了更为接近现实、更为合理的统计数据,被广泛地应用于国际贸易理论、实践及政策研究。

根据前面对现有文献的梳理,主要有两种增加值贸易分解方法,分别是基于供给方视角的前向分解法以及基于需求方视角的后向分解法。罗伯特·库普曼等(2010,2014)从供给方视角将一国的出口分解为被国外吸收的国内增加值、出口后复进口的国内增加值、国外价值增值、纯重复计算的中间贸易品4个部分,并根据出口总值的最终去向,进一步细分为9个部分,形成规范的增加值贸易核算方法(简称 KPWW 方法)。王直等(2013,2017a,2017b)则从需求方视角,将全球价值链的分析框架从出口阶段向上延伸到生产阶段，最终将出口细分为 16 个部分，并提出可以在部门、双边、双边/部门层面分解总贸易流量（简称 WWZ 方法）。罗伯特·库普曼等提出的出口增加值分解模型即 KPWW 方法和王直等提出的生产分解模型即 WWZ 方法作为当今增加值贸易的主流核算方法，被诸多学者广泛推崇，国内学者已使用 KPWW 方法和 WWZ 方法进行了大量关于全球价值链的研究，如王厚双等（2015）、尹伟华（2017）、陈雯等（2017）、乔小勇等（2017）、张会清和翟孝强（2018）、吴崇伯和李琰（2022）等。

在"一带一路"倡议提出后，学者们开始使用增加值贸易核算方法分析"一带一路"区域价值链建设情况，例如，李惠茹和陈兆伟（2018）对"一带一路"沿线国家制造业出口贸易增加值进行分解，并分析了"一带一路"倡议实施对我国区域价值链，特别是高端产业区域价值链分工体系的影响。孙铭壕等（2019）基于多区域投入产出模型和增加值核算法，采用UNCTAD－Eora 数据库数据对"一带一路"沿线国家参与全球价值链的位势进行分析。纵观已有的研究成果，从增加值贸易视角分析"一带一路"沿线国家参与全球价值链的文献多聚焦于探讨沿线国家制造业整体或代表性细分部门在全球价值链中的位置，对沿线国家服务业整体以及细分部门参与全球价值链的系统研究较为缺乏。

鉴于此，本书基于对外经贸大学全球价值链研究院 UIBE GVC Indicators 的 ADB－MRIO 数据库提供的跨国投入产出数据，借鉴罗伯特·库普曼等（2010，2014）出口增加值分解模型即 KPWW 方法，采用全球价值链位置指数和全球价值链参与度指数从区域、国家、部门三个维度深入剖析中国与"一带一路"沿线国家服务业整体以及细分部门在全球价值链中的地位[1]，以期了解与掌握中国服务业在"一带一路"区域价值链中所扮演的角色，促进中国服务业在区域价值链中的发展与竞争力提升。

---

[1] 本书及后续研究所使用数据同前，均来自对外经贸大学全球价值链研究院 UIBE GVC Indicators 的 ADB－MRIO 数据库，该数据库中"一带一路"沿线国家为 34 个，服务业细分部门为 17 个，具体内容参见第二章第 27 页"全球价值链下相关数据库的建立与完善"以及第三章第 52 页"行业分类说明"。

第二节　出口增加值分解模型与指标选取

一、出口增加值分解模型

假设世界上存在两个国家（本国和外国），两国均有 N 个不同的可进行相互交易的部门，每个部门的商品既可以用于直接消费，也可以作为中间品用于后续生产。一国的总产出必须以中间品或最终消费品的形式用于本国或外国，以 r 国为例，总产出可表示为：

$$X_r = A_{rr}X_r + A_{rs}X_s + Y_{rr} + Y_{rs} \quad r, \ s = 1, \ 2 \tag{6-1}$$

其中，X_r 为 $N \times 1$ 向量，表示 r 国的总产出；Y_{rs} 为 $N \times 1$ 向量，表示 s 国对 r 国生产的最终消费品的总需求；A_{rs} 为 $N \times N$ 的投入产出系数矩阵，表示 s 国使用的来自 r 国的中间品。两国的生产和贸易系统可以由国家间投入产出模型的矩阵形式来表示：

$$\begin{bmatrix} X_1 \\ X_2 \end{bmatrix} = \begin{bmatrix} A_{11} & A_{12} \\ A_{21} & A_{22} \end{bmatrix} \begin{bmatrix} X_1 \\ X_2 \end{bmatrix} + \begin{bmatrix} Y_{11} + Y_{12} \\ Y_{21} + Y_{22} \end{bmatrix} \tag{6-2}$$

基于投入产出理论，上面的矩阵可以转换为如下：

$$\begin{bmatrix} X_1 \\ X_2 \end{bmatrix} = \begin{bmatrix} I - A_{11} & -A_{12} \\ -A_{21} & I - A_{22} \end{bmatrix}^{-1} \begin{bmatrix} Y_{11} + Y_{12} \\ Y_{21} + Y_{22} \end{bmatrix} = \begin{bmatrix} B_{11} & B_{12} \\ B_{21} & B_{22} \end{bmatrix} \begin{bmatrix} Y_1 \\ Y_2 \end{bmatrix} \tag{6-3}$$

其中，B_{sr} 是 $N \times N$ 的里昂惕夫逆矩阵，表示 r 国每增加一单位的最终需求需要多少来自生产国 s 的中间品；Y_r 为 $2N \times 1$ 向量，表示 r 国生产的最终消费品。两国模型中，X 和 Y 为 $2N \times 1$ 向量，A 和 B 为 $2N \times 2N$ 矩阵。

进一步定义 $N \times 1$ 向量 V_s 为直接增加值系数，每一个 V_s 都代表总出口中本国直接增加值份额，即：

$$V_s = \mu(I - \sum_s A_{sr}) \tag{6-4}$$

其中，μ 为 $1 \times N$ 单位向量。结合两国模型中的直接增加值成分系数与里昂惕夫逆矩阵，可得到 $2 \times 2N$ 的增加值成分矩阵 VAS：

$$VAS = VB = \begin{bmatrix} V_1 B_{11} & V_1 B_{12} \\ V_2 B_{21} & V_2 B_{22} \end{bmatrix} \tag{6-5}$$

其中，$V_1 B_{11}$ 表示国内生产产品的本国增加值，$V_2 B_{21}$ 表示国内生产产品的外国增加值。国内外增加值份额总和为 1，因此：

$$V_1 B_{11} + V_2 B_{21} = V_1 B_{12} + V_2 B_{22} = \mu \tag{6-6}$$

VAS 矩阵从部门层面上分离了各国生产和贸易中本国与外国增加值份额。定义 E_{rs} 为 $N \times 1$ 向量，表示 r 国到 s 国的总出口。为进一步研究多国模型，定义：

$$E_{r*} = \sum_{s \neq r} E_{rs} = \sum_s (A_{rs} X_s + Y_{rs}) \quad r, \ s = 1, \ 2 \tag{6-7}$$

其中，E 为 $2N \times 2$ 矩阵。结合增加值成分矩阵与出口矩阵可得 $2 \times 2N$ 矩阵：

$$VA\hat{E} = VB\hat{E} = \begin{bmatrix} V_1 B_{11} \hat{E}_1 & V_1 B_{12} \hat{E}_2 \\ V_2 B_{21} \hat{E}_1 & V_2 B_{22} \hat{E}_2 \end{bmatrix} \tag{6-8}$$

该矩阵的元素表示各个部门总出口中来自国内的增加值，该方式能获得所有处于上游位置的部门对特定部门出口的增加值，式（6-8）定义的是部门层面上总出口中国内外增加值的测量方式，而不是增加值出口的测量方式。因为增加值出口的测量将由增加值在何处吸收利用决定，必须通过最终需求确定，即：

$$V\hat{A}T = \hat{V}BY = \begin{bmatrix} \hat{V}_1 & 0 \\ 0 & \hat{V}_2 \end{bmatrix} \begin{bmatrix} B_{11} & B_{12} \\ B_{21} & B_{22} \end{bmatrix} \begin{bmatrix} Y_{11} & Y_{12} \\ Y_{21} & Y_{22} \end{bmatrix} \tag{6-9}$$

其中，Y_{sr} 是 $N \times 1$ 的向量；Y 是 $2N \times 2$ 的最终需求向量；$\hat{V}_r$ 是 $N \times N$ 的对角线上有直接增加值系数的对角向量；$V\hat{A}T$ 是 $2N \times 2$ 的增加值成分矩阵，其对角线元素代表每个国家生产中自身吸收利用的增加值，非对角线元素组成双边贸易增加值矩阵。从国家总出口层面来看，则有：

$$VAS\_E = VBE = \begin{bmatrix} V_1 B_{11} E_{1*} & V_1 B_{12} E_{2*} \\ V_2 B_{21} E_{1*} & V_2 B_{22} E_{2*} \end{bmatrix} \tag{6-10}$$

实际上，在多国模型中，一国对世界的总出口可以分解为 5 个部分：

$$\begin{aligned} E_{r*} &= DV_r + FV_r \\ &= V_r B_{rr} \sum_{s \neq r} Y_{rs} + V_r B_{rr} \sum_{s \neq r} A_{rs} X_{ss} \\ &\quad + V_r B_{rr} \sum_{s \neq r} \sum_{t \neq r,s} A_{rs} X_{st} + V_r B_{rr} \sum_{s \neq r} A_{rs} X_{sr} + FV_r \tag{6-11} \end{aligned}$$

其中，第一部分 $V_r B_{rr} \sum_{s \neq r} Y_{rs}$ 表示 r 国出口到 s 国最终品中的国内增加值，记为 FIN_r；第二部分 $V_r B_{rr} \sum_{s \neq r} A_{rs} X_{ss}$ 表示中间品出口经直接进口国 s 加工后，用于该国最终消费的 r 国国内增加值，记为 INT_r；第三部分 $V_r B_{rr} \sum_{s \neq r} \sum_{t \neq r,s} A_{rs} X_{st}$ 表示中间品出口经直接进口国 s 加工后，又出口给第三国 t 的 r 国国内增加值，即间接出口增加值，记为 IV_r；第四部分 $V_r B_{rr} \sum_{s \neq r} A_{rs} X_{sr}$ 表示中间品出口经直接进口国 s 加工后，又返回 r 国的 r 国国内增加值，记为 RET_r；加总前四部分的内容便得到 r 国出口中的国内增加值 DV_r；第五部分 FV_r 是 r 国出口中的国外增加值。

二、指标选取

（一）全球价值链位置指数

在使用增加值贸易核算方法对一国总出口进行分解的基础上，罗伯特·库普曼等（2010）提出"全球价值链位置指数（GVC Position）"来衡量一国某部门在全球价值链中所处的上下游位置。全球价值链位置指数（GVC Position）的计算公式为：

$$GVC\_Position_{ir} = \ln\left(1 + \frac{IV_{ir}}{E_{ir}}\right) - \ln\left(1 + \frac{FV_{ir}}{E_{ir}}\right) \qquad (6-12)$$

其中，r 表示国家，i 表示部门；E_{ir} 表示增加值贸易核算下 r 国 i 部门的总出口；IV_{ir} 表示 r 国 i 部门的间接出口增加值，它测算的是 r 国 i 部门出口的中间产品中被直接进口国加工后又出口到第三国的价值增值；FV_{ir} 表示 r 国 i 部门出口中的国外增加值，它测算的是 r 国 i 部门出口（包括最终产品出口和中间产品出口）中来自其他国家的增加值。

如果一国的某个部门处于全球价值链的上游环节，则该部门参与全球价值链的方式主要是从事研发、设计、营销和售后等活动或者是向其他国家提供原材料、零部件等中间产品，该国间接增加值出口（IV_{ir}）在总出口（E_{ir}）中的比重就会高于国外增加值（FV_{ir}）在总出口（E_{ir}）中的比重，那么该国该部门的全球价值链位置指数较大。反之，如果一国某部门处于全球价值链下游，则其参与全球价值链的方式是从其他国家进口大量的原材料或中间品来生产出口产品，此时，该国间接增加值出口（IV_{ir}）占总出口（E_{ir}）的比例会低于国外增加值（FV_{ir}）占总出口（E_{ir}）的比例，那么该国该部门的全球价值链位置指数就会较小，甚至可能是负数。

因此，全球价值链位置指数越大，表明该国该部门在全球价值链分工中越处于相对上游环节；全球价值链位置指数越小，表明该国该部门在全球价值链分工中越处于相对下游环节。

（二）全球价值链参与度指数

罗伯特·库普曼等（2010）提出的"全球价值链参与度指数（GVC participation）"衡量的是一国某部门在全球价值链中的参与程度，用公式表示为：

$$GVC\_Participation_{ir} = \frac{IV_{ir}}{E_{ir}} + \frac{FV_{ir}}{E_{ir}} \qquad (6-13)$$

其中，$\dfrac{IV_{ir}}{E_{ir}}$ 衡量 r 国 i 部门的前向参与度，$\dfrac{FV_{ir}}{E_{ir}}$ 衡量 r 国 i 部门的后向参与度。如果一国某部门的前向参与度高，则该国该部门的国内增加值主要是以中间品的形式出口到第三国；如果一国某部门的后向参与度高，则该国该部门生产主要依赖于加工和组装国外中间投入品。全球价值链参与度指数越大，表明该国该部门参与全球价值链生产的程度越深，在全球价值链分工中获得的收益就越多。

但是目前并没有理论研究和实证结果证明全球价值链参与度指数与全球价值链位置指数之间存在某种必然的关系，也就是说，即使两国在全球价值链中的参与度有很大区别，也可能拥有同样的位置指数。因此，分析一个国家某个部门在全球价值链中的地位需要将该国全球价值链位置指数与全球价值链参与度指数相结合。

第三节　服务业在全球价值链中的地位比较

接下来，本章运用罗伯特·库普曼等（2010）提出的全球价值链位置指数和全球价值链参与度指数两个指标，从区域、国家和部门 3 个维度对

2011～2017 年"一带一路"沿线国家服务业在全球价值链中的地位进行测算与比较分析。

一、区域比较

图 6 - 1 描绘了 2011～2017 年"一带一路"沿线各区域服务业整体全球价值链位置及参与程度情况，我们将沿线各区域全球价值链位置指数平均值和参与度指数平均值作为分界线，按照高于或低于全球价值链位置指数平均值、参与度指数平均值的方法将沿线各区域分成四类，第一类是高位置、高参与度地区，第二类是低位置、高参与度地区，第三类是低位置、低参与度地区，第四类是高位置、低参与度地区，分别用象限图第 Ⅰ、Ⅱ、Ⅲ、Ⅳ象限来表示。

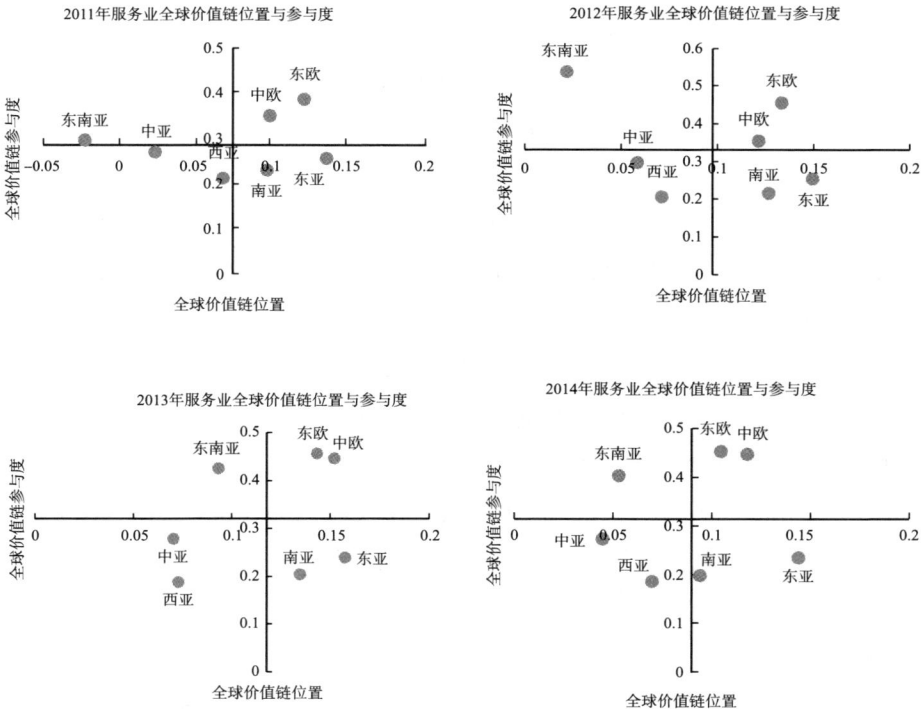

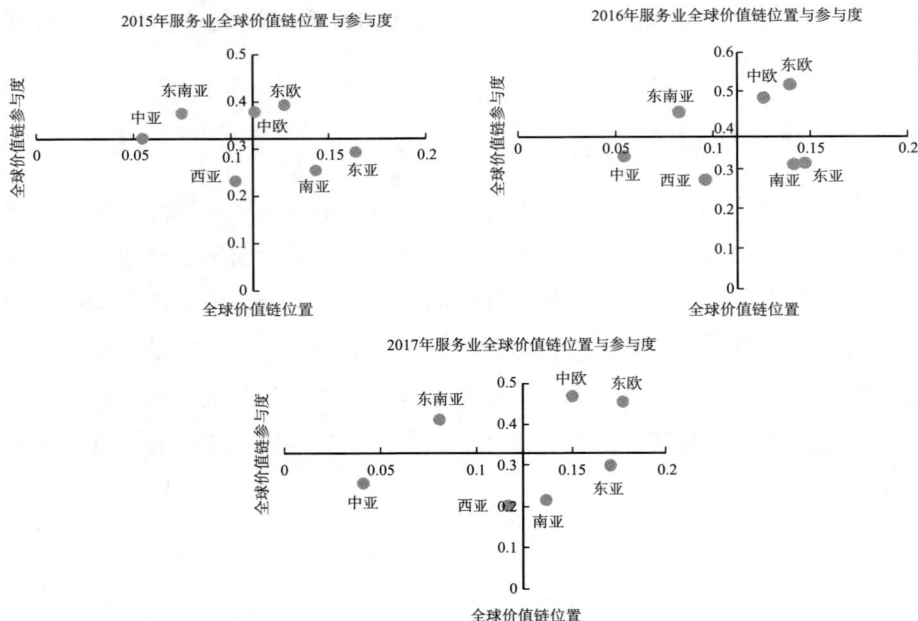

图 6 – 1　2011～2017 年"一带一路"沿线各区域服务业整体
全球价值链位置与参与度

资料来源：对外经贸大学全球价值链研究院 UIBE GVC Indicators 的 ADB – MRIO 数据库。

在全球价值链背景下，由于服务业特别是生产性服务业的特殊性，服务业间接的增加值出口既是当今服务贸易的重要内容，同时，也在制造业的生产分工和产品的出口中起着重要的作用。在制造业生产分工细化后，生产性服务活动可以将分散的低成本和高效率的制造生产环节连接在一起形成具有竞争力的制造业（全球）价值链，促进制造业产品的贸易和增长。同时，这些服务环节本身也是创造价值，甚至是布局、形成或掌控全球价值链的重要环节。对"一带一路"沿线区域来说，由于各服务行业的产业基础、行业规模、开放进程存在较为显著的异质性，各服务行业贸易规模增速不一，"一带一路"沿线各区域服务业全球价值链的位置指数与参与程度指数呈现出较大差异。

通过横向比较我们发现，在各年"一带一路"沿线区域中，东欧、中欧服务业全球价值链位置和参与度排名均处于上游，属于高位置、高参与度地区，且都呈现出上升趋势，但上升趋势不明显，表明东欧、中欧服务业积极融入全球价值链的分工合作体系之中，重视与其他经济体服务贸易往来。相较于亚洲地区，东欧、中欧市场制度健全、贸易开放程度高、基础设施完备，金融市场发展相对稳定。东欧、中欧自 2005 年来，整体一直保持着良好的服务贸易顺差，目前东欧、中欧地区服务贸易出口主要集中在运输、旅游、其他商业服务等三大传统行业，从总体来看，旅游服务出口是排第一位的，其次是运输和其他商业服务。

东亚、南亚服务业全球价值链位置也处于上游，但参与度排名处于中下游，属于高位置、低参与度地区，表明东亚、南亚服务业国内间接增加值出口在总出口中的比重较大，高于国外增加值在总出口中的比重。东南亚服务业全球价值链位置处于下游，但参与度较高，属于低位置、高参与度地区，中亚、西亚服务业全球价值链位置和参与度排名都处于下游，属于低位置、低参与度地区，这意味着东南亚、中亚和西亚国内间接增加值出口在总出口中的比重较小，低于国外增加值在总出口中的比重。

近年来，得益于亚洲数字经济发展、人口数量支撑以及各经济体的积极治理，亚洲的数字贸易逐渐蓬勃发展。根据联合国贸发会议（UNCTAD）的数据，南亚与东亚的计算机服务出口在亚洲区域数额较大，2019 年，南亚与东亚的计算机服务出口额分别为 638 亿美元和 629 亿美元，与之相比，西亚与东南亚地区的计算机服务出口则要少了许多，仅约占南亚与东亚地区的 1/3，中亚地区的数字贸易额则是更少。在知识产权使用费方面，其包含商标使用权、软件以及视听产品使用权等内容，是数字贸易的重要表现领域，亚洲 2019 年在此领域的出口额约占世界的 19.50%，总出口数额达到 797 亿美元，其中，东亚地区是知识产权使用费出口的主要贡献者。此外，东亚各国尤其是韩国的信息服务出口在亚洲遥遥领先，以新加坡、印度为首的东南亚、南亚国家也有相对较好的发展，其他亚洲经济体包括中亚、西亚的信息服务贸易还有待提升。东南亚国家处在经济的高速发展期，成本低廉的高素质劳动力逐渐增加，出口劳动密集型的商品与服务成为其扩大经济收入的重要来源，旅游、交通运输较为发达。上述原因可能导致东亚、南亚和东南亚服务业国内间接增加值出口在总出口中的比重较大，因而处于全球价值链的较高位置，而中亚、西亚服务业国内间接增加值出口在总出口中的比重则较小，因而处于全球价值链的较低位置。

通过纵向比较发现，考察期内，"一带一路"沿线大部分区域服务业全球价值链位置指数和参与度指数呈现出上升趋势，服务业全球价值链位置指数平均值从 2011 年的 0.074 上升为 0.125，参与度指数从 2011 年的 0.286 上升为 0.331，表明全球价值链背景下各经济体都在致力于推动服务业的价值链升级和价值链参与度。但是中亚、西亚全球价值链参与度指数略有下降，主要原因在于中亚、西亚经济体多为资源型出口国，国内经济结构较为单一，生产和出口产品多为初级农牧产品和石油、贵金属类资源，服务业的发展水平相对落后，出口到其他经济体的服务业国内间接增加值较少。

我们还发现，总体来看，"一带一路"沿线区域在 2011～2017 年的全球价值链位置指数与参与度指数之间并没有较强的同方向线性相关关系，一国服务业全球价值链位置高（低）并不意味着其参与全球价值链的程度就高（低），反之亦然。例如，东亚、南亚服务业全球价值链位置处于上游，但参与度处于中下游位置，而东南亚服务业全球价值链位置处于下游，但价值链参与度很高，处于上游位置。

二、国家比较

图 6-2 描绘了 2011 年和 2017 年 "一带一路" 沿线 34 国服务业整体全球价值链位置与参与度测算情况。我们将沿线各国全球价值链位置指数平均值和参与度指数平均值作为分界线，按照高于或低于全球价值链位置指数平均值、参与度指数平均值的方法将沿线各国分成四类，第一类是高位置、高参与度国家，第二类是低位置、高参与度国家，第三类是低位置、低参与度国家，第四类是高位置、低参与度国家，分别用象限图第 Ⅰ 、Ⅱ 、Ⅲ 、Ⅳ 象限来表示。

通过纵向比较发现，2011～2017 年沿线 34 国服务业全球价值链位置指数呈上升趋势，位置指数平均值从 2011 年的 0.060 上升至 2017 年的 0.083，表明 "一带一路" 沿线 34 国服务业在全球价值链中所处位置整体呈现出向上游环节攀升的趋势，但考察期内服务业全球价值链参与度指数略有下降，2011 年全球价值链参与度指数平均值为 0.346，2017 年为 0.342，表明"一带一路"沿线 34 国服务业参与全球价值链的程度还有待提升和加强。

2011年服务业全球价值链位置与参与度

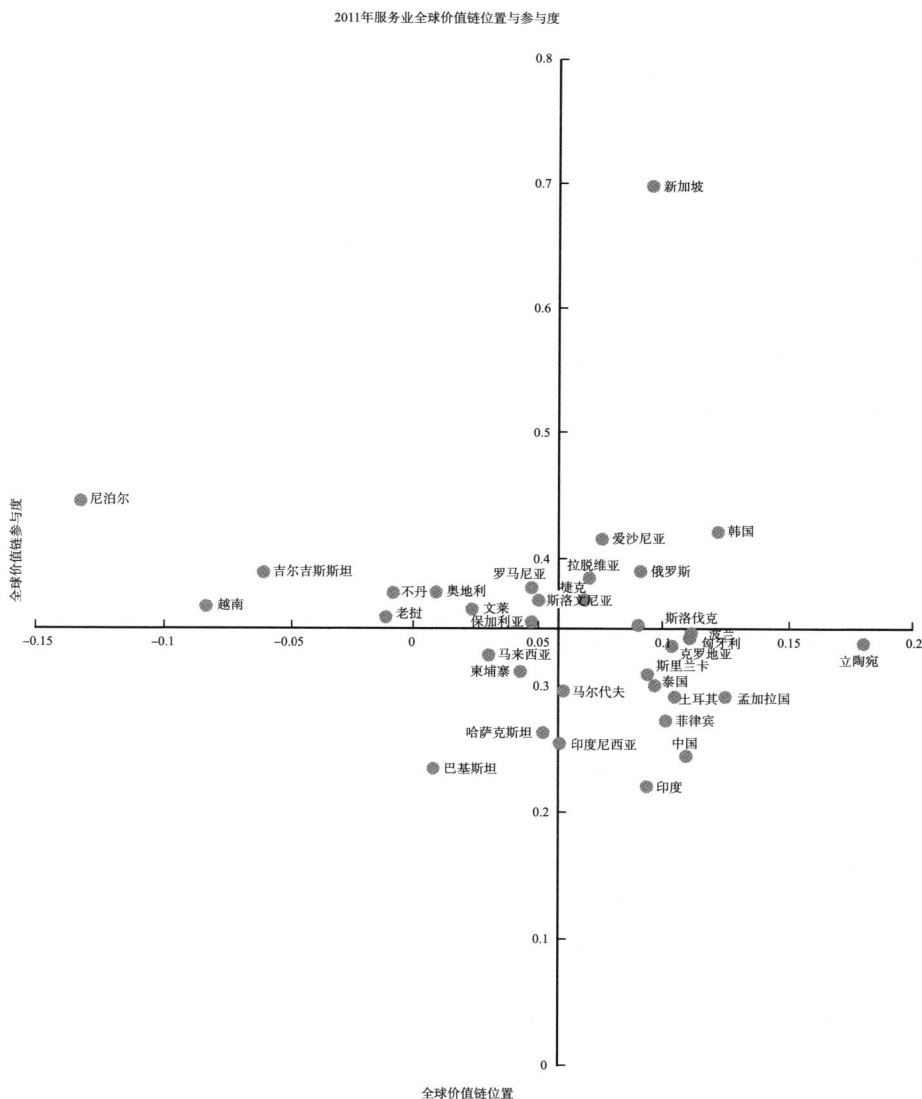

2017年服务业全球价值链位置与参与度

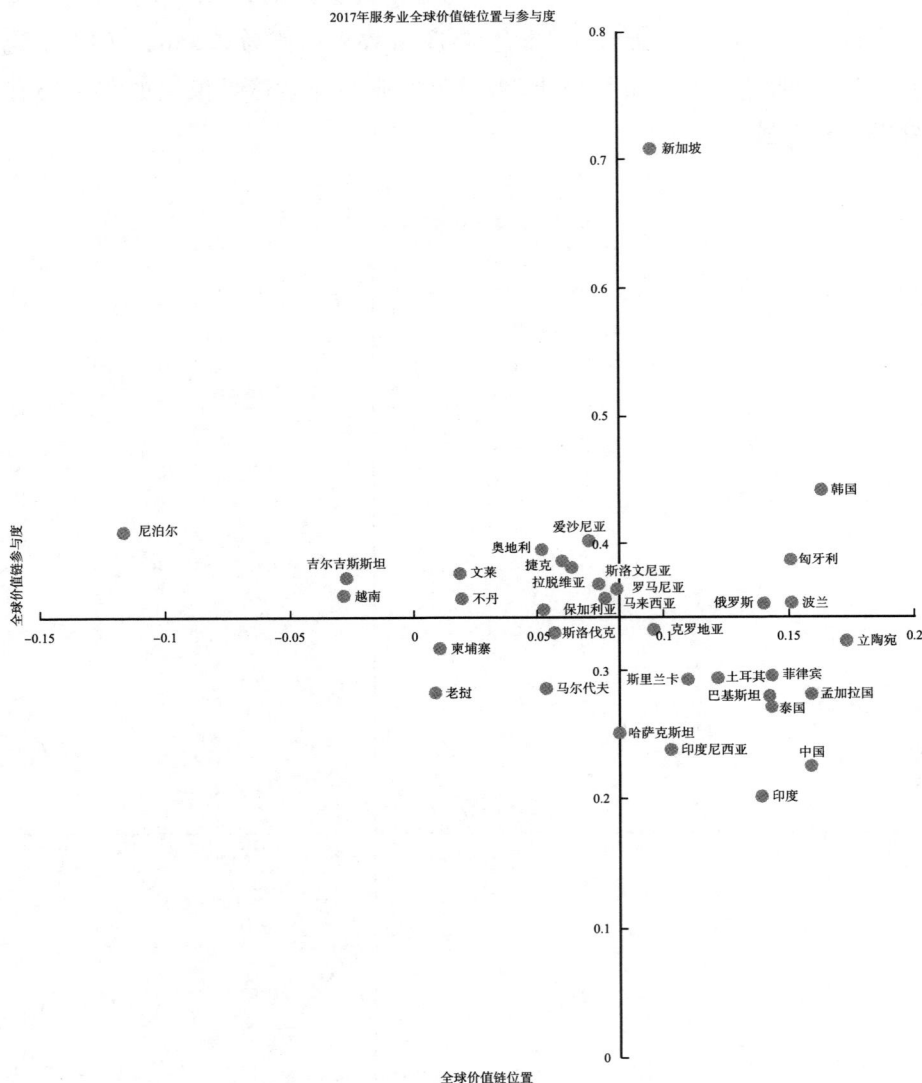

图 6 - 2　2011 年、2017 年"一带一路"沿线各国服务业
整体全球价值链位置与参与度

资料来源：对外经贸大学全球价值链研究院 UIBE GVC Indicators 的 ADB - MRIO 数据库。

中国服务业全球价值链位置指数和参与度指数 2011 ~ 2016 年呈现出明显的上升趋势（见图 6 - 3），在 2016 年达到高峰值后 2017 年略有回落，其中全球价值链位置指数 2011 年为 0.110，至 2016 年达到 0.174，上升了 58.19%，2017 年有所下降，降为 0.148；参与度指数 2011 年为 0.245，至 2016 年达到 0.291，上升了 18.78%，2017 年下降明显，降为 0.225，低于 2011 年水平。

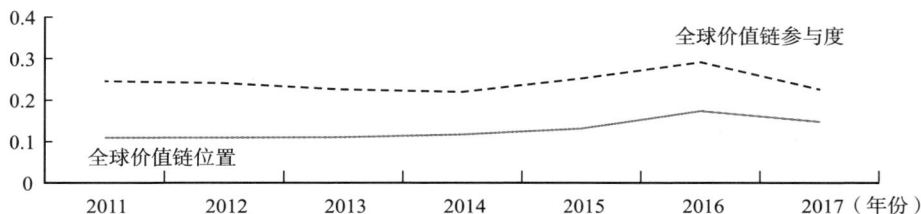

图 6 - 3　中国服务业整体全球价值链位置与参与度

资料来源：对外经贸大学全球价值链研究院 UIBE GVC Indicators 的 ADB - MRIO 数据库。

相比于其他国家，中国服务贸易整体增长较快，在 2014 年一举超过英国和德国，成为世界第二大服务贸易国，此后一直占据世界第二大服务贸易国的位置。目前，中国服务出口额排在前三位的行业依次是其他商业服务，电信、计算机和信息服务，运输，进口额排在前三位的行业依次是旅游、运输和其他商业服务，虽然传统服务贸易旅游、运输仍是中国服务贸易的发展支柱，其他商业服务，电信、计算机和信息服务等知识密集型服务贸易的竞争优势越来越明显。

表 6 - 1 统计了 2011 年、2017 年"一带一路"沿线国家服务业整体全球价值链位置与参与度分布具体情况，通过横向比较发现，中国 2011 ~ 2017 年在全球价值链上均属于高位置、低参与度国家。与中国服务业全球价值链位置和参与度类似的国家有 10 个，分别是印度尼西亚、菲律宾、泰国、印度、孟加拉国、斯里兰卡、巴基斯坦、土耳其、克罗地亚、立陶宛。这些国家服务业在全球价值链中处于上游位置，占据相对主导和支配的地位，但跨境流动性还不足。

表 6-1　　　2011 年、2017 年"一带一路"沿线国家服务业整体
全球价值链位置与参与度分布

国家类型	2011 年	2017 年
高位置、高参与度	7 个：韩国、新加坡、俄罗斯、爱沙尼亚、拉脱维亚、捷克、斯洛伐克	5 个：韩国、新加坡、俄罗斯、波兰、奥地利
高位置、低参与度	12 个：中国、菲律宾、泰国、印度、孟加拉国、斯里兰卡、尼泊尔、土耳其、克罗地亚、立陶宛、波兰、奥地利	11 个：中国、印度尼西亚、菲律宾、泰国、印度、孟加拉国、斯里兰卡、巴基斯坦、土耳其、克罗地亚、立陶宛
低位置、高参与度	10 个：越南、老挝、文莱、不丹、马尔代夫、吉尔吉斯斯坦、斯洛文尼亚、罗马尼亚、保加利亚、匈牙利	13 个：马来西亚、越南、文莱、不丹、马尔代夫、吉尔吉斯斯坦、斯洛文尼亚、罗马尼亚、保加利亚、爱沙尼亚、拉脱维亚、捷克、匈牙利
低位置、低参与度	5 个：印度尼西亚、马来西亚、柬埔寨、巴基斯坦、哈萨克斯坦	5 个：老挝、柬埔寨、尼泊尔、哈萨克斯坦、斯洛伐克

资料来源：对外经贸大学全球价值链研究院 UIBE GVC Indicators 的 ADB－MRIO 数据库。

老挝、柬埔寨、尼泊尔、哈萨克斯坦、斯洛伐克这 5 个国家属于低位置、低参与度国家，处于价值链的下游环节，表明这些国家服务业在全球价值链上的跨国联系较少，服务业出口隐含的国外增加值非常接近间接出口增加值。老挝、柬埔寨等东南亚国家重点发展旅游业，服务业结构向劳动密集型、低附加值领域倾斜，金融业、电子信息服务等知识密集型服务业还有待提升，服务业全球价值链位置与参与度处于沿线国家后列。

韩国、新加坡、俄罗斯、波兰、奥地利这 5 个国家属于高位置、高参与度国家，这些国家服务业均较为发达，积极融入全球价值链的分工合作体系之中，非常重视与其他国家服务贸易往来，在增加服务贸易规模的同时拓展了其全球服务贸易网络，服务出口获取的贸易利益大。

表 6-2 为中国与"一带一路"沿线主要服务贸易大国[①]服务业出口产

---

　　① 根据 WTO 网站的数据，2021 年，在录得数据的 56 个"一带一路"沿线国家中，前十大服务贸易大国依次为新加坡、印度、俄罗斯、波兰、韩国、以色列、泰国、土耳其、沙特阿拉伯和马来西亚，因 UIBE GVC Indicators 的 ADB－MRIO 数据库以色列、沙特阿拉伯数据缺失，此处对这两国不做探讨。

品中国内增加值结构比较。服务业出口产品中国内增加值由两个部分构成，一部分是被国外吸收的国内增加值，另一部分是返回并被本国吸收的国内增加值，可以看出，中国服务业出口产品总额中国内增加值占比较高，且逐年上升，从 2011 年的 88.8% 增长至 2017 年的 93.25%，其中被国外吸收的国内增加值占比由 85.90% 上升至 90.18%，返回并被本国吸收的国内增加值占比由 2.90% 上升至 3.07%。服务业出口产品中国内增加值占比的上升很大程度上促进了中国服务业全球价值链位置指数和参与度指数的上涨。此外，被国外吸收的国内增加值占总出口的比重逐渐上升也促进了我国服务业形成以前向参与国际分工为主导的发展模式。"一带一路"沿线主要服务贸易大国中，国内增加值占比高于中国的只有印度，表明印度服务业参与全球价值链分工的程度正以较快的速度在不断深化。值得注意的是，新加坡虽然服务贸易出口规模非常大，但是被国外吸收的国内增加值占总出口的比重和返回并被本国吸收的国内增加值占总出口的比重均低于其他服务贸易大国，表明新加坡服务出口产品中，更多的是以最终品的形式出口到其他国家，以中间品的形式参与到国外价值链生产中的份额较少。

表 6-2   中国与"一带一路"沿线主要服务贸易大国服务业
出口产品中国内增加值结构比较

国别	年份（年）	增加值总出口（亿美元）	被国外吸收的国内增加值（亿美元）	返回并被本国吸收的国内增加值（亿美元）	被国外吸收的国内增加值占总出口的比重（%）	返回并被本国吸收的国内增加值占总出口的比重（%）
中国	2011	369351.40	317267.54	10726.73	85.90	2.90
	2014	400135.72	353309.40	11979.49	88.30	2.99
	2017	435215.73	392470.62	13380.67	90.18	3.07
新加坡	2011	199162.05	121087.71	245.08	60.80	0.12
	2014	212168.32	112318.05	231.97	52.94	0.11
	2017	230871.89	129391.77	290.74	56.04	0.13
印度	2011	154668.77	138455.18	926.50	89.52	0.60
	2014	114598.62	107025.25	528.56	93.39	0.46
	2017	121112.72	114171.11	577.03	94.27	0.48

续表

国别	年份（年）	增加值总出口（亿美元）	被国外吸收的国内增加值（亿美元）	返回并被本国吸收的国内增加值（亿美元）	被国外吸收的国内增加值占总出口的比重（%）	返回并被本国吸收的国内增加值占总出口的比重（%）
俄罗斯	2011	182676.59	169682.67	1685.77	92.89	0.92
	2014	152328.34	139448.05	1262.47	91.54	0.83
	2017	121765.16	111343.73	789.13	91.44	0.65
波兰	2011	68488.18	56627.40	330.02	82.68	0.48
	2014	79464.67	66131.44	390.99	83.22	0.49
	2017	89613.98	73477.45	488.23	81.99	0.54
韩国	2011	59467.68	45217.15	278.28	76.04	0.47
	2014	96683.78	78258.68	464.11	80.94	0.48
	2017	83727.23	68418.64	413.83	81.72	0.49
泰国	2011	50918.66	41524.77	99.41	81.55	0.20
	2014	69363.11	57988.82	131.20	83.60	0.19
	2017	81671.57	69662.23	119.12	85.30	0.15
土耳其	2011	37604.18	33357.04	139.74	88.71	0.37
	2014	29889.26	26799.50	100.42	89.66	0.34
	2017	17181.36	15187.30	68.51	88.39	0.40
马来西亚	2011	70896.42	52834.86	171.52	74.52	0.24
	2014	72393.95	55968.97	200.93	77.31	0.28
	2017	67598.59	52740.87	153.71	78.02	0.23

资料来源：对外经贸大学全球价值链研究院 UIBE GVC Indicators 的 ADB – MRIO 数据库。

如表 6-3 所示中国与"一带一路"沿线主要服务贸易大国服务业全球价值链位置与参与度贡献率构成，中国服务业间接出口增加值（IV）贡献率显著高于国外增加值（FV）贡献率，且逐年上升，由 2011 年的 70.15% 上升到 2017 年的 81.58%，而 2017 年国外增加值贡献率仅为 18.42%，表明中国服务业通过自身产业升级向全球价值链高端攀升的能力较强，在当前发达国家或服务大国主导和控制全球价值链的形势下，我国服务业被支配地位逐步改善。随着近年来全球服务贸易特别是生产性服务贸易的快速发展，中国服务业通过嵌入全球服务产业、制造业服务化、承接离岸服务外包等多种形式不断提升自身的专业分工水平，国内服务生产结构日益复杂，服务业整体在全球价值链的位置随之上移，不仅自身获取更多的国际分工利益，而且为制造业部门的价值链提升提供了有力支持。然而，虽然加入 WTO 使中国服务市场对外开放进程得以提升，但多数服务业行业长期处于相对垄断状态，中国服务业的价值链参与度还维持在非常低的水平，落后于除印度、巴基斯坦之外的其余 31 个"一带一路"沿线国家。

表6-3　　　　　中国与"一带一路"沿线主要服务贸易大国服务业
全球价值链位置与参与度贡献率构成

国别	年份	位置	参与度	IV 贡献率（%）	FV 贡献率（%）
中国	2011	0.11	0.25	70.15	29.85
	2014	0.12	0.22	76.82	23.18
	2017	0.16	0.23	81.58	18.42
新加坡	2011	0.10	0.70	58.28	41.72
	2014	0.09	0.70	50.38	49.62
	2017	0.10	0.71	52.74	47.26
印度	2011	0.09	0.22	66.05	33.95
	2014	0.10	0.18	74.55	25.45
	2017	0.14	0.20	82.21	17.79
俄罗斯	2011	0.09	0.39	91.19	8.81
	2014	0.12	0.35	86.74	13.26
	2017	0.14	0.35	86.37	13.63
波兰	2011	0.11	0.34	69.05	30.95
	2014	0.12	0.34	70.13	29.87
	2017	0.15	0.35	66.69	33.31
韩国	2011	0.12	0.42	48.17	51.83
	2014	0.11	0.40	56.49	43.51
	2017	0.16	0.44	61.88	38.12

续表

国别	年份	位置	参与度	IV 贡献率（%）	FV 贡献率（%）
泰国	2011	0.10	0.30	51.35	48.65
	2014	0.10	0.28	53.37	46.63
	2017	0.14	0.27	58.84	41.16
土耳其	2011	0.11	0.29	76.43	23.57
	2014	0.11	0.29	77.78	22.22
	2017	0.12	0.30	79.30	20.70
马来西亚	2011	0.03	0.33	55.52	44.48
	2014	0.04	0.33	56.35	43.65
	2017	0.08	0.36	62.48	37.52

注：IV 表示间接出口增加值，FV 表示国外增加值；IV 贡献率 = IV/（IV + FV）；FV 贡献率 = FV/（IV + FV）。

资料来源：对外经贸大学全球价值链研究院 UIBE GVC Indicators 的 ADB – MRIO 数据库。

此外，我们发现新加坡虽然服务贸易规模大，但是其间接出口增加值贡献率相比中国、印度、俄罗斯、波兰、土耳其来说都更低，国外增加值贡献率则更高，从而导致新加坡服务业全球价值链位置与参与度在"一带一路"沿线主要服务贸易大国中的排名低于其服务贸易规模的排名。另外，印度、泰国、土耳其、马来西亚间接出口增加值贡献率呈显著的上升趋势，表明这些国家服务业正在逐渐通过自身产业竞争能力的提升向"一带一路"区域价值链高附加值位置攀升。

正是由于上述这些原因，中国服务业在全球价值链和"一带一路"区域价值链中发展势头良好，主动和支配地位逐渐显著，未来中国服务业出口产品在最终产品形成以前还应更加广泛深入地参与跨越国界流动，逐渐提高国内价值链构建的完善程度，通过国内价值链网络的日益成熟反过来进一步支撑中国服务业在全球价值链和"一带一路"区域价值链中的发展，从而形成良性的相互推进的发展模式。

三、部门比较

对外经贸大学全球价值链研究院 UIBE GVC Indicators 的 ADB – MRIO 数

据库涵盖了 34 个"一带一路"沿线国家 35 个部门（其中，c19～c35 为服务行业）2011～2017 年的投入产出数据。根据产业特点，服务业可分为生产性服务业、生活性服务业和公共服务业三类。鉴于篇幅限制，本书选取生产性服务业包括 c23 陆路运输、c24 水路运输、c25 航空运输、c27 邮政通信业、c28 金融业、c29 房地产业、c30 租赁和商务服务业为分析对象，对"一带一路"沿线国家服务业细分部门在全球价值链中的地位进行分析。

（一）生产性服务业细分部门在全球价值链中地位的区域比较

图 6-4 描绘了 2017 年"一带一路"沿线各区域生产性服务业细分部门全球价值链位置与参与度情况，通过横向比较，总体来说，在"一带一路"沿线区域中，一是东亚、西亚、东欧的 c23 陆路运输，南亚、中亚、西亚的 c24 水路运输、c25 航空运输、c29 房地产业，东亚、南亚的 c27 邮政通信业，东南亚、南亚、中亚的 c28 金融业，东亚、东欧的 c30 租赁和商务服务业相比其他区域在全球价值链地位中处于较高位置。综合来看，东亚、南亚、西亚的生产性服务业细分部门在全球价值链中的位置具有整体性优势，处于上游环节。

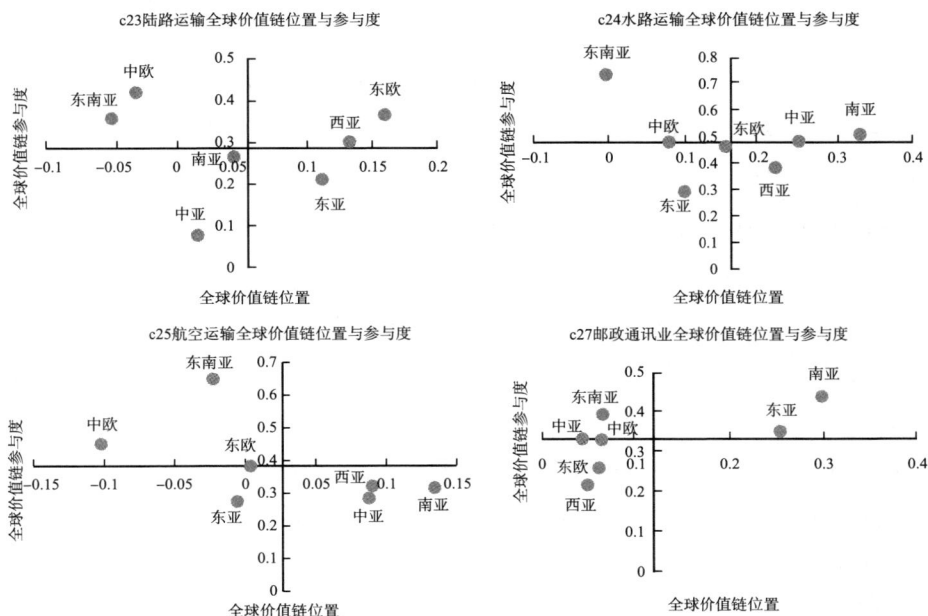

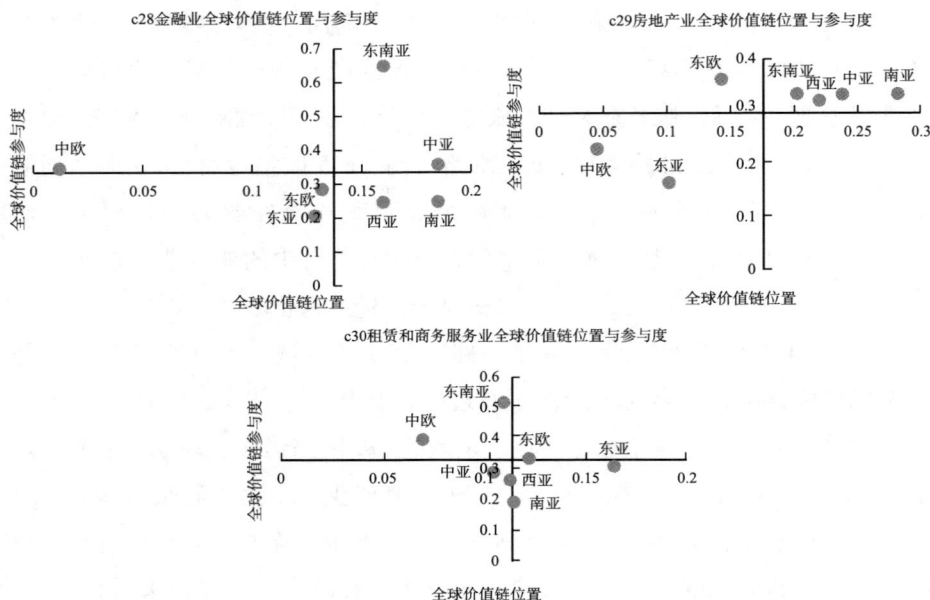

图 6 - 4　2017 年"一带一路"沿线各区域生产性服务业细分部门

全球价值链位置与参与度

资料来源：对外经贸大学全球价值链研究院 UIBE GVC Indicators 的 ADB - MRIO 数据库。

　　二是中欧、东欧、东南亚的 c23 陆路运输，东南亚、南亚、中亚、中欧的 c24 水路运输，东南亚、中欧、东欧的 c25 航空运输，南亚、东南亚、东亚的 c27 邮政通信业，东南亚、中亚、中欧的 c28 金融业，东欧、东南亚、中亚的 c29 房地产业，东南亚、中欧、东欧的 c30 租赁和商务服务业相比其他区域在全球价值链中具有较高的参与度。综合来看，东南亚、中欧、东欧的生产性服务业细分部门在全球价值链中的参与度较高。

　　三是"一带一路"沿线各区域生产性服务业细分部门全球价值链位置和参与度之间并没有呈现同方向线性相关关系，如东亚在 c23 陆路运输具有较高的全球价值链地位，但其全球价值链参与度较低；南亚、西亚在 c25 航空运输、c28 金融业具有较高的全球价值链地位，但其全球价值链参与度较低；东南亚在 c24 水路运输、c25 航空运输、c30 租赁和商务服务业具有较高的全球价值链参与度，但其全球价值链地位较低。

（二）生产性服务业细分部门在全球价值链中地位的国家比较

图 6-5 描绘了 2017 年"一带一路"沿线各国生产性服务业细分部门全球价值链位置与参与度情况，通过横向比较我们发现，在"一带一路"沿线各国中，一是中国、新加坡、土耳其、俄罗斯、孟加拉国的 c23 陆路运输，中国、韩国、印度、俄罗斯、不丹的 c24 水路运输，韩国、印度、土耳其、俄罗斯、波兰的 c25 航空运输，中国、韩国、泰国、印度、孟加拉国的 c27 邮政通信业，中国、新加坡、巴基斯坦、土耳其、俄罗斯的 c28 金融业，韩国、菲律宾、印度、哈萨克斯坦、罗马尼亚的 c29 房地产业，中国、韩国、新加坡、泰国、波兰的 c30 租赁和商务服务业相比其他"一带一路"沿线国家在全球价值链地位中处于较高位置。综合来看，中国、韩国、印度等国的生产性服务业细分部门在全球价值链中的位置具有整体性优势，处于上游环节，新加坡、俄罗斯、波兰位居其次。

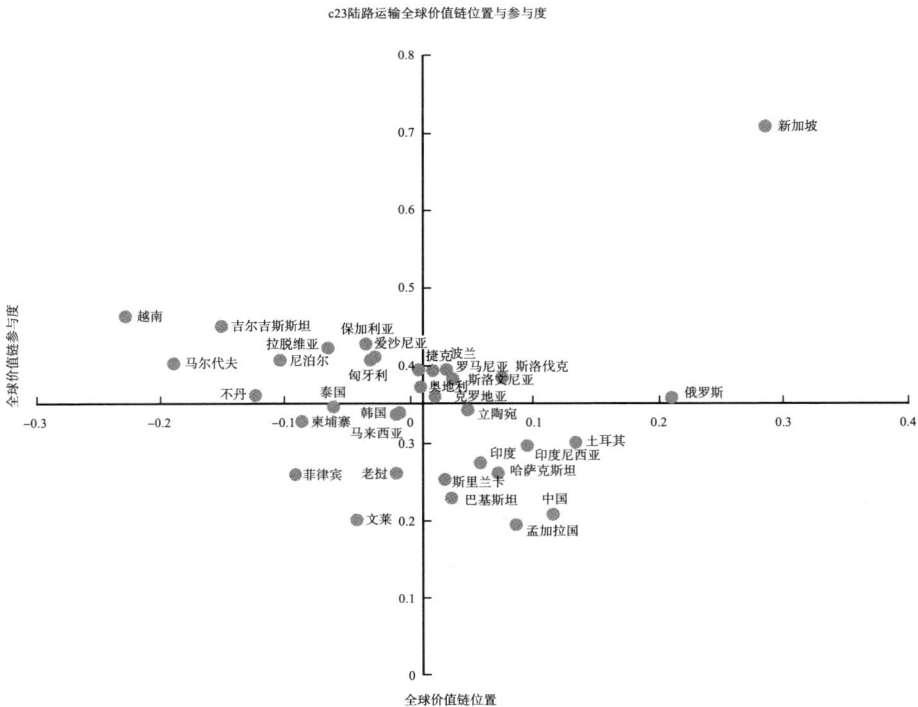

c23陆路运输全球价值链位置与参与度

c24水路运输全球价值链位置与参与度

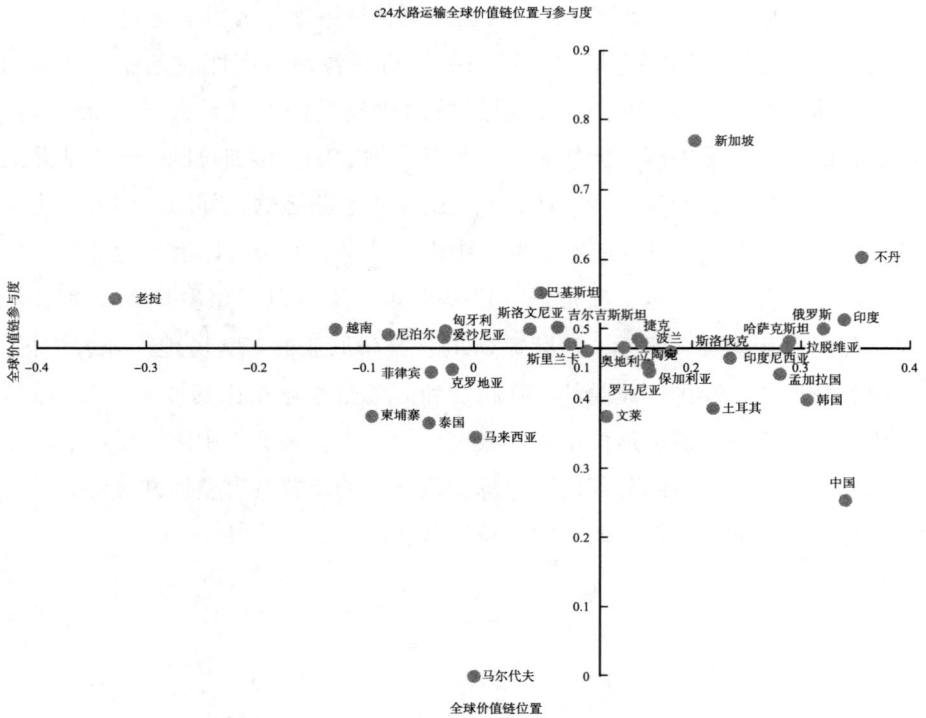

c25航空运输全球价值链位置与参与度

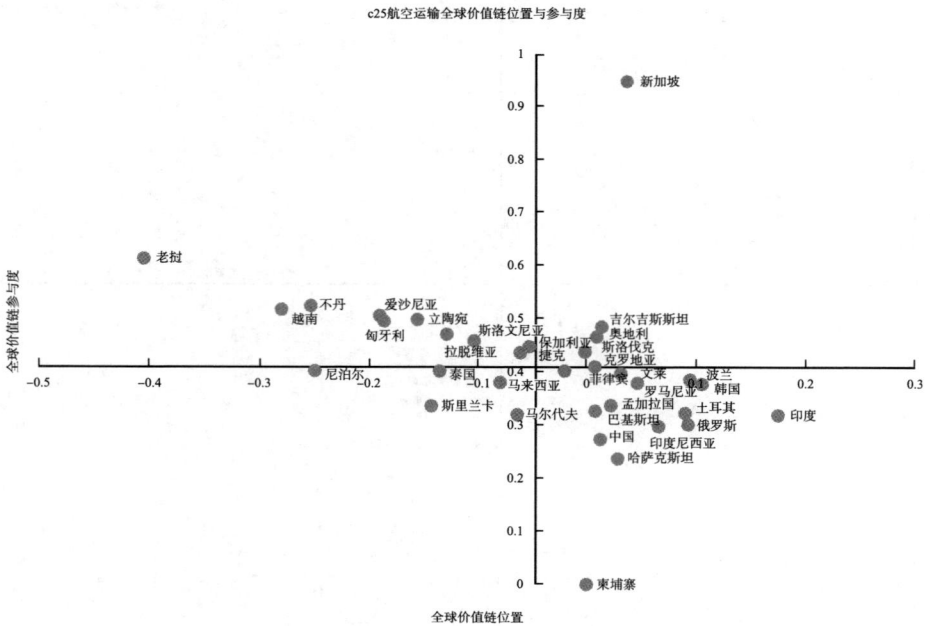

c27邮政通信业全球价值链位置与参与度

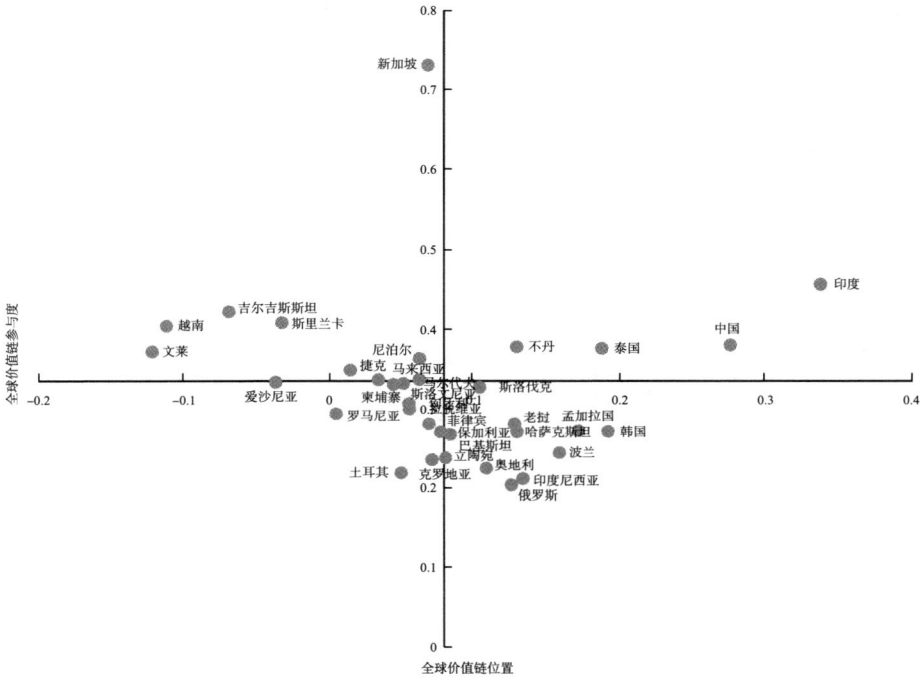

c28金融业全球价值链位置与参与度

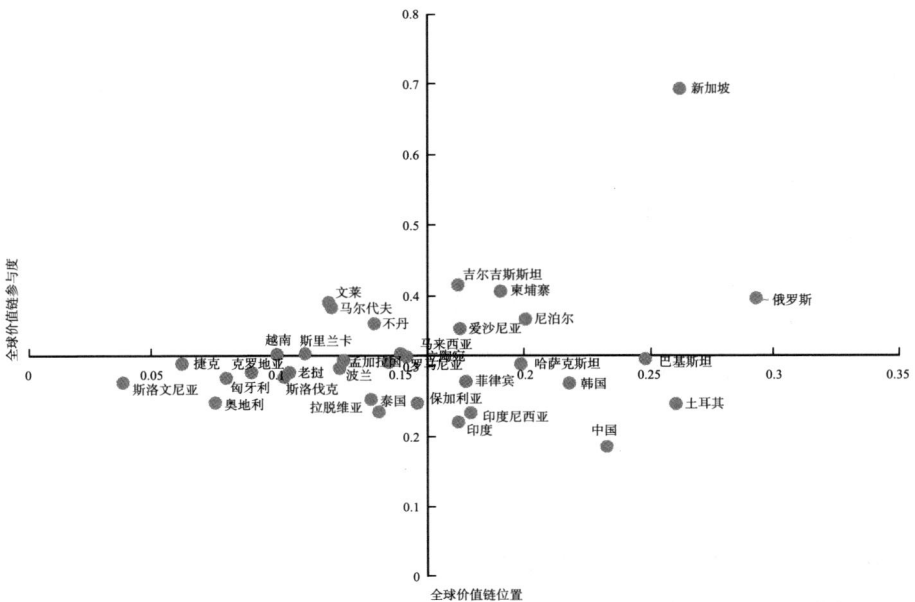

c29房地产业全球价值链位置与参与度

c30租赁和商务服务业全球价值链位置与参与度

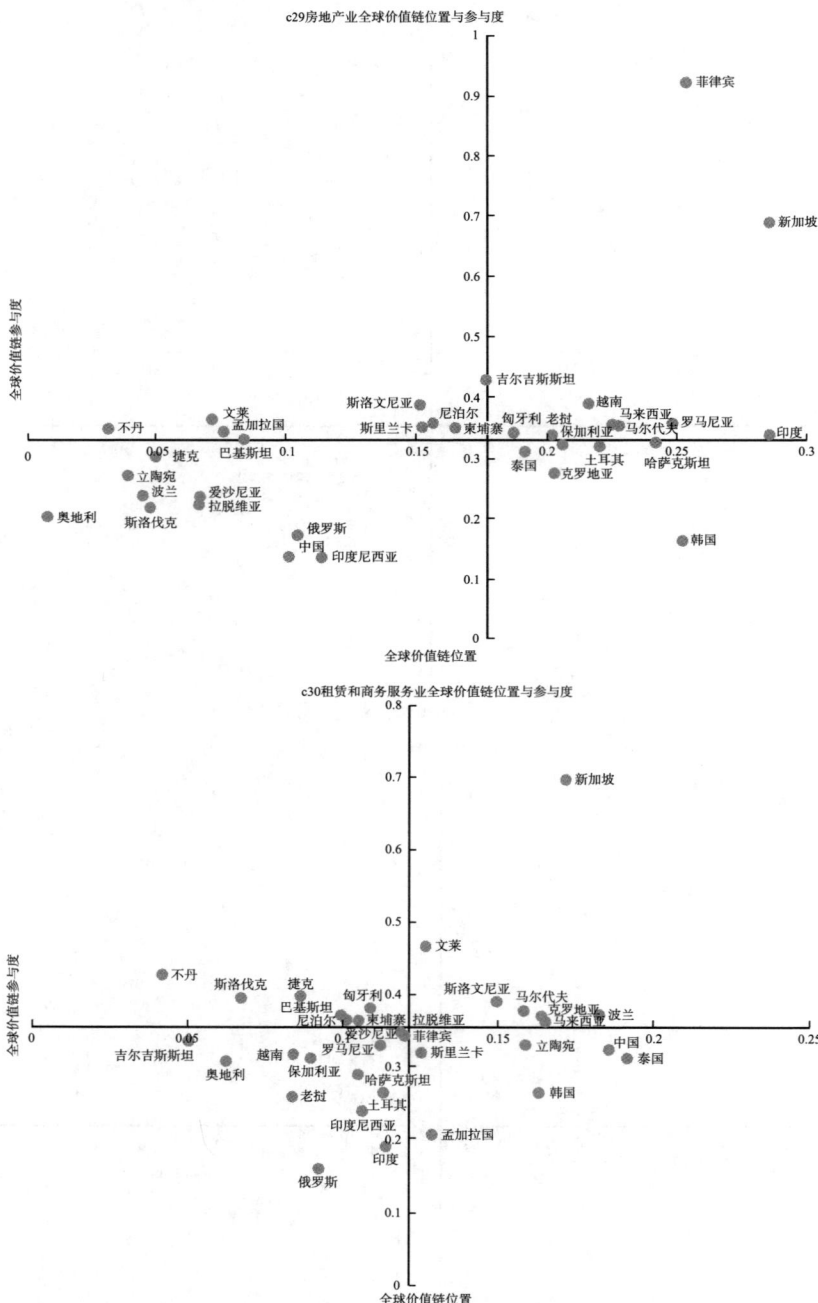

图 6 – 5 2017 年"一带一路"沿线各国生产性服务业细分部门全球价值链位置与参与度

资料来源：对外经贸大学全球价值链研究院 UIBE GVC Indicators 的 ADB – MRIO 数据库。

二是新加坡、越南、吉尔吉斯斯坦、保加利亚的 c23 陆路运输，新加坡、老挝、印度、不丹、巴基斯坦的 c24 水路运输，新加坡、越南、老挝、不丹、爱沙尼亚的 c25 航空运输，新加坡、印度、中国、不丹、吉尔吉斯斯坦的 c27 邮政通信业，新加坡、柬埔寨、文莱、吉尔吉斯斯坦、俄罗斯的 c28 金融业，新加坡、菲律宾、越南、吉尔吉斯斯坦、斯洛文尼亚的 c29 房地产业，新加坡、文莱、不丹、捷克、斯洛伐克的 c30 租赁和商务服务业相比其他国家在全球价值链中具有较高的参与度。综合来看，新加坡、不丹的生产性服务业细分部门在全球价值链中的参与度较其他沿线国家来说更高。

"一带一路"沿线国家服务贸易分化严重，发展极不平衡，其中新加坡一直位居最大服务贸易国地位，商业服务、运输服务、金融、通信信息发展迅速，国内间接增加值和国外增加值在总出口中的占比大，因而生产性服务业细分部门全球价值链位置与参与度远高于沿线其余国家。印度是唯一一个货物贸易长期保持逆差，而服务贸易长期保持顺差的发展中大国。2021 年，印度是"一带一路"沿线国家中最大的服务出口国。从服务业结构看，传统服务部门如运输、旅游在印度服务贸易中的占比并不高，而计算机和信息服务、通信服务、金融服务等在其对外服务贸易中却占据相当大的比例，其中计算机和信息服务出口占比超过 1/3，交通运输服务进口占比超过 40%，因此，印度在 c27 邮政通信业、c28 金融业、c30 租赁和商务服务业具有很高的全球价值链位置与参与度。

三是部分沿线国家生产性服务业细分部门全球价值链位置和参与度之间并没有呈现同方向线性相关关系，例如，中国在 c23 陆路运输、c24 水路运输、c25 航空运输均具有较高的全球价值链位置，但其全球价值链参与度均较低；俄罗斯在 c27 邮政通信业具有较高的全球价值链位置，但其全球价值链参与度较低；不丹在 c28 金融业具有较高的全球价值链参与度，但其全球价值链位置较低；捷克在 c30 租赁和商务服务业具有较高的全球价值链参与度，但其全球价值链位置较低。

表 6-4 为 2017 年中国与"一带一路"沿线主要服务贸易大国生产性服务业细分部门出口产品中国内增加值结构比较，可以看出，中国生产性服务业细分部门中 c23 陆路运输、c24 水路运输无论是被国外吸收的国内增加

值，还是返回并被本国吸收的国内增加值占比均高于其他"一带一路"沿线服务贸易大国，c25 航空运输、c29 房地产业、c30 租赁和商务服务业国内增加值占比只是低于个别服务贸易大国，比如，印度和俄罗斯，c27 邮政通信业被国外吸收的国内增加值占比落后于印度、俄罗斯、波兰、马来西亚，返回并被本国吸收的国内增加值占比依然高于其他"一带一路"沿线服务贸易大国，c28 金融业被国外吸收的国内增加值占比落后于印度、俄罗斯、泰国、土耳其，返回并被本国吸收的国内增加值占比也依然高于其他"一带一路"沿线服务贸易大国。中国陆路运输、水路运输、航空运输、房地产业、租赁和商务服务业等生产性服务业细分部门国内增加值占比高于大部分"一带一路"沿线服务贸易大国很大程度上解释了中国在"一带一路"价值链中的发展较为乐观，处于价值链的上游环节，是以主导者和支配者的身份参与价值链分工的。

表 6 - 4　　2017 年中国与"一带一路"沿线主要服务贸易大国生产性
服务业细分部门出口产品中国内增加值结构比较

行业	国别	被国外吸收的国内增加值（亿美元）	返回并被本国吸收的国内增加值（亿美元）	被国外吸收的国内增加值占总出口的比重（%）	返回并被本国吸收的国内增加值占总出口的比重（%）
c23	中国	27273.55	958.95	90.41	3.18
	新加坡	1282.16	1.33	81.77	0.08
	印度	4709.88	36.98	66.75	0.52
	俄罗斯	55667.82	385.83	90.07	0.62
	波兰	7673.92	46.73	73.81	0.45
	韩国	403.64	1.46	71.42	0.26
	泰国	4748.17	3.51	78.43	0.06
	土耳其	2451.85	13.89	85.78	0.49
	马来西亚	7673.92	46.73	73.81	0.45
c24	中国	27114.17	1206.45	88.09	3.92
	新加坡	7289.16	22.77	21.03	0.07
	印度	1962.28	40.91	89.84	1.87

续表

行业	国别	被国外吸收的国内增加值（亿美元）	返回并被本国吸收的国内增加值（亿美元）	被国外吸收的国内增加值占总出口的比重（%）	返回并被本国吸收的国内增加值占总出口的比重（%）
c24	俄罗斯	813.59	5.22	88.16	0.57
	波兰	203.03	1.05	72.86	0.38
	韩国	8254.00	73.48	65.58	0.58
	泰国	380.13	4.89	59.93	0.77
	土耳其	863.06	5.97	82.54	0.57
	马来西亚	203.03	1.05	72.86	0.38
c25	中国	20343.93	470.65	83.38	1.93
	新加坡	3398.13	3.70	48.60	0.05
	印度	2975.61	18.10	93.10	0.57
	俄罗斯	1293.16	6.38	86.04	0.42
	波兰	1482.84	6.58	74.94	0.33
	韩国	4492.50	23.91	65.15	0.35
	泰国	1570.69	6.03	65.24	0.25
	土耳其	903.62	3.28	82.83	0.30
	马来西亚	1482.84	6.58	74.94	0.33
c27	中国	2208.47	49.47	92.48	2.07
	新加坡	1470.80	2.94	61.68	0.12
	印度	2129.69	16.33	95.66	0.73
	俄罗斯	988.72	4.65	95.31	0.45
	波兰	918.67	3.42	95.23	0.35
	韩国	625.72	2.67	85.53	0.37
	泰国	2531.85	4.50	86.08	0.15
	土耳其	173.97	0.36	91.36	0.19
	马来西亚	918.67	3.42	95.23	0.35
c28	中国	8329.05	302.57	93.35	3.39
	新加坡	23685.22	48.96	68.32	0.14
	印度	1003.82	12.42	96.31	1.19

续表

行业	国别	被国外吸收的国内增加值（亿美元）	返回并被本国吸收的国内增加值（亿美元）	被国外吸收的国内增加值占总出口的比重（％）	返回并被本国吸收的国内增加值占总出口的比重（％）
c28	俄罗斯	103.64	0.93	94.85	0.85
	波兰	1134.07	3.28	89.47	0.26
	韩国	2271.40	18.61	88.34	0.72
	泰国	991.12	2.86	93.76	0.27
	土耳其	1936.21	6.66	94.38	0.32
	马来西亚	1134.07	3.28	89.47	0.26
c29	中国	0.00	0.00	98.88	0.00
	新加坡	1125.72	1.30	88.27	0.10
	印度	0.30	0.00	99.08	0.20
	俄罗斯	18.74	0.15	95.38	0.77
	波兰	1146.41	2.99	88.36	0.23
	韩国	1005.62	4.11	95.40	0.39
	泰国	212.72	0.02	90.85	0.01
	土耳其	0.55	0.00	93.02	0.19
	马来西亚	1146.41	2.99	88.36	0.23
c30	中国	77909.73	2623.74	87.31	2.94
	新加坡	22269.98	77.84	59.48	0.21
	印度	69254.55	316.65	96.00	0.44
	俄罗斯	729.02	9.52	95.03	1.24
	波兰	11529.90	67.95	82.38	0.49
	韩国	21179.16	108.59	86.00	0.44
	泰国	5598.58	17.88	84.80	0.27
	土耳其	1229.58	4.42	88.92	0.32
	马来西亚	11529.90	67.95	82.38	0.49

资料来源：对外经贸大学全球价值链研究院 UIBE GVC Indicators 的 ADB – MRIO 数据库。

表 6 – 5 为 2017 年中国与"一带一路"沿线主要服务贸易大国生产性服务业细分部门全球价值链位置与参与度贡献率构成，就中国来看，除 c25

航空运输和 c30 租赁和商务服务业以外，间接出口增加值（IV）对中国各生产性服务业细分部门全球价值链位置与参与度的贡献率均在 80% 以上，显著高于国外增加值（FV）的贡献率。较之"一带一路"沿线主要服务贸易大国，中国各生产性服务业细分部门中 IV 的贡献率显著高于绝大多数国家，其中，c23 陆路运输的 IV 贡献率仅低于俄罗斯，c24 水路运输、c25 航空运输的 IV 贡献率低于印度、俄罗斯和土耳其，c27 邮政通信业的 IV 贡献率仅低于印度，c28 金融业的 IV 贡献率低于印度和俄罗斯，c29 房地产业的 IV 贡献率仅低于印度、泰国，然而 IV 对 c30 租赁和商务服务业的贡献率低于所有的"一带一路"沿线主要服务贸易大国，表明我国在 c30 租赁和商务服务业上与"一带一路"沿线主要服务贸易大国相差最大。

表 6 – 5　　2017 年中国与"一带一路"沿线主要服务贸易大国生产性
服务业细分部门全球价值链位置与参与度贡献率构成

行业	国别	位置	参与度	IV 贡献率（%）	FV 贡献率（%）
c23	中国	0.11	0.21	80.19	19.81
	新加坡	0.28	0.71	77.05	22.95
	印度	0.06	0.28	61.60	38.40
	俄罗斯	0.21	0.36	84.25	15.75
	波兰	0.02	0.39	52.71	47.29
	韩国	− 0.01	0.34	48.49	51.51
	泰国	− 0.06	0.35	29.97	70.03
	土耳其	0.13	0.30	75.24	24.76
	马来西亚	− 0.01	0.34	48.01	51.99
c24	中国	0.34	0.25	81.04	18.96
	新加坡	0.20	0.77	27.40	72.60
	印度	0.34	0.51	91.11	8.89
	俄罗斯	0.32	0.50	89.64	10.36
	波兰	0.15	0.48	69.79	30.21
	韩国	0.30	0.40	50.74	49.26
	泰国	− 0.04	0.37	44.58	55.42

续表

行业	国别	位置	参与度	IV 贡献率（%）	FV 贡献率（%）
c24	土耳其	0.22	0.39	83.65	16.35
	马来西亚	0.00	0.34	50.27	49.73
c25	中国	0.03	0.24	56.75	43.25
	新加坡	0.04	0.95	51.31	48.69
	印度	0.18	0.32	81.74	18.26
	俄罗斯	0.09	0.30	67.68	32.32
	波兰	0.09	0.39	52.24	47.76
	韩国	0.11	0.38	35.32	64.68
	泰国	−0.13	0.40	47.04	52.96
	土耳其	0.09	0.32	66.20	33.80
	马来西亚	−0.08	0.38	37.73	62.27
c27	中国	0.27	0.38	92.66	7.34
	新加坡	0.07	0.73	56.26	43.74
	印度	0.34	0.46	94.81	5.19
	俄罗斯	0.12	0.20	83.64	16.36
	波兰	0.16	0.24	86.02	13.98
	韩国	0.19	0.27	89.81	10.19
	泰国	0.19	0.38	63.73	36.27
	土耳其	0.05	0.22	62.38	37.62
	马来西亚	0.03	0.34	55.75	44.25
c28	中国	0.23	0.19	88.73	11.27
	新加坡	0.26	0.69	65.63	34.37
	印度	0.17	0.22	93.13	6.87
	俄罗斯	0.29	0.40	93.74	6.26
	波兰	0.12	0.30	74.02	25.98
	韩国	0.22	0.28	74.01	25.99
	泰国	0.14	0.24	85.72	14.28
	土耳其	0.26	0.25	86.21	13.79
	马来西亚	0.15	0.32	77.06	22.94

续表

行业	国别	位置	参与度	IV 贡献率（%）	FV 贡献率（%）
c29	中国	0.11	0.14	93.98	6.02
	新加坡	0.21	0.69	85.23	14.77
	印度	0.29	0.34	98.81	1.19
	俄罗斯	0.10	0.17	82.35	17.65
	波兰	0.04	0.24	60.32	39.68
	韩国	0.25	0.17	83.41	16.59
	泰国	0.19	0.31	99.99	0.01
	土耳其	0.22	0.32	89.69	10.31
	马来西亚	0.23	0.36	87.00	13.00
c30	中国	0.19	0.32	56.92	43.08
	新加坡	0.17	0.70	83.14	16.86
	印度	0.11	0.19	82.57	17.43
	俄罗斯	0.09	0.16	81.00	19.00
	波兰	0.18	0.37	67.88	32.12
	韩国	0.16	0.26	71.97	28.03
	泰国	0.19	0.31	70.43	29.57
	土耳其	0.11	0.26	74.12	25.88
	马来西亚	0.17	0.36	76.83	23.17

资料来源：对外经贸大学全球价值链研究院 UIBE GVC Indicators 的 ADB - MRIO 数据库。

第四节　结论与启示

本章借鉴罗伯特·库普曼等（2010，2014）出口增加值分解模型即 KP-WW 方法，采用全球价值链位置指数和全球价值链参与度指数从区域、国家、部门三个维度对 2011~2017 年中国与"一带一路"沿线国家服务业在全球价值链中地位进行深入剖析，研究结论如下。

一国服务业全球价值链位置高（低）并不意味着其参与全球价值链的

程度就高（低），反之亦然。自"一带一路"倡议提出以来，中国服务业全球价值链位置指数和参与度指数上升趋势非常明显，属于高位置、低参与度国家。中国服务业出口产品总额中国内增加值包括被国外吸收的国内增加值和返回并被本国吸收的国内增加值占比较高，并呈现出逐年上升的趋势，这很大程度上解释了服务业全球价值链位置指数和参与度指数的上升。同时，被国外吸收的国内增加值占总出口的比重逐渐上升促进了我国服务业形成以前向参与国际分工为主导的发展模式。中国服务业间接出口增加值贡献率（IV）显著高于国外增加值贡献率（FV），陆路运输、水路运输、航空运输、房地产业等生产性服务业细分部门国内增加值占比和间接出口增加值的贡献率高于大部分"一带一路"服务贸易大国，表明中国服务业通过自身产业升级向全球价值链高端攀升的能力较强，在当前发达国家或服务大国主导和控制全球价值链的形势下，中国服务业被支配地位逐步改善。中国服务业通过嵌入全球服务产业、制造业服务化、承接离岸服务外包等多种形式不断提升自身的专业分工水平，国内服务生产结构日益复杂，服务业整体在全球价值链的位置随之上移，然而，虽然加入WTO使中国服务市场对外开放进程得以提升，但多数服务业行业长期处于相对垄断状态，中国服务业的价值链参与度还维持在非常低的水平，落后于除印度、巴基斯坦之外的其余31个"一带一路"沿线国家。

2020年初世界经济遭遇巨大冲击，全球经济面临百年未有之大衰退，也使"百年未有之大变局"的世界格局加速演变。全球产业链受到严重破坏，分散化、区域化和本土化的趋势日渐明显，部分地区甚至发生"钝化"和"断裂"，全球产业链供应链重构将不可避免，中国需要积极构建中国产业主导的"一带一路"区域价值链，实现在全球价值链角色的转换。服务贸易作为中国与"一带一路"沿线国家贸易的重要内容和增长点，应在已初步形成的服务分工与专业化格局上，实施相互参与的、互惠互利的、更高开放水平的服务分工新格局，推动"一带一路"地区形成更高效、更专业化的服务分工与贸易体系。鉴于此，本书提出如下建议。

1. 加快推进对内对外双向开放，布局以我国为主导的"一带一路"区域价值链。通过对外直接投资（OFDI）构建中国服务贸易企业面向"一带一路"区域走出去的支持体系，鼓励邮政通信业、陆路运输、水路运输、航空运输、金融业、租赁和商务服务业落地泰国、越南、柬埔寨、斯洛文尼亚、克罗地亚和捷克等与中国服务业形成较强互补性的国家，立足"一带一路"区域市场实现自身的长远投资和良性跨国经营。另外，认真落实《中华人民共和国外商投资法》，加大外资引进力度，尤其是高溢出性和高关联性服务业的引进，推进房地产、教育、医疗、体育、文化等领域的对外开放，通过降低服务贸易壁垒来吸收先进国家在服务业方面所积累的经验，充分发挥知识经济时代的后发优势。

2. 大力提升服务业的自主创新能力，全面融入全球创新链和"一带一路"区域价值链。中国服务业整体虽然处在价值链的上游位置，但是在信息服务业、科技服务业等领域自主创新能力较为薄弱，服务业总体来说还是以传统服务业为主，知识、技术含量不高。随着现代服务业的兴起，新兴服务业态不断产生与发展，新兴服务业态具有智力要素密集度高、产出附加值高、资源消耗少、环境污染少等特征，能够满足社会日益提升的多元化需求。随着中国融入全球价值链分工程度的不断深化，中国逐渐面临着"低端嵌入"和"低端锁定"的发展困境，而全方位融入全球创新链正是解决"低端嵌入"和"低端锁定"问题的关键。因此，中国应大力提升服务业的自主创新能力，建立创新联盟降低创新成本，以创新大国身份向全球价值链以及"一带一路"区域价值链中高端迈进。

3. 借助"一带一路"倡议持续改善营商环境，依托"一带一路"建设所取得的发展共识，以互利共赢为基础和原则，积极参与全球价值链时代国际经贸规则的制定，倡导服务贸易区域规则和技术标准的建立，搭建有利于区域服务贸易发展的平台和环境，推进"一带一路"建设深化发展和多边合作效应的更大发挥。

第七章

中国与"一带一路"沿线国家服务业
在全球价值链中的位置比较研究

——基于生产分解模型

第一节 引 言

罗伯特·库普曼等（2010，2014）提出的出口增加值分解模型即 KPWW 方法和王直等（2013，2017a，2017b）提出的生产分解模型即 WWZ 方法作为当今增加值贸易的主流核算方法，被诸多学者广泛推崇。但罗伯特·库普曼等提出的 KPWW 方法存在缺陷，该方法只能分解一国总出口，不能反映不同出口品在进行各种增加值和重复计算分解时的异质性，于是王直等（2013，2017a，2017b）发展了罗伯特·库普曼等提出的 KPWW 方法，将全球价值链的分析框架从出口阶段向上延伸到生产阶段，根据是否进行跨境生产，建立了将一国生产活动进行分解的生产分解模型，从前向联系（生产者角度）和后向联系（使用者角度）将国家—部门生产所创造的增加值去向和所使用的增加值来源进行分解，重新构建国家—部门参与全球价值链的程度、位置、竞争力等指标。

正如王直等（2013，2017a，2017b）指出，国际经济活动实际上是指国内价值链与全球价值链的双向嵌入和良性互动，经济生产活动各环节联系日益密切，一国不仅仅只是对外贸易，整个国民经济生产活动都有参与到价值链分工体系中。王直等（2013，2017a，2017b）提出的生产分解模型核算框架更具有系统性和包容性，从前向联系和后向联系两个角度全面描绘一国参与全球价值链的特征，不仅克服了库普曼等提出的 KPWW 方法仅考虑出口贸易环节而忽视国内需求环节的缺陷，也解决了法利（2012）和安特拉斯等（2012）由于采用单国（区域）投入产出表，而忽略了全球价值链分工体系下国家之间由于紧密的生产关联导致的上游度指标和下游度指标反映的位置次序不一致问题，因而可以更完整、更准确地描绘出国家—部门在全球价值链中的分工地位。

接下来我们将采用王直等（2013，2017a，2017b）生产分解模型即 WWZ 方法从中国与"一带一路"沿线国家服务业在全球价值链中的位置比较和参与度比较两个维度来继续剖析中国与"一带一路"沿线国家服务业在全球价值链中的地位，以此明确我国服务业在全球价值链及"一带一路"区域价值链中的地位现状以及形成此现状的原因。由于篇幅限制，本章将围绕中国与"一带一路"沿线国家服务业在全球价值链中的位置展开分析，而中国与"一带一路"沿线国家服务业在全球价值链中的参与度将在下一章展开分析。全球价值链嵌入位置是决定一国或地区产业国际分工地位的关键因素，反映了该产业生产或出口的增值能力，对实现产业升级和从全球价值链低端向高端攀升具有重要意义。

第二节　生产分解模型与指标选取

一、生产分解模型

王直等（2017a，2017b）生产分解模型将全球价值链的分析框架从出口阶段向前延伸到生产阶段，对国内生产所创造的增加值去向（即前向联系）和所使用的增加值来源（即后向联系）进行分解，不仅可以在国家—部门层面做总量分析，还可以在双边层面、双边—部门层面对涉及贸易活动的部分做进一步的分解。

表 7-1 是一个包含 G 个国家和 N 个部门的跨国投入产出表（Inter – Country Input Output，记为 ICIO）。其中，Z^{sr} 是 N×N 维中间投入矩阵，表示 s 国生产但由 r 国使用；Y^{sr} 是 N×1 维最终产品向量，表示 s 国生产但被 r 国消费；X^s 是 N×1 维 s 国总产出向量；Va^s 是 1×N 维 s 国直接增加值向量。

表 7-1　　　　　　　　　　　　　典型的跨国投入产出表

投入		产出								总产出
		中间使用				最终需求				
		s 国	r 国	……	t 国	s 国	r 国	……	t 国	
中间投入	s 国	Z^{ss}	Z^{sr}	……	Z^{st}	Y^{ss}	Y^{sr}	……	Y^{st}	X^s
	r 国	Z^{rs}	Z^{rr}	……	Z^{rt}	Y^{rs}	Y^{rr}	……	Y^{rt}	X^r
	……	……	……	……	……	……	……	……	……	……
	t 国	Z^{ts}	Z^{tr}	……	Z^{tt}	Y^{ts}	Y^{tr}	……	Y^{tt}	X^t
增加值		Va^s	Va^r	……	Va^t					
总投入		$(X^s)'$	$(X^r)'$	……	$(X^t)'$				……	……

王直等（2013）将跨国投入产出表用矩阵表示为：

$$
\begin{bmatrix} X^s \\ X^r \\ X^t \end{bmatrix} = \begin{bmatrix} A^{ss} & A^{sr} & A^{st} \\ A^{rs} & A^{rr} & A^{rt} \\ A^{ts} & A^{tr} & A^{tt} \end{bmatrix} \begin{bmatrix} X^s \\ X^r \\ X^t \end{bmatrix} + \begin{bmatrix} Y^{ss}+Y^{sr}+Y^{st} \\ Y^{rs}+Y^{rr}+Y^{rt} \\ Y^{ts}+Y^{tr}+Y^{tt} \end{bmatrix}
$$

$$
= \begin{bmatrix} I-A^{ss} & -A^{sr} & -A^{st} \\ -A^{rs} & I-A^{rr} & -A^{rt} \\ -A^{ts} & -A^{tr} & I-A^{tt} \end{bmatrix}^{-1} \begin{bmatrix} Y^{ss}+Y^{sr}+Y^{st} \\ Y^{rs}+Y^{rr}+Y^{rt} \\ Y^{ts}+Y^{tr}+Y^{tt} \end{bmatrix}
$$

$$
= \begin{bmatrix} B^{ss} & B^{sr} & B^{st} \\ B^{rs} & B^{rr} & B^{rt} \\ B^{ts} & B^{tr} & B^{tt} \end{bmatrix} \begin{bmatrix} Y^{ss}+Y^{sr}+Y^{st} \\ Y^{rs}+Y^{rr}+Y^{rt} \\ Y^{ts}+Y^{tr}+Y^{tt} \end{bmatrix} \tag{7-1}
$$

式（7-1）中，A 为 3N×3N 维矩阵，A^{sr} 为 N×N 维分块投入产出系数矩阵，表示 r 国单位产出对 s 国中间投入品的需求；B 为 3N×3N 维矩阵，B^{sr} 为 N×N 维分块里昂惕夫逆矩阵。将式（7-1）展开，s 国对 r 国的总产出

X^r 可以分解为不同最终产品所拉动的产出，因此，中间投入出口 Z^{sr} 可以分解为以下 9 个部分：

$$Z^{sr} = A^{sr}X^r = A^{sr}B^{rs}Y^{ss} + A^{sr}B^{rs}Y^{sr} + A^{sr}B^{rs}Y^{st} + A^{sr}B^{rr}Y^{rs} + A^{sr}B^{rr}Y^{rr} + A^{sr}B^{rr}Y^{rt}$$
$$+ A^{sr}B^{rt}Y^{ts} + A^{sr}B^{rt}Y^{tr} + A^{sr}B^{rt}Y^{tt} \tag{7-2}$$

定义增加值系数 $V^s = Va^s (X^s)^{-1}$，V^r 和 V^t 类似，完全增加值系数为：

$$VB = \begin{bmatrix} V^s & V^r & V^t \end{bmatrix} \begin{bmatrix} B^{ss} & B^{sr} & B^{st} \\ B^{rs} & B^{rr} & B^{rt} \\ B^{ts} & B^{tr} & B^{tt} \end{bmatrix}$$

$$= V^sB^{ss} + V^rB^{rs} + V^tB^{ts},\ V^sB^{sr} + V^rB^{rr} + V^tB^{tr},\ V^sB^{st} + V^rB^{rt} + V^t \tag{7-3}$$

式（7-2）的结果向量中，每个结果向量都为 1，即每一单位的最终产品都可以完全分解成所有国家和所有部门的增加值。因此，对于 s 国：

$$V^sB^{ss} + V^rB^{rs} + V^tB^{ts} = u \quad u = (1,\ 1,\ \cdots,\ 1) \tag{7-4}$$

以 E^{sr} 表示 s 国对 r 国的出口或 r 国对 s 国的需求，$E^{sr} = A^{sr}X^r + Y^{sr}$。s 国的总出口还包括对 t 国的出口，因此，s 国的总出口可以表示为 $E^s = A^{sr}X^r + A^{st}X^t + Y^{sr} + Y^{st}$，同理，可求得 r 国和 t 国的总出口。因此有：

$$\begin{bmatrix} X^s \\ X^r \\ X^t \end{bmatrix} = \begin{bmatrix} I - A^{ss} & 0 & 0 \\ 0 & I - A^{rr} & 0 \\ 0 & 0 & I - A^{tt} \end{bmatrix}^{-1} \begin{bmatrix} Y^{ss} + E^s \\ Y^{rr} + E^r \\ Y^{tt} + E^t \end{bmatrix} = \begin{bmatrix} L^{ss}Y^{ss} + L^{ss}E^s \\ L^{rr}Y^{rr} + L^{rr}E^r \\ L^{tt}Y^{tt} + L^{tt}E^t \end{bmatrix} \tag{7-5}$$

其中，$L^{ss} = (I - A^{ss})^{-1}$、$L^{rr} = (I - A^{rr})^{-1}$ 和 $L^{tt} = (I - A^{tt})^{-1}$ 分别为 s 国、r 国和 t 国的国内里昂替夫逆矩阵。根据式（7-5），s 国对 r 国的中间投入出口可以表示为：

$$Z^{sr} = A^{sr}X^r = A^{sr}L^{rr}Y^{rr} + A^{sr}L^{rr}E^r \tag{7-6}$$

综合式（7-2）、式（7-4）和式（7-6），根据出口品不同的价值来源地和吸收地，s 国对 r 国的出口或 r 国对 s 国的需求 E^{sr} 可以分解为 16 个部分，具体如下：

$$E^{sr} = \underbrace{(V^sB^{ss})'\#Y^{sr}}_{(1)DVA\_FIN} + \underbrace{(V^sL^{ss})'\#(A^{sr}B^{rr}Y^{rr})}_{(2)DVA\_INT}$$
$$+ \underbrace{(V^sL^{ss})'\#[(A^{sr}B^{rt}Y^{tt}) + (A^{sr}B^{rr}Y^{rt}) + (A^{sr}B^{rt}Y^{tr})]}_{(3)DVA\_INTrex}$$
$$+ \underbrace{(V^sL^{ss})'\#[(A^{sr}B^{rr}Y^{rs}) + (A^{sr}B^{rt}Y^{ts}) + (A^{sr}B^{rs}Y^{ss})]}_{(4)RDV}$$

$$+ \underbrace{\left\{ (V^sL^{ss})'\#\left[A^{sr}B^{rs}(Y^{sr}+Y^{st}) \right] + (V^sB^{ss} - V^sL^{ss})'\#(A^{sr}X^r) \right\}}_{(5)DDC}$$

$$+ \underbrace{\left[(V^rB^{rs})'\#Y^{sr} + (V^tB^{ts})'\#Y^{sr} \right]}_{(6)FVA\_FIN}$$

$$+ \underbrace{\left\{ \left[(V^rB^{rs})' + (V^tB^{ts})' \right]\#(A^{sr}L^{rr}Y^{rr}) \right\}}_{(7)FVA\_INT}$$

$$+ \underbrace{\left[(V^rB^{rs})'\#(A^{sr}L^{rr}E^r) + (V^tB^{ts})'\#(A^{sr}L^{rr}E^r) \right]}_{(8)FDC}$$

$$= (DVA\_FIN + DVA\_INT + DVA\_INTrex) + RDV$$

$$+ (FVA\_FIN + FVA\_INT) + (DDC + FDC)$$

$$= DVA + RDV + FVA + PDC \qquad\qquad (7-7)$$

根据式（7－7），这16个部分可以归结为4大类：DVA为直接被国外吸收的国内增加值，包括最终出口的国内增加值 DVA_FIN、直接被进口国吸收的中间出口的国内增加值 DVA_INT 和被进口国使用向第三国出口所吸收的中间出口的国内增加值 DVA_INTrex；RDV 为先出口再返回国内的增加值；FVA 为生产本国出口的国外增加值，包括最终出口的国外增加值 FVA_FIN 和中间出口的国外增加值 FVA_INT；PDC 为中间产品贸易的纯重复计算部分，包括来自于国内账户的纯重复计算 DDC 和来自于国外账户的纯重复计算 FDC。归纳起来，总出口具体各分解部分的关系可由图7－1表示。

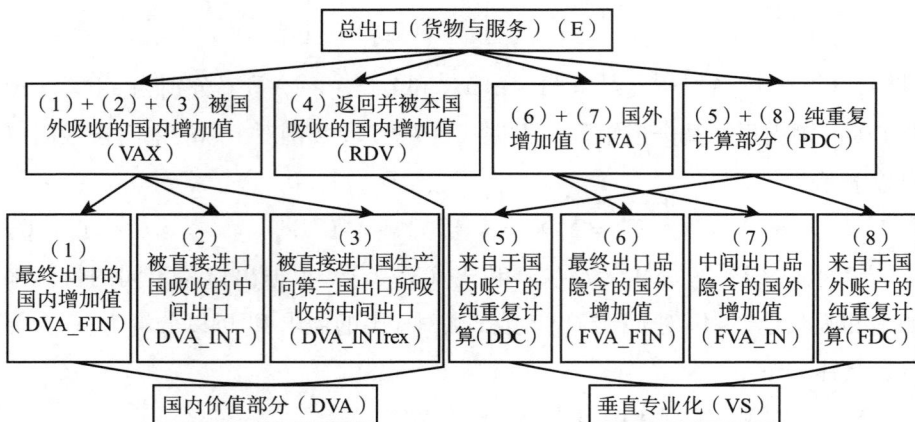

图7－1　一国总出口增加值分解示意图

注：E 适用于任何层级的总贸易统计数据，包括国家/部门层面，国家汇总层面，双边/部门层面，或双边汇总层面。

资料来源：Zhi Wang, et al.. 2013. Quantifying International Production Sharing at the Bilateral and Sector Levels. NBER Working Paper No. 19677.

同时，王直等（2017a，2017b）根据表 7 – 1 中总产出生产与使用平衡条件得到：

$$X = AX + Y = A^D X + Y^D + A^F X + Y^F = A^D X + Y^D + E \qquad (7 - 8)$$

其中，$A^D = \begin{bmatrix} A^{ss} & \cdots & 0 \\ \vdots & \ddots & \vdots \\ 0 & \cdots & A^{tt} \end{bmatrix}$ 是国内投入系数矩阵，$A^F = A - A^D$ 是进口投入系

数矩阵，$Y = \left[\sum\limits_h^G Y^{sh} \quad \sum\limits_r^G Y^{rh} \quad \cdots \quad \sum\limits_r^G Y^{th} \right]'$ 是最终产品和服务生产向量，

$Y^D = \left[Y^{ss} \quad Y^{rr} \quad \cdots \quad Y^{tt} \right]'$ 是用于国内消费的最终产品和服务生产向量，

$Y^F = Y - Y^D$ 是最终产品出口向量；$E = \left[\sum\limits_{h \neq s}^G E^{sh} \quad \sum\limits_{h \neq r}^G E^{rh} \quad \cdots \quad \sum\limits_{h \neq t}^G Y^{th} \right]'$ 是总

出口向量。

对式（7 – 8）变形可得：

$$X = (I - A^D)^{-1} Y^D + (I - A^D)^{-1} = LY^D + LE = LY^D + LY^F + LA^F X$$

$$(7 - 9)$$

由式（7 – 9）可以同时对国内增加值和最终产品生产做出如下分解：

$$\hat{V} B \hat{Y} = \hat{V} L \hat{Y}^D + \hat{V} L \hat{Y}^F + \hat{V} L A^F B \hat{Y} = \hat{V} L \hat{Y}^D + \hat{V} L \hat{Y}^F + \hat{V} L A^F L \hat{Y}^D + \hat{V} L A^F (B \hat{Y} - L \hat{Y}^D)$$

$$(7 - 10)$$

其中，$L = (I - A^D)^{-1}$ 为局部里昂惕夫逆矩阵，$\hat{V}$ 是直接增加值系数的对角矩阵。矩阵 $\hat{V} B \hat{Y}$ 中的每一个元素表示特定国家—部门创造的增加值被直接或间接用于另一个国家—部门最终产品和服务的生产，该矩阵的行元素表明特定国家—部门创造的增加值被其他国家—部门吸收的分布情况，列元素则表明特定国家—部门最终产品和服务生产中来自其他国家—部门增加值的分布情况。

加总式（7 – 10）中的行元素，依据增加值流向对国家—部门层面的增加值进行 GVC 前向解构：

$$Va' = \hat{V} B Y = \underbrace{\hat{V} L Y^D}_{(1) V\_D} + \underbrace{\hat{V} L Y^F}_{(2) V\_RT} + \underbrace{\hat{V} L A^F L Y^D}_{(3) V\_GVC\_S} + \underbrace{\hat{V} L A^F (B Y - L Y^D)}_{(4) V\_GVC\_C} \qquad (7 - 11)$$

加总式（7 – 10）中的列元素，依据增加值来源将国家—部门层面的最终产品进行 GVC 后向解构：

$$Y' = VB\hat{Y} = \underbrace{VL\hat{Y}^D}_{(1)Y\_D} + \underbrace{VL\hat{Y}^F}_{(2)Y\_RT} + \underbrace{VLA^F L\hat{Y}^D}_{(3)Y\_GVC\_S} + \underbrace{VLA^F(B\hat{Y} - L\hat{Y}^D)}_{(4)Y\_GVC\_C} \quad (7-12)$$

式（7-11）和式（7-12）中，第一项 V_D 和 Y_D 表示国内生产并由本国最终需求所吸收的增加值，不涉及跨境贸易；第二项 V_RT 和 Y_RT 表示包含在最终出口产品中的增加值，用于满足国外最终消费需求，不涉及跨境生产；第三项 V_GVC_S 和 Y_GVC_S 都只涉及简单的跨境生产合作活动，也被称作"简单的 GVC 活动"，表示包含在中间品和服务里的增加值仅发生一次跨境贸易，被进口国用于生产最终产品并由该国完全吸收；第四项 V_GVC_C 和 Y_GVC_C 为复杂的跨境生产活动，也被称作"复杂的 GVC 活动"，包含在中间品和服务里的增加值发生至少两次以上跨境贸易，被进口国用于生产出口品并由第三国所吸收。

二、指标选取

根据王直等（2017b）的定义，生产长度为一个国家行业部门的初始投入品转变为另一个国家最终产品与服务的过程中平均生产阶段数，即生产过程中初始投入的增加值被计入最终产品总产出中的比值。在此基础上，王直等（2017b）从前向产业关联和后向产业关联两个角度分别给出了全球价值链的长度测算公式，并构建了全球价值链位置指数。

基于前向产业关联的全球价值链生产长度指数 PLv_GVC 的数学表达式为：

$$PLv\_GVC = PLv\_GVC\_S + PLv\_GVC\_C = \frac{Xv\_GVC\_S}{V\_GVC\_S} + \frac{Xv\_GVC\_C}{V\_GVC\_C} = \frac{Xv\_GVC}{V\_GVC}$$

$$(7-13)$$

PLv_GVC 即为全球价值链的上游度指数，衡量的是一国某行业部门的初始投入品转变为其他国家最终消费品的过程中经历的长度，该指数值越大，该行业部门越处于价值链的上游。PLv_GVC_S 和 PLv_GVC_C 分别为前向联系的简单 GVC 活动的生产长度和复杂 GVC 活动的生产长度，V_GVC 表示包含在中间品出口中的国内增加值，Xv_GVC 表示这些增加值创造的全球总产出。

基于后向产业关联的全球价值链生产长度指数 PLy_GVC 的数学表达式为：

$$PLy\_GVC = PLy\_GVC\_S + PLy\_GVC\_C = \frac{Xy\_GVC\_S}{Y\_GVC\_S} + \frac{Xy\_GVC\_C}{Y\_GVC\_C} = \frac{Xy\_GVC}{Y\_GVC}$$

$$(7-14)$$

PLy_GVC 即为全球价值链的下游度指数,衡量的是外国初始投入品转变为一个特定行业部门最终产品的过程中经历的长度,该指数值越大,该行业部门越处于价值链的下游。PLy_GVC_S 和 PLy_GVC_C 分别为后向联系的简单 GVC 活动的生产长度和复杂 GVC 活动的生产长度,Xy_GVC 表示这些增加值在进口国创造的最终产出。

将前向产业关联的全球价值链生产长度指数 PLv_GVC 和后向产业关联的全球价值链生产长度指数 PLy_GVC 两相比较,可以得到全球价值链位置指数:

$$GVCPs = \frac{PLv\_GVC}{(PLy\_GVC)'} \qquad (7-15)$$

可以看出,全球价值链位置指数(GVCPs)越大,该国家—部门越处于全球价值链的上游位置。该指数能够更加准确地度量国家—部门在全球价值链的相对位置,同时还具有非常好的数学性质,即在全球加总的层面上,GVCPs 的值等于 1,所以国家—部门层面的价值链位置指数分布是围绕 1 上下浮动的。

第三节 服务业在全球价值链中的位置比较

一、区域比较

图 7-2 和表 7-2 描述了 2011~2017 年"一带一路"沿线区域服务业全球价值链位置指数动态变化,可以看出,各区域位置指数情况与上一章研究结论一致,东亚、南亚、东欧和中欧地区位置指数在观察期内均大于 1,处于价值链上游环节,并且均呈现出上升趋势,而东南亚、中亚和西亚地区位置指数在观察期内均小于 1,处于价值链相对下游的环节,其中东南亚、西亚位置指数在"一带一路"倡议提出来之后呈现出上升趋势,但中亚位置指数观察期内呈逐年下降趋势。从 2017 年服务业全球价值链位置指数来

看，由大至小依次是东亚、南亚、东欧、中欧、西亚、东南亚和中亚，东亚地区服务业在价值链上处于最为上游的位置，而中亚地区服务业在价值链上处于最为下游的位置，表明东亚、南亚、东欧和中欧主要依靠出口中间服务品参与国际分工，而东南亚、西亚和中亚地区更多的是依靠进口中间服务来参与国际分工。

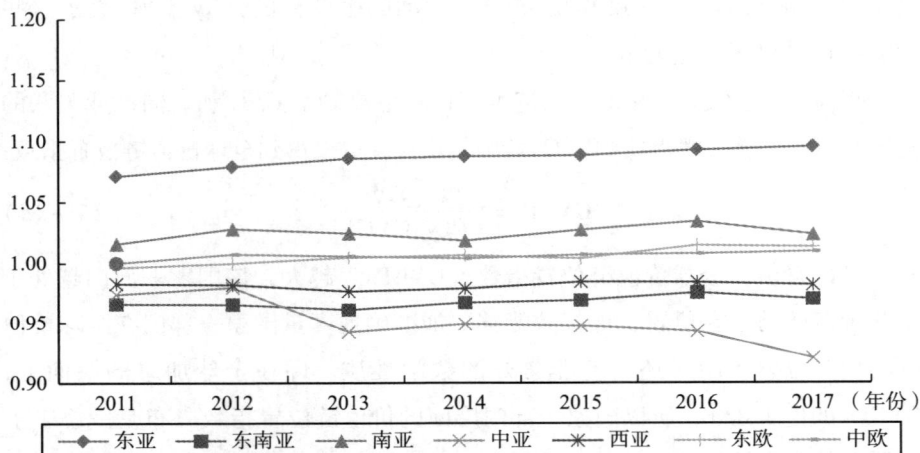

图 7－2　2011～2017 年"一带一路"沿线区域服务业全球价值链位置指数动态变化

资料来源：对外经贸大学全球价值链研究院 UIBE GVC Indicators 的 ADB－MRIO 数据库。

表 7－2　　　　　2011～2017 年"一带一路"沿线区域服务业在
全球价值链中的位置指数变化

地区	Δ（2014～2011 年）	Δ（2017～2014 年）	2017 年	地区	Δ（2014～2011 年）	Δ（2017～2014 年）	2017 年
东亚	1.51%	0.71%	1.10	西亚	－0.41%	0.32%	0.98
东南亚	0.11%	0.31%	0.97	东欧	1.01%	0.66%	1.01
南亚	0.26%	0.49%	1.02	中欧	0.39%	0.55%	1.01
中亚	－2.58%	－2.99%	0.92				

注：Δ（2014～2011 年）表示 2014 年的位置指数与 2011 年相比的变化程度，反映全球价值链地位的动态变化，其他类推。

资料来源：对外经贸大学全球价值链研究院 UIBE GVC Indicators 的 ADB－MRIO 数据库。

二、国家比较

（一）中国

图 7 - 3 为 2011~2017 年中国服务业全球价值链位置指数动态变化，如图 7 - 3 所示，2011~2017 年中国服务业全球价值链位置指数均大于 1，处于价值链上游环节，表明中国服务业出口中较多被进口国作为中间投入再出口，即从中国进口服务的国家出口中包含了较多的中国服务。从动态变化来看，中国服务业全球价值链位置指数呈现出上升趋势，2011 年为 1.089，至2017 年上升为 1.112，增长了 2.11%，中国服务业全球价值链位置上移，越来越多的中间服务出口带来的国内间接增加值也不断增加，不仅自身获得更多的国际分工利益，也为制造业部门的价值链提升提供了更加有力的支持。

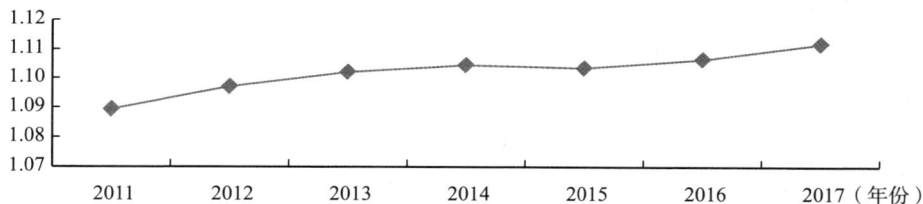

图 7 - 3　2011~2017 年中国服务业全球价值链位置指数动态变化

资料来源：对外经贸大学全球价值链研究院 UIBE GVC Indicators 的 ADB - MRIO 数据库。

（二）"一带一路"沿线国家

表 7 - 3 列出了 2011~2017 年"一带一路"沿线国家服务业全球价值链位置指数动态变化，从 2017 年全球价值链位置指数可以看出，有 19 个"一带一路"沿线国家位置指数大于 1，排名前十位的依次是新加坡、俄罗斯、中国、不丹、韩国、立陶宛、孟加拉国、奥地利、泰国、马尔代夫，位置指数介于 1.035~1.142 之间，处于上游位置，排名为第 11~19位的国家依次是保加利亚、克罗地亚、波兰、尼泊尔、印度、拉脱维亚、爱沙尼亚、巴基斯坦、印度尼西亚，位置指数介于 1.002~1.034 之间，处于中上游位置；15 个"一带一路"沿线国家位置指数小于 1，排名为

第 20~27 位的依次是匈牙利、斯洛文尼亚、斯洛伐克、捷克、罗马尼亚、马来西亚、土耳其、菲律宾，位置指数介于 0.975~0.999 之间，处于中下游位置，排名为第 28~34 位的依次是柬埔寨、老挝、哈萨克斯坦、斯里兰卡、越南、文莱和吉尔吉斯斯坦，位置指数介于 0.880~0.969 之间，处于下游位置。

表 7 - 3　　　2011~2017 年"一带一路"沿线国家服务业全球价值链位置指数动态变化

地区	国家	2011 年	2012 年	2013 年	2014 年	2015 年	2016 年	2017 年	平均值
东亚	中国	1.089	1.097	1.102	1.104	1.103	1.106	1.112	1.102
	韩国	1.053	1.061	1.069	1.070	1.073	1.079	1.078	1.069
东南亚	新加坡	1.141	1.112	1.076	1.073	1.107	1.110	1.142	1.109
	印度尼西亚	1.005	1.001	0.992	0.988	0.999	1.015	1.002	1.000
	马来西亚	0.979	0.977	0.980	0.988	0.987	0.987	0.985	0.983
	菲律宾	0.957	0.961	0.970	0.973	0.970	0.966	0.975	0.968
	泰国	1.007	1.012	1.012	1.024	1.025	1.034	1.041	1.022
	越南	0.960	0.970	0.960	0.953	0.949	0.949	0.946	0.955
	老挝	0.954	0.935	0.925	0.941	0.968	0.971	0.968	0.952
	文莱	0.925	0.916	0.902	0.923	0.911	0.929	0.898	0.915
	柬埔寨	0.957	0.962	0.962	0.960	0.964	0.974	0.969	0.964
南亚	印度	1.005	1.007	1.001	1.005	1.015	1.023	1.016	1.010
	孟加拉国	1.036	1.036	1.029	1.035	1.037	1.049	1.055	1.039
	斯里兰卡	0.941	0.955	0.945	0.954	0.950	0.953	0.953	0.950
	巴基斯坦	1.032	1.016	1.006	1.007	1.010	1.010	1.003	1.012
	不丹	1.065	1.079	1.108	1.071	1.104	1.128	1.083	1.091
	马尔代夫	1.023	1.061	1.045	1.020	1.039	1.054	1.035	1.039
	尼泊尔	1.008	1.043	1.036	1.036	1.036	1.021	1.019	1.028
中亚	哈萨克斯坦	1.008	1.008	0.961	0.962	0.963	0.957	0.961	0.974
	吉尔吉斯斯坦	0.940	0.952	0.923	0.936	0.932	0.928	0.880	0.927
西亚	土耳其	0.983	0.982	0.977	0.979	0.984	0.984	0.982	0.982

续表

地区	国家	2011 年	2012 年	2013 年	2014 年	2015 年	2016 年	2017 年	平均值
东欧	俄罗斯	1.158	1.146	1.120	1.116	1.131	1.123	1.121	1.131
	斯洛文尼亚	0.988	0.989	0.994	0.997	0.995	0.995	0.992	0.993
	克罗地亚	1.009	1.014	1.022	1.018	1.028	1.032	1.028	1.022
	罗马尼亚	0.964	0.967	0.984	0.991	0.979	0.987	0.986	0.980
	保加利亚	1.021	1.020	1.021	1.021	1.020	1.025	1.034	1.023
	爱沙尼亚	0.999	0.997	0.998	1.006	1.003	1.021	1.012	1.005
	立陶宛	1.041	1.048	1.052	1.054	1.041	1.057	1.064	1.051
	拉脱维亚	0.985	0.994	0.997	1.002	1.005	1.022	1.015	1.003
中欧	波兰	1.017	1.022	1.020	1.020	1.020	1.025	1.023	1.021
	捷克	1.002	0.996	0.995	0.991	0.989	0.990	0.988	0.993
	斯洛伐克	0.961	0.986	0.986	0.990	0.988	0.987	0.990	0.984
	奥地利	1.030	1.030	1.029	1.029	1.046	1.044	1.047	1.036
	匈牙利	0.989	1.003	0.997	0.988	0.990	0.992	0.999	0.994
平均值		0.997	1.002	0.999	1.000	1.003	1.008	1.003	

资料来源：对外经贸大学全球价值链研究院 UIBE GVC Indicators 的 ADB – MRIO 数据库。

为了解中国服务业在全球价值链中的相对位置，我们根据 GVCPs 指数值进行降序排列，表 7 - 4 列出了 2017 年 "一带一路" 沿线 34 个国家服务业 GVCPs 指数的排位情况。从 GVCPs 数据来看，"一带一路" 沿线主要服务贸易大国[①]中，新加坡、俄罗斯、中国、韩国、泰国位于价值链的上游环节，波兰、印度位于价值链的中上游环节，马来西亚、土耳其位于价值链的中下游环节。处于价值链上游的国家还有不丹、立陶宛、孟加拉国、奥地利、马尔代夫，这些国家服务贸易规模较小，由此可见，一国服务业在全球价值链分工中的位置与该国经济的发达程度以及服务贸易规模大小没有必然的联系，经济发达程度和服务贸易规模并不必然反映该国服务贸易在全球价

---

① 与上一章一样，根据 WTO 网站 2021 年的数据，除中国外，"一带一路" 沿线国家中十大服务贸易大国依次为新加坡、印度、俄罗斯、波兰、韩国、以色列、泰国、土耳其、沙特阿拉伯和马来西亚。

值链分工中的位置，不一定所有的发达国家都能占据全球价值链的上游位置。

表 7 – 4   2017 年"一带一路"沿线国家服务业全球价值链位置比较

GVCPs 降序排列	
上游（1~10）	新加坡、俄罗斯、中国、不丹、韩国、立陶宛、孟加拉国、奥地利、泰国、马尔代夫
中上游（11~19）	保加利亚、克罗地亚、波兰、尼泊尔、印度、拉脱维亚、爱沙尼亚、巴基斯坦、印度尼西亚
中下游（20~27）	匈牙利、斯洛文尼亚、斯洛伐克、捷克、罗马尼亚、马来西亚、土耳其、菲律宾
下游（28~34）	柬埔寨、老挝、哈萨克斯坦、斯里兰卡、越南、文莱、吉尔吉斯斯坦

资料来源：对外经贸大学全球价值链研究院 UIBE GVC Indicators 的 ADB – MRIO 数据库。

GVCPs 指数为前向产业关联的全球价值链生产长度和后向产业关联的全球价值链生产长度的比值，也即一国某行业部门的初始投入品转变为其他国家最终消费品的过程中经历的长度与外国初始投入品转变为一个特定行业部门最终产品的过程中经历的长度的比值，更为准确地揭示了各国/地区在全球价值链中从事专业化生产的相对位置，对于人们理解全球价值链的构成形态和评价国际分工地位具有重要意义。新加坡、俄罗斯、中国、韩国、泰国等国家服务业位于价值链的上游环节，表明这些国家为中间服务的供应大国，能够从价值链分工中获取较高的收益，其余国家对这些国家在某种程度上形成一定的依赖性。柬埔寨、老挝、哈萨克斯坦、斯里兰卡、越南、文莱和吉尔吉斯斯坦等国家服务业位于价值链的下游环节，表明这些国家更多趋向于进口中间服务，价值链分工地位可能由于"进口依赖"变得较低。

从表 7 – 5 动态视角来看，在"一带一路"倡议提出来之前，中国、韩国、马来西亚、菲律宾、泰国、斯里兰卡、不丹、奥地利、波兰等共 19 个国家全球价值链位置指数有所上升，其中，奥地利、罗马尼亚和尼泊尔上升的尤为明显，其余国家位置指数都有所下降或保持不变。"一带一路"倡议提出来之后，位置指数上升的国家数量上升至 22 个，其中，新加坡、老挝和孟加拉国上升得尤为明显，分别上升了 6.36%、2.83% 和 1.89%，其余国家位置指数都有所下降或保持不变，其中吉尔吉斯斯坦、文莱下降得尤为明显，分别下降了5.96%和2.80%。由此可见，"一带一路"倡议对沿线国家服务业价值链位置提升的促进作用具有一定的差异性。"一带一路"沿线国家服务贸易分化严重，发展极不平衡，新加坡、孟加拉国、波兰、泰国、老挝等国服务贸易发展较快，2021年新加坡服务贸易占GDP的比重高达114.2%，孟加拉国服务贸易总额不断提高，2021年上升为163.03亿美元①，"一带一路"倡议提出之后，这些国家中间服务的出口增速快于进口增速，因此，价值链位置指数上升速度较快。而吉尔吉斯斯坦、文莱、越南等沿线国家经济结构重心并不是服务业，吉尔吉斯斯坦矿产资源丰富，主要以矿山开采与生产为经济支柱，文莱经济以石油和天然气开采与生产为主，越南以制造业为支柱，这些国家服务业发展较为缓慢，服务贸易额较小，服务贸易与生产在很大程度上依赖于中间服务的进口。

表7-5　2011~2017年"一带一路"沿线国家服务业在全球价值链中的位置变化

国家	Δ（2014~2011年）	Δ（2017~2014年）	国家	Δ（2014~2011年）	Δ（2017~2014年）
中国	1.39%	0.67%	尼泊尔	2.74%	-1.60%
韩国	1.63%	0.75%	哈萨克斯坦	-4.52%	-0.10%
新加坡	-5.89%	6.36%	吉尔吉斯斯坦	-0.50%	-5.96%
印度尼西亚	-1.70%	1.37%	土耳其	-0.41%	0.32%
马来西亚	0.86%	-0.29%	俄罗斯	-3.58%	0.43%
菲律宾	1.61%	0.28%	斯洛文尼亚	0.99%	-0.58%
泰国	1.72%	1.63%	克罗地亚	0.92%	1.00%
越南	-0.76%	-0.78%	罗马尼亚	2.83%	-0.60%
老挝	-1.35%	2.83%	保加利亚	0.05%	1.20%
文莱	-0.15%	-2.80%	爱沙尼亚	0.70%	0.59%
柬埔寨	0.31%	0.90%	立陶宛	1.27%	0.97%
印度	0.03%	1.02%	拉脱维亚	1.71%	1.34%

---

① 资料来源：世界银行 https：//data. worldbank. org. cn/indicator。

续表

国家	Δ（2014～ 2011 年）	Δ（2017～ 2014 年）	国家	Δ（2014～ 2011 年）	Δ（2017～ 2014 年）
孟加拉国	-0.06%	1.89%	波兰	-0.05%	1.71%
斯里兰卡	1.37%	-0.08%	捷克	0.24%	0.33%
巴基斯坦	-2.44%	-0.42%	斯洛伐克	-1.12%	-0.35%
不丹	0.62%	1.06%	奥地利	3.01%	0.00%
马尔代夫	-0.32%	1.47%	匈牙利	-0.03%	1.03%

资料来源：对外经贸大学全球价值链研究院 UIBE GVC Indicators 的 ADB - MRIO 数据库。

三、部门比较

为了更加清晰地阐述中国和"一带一路"沿线国家服务业在全球价值链中的位置，接下来对中国和"一带一路"沿线国家服务业细分部门在全球价值链中的位置进行比较分析。根据樊茂清和黄薇（2013）、戴翔（2015）和尹伟华（2015）等的相应研究结果，本章将对外经贸大学全球价值链研究院UIBE GVC Indicators 的 ADB - MRIO 数据库中 17 个服务业部门分为劳动密集型服务业、资本密集型服务业和知识密集型服务业三大类（见表7-6）。

表7-6　　　　　　　　　服务业细分部门代码、名称和类型

类型	代码	名称	类型	代码	名称
劳动密集型服务	c19	汽车及摩托车的销售、维护及修理	资本密集型服务	c27	邮政通信业
	c20	燃油零售批发（不含汽车及摩托车）		c29	房地产业
	c21	零售（不含汽车及摩托车）	知识密集型服务	c28	金融业
	c22	住宿和餐饮业		c30	租赁和商务服务业
	c26	旅行社业务		c31	公共管理和国防及社会保障业
	c35	私人雇佣的家庭服务业		c32	教育
资本密集型服务	c23	陆路运输		c33	卫生和社会工作
	c24	水路运输		c34	其他社区、社会及个人服务业
	c25	航空运输			

（一）中国

图 7 – 4 描绘了 2011～2017 年中国不同要素密集度服务业在全球价值链中的位置动态演化，由图 7 – 4 可知，中国劳动密集型服务业在价值链中的位置高于资本密集型服务业和知识密集型服务业，考察期内价值链位置指数均值为 1.227，知识密集型服务业位置相对来说最低，考察期内均值为 1.032，但依然大于 1，处于价值链的上游。从动态演化来看，中国无论是劳动密集型服务业、资本密集型服务业还是知识密集型服务业在全球价值链中的位置都呈现出上升趋势。

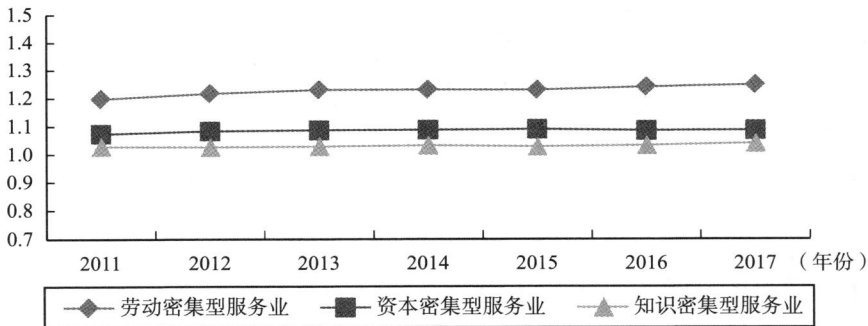

图 7 – 4   中国不同要素密集度服务业在全球价值链中的位置动态演化

资料来源：对外经贸大学全球价值链研究院 UIBE GVC Indicators 的 ADB – MRIO 数据库。

从图 7 – 5 和表 7 – 7 服务业细分部门在全球价值链中的位置动态演化来看，劳动密集型服务业 4 个细分部门①考察期内都呈现出上升趋势。从 2017 年位置指数来看，c21 零售（不含汽车及摩托车）位置指数最大，c26 旅行社业务位置指数最小，但均大于 1，表明劳动密集型服务业 4 个细分部门都处于价值链的上游环节。

资本密集型服务业 5 个部门中，c23 陆路运输、c24 水路运输和 c29 房地产业 3 个部门考察期内位置指数呈现出上升趋势，c25 航空运输和 c27 邮政通信业 2 个部门呈现出下降趋势。从 2017 年位置指数来看，c24

———————————

① 劳动密集型服务业细分部门为 6 个，其中 c19 汽车及摩托车的销售、维护及修理和 c35 私人雇佣的家庭服务业数据缺失。

水路运输地位最高，然后依次是 c23 陆路运输、c25 航空运输，处于价值链的上游，而 c29 房地产业、c27 邮政通信业位置指数小于 1，处于价值链的下游。

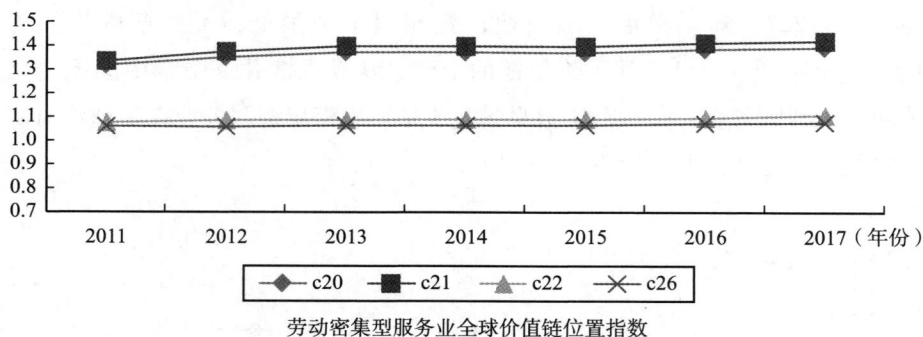

劳动密集型服务业全球价值链位置指数

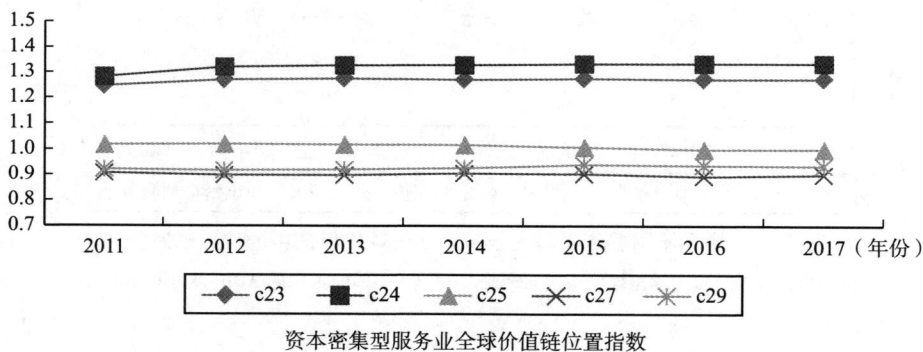

资本密集型服务业全球价值链位置指数

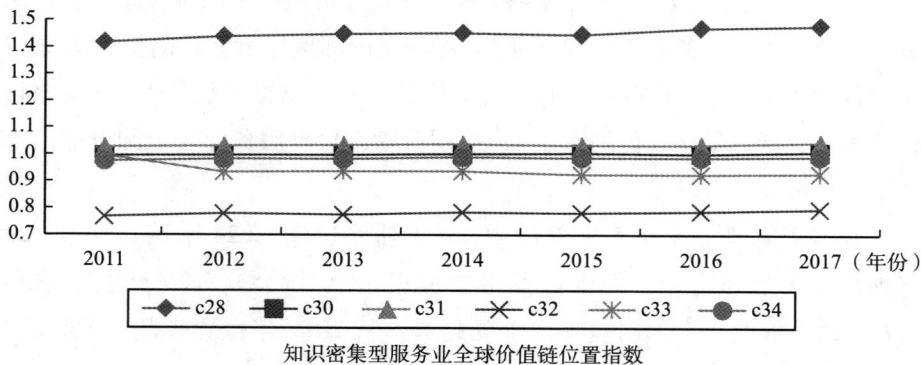

知识密集型服务业全球价值链位置指数

图 7-5 中国服务业细分部门在全球价值链中的位置动态演化

资料来源：对外经贸大学全球价值链研究院 UIBE GVC Indicators 的 ADB – MRIO 数据库。

表 7 –7 中国服务业细分部门全球价值链位置指数变化

行业代码		Δ（2014～ 2011 年）	Δ（2017～ 2014 年）	2017 年	行业代码		Δ（2014～ 2011 年）	Δ（2017～ 2014 年）	2017 年
劳动 密集 型	c19	—	—	—	资本 密集 型	c27	− 9.55%	− 10.12%	0.899
	c20	37.12%	39.06%	1.391		c29	− 7.47%	− 6.61%	0.934
	c21	39.66%	41.85%	1.418	知识 密集 型	c28	45.16%	47.88%	1.479
	c22	8.97%	10.70%	1.107		c30	0.20%	0.85%	1.008
	c26	6.42%	7.62%	1.076		c31	3.84%	4.51%	1.045
	c35	—	—	—		c32	− 21.62%	− 20.38%	0.796
资本 密集 型	c23	26.98%	27.16%	1.272		c33	− 6.36%	− 7.22%	0.928
	c24	32.74%	33.35%	1.333		c34	− 1.05%	− 0.85%	0.992
	c25	1.70%	− 0.03%	1.000					

注：表格中"—"表示数据缺失，下表以此类推。
资料来源：对外经贸大学全球价值链研究院 UIBE GVC Indicators 的 ADB – MRIO 数据库。

知识密集型服务业 6 个部门中，除 c33 卫生和社会工作以外，其余 5 个细分部门考察期内均呈现出上升趋势。从 2017 年全球价值链位置指数来看，c28 金融业、c30 租赁和商务服务业和 c31 公共管理和国防及社会保障业 3 个部门处于价值链的上游，c32 教育、c33 卫生和社会工作以及 c34 其他社区、社会及个人服务业 3 个部门位置指数小于 1，处于价值链的下游。

综上所述，2011～2017 年，中国劳动密集型服务业、资本密集型服务业和知识密集型服务业位置指数均大于 1，处于价值链的上游环节，且劳动密集型服务业在价值链中的位置高于资本密集型服务业和知识密集型服务业。考察期内，中国无论是劳动密集型服务业、资本密集型服务业还是知识密集型服务业在全球价值链中的位置都呈现出向价值链上游环节移动的趋势，其中 c28 金融业、c21 零售和 c20 燃油零售批发上升速度最快，在所有服务业细分部门中价值链位置最高。近年来中国正在不断地升级服务业产业结构，以追求更高的增加值，更广泛地参与到全球价值链中。随着技术的进步和科学技术水平的提升，中国的生产方式在逐渐转型升级，由原本的从其他国家进口原材料生产转变为向其他国家提供原材料，从而改变了中国服务业参与全球价值链活动的生产环节,这推动着中国服务业不断地向全球价值链的上游攀升。

（二）"一带一路"沿线国家

接下来对"一带一路"沿线国家服务业细分部门在全球价值链中的位置进行分析和比较。由于涉及的国家和行业较多,在此按照世界银行 2018年 GDP 排名,从沿线各个区域选择代表性国家与中国服务业细分部门在全球价值链中的位置进行比较,东南亚地区选择印度尼西亚,南亚地区选择印度,中亚地区选择哈萨克斯坦,西亚地区选择土耳其,东欧地区选择俄罗斯,中欧地区选择波兰,具体结果如图 7 – 6 和表 7 – 8 所示。

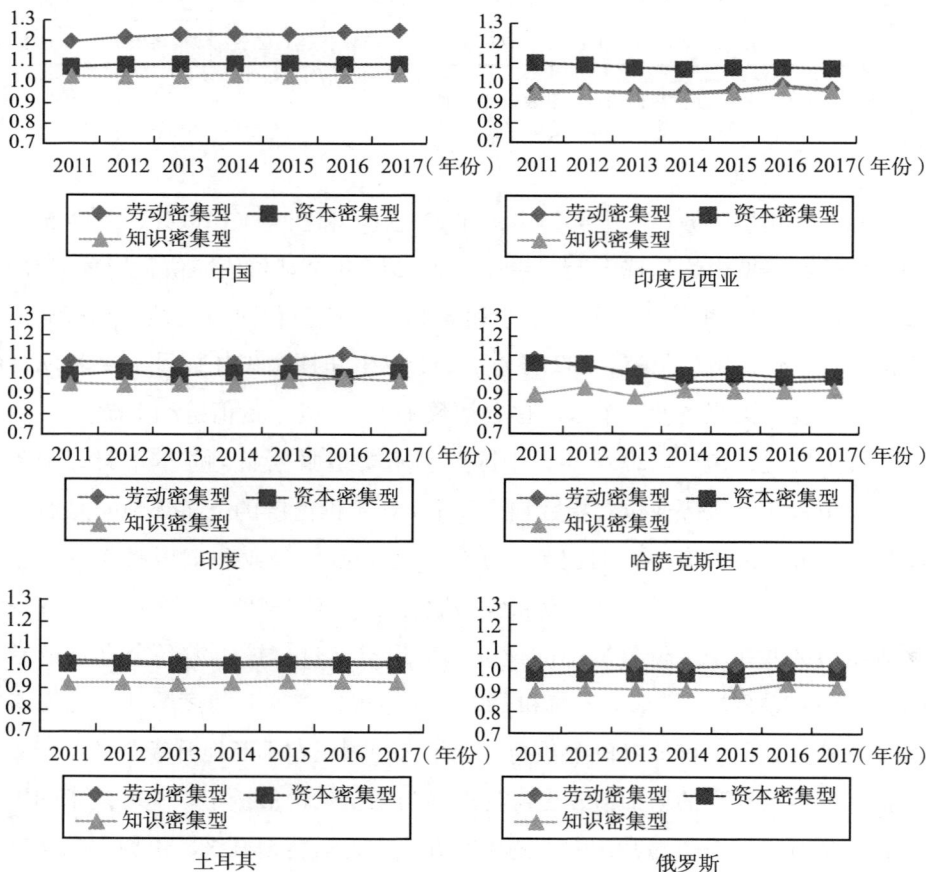

中国

印度尼西亚

印度

哈萨克斯坦

土耳其

俄罗斯

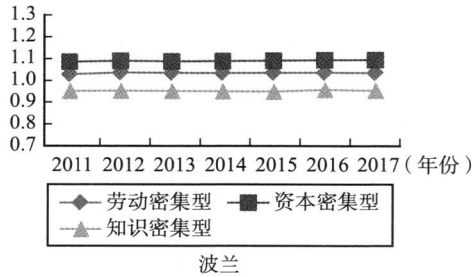

波兰

图 7 - 6 "一带一路"沿线代表性国家不同要素密集度服务业
在全球价值链中的位置动态变化

资料来源：对外经贸大学全球价值链研究院 UIBE GVC Indicators 的 ADB – MRIO 数据库。

表 7 - 8 　　　　"一带一路"沿线代表性国家服务业细分部门

全球价值链位置指数动态变化

（1）中国								
行业代码		2011 年	2012 年	2013 年	2014 年	2015 年	2016 年	2017 年	平均值	Δ（2017～2011 年）
劳动密集型服务业	c19	—	—	—	—	—	—	—	—	—
	c20	1.317	1.350	1.371	1.371	1.369	1.383	1.391	1.365	39.06%
	c21	1.335	1.375	1.397	1.397	1.395	1.411	1.418	1.390	41.85%
	c22	1.076	1.085	1.087	1.090	1.089	1.096	1.107	1.090	10.70%
	c26	1.061	1.058	1.064	1.064	1.065	1.073	1.076	1.066	7.62%
	c35	—	—	—	—	—	—	—	—	—
资本密集型服务业	c23	1.246	1.269	1.274	1.270	1.274	1.271	1.272	1.268	27.16%
	c24	1.281	1.320	1.326	1.327	1.333	1.333	1.333	1.322	33.35%
	c25	1.018	1.020	1.018	1.017	1.008	0.999	1.000	1.011	−0.03%
	c27	0.907	0.897	0.897	0.905	0.902	0.892	0.899	0.900	−10.12%
	c29	0.922	0.916	0.920	0.925	0.939	0.935	0.934	0.927	−6.61%
知识密集型服务业	c28	1.417	1.439	1.448	1.452	1.446	1.470	1.479	1.450	47.88%
	c30	0.995	0.997	0.998	1.002	1.004	1.001	1.008	1.001	0.85%
	c31	1.027	1.032	1.034	1.038	1.034	1.034	1.045	1.035	4.51%
	c32	0.767	0.779	0.776	0.784	0.782	0.787	0.796	0.782	−20.38%
	c33	0.996	0.934	0.937	0.936	0.925	0.925	0.928	0.940	−7.22%
	c34	0.975	0.984	0.983	0.990	0.987	0.987	0.992	0.985	−0.85%

（2）印度尼西亚

行业代码		2011 年	2012 年	2013 年	2014 年	2015 年	2016 年	2017 年	平均值	Δ（2017～2011 年）
劳动密集型服务业	c19	0.921	0.914	0.909	0.912	0.926	0.959	0.928	0.924	−7.23%
	c20	0.960	0.959	0.955	0.952	0.970	1.004	0.972	0.967	−2.84%
	c21	0.961	0.958	0.956	0.955	0.973	1.006	0.975	0.969	−2.50%
	c22	0.991	0.995	0.983	0.974	0.983	0.990	0.998	0.988	−0.19%
	c26	0.993	0.986	0.980	0.976	0.988	1.004	0.989	0.988	−1.14%
	c35	—	—	—	—	—	—	—	—	—
资本密集型服务业	c23	1.123	1.114	1.096	1.090	1.095	1.081	1.076	1.096	7.60%
	c24	1.129	1.125	1.110	1.099	1.108	1.120	1.105	1.113	10.46%
	c25	1.212	1.186	1.154	1.126	1.129	1.120	1.131	1.151	13.11%
	c27	1.102	1.091	1.081	1.082	1.093	1.122	1.099	1.096	9.95%
	c29	0.950	0.949	0.954	0.958	0.976	0.966	0.969	0.960	−3.11%
知识密集型服务业	c28	1.024	1.025	1.025	1.028	1.048	1.078	1.064	1.042	6.44%
	c30	1.057	1.055	1.034	1.027	1.037	1.070	1.057	1.048	5.73%
	c31	1.021	1.028	1.026	1.020	1.029	1.039	1.025	1.027	2.52%
	c32	0.751	0.758	0.750	0.756	0.755	0.769	0.760	0.757	−23.97%
	c33	0.883	0.874	0.865	0.861	0.865	0.892	0.871	0.873	−12.88%
	c34	1.006	1.004	0.997	0.993	1.006	1.025	1.006	1.005	0.59%

（3）印度

行业代码		2011 年	2012 年	2013 年	2014 年	2015 年	2016 年	2017 年	平均值	Δ（2017～2011 年）
劳动密集型服务业	c19	1.148	1.139	1.137	1.141	1.156	1.202	1.149	1.153	14.92%
	c20	1.133	1.122	1.112	1.105	1.121	1.164	1.115	1.125	11.48%
	c21	1.130	1.117	1.116	1.120	1.134	1.179	1.127	1.132	12.68%
	c22	0.788	0.802	0.808	0.809	0.810	0.793	0.816	0.804	−18.39%
	c26	1.121	1.115	1.112	1.109	1.118	1.168	1.116	1.123	11.58%
	c35	—	—	—	—	—	—	—	—	—

续表

<table>
<tr><td colspan="11" align="center">（3）印度</td></tr>
</table>

行业代码		2011 年	2012 年	2013 年	2014 年	2015 年	2016 年	2017 年	平均值	Δ（2017 ~ 2011 年）
资本密集型服务业	c23	1.096	1.086	1.076	1.080	1.074	0.988	1.072	1.067	7.21%
	c24	0.975	1.065	0.960	1.042	1.032	1.010	1.045	1.018	4.53%
	c25	1.064	1.072	1.095	1.069	1.048	1.039	1.070	1.065	6.95%
	c27	0.982	0.961	0.959	0.966	0.978	0.995	0.974	0.974	−2.60%
	c29	0.868	0.879	0.878	0.881	0.896	0.904	0.906	0.887	−9.43%
知识密集型服务业	c28	1.136	1.123	1.122	1.128	1.148	1.158	1.140	1.136	13.99%
	c30	1.224	1.220	1.232	1.222	1.238	1.253	1.230	1.231	23.05%
	c31	—	—	—	—	—	—	—	—	—
	c32	0.738	0.753	0.757	0.757	0.766	0.793	0.773	0.762	−22.67%
	c33	0.637	0.651	0.657	0.659	0.665	0.647	0.669	0.655	−33.06%
	c34	1.036	0.996	0.992	0.996	1.034	1.046	1.034	1.019	3.36%

<table>
<tr><td colspan="11" align="center">（4）哈萨克斯坦</td></tr>
</table>

行业代码		2011 年	2012 年	2013 年	2014 年	2015 年	2016 年	2017 年	平均值	Δ（2017 ~ 2011 年）
劳动密集型服务业	c19	1.059	0.972	1.019	0.974	0.975	0.979	0.984	0.994	−1.61%
	c20	1.207	1.251	1.202	1.167	1.180	1.162	1.136	1.186	13.62%
	c21	1.184	1.024	0.941	0.927	0.930	0.934	0.941	0.983	−5.88%
	c22	0.916	0.904	0.911	0.860	0.861	0.861	0.882	0.885	−11.84%
	c26	1.043	1.068	0.989	0.910	0.906	0.896	0.917	0.961	−8.29%
	c35	—	—	—	—	—	—	—	—	—
资本密集型服务业	c23	1.166	1.126	1.084	1.115	1.087	1.086	1.087	1.107	8.67%
	c24	1.013	1.080	0.893	0.971	0.965	0.960	0.970	0.979	−3.03%
	c25	1.103	1.084	1.101	1.121	1.110	1.105	1.106	1.104	10.60%
	c27	1.004	1.031	0.959	0.951	0.945	0.937	0.954	0.969	−4.63%
	c29	1.021	0.968	0.933	0.846	0.927	0.867	0.855	0.917	−14.48%

续表

					(4) 哈萨克斯坦				
行业代码	2011年	2012年	2013年	2014年	2015年	2016年	2017年	平均值	Δ (2017~2011年)
知识密集型服务业 c28	1.020	1.097	1.045	1.037	1.048	1.025	1.049	1.046	4.95%
c30	1.002	0.952	0.947	0.918	0.917	0.921	0.931	0.941	−6.87%
c31	0.943	0.988	0.697	0.724	0.722	0.716	0.721	0.787	−27.87%
c32	0.905	0.903	0.922	0.971	0.956	0.981	0.952	0.941	−4.80%
c33	0.744	0.894	0.883	0.812	0.814	0.807	0.835	0.827	−16.54%
c34	0.795	0.781	0.852	1.089	1.061	1.068	1.059	0.958	5.88%

					(5) 土耳其				
行业代码	2011年	2012年	2013年	2014年	2015年	2016年	2017年	平均值	Δ (2017~2011年)
劳动密集型服务业 c19	1.006	1.004	1.001	1.007	1.010	1.012	1.012	1.007	1.17%
c20	1.041	1.024	1.022	1.015	1.020	1.023	1.018	1.023	1.76%
c21	1.064	1.043	1.038	1.029	1.037	1.037	1.032	1.040	3.16%
c22	0.965	0.972	0.969	0.974	0.974	0.974	0.970	0.971	−2.99%
c26	1.058	1.060	1.055	1.061	1.067	1.065	1.066	1.062	6.63%
c35	—	—	—	—	—	—	—	—	—
资本密集型服务业 c23	1.095	1.090	1.083	1.083	1.086	1.083	1.086	1.087	8.63%
c24	1.059	1.063	1.054	1.047	1.049	1.045	1.051	1.053	5.13%
c25	1.052	1.050	1.041	1.040	1.045	1.037	1.046	1.044	4.61%
c27	0.970	0.971	0.966	0.972	0.980	0.982	0.971	0.973	−2.93%
c29	0.874	0.882	0.879	0.882	0.885	0.888	0.884	0.882	−11.63%
知识密集型服务业 c28	1.150	1.153	1.143	1.147	1.160	1.159	1.152	1.152	15.18%
c30	0.979	0.985	0.979	0.984	0.991	0.994	0.983	0.985	−1.67%
c31	0.911	0.919	0.913	0.913	0.928	0.928	0.924	0.920	−7.64%
c32	0.749	0.751	0.748	0.758	0.761	0.759	0.762	0.756	−23.78%
c33	0.847	0.842	0.833	0.842	0.843	0.839	0.843	0.841	−15.75%
c34	0.905	0.906	0.900	0.908	0.915	0.915	0.913	0.909	−8.72%

续表

		（6）俄罗斯							
行业代码		2011 年	2012 年	2013 年	2014 年	2015 年	2016 年	2017 年	平均值	Δ（2017～2011 年）
劳动密集型服务业	c19	1.094	1.086	1.060	1.042	1.061	1.052	1.048	1.063	4.83%
	c20	1.141	1.152	1.149	1.144	1.154	1.154	1.151	1.149	15.14%
	c21	1.079	1.080	1.071	1.057	1.074	1.063	1.061	1.069	6.14%
	c22	0.805	0.808	0.809	0.815	0.800	0.833	0.828	0.814	−17.18%
	c26	0.974	0.976	0.978	0.974	0.978	0.973	0.975	0.975	−2.49%
	c35	—	—	—	—	—	—	—	—	—
资本密集型服务业	c23	1.058	1.084	1.107	1.096	1.088	1.103	1.101	1.091	10.13%
	c24	0.976	0.982	0.996	0.957	0.952	0.956	0.963	0.969	−3.69%
	c25	0.995	0.991	1.000	0.994	0.995	0.993	0.994	0.995	−0.60%
	c27	1.061	1.056	1.048	1.046	1.044	1.074	1.069	1.057	6.87%
	c29	0.802	0.804	0.808	0.820	0.806	0.835	0.832	0.815	−16.82%
知识密集型服务业	c28	1.010	1.005	1.001	0.998	0.999	1.017	1.017	1.007	1.67%
	c30	1.035	1.039	1.041	1.049	1.029	1.042	1.043	1.040	4.29%
	c31	1.013	1.012	1.003	1.000	1.002	1.018	1.018	1.009	1.77%
	c32	0.906	0.909	0.903	0.887	0.897	0.959	0.949	0.916	−5.12%
	c33	0.670	0.679	0.671	0.670	0.654	0.697	0.690	0.676	−30.96%
	c34	0.806	0.810	0.816	0.825	0.811	0.838	0.837	0.821	−16.32%
		（7）波兰								
行业代码		2011 年	2012 年	2013 年	2014 年	2015 年	2016 年	2017 年	平均值	Δ（2017～2011 年）
劳动密集型服务业	c19	1.091	1.106	1.105	1.107	1.111	1.118	1.115	1.108	11.48%
	c20	1.034	1.042	1.040	1.039	1.042	1.041	1.039	1.040	3.91%
	c21	1.073	1.085	1.085	1.083	1.087	1.085	1.080	1.083	8.02%
	c22	0.954	0.954	0.954	0.948	0.941	0.946	0.947	0.949	−5.26%
	c26	0.987	0.994	0.993	0.994	0.994	0.992	0.993	0.992	−0.75%
	c35	—	—	—	—	—	—	—	—	—

续表

（7）波兰

行业代码		2011 年	2012 年	2013 年	2014 年	2015 年	2016 年	2017 年	平均值	Δ（2017~2011 年）
资本密集型服务业	c23	1.134	1.133	1.130	1.130	1.134	1.134	1.136	1.133	13.61%
	c24	1.093	1.093	1.091	1.098	1.104	1.085	1.095	1.094	9.54%
	c25	1.211	1.224	1.226	1.226	1.238	1.226	1.225	1.225	22.47%
	c27	1.003	1.006	0.999	0.999	0.996	1.037	1.037	1.011	3.71%
	c29	0.988	0.993	0.992	0.989	0.982	0.988	0.980	0.988	−1.96%
知识密集型服务业	c28	1.066	1.057	1.054	1.054	1.053	1.081	1.080	1.064	8.01%
	c30	1.054	1.062	1.064	1.067	1.066	1.058	1.058	1.061	5.82%
	c31	0.917	0.916	0.916	0.919	0.908	0.921	0.915	0.916	−8.47%
	c32	0.878	0.876	0.878	0.873	0.874	0.896	0.885	0.880	−11.46%
	c33	0.808	0.814	0.810	0.805	0.807	0.818	0.814	0.811	−18.56%
	c34	0.984	0.990	0.990	0.985	0.986	0.969	0.969	0.982	−3.12%

资料来源：对外经贸大学全球价值链研究院 UIBE GVC Indicators 的 ADB - MRIO 数据库。

图 7-6 测算了"一带一路"沿线代表性国家不同要素密集度服务业在全球价值链中的位置动态变化，我们发现，中国劳动密集型服务业、资本密集型服务业和知识密集型服务业位置曲线都处于较高的水平，分别高于沿线其他 6 个代表性国家对应曲线的位置，表明中国劳动密集型服务业、资本密集型服务业和知识密集型服务业与沿线国家相比处于更上游的环节，具有明显的比较优势。

除中国以外的沿线代表性国家中，劳动密集型服务业价值链位置最高的是印度，然后是波兰、土耳其、俄罗斯和哈萨克斯坦，印度尼西亚劳动密集型服务业在价值链中的位置最低。从动态演化来看，印度、波兰和印度尼西亚劳动密集型服务业在价值链中的位置都呈现出上升趋势，其余代表性国家呈现出下降趋势。

资本密集型服务业在价值链中位置最高的是波兰，然后是印度尼西亚、哈萨克斯坦、土耳其、印度，俄罗斯资本密集型服务业在价值链中的位置最低。从动态演化来看,波兰、印度和俄罗斯资本密集型服务业在价值链中的位置都呈现出上升趋势,其余代表性国家呈现出下降趋势。

知识密集型服务业在价值链中位置最高的是印度,然后是印度尼西亚、波兰、土耳其和哈萨克斯坦,俄罗斯知识密集型服务业在价值链中的位置最低。从动态演化来看,沿线所有代表性国家知识密集型服务业在价值链中的位置都呈现出上升趋势。

综上所述,中国劳动密集型服务业、资本密集型服务业和知识密集型服务业在价值链中的位置均高于沿线其他代表性国家对应服务业在价值链中的位置,中国服务业较沿线其他代表性国家处于价值链的更上游环节,并呈现出向更高位置端攀升的趋势。沿线代表性国家中,中国、印度尼西亚、印度和波兰服务业价值链位置较高,其中,中国和印度服务业价值链较为相似,都是劳动密集型服务业在价值链中的位置最高,说明中国和印度劳动密集型服务业更多参与增加值较高的生产环节,印度尼西亚和波兰则是资本密集型服务业在价值链中的位置最高,说明印度尼西亚和波兰资本密集型服务业更多参与增加值较高的生产环节。哈萨克斯坦、土耳其和俄罗斯服务业价值链位置较低,其中,土耳其和俄罗斯位置最高的是劳动密集型服务业,哈萨克斯坦在"一带一路"倡议提出来之后资本密集型服务业位置逐渐高于劳动密集型服务业。"一带一路"沿线代表性国家的知识密集型服务业在价值链中的位置均低于本国劳动密集型和资本密集型服务业,这一结果符合"一带一路"沿线国家知识密集型服务业相对落后的现实,这可能会造成沿线国家服务业在参与全球价值链的过程中陷入"低端锁定"的困境,从长远来看,十分不利于沿线国家服务业的升级和优化。知识密集型服务业是国家竞争力的重要体现和经济发展的强劲驱动力,有助于破解制约服务业发展的"成本病",是未来"一带一路"沿线国家服务业发展的重要方向。

表7-8描绘了"一带一路"沿线代表性国家服务业细分部门全球价值链位置指数动态变化,从中国服务业2017年全球价值链位置指数来看,处于上游位置的部门较多,共10个,包括4个劳动密集型部门,3个资本密集型部门和3个知识密集型部门,其中 $c20$ 燃油零售批发、$c21$ 零售、$c23$ 陆路运输、$c24$ 水路运输和 $c28$ 金融业位置指数特别高。从变化趋势上来

看，有9个部门位置指数出现上升，其中 c20 燃油零售批发、c21 零售、c23 陆路运输、c24 水路运输和 c28 金融业 5 个部门上升速度非常快，但有 6 个部门位置指数出现下降，其中，c27 邮政通信业和 c32 教育的下降速度非常快。

印度尼西亚处于价值链上游位置的部门有 8 个，包括 4 个资本密集型部门和 4 个知识密集型部门，分别是 c23 陆路运输、c24 水路运输、c25 航空运输、c27 邮政通信业、c28 金融业、c30 租赁和商务服务业、c31 公共管理和国防及社会保障业和 c34 其他社区、社会及个人服务业。值得注意的是，劳动密集型 5 个部门都处于价值链下游。从变化趋势上来看，有 8 个部门位置指数出现上升，其中，c24 水路运输和 c25 航空运输上升速度较快，有 8 个部门位置指数出现下降，其中，c32 教育和 c33 卫生和社会工作位置指数与 2011 年相比下降了非常多。

印度处于价值链上游位置的部门比较多，共 10 个，包括 4 个劳动密集型部门，3 个资本密集型部门和 3 个知识密集型部门，分别是 c19 汽车及摩托车的销售、维护及修理，c20 燃油零售批发，c21 零售，c26 旅行社业务，c23 陆路运输，c24 水路运输，c25 航空运输，c28 金融业，c30 租赁和商务服务业以及 c34 其他社区、社会及个人服务业。从变化趋势上来看，有 10 个部门位置指数出现上升，其中，c19 汽车及摩托车的销售、维护及修理，c21 零售，c28 金融业和 c30 租赁和商务服务业上升速度较快，5 个部门位置指数出现下降，其中，c32 教育和 c33 卫生和社会工作下降速度较快。

哈萨克斯坦处于价值链上游位置的部门只有 4 个，包括 1 个劳动密集型部门，2 个资本密集型部门和 1 个知识密集型部门，分别是 c20 燃油零售批发、c23 陆路运输、c25 航空运输和 c28 金融业。从变化趋势上来看，只有 5 个部门的位置指数出现上升，其中，c20 燃油零售批发和 c25 航空运输上升速度较快，值得注意的是，有 11 个部门位置指数出现下降，其中，c29 房地产业、c31 公共管理和国防及社会保障业和 c33 卫生和社会工作下降速度非常快。

土耳其处于价值链上游位置的部门是 8 个，包括 4 个劳动密集型部门，3 个资本密集型部门和 1 个知识密集型部门，分别是 c19 汽车及摩托车的销售、维护及修理，c20 燃油零售批发，c21 零售，c26 旅行社业务，c23 陆路运输，c24 水路运输，c25 航空运输和 c28 金融业。从变化趋势上来看，有 8 个部门位置指数出现上升，但上升速度比较缓慢，只有 c28 金融业上升速度稍快，有 8 个部门位置指数出现下降，其中，c29 房地产业、c32 教育和 c33 卫生和社会工作下降速度较快。

俄罗斯处于价值链上游位置的部门共 8 个，包括 3 个劳动密集型部门，2 个资本密集型部门和 3 个知识密集型部门，分别是 c19 汽车及摩托车的销售、维护及修理，c20 燃油零售批发，c21 零售，c23 陆路运输，c27 邮政通信业，c28 金融业，c30 租赁和商务服务业和 c31 公共管理和国防及社会保障业。从变化趋势上来看，有 8 个部门位置指数出现上升，其中，c20 燃油零售批发和 c23 陆路运输上升速度比较快，有 8 个部门位置指数出现下降，其中 c22 住宿和餐饮业、c29 房地产业、c33 卫生和社会工作和 c34 其他社区、社会及个人服务业下降速度较快。

波兰处于价值链上游位置的部门共 9 个，包括 3 个劳动密集型部门，4 个资本密集型部门和 2 个知识密集型部门，其中，c19 汽车及摩托车的销售、维护及修理，c23 陆路运输和 c25 航空运输的价值链地位比较高。从变化趋势上来看，有 9 个部门的位置指数出现上升，其中，c19 汽车及摩托车的销售、维护及修理，c23 陆路运输和 c25 航空运输上升速度较快，有 7 个部门位置指数出现下降，其中，c32 教育和 c33 卫生和社会工作下降了较多。

通过对比可以看出，中国和印度服务业处于价值链上游位置的细分部门以及位置指数出现上升的部门均为最多，其次是波兰、俄罗斯、印度尼西亚和土耳其，哈萨克斯坦处于价值链上游位置的部门最少，且多个部门位置指数出现下降。总体而言，中国服务业逐渐融入到全球价值链的竞争中，良好的创新环境、教育水平的提高等因素共同推动了中国服务业在全球价值链中的位置逐渐提升。然而中国服务业的发展相对于制造业较晚，且服务业的技术水平要落后于大多数发达国家，需要进一步完善行业的基础设施建设，提高生产效率，降低交易成本。另外，中国服务业各细分部门发展不均衡，不同部门之间的技术水平差距导致在全球价值链的位置差距较大，知识密集型服务业相对落后，在价值链中的位置最低，中国劳动密集型服务业、资本密集型服务业尤其是知识密集型服务业在全球价值链中的位置还有很大的上升空间，需要进一步优化服务业的产业结构，特别是高技术含量的知识密集型行业，努力加强技术水平和创新水平，从而提升知识密集型服务业在全球价值链中的位置。

第四节 结论与启示

本章运用王直等（2017a，2017b）生产分解模型即 WWZ 方法从区域、国家、部门三个层面测算并比较了中国与"一带一路"沿线国家服务业在全球价值链中的位置。生产分解模型即 WWZ 方法将全球价值链的分析框架从出口阶段向前延伸到生产阶段，从前向生产者视角（国内增加值去向）和后向使用者视角（最终品增加值来源）对总增加值进行分解。研究结论如下。

从区域来看，东亚、南亚、东欧和中欧地区处于价值链上游环节，东南亚、中亚和西亚地区处于价值链相对下游的环节，其中东亚地区服务业处于最为上游的位置，而中亚地区服务业处于最为下游的位置，表明东亚、南亚、东欧和中欧主要依靠出口中间服务参与国际分工，而东南亚、西亚和中亚地区更多的是依靠进口中间服务来参与国际分工。

从国家来看，一国服务业在全球价值链中的位置与该国经济的发达程度以及服务贸易规模大小没有必然联系，经济发达程度和服务贸易规模并不必然反映该国服务贸易在全球价值链分工中的位置，不一定所有发达国家都能占据全球价值链的上游位置。例如，马来西亚、土耳其是"一带一路"主要服务贸易大国，但是却处于价值链的中下游位置，这些国家更多趋向于进口中间服务，价值链分工地位可能由于"进口依赖"变得较低，而立陶宛、孟加拉国、奥地利服务贸易规模较小，但处于价值链的上游。位于价值链上游的国家还有中国、新加坡、俄罗斯、韩国、泰国等，这些国家为中间服务的供应大国，能够从价值链分工中获取较高的收益，其余国家对这些国家在某种程度上形成一定的依赖性。

从细分部门来看，中国劳动密集型服务业、资本密集型服务业和知识密集型服务业均处于价值链的上游环节，在价值链中的位置均高于"一带一路"其他代表性国家，中国和印度服务业价值链较为相似，都是劳动密集型服务业在价值链中的位置最高，说明中国和印度劳动密集型服务业更多参与增加值较高的生产环节。"一带一路"沿线代表性国家的知识密集型服务业在价值链中的位置均低于本国劳动密集型服务业和资本密集型服务业，这一结果符合"一带一路"沿线国家知识密集型服务业相对落后的现实，这可能会造成沿线国家服务业在参与全球价值链的过程中陷入"低端锁定"的困境。中国服务业各细分部门发展不均衡，不同部门之间的技术水平差距导致在全球价值链的位置差距较大，知识密集型服务业相对落后，在价值链中的位置最低，中国需要进一步优化服务业的产业结构，特别是高技术含量的知识密集型行业，努力加强技术水平和创新水平，从而提升知识密集型服务业在全球价值链中的位置。

本章使用生产分解模型即 WWZ 方法研究得出的中国与"一带一路"沿线国家服务业在全球价值链中的位置情况与上一章使用出口增加值分解模型即 KPWW 方法的研究结论基本一致，鉴于此，本书提出如下政策建议。

1. 构建以中国服务业为主导的"一带一路"区域价值链，实现价值链角色转换。中国劳动密集型服务业、资本密集型服务业和知识密集型服务业均处于价值链的上游环节，在价值链中的位置均高于"一带一路"其他代表性国家，部分行业如金融业、零售和燃油零售批发具有较强的竞争力和明显的比较优势，已然具备构建区域内价值链的能力。中国应发挥"一带一路"倡议对沿线国家生产网络的重塑作用，利用服务业在价值链上游的位置特点，带动"一带一路"沿线国家积极参与国际分工。"一带一路"沿线国家要素禀赋不同，服务业产业结构差异较大，在价值链中的参与方式、生产位置不同，通过优化区域内的资源配置与贸易结构，差异性地进行服务贸易合作，从而实现沿线国家服务业优势互补。例如，中国金融业、运输业可以与哈萨克斯坦、土耳其、俄罗斯和罗马尼亚等价值链位置较低的国家展开差异化生产合作，在提升服务业在价值链分工地位的同时，也帮助沿线国家融入价值链分工体系。

2. 提升人力资本水平和技术创新水平，加快推动知识密集型服务业的发展。知识密集型服务业是国家竞争力的重要体现和经济发展的强劲驱动力，是未来"一带一路"沿线国家服务业发展的重要方向。"一带一路"沿线国家主要依赖劳动力和资金参与价值链生产，中间服务技术含量低，这些国家即使有些服务部门在物理位置上靠近生产工序前端，处于价值链上游，但在国际分工体系中依然处于从属地位，获得的分工利益较少。人力资本和技术创新是中国与"一带一路"沿线国家服务业全球价值链地位提升和国际分工利益增加的重要内在动力。从短期来看，考虑到发达经济体依旧牢牢掌握着高技术服务业人才和知识产权，中国与"一带一路"沿线国家可以通过加强对发达经济体进行投资的方式，直接引进高技术服务业人才或者与其进行研发合作，加强科技创新政策和发展战略对接，给高技术服务部门提供资金支持以及政策倾斜，推动各国知识密集型服务部门的发展。从长期来看，中国与"一带一路"沿线国家应该加大高技术服务业人才的教育投资、技能培训和研发投入，努力建设高质量、高水平、有着自主创新能力的人才队伍，优化高技术服务业人才技术创新环境，为提高中国和"一带一路"沿线国家人力资本水平奠定良好的基础。

第八章

中国与"一带一路"沿线国家服务业
全球价值链参与度比较研究

——基于生产分解模型

本章在上一章中国与"一带一路"沿线国家服务业在全球价值链中的位置比较研究基础之上，继续采用王直等（2013，2017a，2017b）生产分解模型即 WWZ 方法来评估中国与"一带一路"沿线国家服务业参与全球价值链的程度，并进行跨区域、跨国家比较，以期对中国与"一带一路"沿线国家在全球价值链及"一带一路"区域价值链中的地位现状做出全面认识，为我国服务业实现在"一带一路"区域价值链中的发展以及在全球价值链中竞争力的提升提供理论启示和决策参考。

第一节 指标选取

王直等（2017a，2017b）对前向产业关联视角下（生产者角度）国家—部门层面的增加值生产和后向关联视角下（使用者角度）的最终产品生产做出分解：

$$\text{Va}' = \hat{V}BY = \underbrace{\hat{V}LY^D}_{(1)V\_D} + \underbrace{\hat{V}LY^F}_{(2)V\_RT} + \underbrace{\hat{V}LA^F LY^D}_{(3)V\_GVC\_S} + \underbrace{\hat{V}LA^F(BY - LY^D)}_{(4)V\_GVC\_C} \quad (8-1)$$

$$Y' = VB\hat{Y} = \underbrace{VL\hat{Y}^D}_{(1)Y\_D} + \underbrace{VL\hat{Y}^F}_{(2)Y\_RT} + \underbrace{VLA^F L\hat{Y}^D}_{(3)Y\_GVC\_S} + \underbrace{VLA^F(B\hat{Y} - L\hat{Y}^D)}_{(4)Y\_GVC\_C} \quad (8-2)$$

式（8-1）中，$\hat{V}LY^D$ 是不涉及跨境贸易的国内生产和消费的增加值，仅为满足国内最终需求而进行生产，记为 V_D；$\hat{V}LY^F$ 是蕴含于最终出口产品中的国内增加值，用于满足国外最终消费需求，表示传统李嘉图出口贸易活动增加值，不涉及任何跨国生产合作，记为 V_RT；$\hat{V}LA^FLY^D$ 指包含在中间产品和服务中的增加值仅发生一次跨境贸易，被进口国用于生产最终产品并完全由进口国吸收，称为"前向简单 GVC 生产活动"，反映的是较为浅层次的全球价值链前向参与形式，记为 V_GVC_S；$\hat{V}LA^F（BY - LY^D）$ 指包含在中间产品和服务中的增加值至少发生两次跨境贸易，被进口国用于生产出口品并由其他国家所吸收，称为"前向复杂 GVC 生产活动"，反映的是较为深层次的全球价值链前向参与形式，记为 V_GVC_C。

式（8 - 2）中，$VL\hat{Y}^D$ 表示国内生产与最终消费的投入，不涉及跨境贸易，记为 Y_D；$VL\hat{Y}^F$ 表示直接用于最终出口产品的国内增加值，属于传统李嘉图进口贸易，不涉及跨国生产合作，记作 Y_RT；$VLA^FL\hat{Y}^D$ 表示蕴含于进口中间产品，用于本国生产并最终在本国消费的增加值部分，由于仅跨境一次，称为"后向简单 GVC 生产活动"，反映的是较为浅层次的全球价值链后向参与形式，记为 Y_GVC_S；$VLA^F（B\hat{Y} - L\hat{Y}^D）$ 表示蕴含于进口中间产品，用于生产出口产品的进口增加值，由于跨境多次，称为"后向复杂 GVC 生产活动"，反映的是较为深层次的全球价值链后向参与形式，记为 Y_GVC_C。

虽然式（8 - 1）中的 V_D、V_RT 和式（8 - 2）中的 Y_D、Y_RT 都是国内生产活动所创造的增加值，但前者反映的是增加值的去向，即由一国特定部门创造而被所有下游部门使用的增加值；而后者反映的是增加值的来源，即一国特定部门在最终产品生产活动中来源于所有上游部门的增加值。式（8 - 1）中的 V_GVC_S 和式（8 - 2）中的 Y_GVC_S 都只涉及简单的跨境生产活动，因而被称作"简单 GVC 生产活动"，又称作"浅层 GVC 生产活动"。式（8 - 1）中的 V_GVC_C 和式（8 - 2）中的 Y_GVC_C 都涉及复杂的跨境生产活动，因而被称作"复杂 GVC 生产活动"，又称作"深层 GVC 生产活动"。

根据上述的生产分解模型，可以从增加值的前向联系和后向联系两个角度测算国家—部门层面参与全球价值链的程度，即全球价值链前向参与指数

（GVCPt_f）和后向参与指数（GVCPt_b），分别表示为：

$$GVCPt\_f = \frac{V\_GVC}{Va'} = \frac{V\_GVC\_S}{Va'} + \frac{V\_GVC\_C}{Va'} \qquad (8-3)$$

$$GVCPt\_b = \frac{Y\_GVC}{Y'} = \frac{Y\_GVC\_S}{Y'} + \frac{Y\_GVC\_C}{Y'} \qquad (8-4)$$

一般来说，经济体主要是通过两类方式参与全球价值链分工：一类是前向参与方式，即经济体作为供给者，通过向下游经济体提供中间商品或服务参与全球价值链分工；另一类是后向参与方式，即经济体作为使用者，通过使用上游经济体的中间商品或服务参与全球价值链分工。全球价值链前向参与指数（GVCPt_f）是指某一经济体生产商品或服务作为中间投入供给其他经济体的份额，反映了该经济体生产贡献其他经济体的程度，即经济体作为价值链上游创造的增加值对产业链下游所做出的贡献。全球价值链后向参与指数（GVCPt_b）是指某一经济体生产的商品或服务中所使用其他经济体中间投入的份额，反映了该经济体生产依赖其他经济体的程度，即经济体作为价值链下游从产业链上游各国的生产中获得的增加值。

根据参与全球价值链模式的差异，还可以进一步定义前后向联系的浅层参与指数和前后向联系的深层参与指数，用以度量在全球价值链中的地位：

$$GVCPt\_f\_s = \frac{V\_GVC\_S}{Va'} \qquad (8-5)$$

$$GVCPt\_f\_c = \frac{V\_GVC\_C}{Va'} \qquad (8-6)$$

$$GVCPt\_b\_s = \frac{Y\_GVC\_S}{Y'} \qquad (8-7)$$

$$GVCPt\_b\_c = \frac{Y\_GVC\_C}{Y'} \qquad (8-8)$$

其中，GVCPt_f_s 表示全球价值链前向浅层参与指数，GVCPt_f_c 表示全球价值链前向深层参与指数，GVCPt_b_s 表示全球价值链后向浅层参与指数，GVCPt_b_c 表示全球价值链后向深层参与指数。

第二节 服务业全球价值链参与度比较

一、区域比较

图 8 - 1 描述了 2011 ~ 2017 年"一带一路"沿线区域服务业全球价值链前向参与指数和向后参与指数动态变化情况。从图中可以发现，不同区域参与全球价值链分工的程度差异较大。从 2017 年前向参与指数来看，东欧和中欧地区前向参与程度最高，前向参与指数分别为 0.243 和 0.228，接下来是东南亚、东亚、中亚和南亚地区，西亚地区前向参与程度最低，前向参与指数仅为 0.092。从 2017 年后向参与指数来看，中欧和东南亚地区后向参与程度最高，后向参与指数分别为 0.184 和 0.183，接下来是中亚、东欧、南亚和东亚地区，西亚地区后向参与程度最低，后向参与指数仅为 0.083。

相对于"一带一路"沿线其他区域来说，东欧、中欧和东南亚地区服务业全球价值链前向参与度和后向参与度均较高，而西亚地区前向参与度和后向参与度都非常低，导致上述差异的主要原因是不同区域服务业对外经济的依赖度不同。中欧和东欧地区区位优势明显，区域内多数国家属于新兴国家，法律制度比较健全，投资风险相对较小，对外开放水平高，与周围国家间的产业合作联系紧密，参与价值链分工的程度普遍较深。东南亚地区是全球经济活跃地区，开放时间较早，开放程度不断提高，通过劳动力、土地等生产要素优势，并抓住全球产业结构调整、"一带一路"建设等历史机遇，积极参与国际分工生产与合作。而西亚地区经济结构较为单一，对自然资源禀赋依赖严重，资源能源出口规模较大，服务业发展较落后，全球价值链分工参与程度较浅。此外，我们注意到中亚后向参与程度较高，中亚拥有丰富矿产资源，可凭借充裕的资源优势为价值链下游的国家提供原料和能源，但服务业发展较为滞后，主要是通过进口中间服务参与全球价值链分工。

前向参与指数（GVCPt_f）动态变化

后向参与指数（GVCPt_b）动态变化

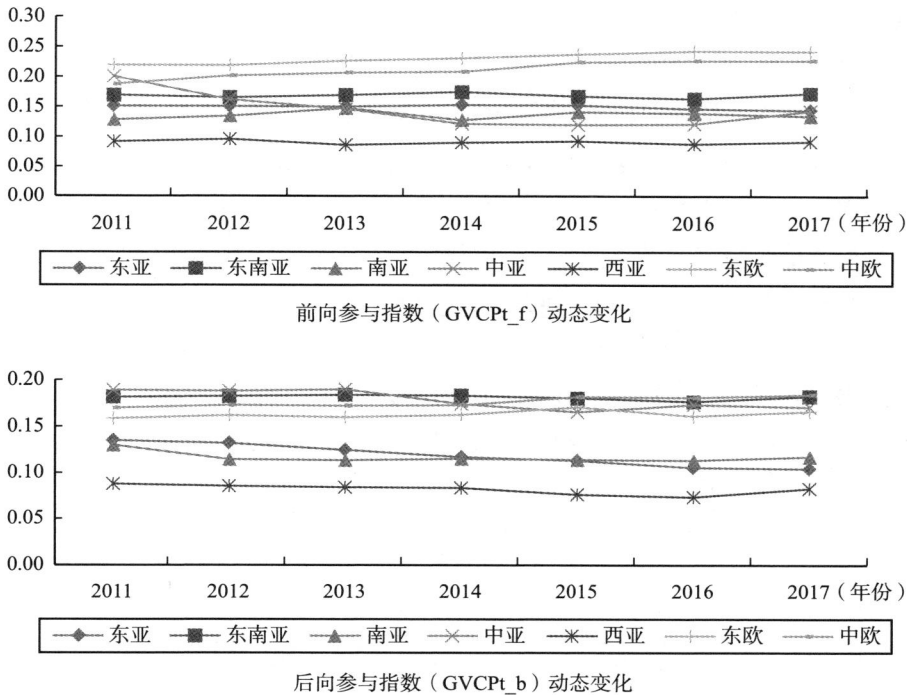

图 8 - 1 2011～2017 年"一带一路"沿线区域服务业全球价值链参与指数动态变化

资料来源：对外经贸大学全球价值链研究院 UIBE GVC Indicators 的 ADB - MRIO 数据库。

从动态变化趋势来看，东欧、中欧地区全球价值链前后向参与指数均呈现平稳上升的趋势，东南亚地区前后向参与指数则呈现出"W"型上升趋势，西亚、南亚地区仅前向联系的参与指数呈现出波浪形的上升趋势，后向联系的参与指数呈现出小幅下降趋势，而东亚、中亚地区前后向参与指数则都呈现出下降趋势，且下降趋势较为明显。说明"一带一路"倡议提出以来，东欧、中欧和东南亚地区服务业与世界经济往来愈发密切，生产要素得到比过去更加有效的配置，区域之间的依赖程度相应提高，以分工合作为背景的全球价值链体系逐步得以完善，而东亚和中亚地区服务业近几年来参与世界贸易和投资的活动出现减少的趋势，参与国际分工的程度有所下降。

为了更深入地了解"一带一路"沿线区域服务业参与全球价值链的变

化情况,接下来分别从深、浅两个层面来分析 2011～2017 年"一带一路"沿线区域服务业价值链参与指数动态变化情况(见图 8－2)。从 2017 年前向浅层和前向深层参与指数来看,东欧、中欧前向浅层和前向深层参与程度最高,南亚、西亚前向浅层和前向深层参与程度最低;从 2017 年后向浅层和后向深层参与指数来看,中亚、东南亚后向浅层参与程度最高,东欧、中欧后向深层参与程度最高,西亚后向浅层和后向深层参与程度最低。从动态变化趋势来看,首先,中亚前向浅层、前向深层参与度呈现出先下降后上升的趋势,东亚前向深层参与度呈现出小幅下降趋势,其余地区前向浅层、前向深层参与度均呈现出波浪形缓慢上升趋势。其次,东欧、中欧和东南亚后向深层参与度呈现出上升趋势,其余地区则后向浅层参与度和后向深层参与度均呈现出下降趋势。

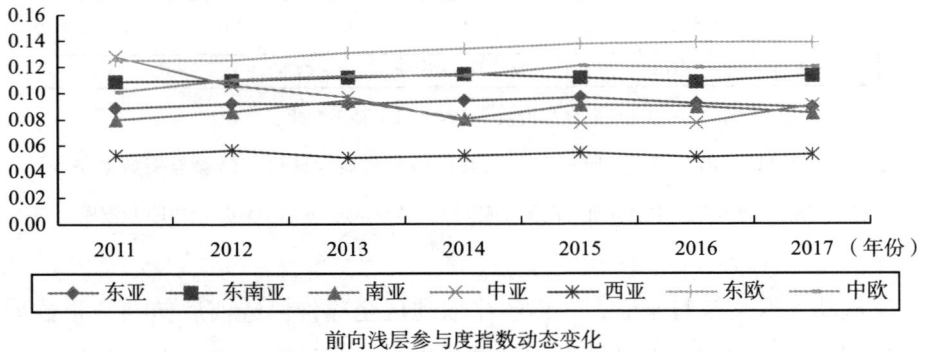

前向浅层参与度指数动态变化

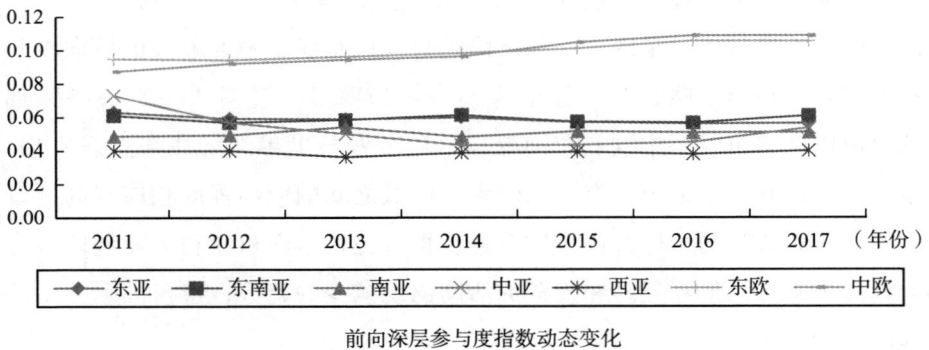

前向深层参与度指数动态变化

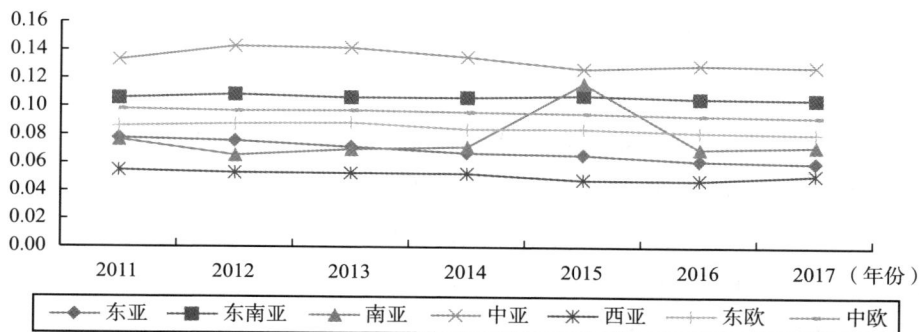

后向浅层参与度指数动态变化

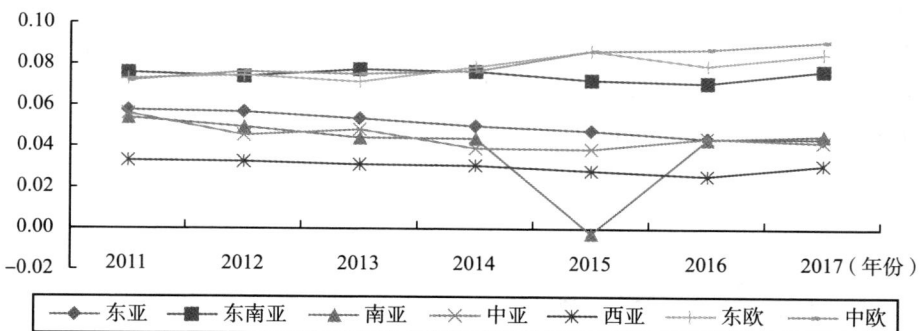

后向深层参与度指数动态变化

图 8 - 2　2011～2017 年"一带一路"沿线区域服务业不同形式的

价值链参与度指数动态变化

资料来源：对外经贸大学全球价值链研究院 UIBE GVC Indicators 的 ADB – MRIO 数据库。

上述分析表明东欧、中欧服务业参与全球价值链分工最深，无论是向下游经济体供应中间服务还是使用上游经济体的中间服务都较多，经济发展已深深融入生产网络，与各地区间的合作愈发紧密；西亚服务业发展较落后，对外开放度低，在"一带一路"沿线区域中参与价值链的程度最浅，服务业较少依赖国外中间服务投入，出口的中间服务也较少；中亚、东南亚服务业主要从其他国家进口中间服务来进行国际分工，表现出后向参与形式。

二、国家比较

（一）中国

图 8 - 3 描述了中国服务业全球价值链前向参与指数和后向参与指数动态变化，可以看出，2011 ~ 2017 年，中国服务业的前向参与指数一直大于后向参与指数，前向参与指数的均值为 0.097，后向参与指数的均值为 0.075，表明中国服务业整体更多的是通过前向方式即向下游国家提供中间服务参与到全球价值链的生产中，服务贸易增加值出口的中间产品投入额较多。从动态视角来看，中国服务业的前后向参与指数均呈现下降趋势，但是，2013 年"一带一路"倡议提出以后，前后向参与指数下降趋势减缓，2016 年开始趋于平缓，至 2017 年前后向参与指数分别为 0.083 和 0.060，说明"一带一路"建设期间，我国服务业不断地加速融入全球价值链国际分工。

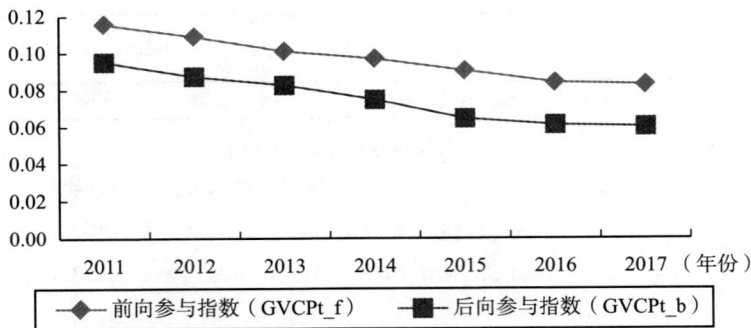

图 8 - 3　中国服务业全球价值链参与指数动态变化

资料来源：对外经贸大学全球价值链研究院 UIBE GVC Indicators 的 ADB - MRIO 数据库。

从浅层和深层视角来看，中国服务业前后向浅层参与指数均大于前后向深层参与指数，如图 8 - 4 所示，表明中国服务业参与全球价值链的活动主要是一次跨境的"简单 GVC 活动"。从变化趋势来看，前后向浅层参与指数和深层参与指数变化趋势大致相同，"一带一路"倡议提出来以前，下降趋势明显，"一带一路"倡议提出来以后，下降趋势减缓，2016 年开始趋于稳定,尤其是前向深层参与指数自 2016 年开始上升,呈现出"U"型变化趋势,表明中国服务业向下游国家跨境 2 次及以上提供中间服务的活动增加明显。

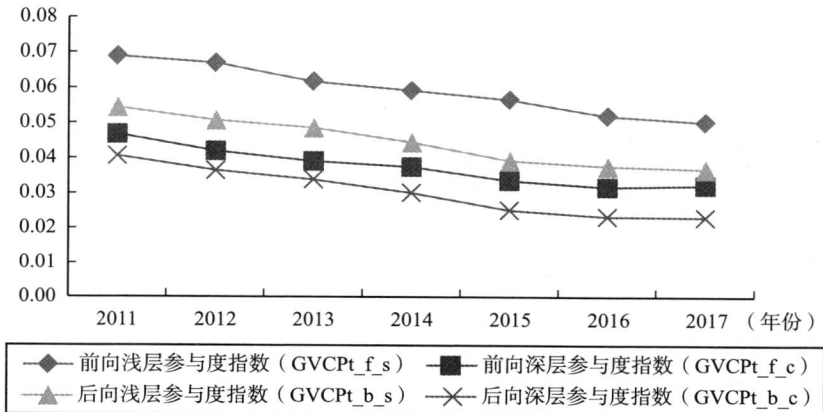

图 8 - 4 中国服务业不同形式的全球价值链参与指数动态变化

资料来源:对外经贸大学全球价值链研究院 UIBE GVC Indicators 的 ADB - MRIO 数据库。

(二)"一带一路"沿线国家

表 8 - 1 和表 8 - 2 列出了"一带一路"沿线国家服务业 2011 ~ 2017 年全球价值链前后向参与指数的动态变化。由于不同国家对外依存度不同,服务业参与价值链分工的程度也存在一定差异。由表 8 - 1 和表 8 - 2 可知,与"一带一路"沿线国家相比,中国服务业的前后向参与程度较低,2017 年前后向参与指数在"一带一路"沿线国家中分别位居第 30 位和第 31 位,前向参与程度大于后向参与程度。中国服务贸易出口规模在"一带一路"沿线各国中遥遥领先,而价值链前后向参与指数排名却处于下游水平,表明中国服务业参与全球价值链的程度还较浅,服务业出口产品的生产对国外增加值投入的依赖性较弱,服务产品出口对世界其他经济体供应的贡献程度也较弱,目前更多的是以向下游国家提供中间服务参与到全球价值链的生产中,服务业的出口增加值中国外中间产品的比重较小。

表 8 – 1 2011～2017 年"一带一路"沿线国家服务业全球价值链前向
参与指数动态变化

地区	国家	2011年	2012年	2013年	2014年	2015年	2016年	2017年	Δ (2017～2011 年)	位次
东亚	中国	0.116	0.109	0.101	0.097	0.090	0.084	0.083	−28.54%	30
	韩国	0.187	0.193	0.200	0.210	0.216	0.211	0.207	10.34%	16
东南亚	新加坡	0.331	0.324	0.355	0.326	0.309	0.314	0.313	−5.44%	2
	印度尼西亚	0.090	0.080	0.070	0.066	0.063	0.059	0.062	−31.82%	31
	马来西亚	0.219	0.200	0.194	0.193	0.188	0.182	0.196	−10.34%	18
	菲律宾	0.088	0.087	0.094	0.093	0.091	0.089	0.097	11.00%	28
	泰国	0.206	0.209	0.224	0.236	0.242	0.237	0.260	26.19%	6
	越南	0.141	0.152	0.159	0.163	0.168	0.171	0.174	22.63%	20
	老挝	0.146	0.138	0.143	0.156	0.160	0.157	0.164	11.85%	21
	文莱	0.190	0.172	0.151	0.209	0.164	0.135	0.161	−15.06%	22
	柬埔寨	0.115	0.132	0.140	0.134	0.130	0.135	0.134	16.79%	24
南亚	印度	0.167	0.153	0.143	0.126	0.112	0.113	0.107	−35.98%	25
	孟加拉国	0.065	0.062	0.077	0.042	0.039	0.039	0.033	−48.53%	33
	斯里兰卡	0.071	0.080	0.082	0.096	0.096	0.102	0.103	46.00%	26
	巴基斯坦	0.064	0.041	0.039	0.043	0.038	0.033	0.031	−52.21%	34
	不丹	0.190	0.187	0.278	0.194	0.261	0.239	0.232	21.93%	12
	马尔代夫	0.294	0.353	0.335	0.315	0.366	0.379	0.384	30.63%	1
	尼泊尔	0.050	0.070	0.082	0.080	0.082	0.073	0.057	12.89%	32
中亚	哈萨克斯坦	0.209	0.175	0.155	0.128	0.107	0.112	0.102	−51.21%	27
	吉尔吉斯斯坦	0.193	0.149	0.138	0.116	0.134	0.132	0.185	−3.95%	19
西亚	土耳其	0.092	0.096	0.086	0.090	0.093	0.088	0.092	0.31%	29
东欧	俄罗斯	0.162	0.150	0.150	0.157	0.163	0.148	0.145	−10.63%	23
	斯洛文尼亚	0.215	0.215	0.223	0.229	0.251	0.246	0.256	18.85%	8
	克罗地亚	0.211	0.217	0.231	0.243	0.252	0.254	0.260	23.24%	6
	罗马尼亚	0.193	0.188	0.214	0.228	0.220	0.212	0.210	8.56%	14
	保加利亚	0.221	0.216	0.229	0.231	0.235	0.237	0.240	8.49%	11
	爱沙尼亚	0.281	0.284	0.282	0.279	0.280	0.309	0.304	8.37%	3

续表

地区	国家	2011年	2012年	2013年	2014年	2015年	2016年	2017年	Δ（2017～2011年）	位次
东欧	立陶宛	0.234	0.242	0.245	0.242	0.239	0.274	0.265	13.04%	5
	拉脱维亚	0.242	0.241	0.241	0.244	0.267	0.272	0.268	10.56%	4
中欧	波兰	0.175	0.174	0.178	0.182	0.197	0.205	0.206	6.32%	17
	捷克	0.210	0.212	0.221	0.227	0.239	0.241	0.229	17.48%	13
	斯洛伐克	0.144	0.195	0.205	0.203	0.230	0.239	0.249	9.36%	9
	奥地利	0.196	0.197	0.196	0.199	0.205	0.205	0.208	73.54%	15
	匈牙利	0.217	0.232	0.237	0.235	0.254	0.249	0.248	14.32%	10
平均值		0.169	0.170	0.174	0.172	0.178	0.178	0.180	6.38%	

注：位次按照 2017 年全球价值链前向参与指数排名。

资料来源：对外经贸大学全球价值链研究院 UIBE GVC Indicators 的 ADB – MRIO 数据库。

表 8 – 2　　2011～2017 年"一带一路"沿线国家服务业全球价值链后向
参与指数动态变化

地区	国家	2011年	2012年	2013年	2014年	2015年	2016年	2017年	Δ（2017～2011年）	位次
东亚	中国	0.095	0.087	0.083	0.075	0.065	0.061	0.060	− 36.74%	31
	韩国	0.176	0.178	0.168	0.160	0.162	0.150	0.149	− 15.39%	22
东南亚	新加坡	0.299	0.306	0.314	0.309	0.301	0.292	0.301	0.67%	1
	印度尼西亚	0.110	0.111	0.110	0.106	0.090	0.066	0.079	− 27.73%	29
	马来西亚	0.167	0.167	0.166	0.163	0.162	0.158	0.171	1.99%	14
	菲律宾	0.094	0.104	0.101	0.103	0.108	0.112	0.121	28.82%	25
	泰国	0.197	0.190	0.185	0.176	0.168	0.155	0.162	− 17.74%	18
	越南	0.247	0.228	0.235	0.239	0.245	0.250	0.253	2.17%	3
	老挝	0.176	0.173	0.172	0.172	0.167	0.160	0.166	− 5.64%	17
	文莱	0.197	0.200	0.203	0.207	0.215	0.228	0.220	12.02%	7
	柬埔寨	0.149	0.163	0.171	0.175	0.169	0.169	0.171	14.59%	14
南亚	印度	0.074	0.066	0.062	0.057	0.048	0.068	0.048	− 35.18%	34
	孟加拉国	0.069	0.068	0.083	0.073	0.071	0.062	0.058	− 15.03%	33

续表

地区	国家	2011年	2012年	2013年	2014年	2015年	2016年	2017年	Δ（2017～2011年）	位次
南亚	斯里兰卡	0.101	0.092	0.096	0.100	0.102	0.104	0.101	0.13%	26
	巴基斯坦	0.064	0.067	0.065	0.065	0.059	0.055	0.059	−7.72%	32
	不丹	0.161	0.147	0.148	0.153	0.164	0.150	0.175	8.67%	12
	马尔代夫	0.324	0.259	0.231	0.244	0.242	0.246	0.247	−23.59%	4
	尼泊尔	0.120	0.104	0.111	0.117	0.115	0.111	0.135	12.36%	24
中亚	哈萨克斯坦	0.108	0.106	0.110	0.105	0.094	0.110	0.089	−18.37%	27
	吉尔吉斯斯坦	0.270	0.271	0.270	0.244	0.237	0.237	0.254	−5.94%	2
西亚	土耳其	0.088	0.085	0.084	0.083	0.076	0.073	0.083	−5.64%	28
东欧	俄罗斯	0.056	0.056	0.063	0.067	0.072	0.063	0.064	13.31%	30
	斯洛文尼亚	0.191	0.193	0.190	0.192	0.185	0.189	0.197	3.29%	9
	克罗地亚	0.138	0.142	0.143	0.147	0.150	0.155	0.171	23.77%	14
	罗马尼亚	0.164	0.153	0.148	0.156	0.178	0.157	0.161	−2.01%	19
	保加利亚	0.181	0.189	0.187	0.193	0.195	0.181	0.177	−2.13%	11
	爱沙尼亚	0.235	0.247	0.241	0.236	0.237	0.238	0.236	0.54%	5
	立陶宛	0.136	0.143	0.142	0.143	0.173	0.142	0.151	11.26%	20
	拉脱维亚	0.169	0.172	0.167	0.168	0.178	0.166	0.173	2.68%	13
中欧	波兰	0.133	0.135	0.136	0.136	0.146	0.147	0.150	−0.70%	21
	捷克	0.181	0.188	0.185	0.193	0.206	0.201	0.210	12.48%	8
	斯洛伐克	0.170	0.166	0.167	0.160	0.177	0.193	0.193	15.77%	10
	奥地利	0.147	0.154	0.154	0.151	0.144	0.144	0.146	13.65%	23
	匈牙利	0.219	0.223	0.220	0.225	0.237	0.223	0.223	1.80%	6
平均值		0.155	0.152	0.151	0.151	0.153	0.149	0.153	−1.06%	

注：位次按照 2017 年全球价值链后向参与指数排名。

资料来源：对外经贸大学全球价值链研究院 UIBE GVC Indicators 的 ADB – MRIO 数据库。

从横向国别维度来看，自 2011～2017 年，马尔代夫的价值链前向参与指数在"一带一路"沿线国家中均位列首位，2017 年高达 0.384，远高于 2017 年沿线国家平均值 0.180，新加坡、爱沙尼亚前向参与指数排在第 2、第 3

位，这些国家作为价值链上游国家向下游国家提供了较多的中间服务出口，说明这些国家服务贸易部门具有较高的技术水平和管理水平，自主创新能力较强，具有较强的国际竞争力，而巴基斯坦、孟加拉国、尼泊尔、印度尼西亚和中国前向参与度排名为最后5位，处于较低的位置，这些国家中间服务出口较少，对其他经济体供应的贡献程度极弱。另外，从价值链后向参与指数来看，新加坡、吉尔吉斯斯坦和越南的参与度较高，排名均在前3位，这些国家服务业出口产品的生产对国外增加值投入的依赖性较强，而印度、巴基斯坦、孟加拉国、俄罗斯和中国排名为最后5位，处于较低的位置，中间服务进口较少，这些国家服务业出口产品的生产对国外增加值投入的依赖性极弱。

综上所述，亚洲除了新加坡、马尔代夫、越南、吉尔吉斯斯坦、泰国价值链前向或后向参与度处于"一带一路"沿线国家较前位置之外，其他国家基本上处于较低的位置，而东欧和中欧所有国家服务业价值链前后向参与度都较高，与亚洲国家相比，东欧、中欧国家的服务业和服务贸易发展历史更悠久，其服务贸易开放度、各服务行业技术及管理水平、服务贸易结构、基础设施水平和城市发展水平等相对具有一定的优势，因此，其服务贸易在全球价值链中有更深的参与度，远高于"一带一路"沿线绝大多数亚洲国家。

从纵向时间维度来看，2011～2017年，东亚地区的韩国，东南亚地区的菲律宾、泰国、越南、老挝和柬埔寨，南亚地区的斯里兰卡、不丹、马尔代夫和尼泊尔，东欧（除俄罗斯外）、中欧地区所有国家共23国价值链前向参与指数呈现出上升趋势，表明这些国家作为供给者向下游国家提供服务参与价值链分工的趋势在不断地加强。另外，东南亚地区的新加坡、马来西亚、菲律宾、越南、文莱和柬埔寨，南亚地区的斯里兰卡、不丹和尼泊尔，东欧地区除罗马尼亚和保加利亚的所有国家以及中欧地区所有国家共19国全球价值链后向参与指数呈现出上升趋势，表明这些国家作为使用者通过使用上游国家的中间服务参与全球价值链分工的趋势在不断深化。

此外，我们发现，"一带一路"沿线国家中，中国、韩国、新加坡、马来西亚、泰国、印度、斯里兰卡、不丹、马尔代夫、哈萨克斯坦、土耳其、东欧中欧的所有国家在价值链中的前向参与度指数均高于后向参与指数，表明这些国家在价值链中的角色更多的是"增加值输出"，服务产品出口对世界其他经济体供应的贡献程度较强，对国外增加值投入的依赖性较弱。

接下来我们分别从深、浅两个层面来分析 2011～2017 年"一带一路"沿线国家服务业价值链前后向参与指数的动态变化情况（见表 8 - 3 和表 8 - 4）。通过比较前后向浅层参与指数和深层参与指数，我们发现，"一带一路"沿线 34 国均呈现为浅层参与指数高于深层参与指数，尤其是韩国、新加坡、马来西亚、泰国、不丹、哈萨克斯坦和吉尔吉斯斯坦，前后向浅层参与指数明显高于深层参与指数，表明"一带一路"沿线国家服务业价值链活动多为"简单的 GVC 活动"，只涉及简单的 1 次跨境活动，跨境 2 次及以上的"复杂的 GVC 活动"较少。

表 8 - 3 　 2011～2017 年"一带一路"沿线国家服务业不同形式的
价值链前向参与指数动态变化

地区	国家	前向浅层参与指数（GVCPt_f_s）			前向深层参与指数（GVCPt_f_c）		
		Δ（2014～2011 年）	Δ（2017～2014 年）	2017 年	Δ（2014～2011 年）	Δ（2017～2014 年）	2017 年
东亚	中国	-13.94%	-15.05%	0.050	-19.86%	-13.84%	0.032
	韩国	18.70%	-1.19%	0.127	3.46%	-2.51%	0.080
东南亚	新加坡	3.60%	-3.91%	0.221	-12.73%	-4.17%	-0.018
	印度尼西亚	-25.06%	-6.47%	0.039	-29.23%	-8.03%	0.022
	马来西亚	-11.22%	1.99%	0.122	-12.14%	0.45%	0.074
	菲律宾	6.83%	4.39%	0.062	5.70%	4.17%	0.036
	泰国	16.74%	9.76%	0.173	11.15%	10.20%	0.087
	越南	15.56%	5.60%	0.110	14.54%	7.97%	0.064
	老挝	8.42%	4.89%	0.103	4.15%	4.47%	0.060
	文莱	5.52%	-24.66%	0.097	18.04%	-19.74%	0.064
	柬埔寨	20.09%	-1.02%	0.086	10.16%	2.80%	0.048

续表

地区	国家	前向浅层参与指数（GVCPt_f_s）			前向深层参与指数（GVCPt_f_c）		
		Δ（2014～2011年）	Δ（2017～2014年）	2017年	Δ（2014～2011年）	Δ（2017～2014年）	2017年
南亚	印度	−26.47%	−13.62%	0.054	−22.08%	−17.14%	0.053
	孟加拉国	−37.24%	−22.17%	0.019	−30.38%	−20.45%	0.014
	斯里兰卡	43.89%	5.25%	0.069	21.98%	11.56%	0.034
	巴基斯坦	−36.70%	−29.28%	0.019	−24.34%	−29.29%	0.012
	不丹	−5.03%	16.19%	0.137	16.00%	23.95%	0.095
	马尔代夫	9.70%	21.55%	0.250	3.16%	21.98%	0.133
	尼泊尔	62.71%	−28.72%	0.041	53.29%	−31.09%	0.016
中亚	哈萨克斯坦	−37.12%	−21.18%	0.066	−41.78%	−18.50%	0.036
	吉尔吉斯斯坦	−39.55%	54.13%	0.115	−40.01%	68.54%	0.071
西亚	土耳其	−1.00%	1.64%	0.053	−3.15%	3.16%	0.040
东欧	俄罗斯	1.12%	−8.13%	0.081	−8.42%	−6.96%	0.063
	斯洛文尼亚	4.95%	9.63%	0.139	8.22%	14.34%	0.117
	克罗地亚	21.09%	6.58%	0.153	7.48%	7.68%	0.107
	罗马尼亚	18.71%	−9.58%	0.118	17.36%	−6.13%	0.092
	保加利亚	4.14%	2.97%	0.141	5.77%	4.32%	0.099
	爱沙尼亚	0.93%	6.75%	0.170	−2.22%	11.65%	0.134
	立陶宛	5.56%	7.28%	0.152	0.61%	12.08%	0.113
	拉脱维亚	0.59%	6.75%	0.148	0.50%	14.21%	0.119
中欧	波兰	0.43%	−1.12%	0.106	3.27%	10.88%	0.100
	捷克	2.47%	10.64%	0.117	5.44%	15.89%	0.113
	斯洛伐克	7.14%	−1.70%	0.139	8.93%	4.54%	0.110
	奥地利	62.02%	18.91%	0.105	20.90%	27.55%	0.103
	匈牙利	4.41%	2.88%	0.131	13.67%	8.32%	0.117

资料来源：对外经贸大学全球价值链研究院 UIBE GVC Indicators 的 ADB – MRIO 数据库。

表 8 - 4 **2011～2017 年"一带一路"沿线国家服务业不同形式的价值链后向参与指数动态变化**

地区	国家	后向浅层参与指数（GVCPt_b_s）			后向深层参与指数（GVCPt_b_c）		
		Δ（2014～2011 年）	Δ（2017～2014 年）	2017 年	Δ（2014～2011 年）	Δ（2017～2014 年）	2017 年
东亚	中国	-18.15%	-17.08%	0.037	-25.65%	-23.23%	0.023
	韩国	-10.91%	-6.88%	0.084	-6.53%	-7.12%	0.065
东南亚	新加坡	4.32%	3.45%	0.152	1.88%	-7.36%	0.151
	印度尼西亚	-1.42%	-23.73%	0.055	-6.59%	-28.79%	0.025
	马来西亚	0.58%	6.44%	0.111	-8.33%	2.21%	0.059
	菲律宾	8.31%	17.66%	0.082	13.04%	16.61%	0.039
	泰国	-14.96%	-14.10%	0.088	-4.89%	1.50%	0.075
	越南	-3.97%	3.99%	0.138	-2.85%	8.16%	0.115
	老挝	0.65%	-3.25%	0.096	-5.84%	-3.86%	0.070
	文莱	-1.04%	-1.68%	0.122	16.81%	18.27%	0.098
	柬埔寨	20.68%	-1.73%	0.108	11.68%	-3.03%	0.063
南亚	印度	-13.32%	-10.16%	0.032	-36.34%	-23.39%	0.016
	孟加拉国	9.31%	-18.41%	0.041	-0.20%	-23.09%	0.018
	斯里兰卡	0.98%	2.34%	0.066	-4.57%	-0.89%	0.035
	巴基斯坦	6.88%	-6.68%	0.041	-10.38%	-12.02%	0.018
	不丹	28.25%	21.81%	0.131	-40.72%	-4.64%	0.043
	马尔代夫	-31.38%	-15.17%	0.108	-15.29%	19.10%	0.139
	尼泊尔	-3.10%	20.49%	0.086	-2.64%	8.26%	0.049
中亚	哈萨克斯坦	0.93%	-15.33%	0.066	-13.94%	-16.14%	0.023
	吉尔吉斯斯坦	1.91%	-0.44%	0.192	-36.65%	21.15%	0.062
西亚	土耳其	-3.99%	-1.65%	0.052	-6.80%	1.12%	0.031
东欧	俄罗斯	21.44%	-6.10%	0.043	16.87%	-4.35%	0.020
	斯洛文尼亚	-2.20%	-6.73%	0.090	3.80%	11.96%	0.107
	克罗地亚	3.61%	12.34%	0.085	10.66%	19.31%	0.086
	罗马尼亚	-11.83%	4.36%	0.087	3.89%	2.02%	0.074
	保加利亚	1.73%	-12.53%	0.095	12.91%	-1.92%	0.082

续表

地区	国家	后向浅层参与指数（GVCPt_b_s）			后向深层参与指数（GVCPt_b_c）		
		Δ（2014～2011年）	Δ（2017～2014年）	2017年	Δ（2014～2011年）	Δ（2017～2014年）	2017年
东欧	爱沙尼亚	−6.41%	−6.43%	0.102	7.52%	5.40%	0.134
	拉脱维亚	−2.11%	−3.65%	0.077	13.29%	15.69%	0.096
	立陶宛	−6.54%	−5.07%	0.069	5.81%	11.09%	0.082
中欧	波兰	7.03%	−3.80%	0.079	−3.38%	−1.81%	0.071
	捷克	0.05%	2.10%	0.118	4.85%	20.88%	0.092
	斯洛伐克	5.54%	2.73%	0.092	7.83%	17.65%	0.101
	奥地利	−13.66%	−0.36%	0.083	7.90%	49.25%	0.063
	匈牙利	−6.22%	−15.40%	0.093	13.07%	12.77%	0.130

资料来源：对外经贸大学全球价值链研究院 UIBE GVC Indicators 的 ADB – MRIO 数据库。

从浅层参与指数和深层参与指数的变化趋势来看，可以发现如下几个特征：一是"一带一路"倡议提出以前，即2011～2014年，有24个沿线国家前向浅层参与程度、22个沿线国家前向深层参与程度在提升，"一带一路"倡议提出以后，即2014～2017年，前向浅层参与程度提升的国家降为19个，前向深层参与程度提升的国家依然是22个；二是"一带一路"倡议提出以前，即2011～2014年，有17个沿线国家后向浅层参与程度、16个沿线国家后向深层参与程度在提升，"一带一路"倡议提出以后，即2014～2017年，后向浅层参与程度提升的国家降为11个，后向深层参与程度提升的国家上升为19个。可以看出，"一带一路"倡议提出以后，以后向深层方式参与价值链活动的国家数量增加了，而以前后向浅层方式加速融入全球价值链的国家数量出现了小幅下降，表明"一带一路"倡议提出之后，国家相互之间的价值链关系更紧密复杂，增加值嵌入比例较高，一国从他国进口中间品里包含的增加值，大部分来自第三方国家，而非直接源于出口国。

从具体国家的变化趋势来看，东亚地区的韩国，东南亚地区的菲律宾、泰国、越南、老挝、柬埔寨，南亚地区的斯里兰卡、不丹、尼泊尔，除保加利亚、爱沙尼亚之外的东欧地区所有国家，除匈牙利之外的中欧地区所有国家浅层参与指数 2011~2017 年有上升趋势，东南亚地区的菲律宾、泰国、越南、文莱、柬埔寨，南亚地区的斯里兰卡、马尔代夫、尼泊尔，东欧、中欧地区所有国家深层参与指数 2011~2017 年均有上升趋势，而中国，东南亚地区的马来西亚、印度尼西亚，南亚地区的印度、孟加拉国和巴基斯坦，中亚、西亚、独联体地区所有国家无论是浅层参与指数还是深层参与指数均呈现为下降趋势，表明这些国家服务业融入全球价值链的程度还比较低，服务业还未积极参与到价值链国际分工活动中。中国服务业前向浅层参与指数大于前向深层、后向浅层和后向深层参与指数，说明中国服务业双边生产合作是以简单参与形式实现的，中国通过中间服务贸易出口到其他国家的增加值，大部分是转化为最终服务被进口国直接吸收，只有小部分是被进口国以中间服务的形式再出口，而中国服务业后向浅层参与指数大于后向深层参与指数，说明中国从其他国家进口中间服务里包含的增加值，大部分直接来源于出口国，而非第三方国家。

三、部门比较

考虑到不同部门融入全球价值链的方式存在差异，且行业总体分析存在部分部门的趋势会相互抵消的情况，接下来对"一带一路"沿线国家服务业不同要素密集度下 17 个细分部门参与全球价值链的程度进行分析和比较。由于涉及的国家和部门较多，在此对"一带一路"沿线代表性国家①中国、印度尼西亚、印度、哈萨克斯坦、土耳其、俄罗斯和波兰进行分析。

（一）中国

图 8-5 描述了中国不同要素密集度服务业全球价值链参与指数动态变化，由图 8-5 可知，2011~2017 年均表现为劳动密集型服务、资本密集型服务的前向参与程度高于后向参与程度，而知识密集型服务的后向参与程度高于前向参与程度。由此可见，中国劳动密集型服务、资本密集型服务业主要是作为供给者，通过向下游国家出口中间服务参与价值链分工，而知识密集型服务业主要是作为使用者，通过进口上游国家的中间服务参与全球价值

---

① 代表性国家的选取标准与上一章一样，按照世界银行 2018 年 GDP 排名从各个区域进行选择。

链分工。从 2017 年参与指数来看，资本密集型服务前向参与指数最大，然后依次是劳动密集型服务前向参与指数、资本密集型服务后向参与指数、知识密集型服务后向参与指数、劳动密集型服务后向参与指数，最小的是知识密集型服务前向参与指数，表明中国服务业主要是通过资本密集型服务、劳动密集型服务业对下游国家供应中间服务的贡献程度较大，向下游国家出口中间服务参与价值链分工，部分资本密集型服务、劳动密集型服务和知识密集型服务业从上游国家进口中间服务参与价值链分工，对国外增加值投入的依赖性较强，知识密集型服务业向下游国家供应中间服务的贡献程度极弱，向下游国家出口中间服务所占比重非常少。

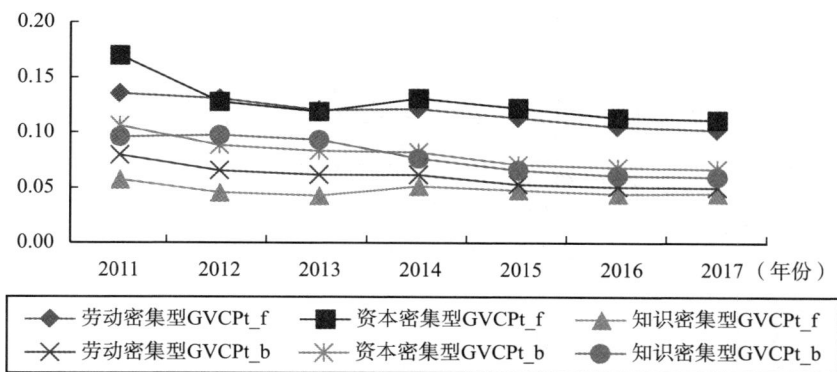

图 8 - 5　中国不同要素密集度服务业全球价值链参与指数动态变化

资料来源：对外经贸大学全球价值链研究院 UIBE GVC Indicators 的 ADB – MRIO 数据库。

从图 8 - 6 中国服务业细分部门全球价值链参与程度动态视角来看，前向参与程度较高的部门主要集中在 c25 航空运输、c24 水路运输、c21 零售、c20 燃油零售批发、c30 租赁和商务服务业、c26 旅行社业务和 c23 陆路运输，这些部门向下游国家供应中间服务的贡献程度较大，中国服务业主要通过这些部门向下游国家出口中间服务参与价值链分工；而后向参与程度较高的部门主要集中在 c25 航空运输、c30 租赁和商务服务业和 c26 旅行社业务，这些部门对国外增加值投入的依赖性较强，通过进口上游国家的中间服务参与全球价值链分工。前后向参与程度较高的部门不仅是中国国际化程度最高的服务业，而且是推动中国现代服务业发展的核心部门。

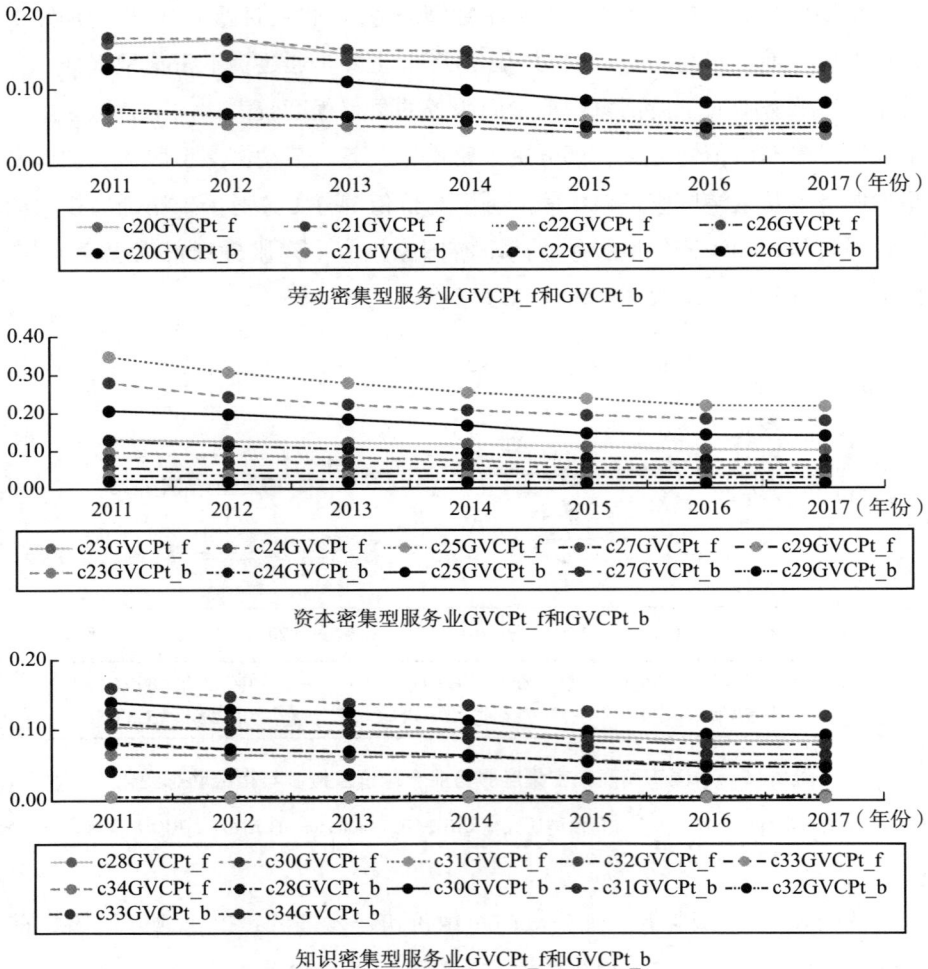

劳动密集型服务业GVCPt_f和GVCPt_b

资本密集型服务业GVCPt_f和GVCPt_b

知识密集型服务业GVCPt_f和GVCPt_b

图 8-6　中国服务业细分部门全球价值链参与指数动态变化

资料来源：对外经贸大学全球价值链研究院 UIBE GVC Indicators 的 ADB - MRIO 数据库。

此外我们还发现，除 c31 公共管理和国防及社会保障业之外，中国所有服务业细分部门的前后向参与程度都有不同幅度的下降，但是自 2014 年"一带一路"倡议提出以后，价值链参与程度下降幅度有所减缓，表明"一带一路"倡议实施以来，中国服务业融入全球价值链的趋势日渐增强。

（二）"一带一路"沿线国家

图 8-7 描述了 2011~2017 年"一带一路"沿线代表性国家不同要素密集度服务业全球价值链参与指数动态变化，从所选代表性国家来看，沿线 7 个代表性国家中有 5 个国家包括中国、印度、哈萨克斯坦、土耳其和波兰观察期内均表现为劳动密集型服务、资本密集型服务的前向参与程度高于后向参与程度，这些行业主要是作为供给者，通过向下游国家出口中间服务参与价值链分工，知识密集型服务的后向参与程度高于前向参与程度，主要是作为使用者通过进口上游国家的中间服务参与全球价值链分工；俄罗斯劳动密集型服务、资本密集型服务和知识密集型服务的前向参与程度均高于后向参与程度，但知识密集型服务的前后向参与程度差别较小；印度尼西亚则表现为劳动密集型服务、资本密集型服务和知识密集型服务的后向参与程度高于前向参与程度，表明印度尼西亚服务业主要是作为使用者通过进口上游国家的中间服务参与全球价值链分工，但劳动密集型服务从 2016 年开始出现前向参与程度高于后向参与程度，劳动密集型服务向下游国家出口的中间服务逐渐增多。

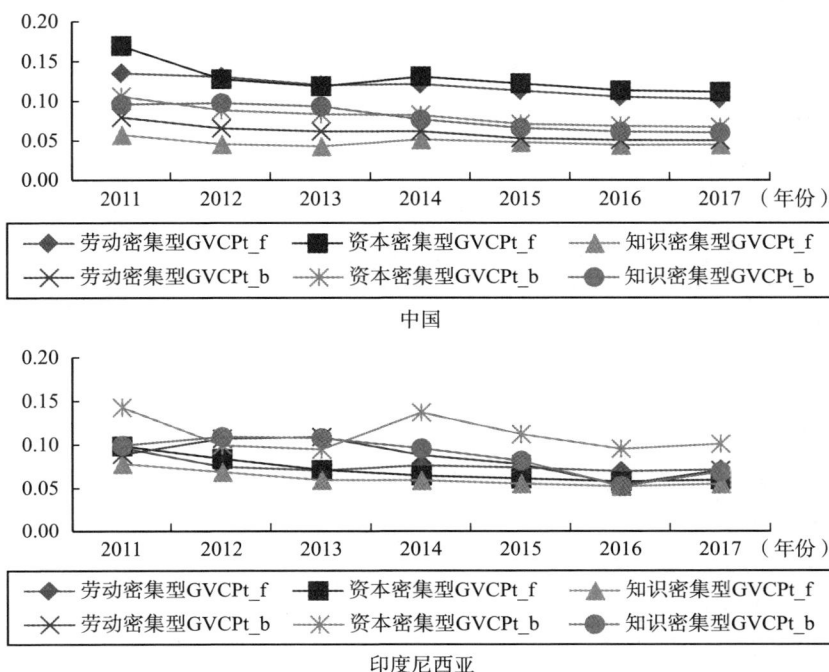

中国

印度尼西亚

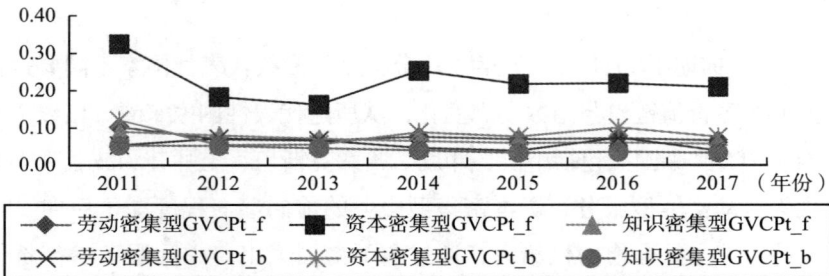

印度

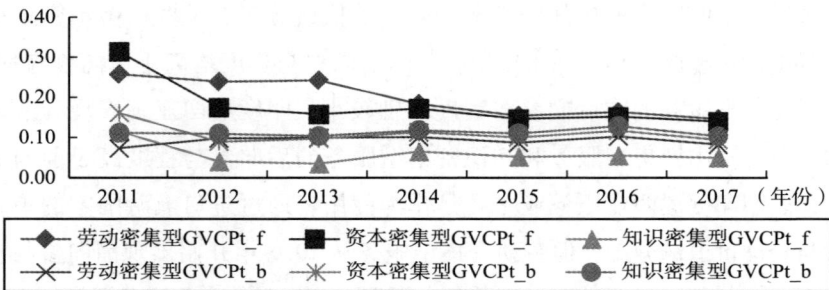

哈萨克斯坦

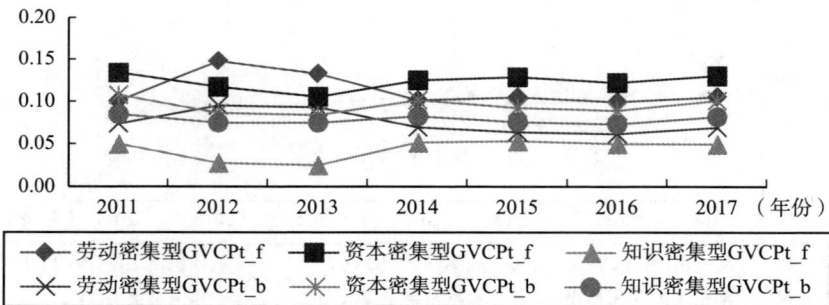

土耳其

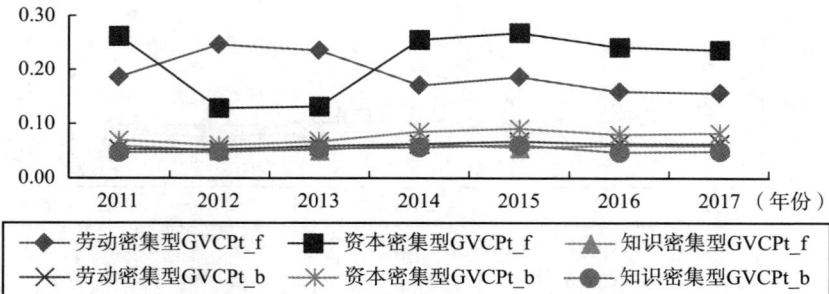

俄罗斯

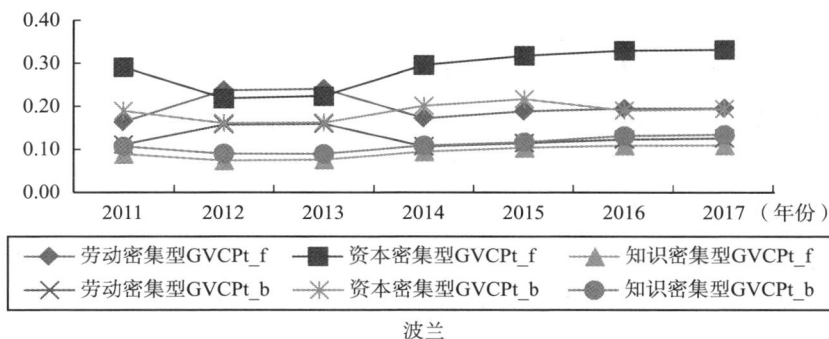

图 8 - 7　"一带一路"沿线代表性国家不同要素密集度服务业
全球价值链参与指数动态变化

资料来源：对外经贸大学全球价值链研究院 UIBE GVC Indicators 的 ADB - MRIO 数据库。

从劳动密集型服务部门来看，波兰前向参与指数平均值最大，在代表性国家中位居第一，哈萨克斯坦、俄罗斯分别位居第二、第三，接下来依次是中国、土耳其、印度尼西亚，印度位居最后。从后向参与指数平均值来看，波兰位居第一，哈萨克斯坦、印度尼西亚分别位居第二、第三，接下来依次是土耳其、中国、俄罗斯，印度位居最后。

从资本密集型服务部门来看，波兰前向参与指数平均值最大，在代表性国家中位列第一，印度、俄罗斯分别位居第二、第三，接下来依次是哈萨克斯坦、中国、土耳其，印度尼西亚位居最后。从后向参与指数平均值来看，波兰位居第一，印度尼西亚、哈萨克斯坦分别位居第二、第三，接下来依次是土耳其、中国、印度，俄罗斯位居最后。

从知识密集型服务部门来看，波兰前向参与指数平均值最大，印度、印度尼西亚分别位居第二、第三，接下来依次是哈萨克斯坦、俄罗斯、中国，土耳其位居最后。从后向参与指数平均值来看，哈萨克斯坦位居第一，波兰、印度尼西亚分别位居第二、第三，接下来依次是中国、土耳其、俄罗斯，印度位居最后。

由此可见，波兰、俄罗斯在劳动密集型服务、资本密集型服务和知识密集型服务部门的前后向参与度上都占据着"一带一路"沿线国家的领先位置，通过向下游国家出口中间服务，同时从上游国家进口中间服务不断深化全球价值链分工程度，这主要得益于中东欧国家服务贸易较为开放，在国际市场上已具有一定的竞争力。波兰 2021 年服务贸易总额在"一带一路"沿线国家中仅次于新加坡、印度与俄罗斯，出口主要有其他商业服务，交通运输服务，其中商业服务占波兰服务贸易的 52.9%，运输服务占波兰服务出口的 28.4%；俄罗斯 2021 年服务贸易总额在"一带一路"沿线国家中居第三位，长期以来，俄罗斯服务贸易处于逆差地位，服务出口主要是运输，其他商业服务，电信、计算机和信息服务及建筑服务，服务进口主要是其他商业服务、运输服务和建筑服务等。亚洲国家中，哈萨克斯坦劳动密集型服务业前后向价值链参与程度较高，印度资本密集型服务、知识密集型服务业前向参与程度较高，对下游国家供应中间服务的贡献程度较大，印度尼西亚劳动密集型服务、资本密集型服务和知识密集型服务业后向参与程度较高，对国外增加值投入的依赖性较强，其余亚洲国家包括中国价值链参与程度相对来说较低，排名比较靠后，例如，印度劳动密集型服务业，土耳其劳动密集型服务、资本密集型服务和知识密集型服务业的前后向参与程度基本处于垫底位置。

接下来对"一带一路"沿线代表性国家劳动密集型、资本密集型和知识密集型服务业细分部门参与全球价值链的程度进行比较分析，具体如表 8-5 所示。

表 8-5　　　中国与"一带一路"代表性国家服务业细分部门
全球价值链参与指数动态变化

	(1) 中国									
行业代码	前向参与指数（GVCPt_f）					后向参与指数（GVCPt_b）				
	2011年	2014年	2017年	Δ（2017~2011年）	平均值	2011年	2014年	2017年	Δ（2017~2011年）	平均值
c19	—	—	—	—		—	—	—	—	
c20	0.161	0.141	0.119	-26.08%		0.058	0.047	0.038	-34.86%	
c21	0.169	0.149	0.126	-25.34%	0.119	0.058	0.047	0.038	-34.86%	0.061
c22	0.070	0.062	0.052	-25.27%		0.074	0.056	0.047	-36.96%	
c26	0.142	0.134	0.113	-20.06%		0.127	0.098	0.080	-37.46%	
c35	—	—	—	—		—	—	—	—	

续表

(1) 中国

行业代码	前向参与指数 (GVCPt_f)					后向参与指数 (GVCPt_b)				
	2011年	2014年	2017年	Δ (2017～2011年)	平均值	2011年	2014年	2017年	Δ (2017～2011年)	平均值
c23	0.129	0.117	0.100	−22.81%		0.097	0.074	0.060	−38.40%	
c24	0.280	0.206	0.177	−36.79%		0.128	0.093	0.074	−42.14%	
c25	0.348	0.253	0.215	−38.09%	0.128	0.206	0.166	0.138	−33.20%	0.081
c27	0.056	0.046	0.039	−30.50%		0.079	0.062	0.052	−33.31%	
c29	0.035	0.033	0.028	−20.98%		0.021	0.017	0.013	−37.97%	
c28	0.103	0.097	0.083	−19.38%		0.042	0.036	0.029	−30.28%	
c30	0.160	0.134	0.118	−26.01%		0.139	0.113	0.092	−34.00%	
c31	0.006	0.006	0.008	36.57%		0.079	0.064	0.052	−34.13%	
c32	0.006	0.006	0.006	−1.13%	0.048	0.082	0.063	0.047	−42.78%	0.079
c33	0.006	0.004	0.004	−29.77%		0.126	0.098	0.078	−37.97%	
c34	0.066	0.061	0.052	−20.81%		0.109	0.087	0.064	−40.83%	

(2) 印度尼西亚

行业代码	前向参与指数 (GVCPt_f)					后向参与指数 (GVCPt_b)				
	2011年	2014年	2017年	Δ (2017～2011年)	平均值	2011年	2014年	2017年	Δ (2017～2011年)	平均值
c19	0.068	0.059	0.054	−19.96%		0.096	0.096	0.079	−18.22%	
c20	0.098	0.089	0.085	−13.35%		0.083	0.081	0.066	−21.16%	
c21	0.098	0.090	0.085	−13.24%	0.076	0.083	0.082	0.067	−19.59%	0.085
c22	0.074	0.052	0.047	−36.20%		0.088	0.096	0.077	−12.23%	
c26	0.143	0.092	0.085	−40.85%		0.094	0.085	0.063	−32.54%	
c35	—	—	—	—		—	—	—	—	
c23	0.077	0.066	0.061	−21.52%		0.168	0.179	0.130	−22.87%	
c24	0.154	0.108	0.102	−33.66%		0.196	0.194	0.164	−16.22%	
c25	0.159	0.072	0.066	−58.66%	0.071	0.242	0.217	0.148	−38.79%	0.112
c27	0.082	0.061	0.055	−32.07%		0.069	0.060	0.042	−39.19%	
c29	0.021	0.016	0.014	−30.93%		0.038	0.036	0.019	−49.36%	

续表

行业代码	前向参与指数（GVCPt_f）					后向参与指数（GVCPt_b）				
	2011年	2014年	2017年	Δ（2017～2011年）	平均值	2011年	2014年	2017年	Δ（2017～2011年）	平均值

（2）印度尼西亚

行业代码	2011年	2014年	2017年	Δ（2017～2011年）	平均值	2011年	2014年	2017年	Δ（2017～2011年）	平均值
c28	0.102	0.087	0.080	−21.16%		0.051	0.049	0.025	−50.55%	
c30	0.249	0.177	0.168	−32.62%		0.116	0.108	0.079	−31.89%	
c31	0.021	0.015	0.014	−34.94%	0.061	0.109	0.093	0.070	−35.84%	0.088
c32	0.003	0.003	0.003	−21.78%		0.100	0.103	0.073	−27.16%	
c33	0.023	0.017	0.015	−34.80%		0.130	0.135	0.103	−20.54%	
c34	0.071	0.055	0.050	−29.68%		0.088	0.086	0.061	−30.88%	

（3）印度

行业代码	前向参与指数（GVCPt_f）					后向参与指数（GVCPt_b）				
	2011年	2014年	2017年	Δ（2017～2011年）	平均值	2011年	2014年	2017年	Δ（2017～2011年）	平均值
c19	0.108	0.078	0.067	−37.67%		0.033	0.025	0.022	−35.77%	
c20	0.077	0.057	0.050	−35.08%		0.033	0.025	0.021	−35.87%	
c21	0.091	0.072	0.062	−31.71%	0.074	0.033	0.025	0.021	−35.87%	0.055
c22	0.046	0.031	0.029	−37.90%		0.086	0.085	0.072	−15.79%	
c26	0.188	0.141	0.119	−36.61%		0.080	0.066	0.056	−30.67%	
c35	—	—	—	—		—	—	—	—	
c23	0.077	0.061	0.055	−27.98%		0.189	0.160	0.139	−26.58%	
c24	0.770	0.673	0.551	−28.35%		0.138	0.118	0.101	−26.48%	
c25	0.626	0.398	0.323	−48.37%	0.224	0.170	0.097	0.086	−49.77%	0.081
c27	0.146	0.129	0.115	−21.74%		0.093	0.055	0.046	−50.82%	
c29	0.004	0.002	0.002	−48.58%		0.013	0.010	0.006	−48.86%	
c28	0.079	0.066	0.061	−22.21%		0.031	0.024	0.020	−35.27%	
c30	0.394	0.271	0.227	−42.44%		0.097	0.052	0.042	−57.06%	
c31	0	0	0	0	0.068	0	0	0	0	0.042
c32	0.013	0.005	0.006	−51.25%		0.019	0.016	0.013	−29.85%	
c33	0.014	0.006	0.005	−61.54%		0.111	0.108	0.093	−16.83%	
c34	0.040	0.035	0.037	−5.77%		0.057	0.038	0.030	−47.19%	

续表

（4）哈萨克斯坦

行业代码	前向参与指数（GVCPt_f）					后向参与指数（GVCPt_b）				
	2011年	2014年	2017年	Δ（2017~2011年）	平均值	2011年	2014年	2017年	Δ（2017~2011年）	平均值
c19	0.089	0.060	0.043	-51.49%		0.092	0.134	0.109	18.75%	
c20	0.551	0.504	0.403	-26.78%		0.047	0.080	0.063	35.16%	
c21	0.230	0.034	0.027	-88.30%	0.198	0.044	0.082	0.065	46.82%	0.092
c22	0.028	0.039	0.034	21.65%		0.109	0.124	0.104	-4.85%	
c26	0.390	0.282	0.224	-42.64%		0.074	0.088	0.071	-3.52%	
c35	0	0	0	0		0	0	0	0	
c23	0.374	0.237	0.200	-46.57%		0.136	0.141	0.117	-14.15%	
c24	0.717	0.327	0.260	-63.68%		0.222	0.146	0.124	-44.19%	
c25	0.310	0.200	0.161	-48.13%	0.179	0.274	0.132	0.110	-59.76%	0.110
c27	0.128	0.083	0.068	-47.05%		0.112	0.096	0.084	-24.74%	
c29	0.037	0.011	0.010	-73.47%		0.062	0.049	0.036	-41.07%	
c28	0.348	0.159	0.122	-65.00%		0.054	0.068	0.055	2.61%	
c30	0.303	0.201	0.148	-51.18%		0.099	0.136	0.113	14.85%	
c31	0.015	0	0	-99.61%	0.059	0.109	0.135	0.121	11.03%	0.112
c32	0.002	0.002	0.003	29.22%		0.084	0.098	0.077	-8.54%	
c33	0.001	0.006	0.009	545.57%		0.209	0.202	0.195	-6.74%	
c34	0.022	0.023	0.019	-15.42%		0.117	0.072	0.059	-49.36%	

（5）土耳其

行业代码	前向参与指数（GVCPt_f）					后向参与指数（GVCPt_b）				
	2011年	2014年	2017年	Δ（2017~2011年）	平均值	2011年	2014年	2017年	Δ（2017~2011年）	平均值
c19	0.138	0.142	0.145	5.21%		0.098	0.087	0.087	-11.62%	
c20	0.140	0.148	0.154	9.87%		0.070	0.064	0.063	-10.32%	
c21	0.120	0.122	0.127	6.45%	0.113	0.072	0.066	0.065	-9.30%	0.075
c22	0.026	0.027	0.029	14.63%		0.123	0.123	0.124	0.78%	
c26	0.180	0.165	0.171	-4.99%		0.080	0.075	0.075	-7.07%	
c35	0	0.003	0.003	—		0	0	0	0	

续表

（5）土耳其

行业代码	前向参与指数（GVCPt_f）					后向参与指数（GVCPt_b）				
	2011年	2014年	2017年	Δ（2017~2011年）	平均值	2011年	2014年	2017年	Δ（2017~2011年）	平均值
c23	0.121	0.121	0.127	5.17%		0.114	0.104	0.103	-9.27%	
c24	0.299	0.269	0.277	-7.52%		0.117	0.103	0.103	-12.21%	
c25	0.157	0.139	0.143	-8.64%	0.123	0.165	0.148	0.149	-9.88%	0.094
c27	0.067	0.069	0.070	5.17%		0.089	0.099	0.099	11.47%	
c29	0.023	0.024	0.028	24.48%		0.053	0.052	0.049	-7.32%	
c28	0.150	0.148	0.141	-6.06%		0.049	0.046	0.046	-7.64%	
c30	0.107	0.117	0.111	3.89%		0.093	0.090	0.090	-2.91%	
c31	0.004	0.003	0.003	-14.97%	0.044	0.112	0.103	0.102	-8.76%	0.078
c32	0.004	0.004	0.004	10.12%		0.048	0.046	0.045	-7.01%	
c33	0.008	0.009	0.009	6.13%		0.130	0.132	0.133	2.07%	
c34	0.025	0.026	0.029	15.39%		0.077	0.076	0.075	-2.92%	

（6）俄罗斯

行业代码	前向参与指数（GVCPt_f）					后向参与指数（GVCPt_b）				
	2011年	2014年	2017年	Δ（2017~2011年）	平均值	2011年	2014年	2017年	Δ（2017~2011年）	平均值
c19	0.164	0.146	0.133	-18.68%		0.038	0.045	0.047	24.53%	
c20	0.353	0.323	0.287	-18.93%		0.050	0.057	0.059	19.46%	
c21	0.160	0.144	0.131	-17.99%	0.191	0.038	0.045	0.047	24.29%	0.060
c22	0.048	0.045	0.047	-2.96%		0.068	0.077	0.075	9.23%	
c26	0.204	0.196	0.184	-10.03%		0.073	0.090	0.087	19.13%	
c35	—	—	—	—		—	—	—	—	
c23	0.577	0.554	0.498	-13.64%		0.072	0.089	0.089	23.47%	
c24	0.304	0.315	0.282	-7.35%		0.086	0.111	0.109	25.87%	
c25	0.204	0.200	0.186	-8.98%	0.218	0.116	0.139	0.132	13.75%	0.077
c27	0.157	0.143	0.144	-8.13%		0.040	0.043	0.042	5.34%	
c29	0.068	0.065	0.069	1.53%		0.034	0.043	0.038	12.38%	

续表

	(6) 俄罗斯									
行业代码	前向参与指数（GVCPt_f）					后向参与指数（GVCPt_b）				
	2011年	2014年	2017年	Δ（2017～2011年）	平均值	2011年	2014年	2017年	Δ（2017～2011年）	平均值
c28	0.075	0.084	0.079	5.95%		0.038	0.049	0.042	10.36%	
c30	0.127	0.138	0.122	−3.70%		0.034	0.041	0.037	9.63%	
c31	0.075	0.084	0.079	4.91%		0.064	0.077	0.068	7.13%	
c32	0.005	0.005	0.004	−17.67%		0.034	0.040	0.033	−3.23%	
c33	0.001	0.001	0.001	6.85%		0.060	0.066	0.056	−6.70%	
c34	0.068	0.065	0.070	1.63%	0.057	0.055	0.068	0.058	5.62%	0.052
c30	0.230	0.295	0.273	18.87%		0.157	0.151	0.142	−9.53%	
c31	0	0	0	0		0.095	0.064	0.118	24.37%	
c32	0.044	0.057	0.046	4.52%		0.060	0.055	0.079	30.46%	
c33	0.013	0.018	0.015	10.08%		0.160	0.140	0.201	25.71%	
c34	0.181	0.244	0.224	24.19%		0.133	0.146	0.130	−2.00%	

	(7) 波兰									
行业代码	前向参与指数（GVCPt_f）					后向参与指数（GVCPt_b）				
	2011年	2014年	2017年	Δ（2017～2011年）	平均值	2011年	2014年	2017年	Δ（2017～2011年）	平均值
c19	0.262	0.273	0.308	17.29%		0.092	0.089	0.109	18.71%	
c20	0.244	0.257	0.287	17.65%		0.157	0.144	0.171	9.04%	
c21	0.191	0.204	0.231	21.32%	0.200	0.109	0.109	0.130	19.33%	0.129
c22	0.054	0.057	0.070	29.90%		0.150	0.150	0.175	16.00%	
c26	0.234	0.241	0.274	17.13%		0.160	0.152	0.173	7.73%	
c35	0	0	0	0		0	0	0	0	
c23	0.288	0.301	0.337	16.85%		0.247	0.234	0.271	9.54%	
c24	0.375	0.378	0.421	12.07%		0.138	0.236	0.280	102.56%	
c25	0.619	0.624	0.693	11.94%	0.287	0.231	0.228	0.261	12.95%	0.188
c27	0.120	0.123	0.144	20.25%		0.205	0.201	0.045	−77.87%	
c29	0.053	0.058	0.068	28.42%		0.127	0.110	0.118	−7.09%	

续表

(7) 波兰

行业代码	前向参与指数（GVCPt_f）					后向参与指数（GVCPt_b）				
	2011年	2014年	2017年	Δ（2017~2011年）	平均值	2011年	2014年	2017年	Δ（2017~2011年）	平均值
c28	0.106	0.111	0.129	22.38%		0.105	0.113	0.107	2.41%	
c30	0.246	0.266	0.306	24.20%		0.142	0.135	0.180	27.11%	
c31	0.015	0.015	0.017	18.02%	0.094	0.065	0.066	0.068	5.00%	0.111
c32	0.012	0.012	0.014	19.59%		0.053	0.056	0.060	11.65%	
c33	0.014	0.014	0.016	18.32%		0.117	0.123	0.134	14.84%	
c34	0.145	0.153	0.176	21.36%		0.162	0.161	0.260	61.05%	

资料来源：对外经贸大学全球价值链研究院 UIBE GVC Indicators 的 ADB – MRIO 数据库。

（1）劳动密集型服务。劳动密集型服务业是指主要依靠大量使用劳动力，而对技术和知识依赖程度相对较低的产业。总体来看，"一带一路"沿线国家在 c19 汽车及摩托车的销售、维护及修理，c20 燃油零售批发，c21 零售和 c26 旅行社业务部门的前后向全球价值链参与度略高于 c22 住宿和餐饮业和 c35 私人雇佣的家庭服务业部门，在 c35 私人雇佣的家庭服务业部门中的前后向全球价值链参与度基本上都为 0。

在 c19 汽车及摩托车的销售、维护及修理部门，2017 年前向参与指数排名前三的国家依次是波兰、土耳其、俄罗斯，后向参与指数排名前三的国家依次是波兰、哈萨克斯坦、土耳其。在 c20 燃油零售批发部门，2017 年前向参与指数排名前三的国家依次是哈萨克斯坦、波兰、俄罗斯，后向参与指数排名前三的国家依次是波兰、印度尼西亚、哈萨克斯坦。在 c21 零售部门，2017 年前向参与指数排名前三的国家依次是波兰、俄罗斯、土耳其，后向参与指数排名前三的国家依次是波兰、印度尼西亚、哈萨克斯坦。在 c22 住宿和餐饮业部门，2017 年前向参与指数排名前三的国家依次是波兰、中国、俄罗斯，后向参与指数排名前三的国家依次是波兰、土耳其、哈萨克斯坦。在 c26 旅行社业务部门，2017 年前向参与指数排名前三的国家依次是波兰、哈萨克斯坦、俄罗斯，后向参与指数排名前三的国家依次是波兰、俄罗斯、中国。

（2）资本密集型服务。资本密集型服务部门需要大量财务资源作为支撑，容纳的劳动力较少，资本周转较慢，一般不具备较高的技术知识含量。总体来看，"一带一路"沿线国家在 c23 陆路运输，c24 水路运输，c25 航空运输部门的前后向全球价值链参与度略高于 c27 邮政通信业和 c29 房地产业部门，在 c29 房地产业部门的前后向全球价值链参与度都较低。

在 c23 陆路运输部门，2017 年前向参与指数排名前三的国家依次是俄罗斯、波兰、哈萨克斯坦，后向参与指数排名前三的国家依次是波兰、印度、印度尼西亚。在 c24 水路运输部门，2017 年前向参与指数排名前三的国家依次是印度、波兰、俄罗斯，后向参与指数排名前三的国家依次是波兰、印度尼西亚、哈萨克斯坦。在 c25 航空运输部门，2017 年前向参与指数排名前三的国家依次是波兰、印度、中国，后向参与指数排名前三的国家依次是波兰、土耳其、印度尼西亚。在 c27 邮政通信业部门，2017 年前向参与指数排名前三的国家依次是波兰、俄罗斯、印度，后向参与指数排名前三的国家依次是土耳其、哈萨克斯坦、中国。在 c29 房地产业部门，2017 年前向参与指数排名前三的国家依次是俄罗斯、波兰、土耳其，后向参与指数排名前三的国家依次是波兰、土耳其、俄罗斯。

（3）知识密集型服务。知识密集型服务一般指以提供各类知识服务为主的部门，一国知识密集服务的发展对一国现代服务贸易具有重要影响。总体来看，"一带一路"沿线国家在 c28 金融，c30 租赁和商务服务业，c34 其他社区、社会及个人服务业的前后向全球价值链参与度高于 c31 公共管理和国防及社会保障业，c32 教育以及 c33 卫生和社会工作。沿线国家在 c31 公共管理和国防及社会保障业，c32 教育以及 c33 卫生和社会工作部门的前向参与度尤其低。

在 c28 金融业部门，2017 年前向参与指数排名前三的国家依次是土耳其、波兰、哈萨克斯坦，后向参与指数排名前三的国家依次是波兰、哈萨克斯坦、土耳其。在 c30 租赁和商务服务业部门，2017 年前向参与指数排名前三的国家依次是波兰、印度、印度尼西亚，后向参与指数排名前三的国家依次是波兰、哈萨克斯坦、中国。在 c31 公共管理和国防及社会保障业部门，2017 年前向参与指数排名前三的国家依次是俄罗斯、波兰、印度尼西亚，后向参与指数排名前三的国家依次是哈萨克斯坦、俄罗斯、土耳其。在 c32 教育部门，2017 年前向参与指数排名前三的国家依次是波兰、中国、印度，后向参与指数排名前三的国家依次是哈萨克斯坦、印度尼西亚、波兰。在 c33 卫生和社会工作部门，2017 年前向参与指数排名前三的国家依次是波兰、印度尼西亚、哈萨克斯坦，后向参与指数排名前三的国家依次是哈萨克斯坦、波兰、土耳其。在 c34 其他社区、社会及个人服务业部门，2017 年前向参与指数排名前三的国家依次是俄罗斯、波兰、中国，后向参与指数排名前三的国家依次是波兰、俄罗斯、土耳其。

第三节　结论与启示

本章继续采用王直等（2017a，2017b）生产分解模型即 WWZ 方法从增加值的前向联系（国内增加值去向）和后向联系（最终品增加值来源）两个维度分析并测度中国与"一带一路"沿线国家服务业整体以及细分部门参与全球价值链的程度，并进行跨区域、跨国家比较。研究结论如下。

1. 与"一带一路"沿线国家相比，中国服务业的前后向参与程度较低，2017 年前后向参与指数在"一带一路"沿线 34 个国家中分别位居第 30 和第 31 位。中国服务产品出口对世界其他经济体供应的贡献程度较弱，服务出口产品的生产对国外增加值投入的依赖性也较弱。亚洲除了新加坡、马尔代夫、越南、吉尔吉斯斯坦、泰国价值链前向参与度或后向参与度处于"一带一路"沿线国家较前位置之外，其他国家基本上处于较低的位置，东欧和中欧所有国家前后向参与度都较高。

2. 中国与"一带一路"沿线 34 个国家服务业均呈现为浅层参与指数高于深层参与指数，服务业价值链活动多为"简单的 GVC 活动"，只涉及简单的 1 次跨境活动，跨境 2 次及以上的"复杂的 GVC 活动"较少。"一带一路"倡议提出之后，"一带一路"沿线国家相互之间的价值链关系更紧密复杂，增加值嵌入比例更高，一国从他国进口中间品里包含的增加值，大部分来自第三方国家，而非直接源于出口国。

3. 中国劳动密集型服务业、资本密集型服务业的前向参与程度高于后向参与程度，主要是作为供给者向下游国家出口中间服务参与价值链分工，知识密集型服务业的后向参与程度高于前向参与程度，对国外增加值投入的依赖性较强，主要是通过进口上游国家的中间服务参与全球价值链分工。中国服务业前向参与程度较高的部门主要集中在航空运输、水路运输、零售、燃油零售批发、租赁和商务服务业等，而后向参与程度较高的部门主要集中在航空运输、租赁和商务服务业、旅行社业务、卫生和社会工作、水路运输等。波兰、俄罗斯劳动密集型、资本密集型和知识密集型服务部门的前后向参与度都占据着"一带一路"沿线国家的领先位置，主要得益于中东欧国家服务业发展历史较久，服务贸易较为开放。

随着全球价值链生产网络的发展与逐步成熟，各个经济体的经济联动日益密切，各国都通过积极融入价值链的国际分工共享收益，从而促进本国经济发展。2017年11月中国共产党第十九次代表大会强调，进一步支持传统制造业产业优化升级，需要加快发展现代服务业，促进并加强水利、铁路、公路、电网信息等生产性服务业的支持与建设，瞄准国际标准提高水平。促进我国产业迈向全球价值链中高端，不仅要推动制造业转型升级，还需要以发展服务贸易为抓手，实现制造业与服务业两大产业融合，通过双管齐下的方式提升中国在全球价值链中的分工地位。现代服务业是当代中国经济发展的新方向。中国现代服务业的发展水平相对落后，应当补足现代服务业尤其是生产性服务业的"短板"。自2013年"一带一路"倡议提出以来，中国与"一带一路"沿线国家之间贸易和投资合作不断扩大，经贸合作成效明显。中国应该抓住"一带一路"沿线区域合作战略以及全球产业价值链背景下所带来机遇和挑战，深化服务业对外开放，加强对现代服务业部门提供税收优惠、人才引进以及资金支持等政策，同时，加强对专利版权及知识产权的保护，完善该服务业的法律保障体系。此外，政府应发挥其在服务贸易中的作用，例如通过完善政府对相关企业信息服务和扩大对企业服务贸易出口的税收优惠政策，在保证我国经贸安全的前提下，逐步打破我国服务部门的行业壁垒，通过引入外来服务贸易竞争者刺激我国服务企业的发展，进而提高其竞争力，带动服务贸易发展。

中国服务业参与全球价值链的前后向程度都较低，且主要是通过一次跨境的"前向简单 GVC 生产活动"参与，服务贸易增加值出口的中间产品投入额较多。对中国而言，在加强"一带一路"沿线国家产业布局和交流合作的同时，必须注意不断降低中国服务业对"一带一路"沿线国家的前向依存度，同时，提高沿线国家对中国航空运输、水路运输、零售、燃油零售批发、旅行社业务、陆路运输等部门的前向依存度，形成对中国服务业的高度依赖性，使中国成为"一带一路"沿线国家进口中间服务的主要来源甚至首要来源，从而在"一带一路"区域价值链中扮演着关键的"枢纽"角色。

第九章

中国与"一带一路"沿线国家服务业 在全球价值链中的竞争力比较

第一节 引 言

　　全球价值链的兴起与蓬勃发展是 21 世纪国际贸易的典型特征，在全球价值链不断深化的背景下，世界各国经济更加紧密地融合成一体，各国和各产业的竞争格局发生着深刻变化。在全球价值链分工模式下，行业内具有领导能力的跨国公司推动着全球的生产和交换，处于"发起者"地位，与之对应的是"执行者"。"发起者"对产品和服务的控制力决定其拥有利润的分配权，并能在全球价值链下分工与贸易中自我加强，实现产业结构优化，提升经营绩效，而"执行者"则易被锁定在价值链低端的制造或服务环节，落入发展陷阱。不过"执行者"可以通过学习，凭借后发优势实现分工中价值链条的升级。

　　全球价值链发展和重构不仅发生在生产领域，更广泛地拓展到服务领域，一国要提升在全球价值链中的地位，离不开构建全球服务价值链。随着改革开放不断推进，中国已成为全球价值链的重要参与者和践行者，要想把握增长、转型与改革的主动权，关键是形成以服务业为主导的产业结构，并且推动服务业向价值链高端延伸。因此，未来在参与全球价值链的合作与竞争中，中国将更加注重发展服务业，培育向全球价值链中高端延伸的竞争新优势。

目前学术界对国际竞争力的研究主要基于传统总值贸易统计数据，采用国际市场占有率（IMS）、显性比较优势指数（RCA）、贸易竞争指数（TC）等指标来衡量一国的竞争力水平。但随着全球价值链的快速发展，国际分工越来越细化，全球生产体系出现前所未有的垂直分离，一国最终出口的产品不仅包括国内要素的投入，还包括很多来自国外的中间品投入。各国由于在技术、成本、资源和市场的获得以及贸易政策等方面的不同导致嵌入全球价值链的环节和程度不同，国际竞争力的实质也随着这种新型的国际分工发生变化，一国或产业的竞争优势体现在全球价值链中所占据的环节，因此，在研究竞争力问题时全球价值链的影响不容忽视。传统的总值贸易统计数据局限于地域分割和最终产品的统计，不能识别贸易产品真实的价值构成，无法反映出一国真实的国际竞争力水平，从全球价值链角度出发，将总出口进行增加值分解，对一国在全球价值链中的竞争力水平做出一个全面、准确、真实的评估显得意义重大。

在"一带一路"沿线国家的贸易合作中，服务贸易扮演着重要角色，是"一带一路"沿线国家对外贸易的重要组成部分，与商品贸易并行成为"一带一路"倡议的重要内容。随着"一带一路"倡议的推进，一些学者对"一带一路"沿线国家服务贸易竞争力展开研究，如王江等（2017），黄满盈和邓晓虹（2018），石荣（2020），然而，这些研究主要是采用基于传统总值贸易的 IMS、TC、RCA 指数等进行，且多集中于沿线个别国家或个别服务业部门，缺乏对"一带一路"沿线大多数国家服务业整体性的实证揭示以及对大多数服务业细分部门的具体分析。鉴于此，本书从增加值贸易的视角对"一带一路"沿线 34 国服务业整体以及服务业细分部门在全球价值链中的竞争力进行测算和比较，找出中国具有比较优势和处于相对劣势的服务部门，以期深化中国与"一带一路"沿线国家的服务贸易往来，进一步推进中国与"一带一路"沿线国家的服务贸易合作，提升中国在"一带一路"区域价值链中的主导地位。

第二节　研究方法和指标构建

一、增加值贸易的分析框架

王直等（2013）根据出口品的价值来源地和吸收地，将 s 国对 r 国的出口 E^{sr} 分解为如下：

$$E^{sr} = \underbrace{(V^sB^{ss})'\#Y^{sr}}_{(1)DVA\_FIN} + \underbrace{(V^sL^{ss})'\#(A^{sr}B^{rr}Y^{rr})}_{(2)DVA\_INT}$$

$$+ \underbrace{(V^sL^{ss})'\#\left[(A^{sr}B^{rt}Y^{tt}) + (A^{sr}B^{rt}Y^{rt}) + (A^{sr}B^{rt}Y^{tr})\right]}_{(3)DVA\_INTrex}$$

$$+ \underbrace{(V^sL^{ss})'\#\left[(A^{sr}B^{rr}Y^{rs}) + (A^{sr}B^{rt}Y^{ts}) + (A^{sr}B^{rs}Y^{ss})\right]}_{(4)RDV}$$

$$+ \underbrace{\left\{(V^sL^{ss})'\#\left[A^{sr}B^{rs}(Y^{sr} + Y^{st})\right] + (V^sB^{ss} - V^sL^{ss})'\#(A^{sr}X^r)\right\}}_{(5)DDC}$$

$$+ \underbrace{\left[(V^rB^{rs})'\#Y^{sr} + (V^tB^{ts})'\#Y^{sr}\right]}_{(6)FVA\_FIN}$$

$$+ \underbrace{\left\{\left[(V^rB^{rs})' + (V^tB^{ts})'\right]\#(A^{sr}L^{rr}Y^{rr})\right\}}_{(7)FVA\_INT}$$

$$+ \underbrace{\left[(V^rB^{rs})'\#(A^{sr}L^{rr}E^r) + (V^tB^{ts})'\#(A^{sr}L^{rr}E^r)\right]}_{(8)FDC} \tag{9-1}$$

式（9-1）中，总出口 16 个分解结果可以归纳为 8 部分，其中，第一部分（DVA_FIN）表示最终出口的国内增加值；第二部分（DVA_INT）表示直接被进口国吸收的中间出口的国内增加值；第三部分（DVA_INTrex）表示被进口国使用向第三国出口所吸收的中间出口的国内增加值；第四部分（RDV）表示返回并最终被本国吸收的国内增加值；第五部分（DDC）表示来自于国内账户的纯重复计算；第六部分（FVA_FIN）表示最终出口的国外增加值；第七部分（FVA_INT）表示中间出口的国外增加值；第八部分（FDC）表示来自国外账户的纯重复计算。

二、指标构建

美国经济学家巴拉萨（Balassa）于 1965 年首次提出用来测算一个国家

或地区产业部门国际竞争力的显性比较优势指数（revealed comparative advantage index，RCA），它反映了一个国家或地区某一产业部门出口总额在该国或地区出口总额中的占比与世界该产业部门出口总额在世界总出口中占比的比值。用公式表示如下：

$$RCA_i^r = \cfrac{e_i^r \Big/ \sum_i^n e_i^r}{\sum_r^G e_i^r \Big/ \sum_r^G \sum_i^n e_i^r} \qquad (9-2)$$

其中，e_i^r 表示 r 国 i 产业的总出口，G 和 n 分别表示国家数量和产业数量，$\sum_i^n e_i^r$ 表示 r 国的总出口，$\sum_r^G e_i^r$ 表示世界 i 产业的总出口，$\sum_r^G \sum_i^n e_i^r$ 表示世界所有产业的总出口。

RCA 指数基于传统总值贸易下的总出口流量进行测算，无法反映全球生产分割的现实以及全球生产分割下的真实出口规模，且忽略了该产业增加值在本国其他部门总出口中所做的贡献。王直等（2013）认为，在全球生产分割背景下，一国某产业的真实出口规模应该包括被国外吸收的国内增加值和返回并被本国吸收的国内增加值，因此，定义了测度一个国家/部门出口竞争优势的新 RCA 指数（NRCA），即基于产业部门前向联系计算的本国总出口中，隐含的该部门增加值占该国出口中总国内增加值的比例相对于所有国家出口中的该部门所创造的增加值占全球总出口国内增加值的比例的比较值。用公式表示为：

$$NRCA_i^r = \cfrac{(vax\_f_i^r + rdv\_f_i^r) \Big/ \sum_i^n (vax\_f_i^r + rdv\_f_i^r)}{\sum_r^G (vax\_f_i^r + rdv\_f_i^r) \Big/ \sum_r^G \sum_i^n (vax\_f_i^r + rdv\_f_i^r)}$$

$$= \cfrac{dva\_f_i^r \Big/ \sum_i^n dva\_f_i^r}{\sum_r^G dva\_f_i^r \Big/ \sum_r^G \sum_i^n dva\_f_i^r} \qquad (9-3)$$

$NRCA_i^r > 1$，表示 r 国 i 产业参与全球价值链时具备比较优势，相对于其他国家来说能够为本国的其他部门做出更大的贡献，因此，一国参与全球价值链时应发挥其产业优势；$NRCA_i^r < 1$，则表示 r 国 i 产业参与全球价值链时不具

备比较优势。

第三节　服务业在全球价值链中的竞争力比较

一、服务业整体比较

（一）区域视角

图 9 - 1 和表 9 - 1 描绘了 2011 ~ 2017 年"一带一路"沿线地区服务业整体 NRCA 指数及其变化情况。可以看出，观察期内，南亚、东欧和中欧 3 个地区服务业 NRCA 指数均大于 1，表明这 3 个地区服务业具有较强的比较优势，且东欧和中欧地区 NRCA 指数呈现出上升趋势，分别从 2011 年的 1.133 和 0.973 上升至 2017 年的 1.138 和 1.026，增幅为 0.44% 和 5.44%，而南亚地区 NRCA 指数则呈现出较为明显的下降趋势，从 2011 年的 1.255 下降至 2017 年的 1.139，降幅为 9.24%。观察期内，东亚、东南亚、中亚和西亚 4 个地区服务业 NRCA 指数观察期内均小于 1，表明这些地区服务业不具备比较优势。

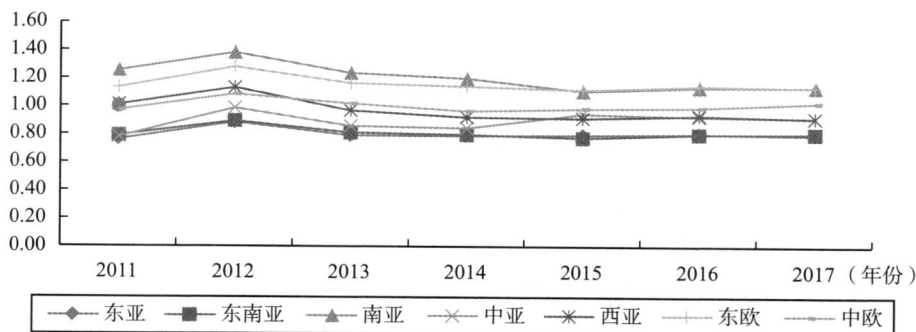

图 9 - 1　2011 ~ 2017 年"一带一路"沿线区域服务业整体 NRCA 指数

资料来源：对外经贸大学全球价值链研究院 UIBE GVC Indicators 的 ADB - MRIO 数据库。

表 9 - 1　　2011 ~ 2017 年"一带一路"沿线区域服务业整体 NRCA 指数变化

区域	Δ (2014 ~ 2011 年)	Δ (2017 ~ 2014 年)	2017 年	位次
东亚	0.026	0.009	0.798	7
东南亚	0.006	0.009	0.804	6
南亚	- 0.056	- 0.059	1.139	1
中亚	0.065	0.074	0.918	4
西亚	- 0.090	- 0.003	0.918	4
东欧	0.009	- 0.004	1.138	2
中欧	- 0.007	0.060	1.026	3

注：位次依据 2017 年服务业整体 NRCA 指数排名。
资料来源：对外经贸大学全球价值链研究院 UIBE GVC Indicators 的 ADB - MRIO 数据库。

观察期内，服务业 NRCA 指数呈现出上升趋势的地区除东欧和中欧之外，还有东亚、东南亚和中亚 3 个地区，但至 2017 年依然都小于 1。其中，中亚地区 NRCA 指数上升速度最快，从 2011 年的 0.779 上升至 2017 年的 0.918，上升幅度为 17.84%，东亚地区上升速度为第二，NRCA 指数从 2011 年的 0.762 上升至 2017 年的 0.798，上升幅度为 4.72%，东南亚地区上升速度最慢，NRCA 指数从 2011 年的 0.789 上升至 2017 年的 0.804，上升幅度为 1.90%。此外，我们还可以发现，中欧、东南亚和中亚 3 个地区服务业 NRCA 指数在 2014 年"一带一路"倡议提出之后上升速度较快，快于"一带一路"倡议提出之前的上升速度。

观察期内，服务业 NRCA 指数呈现出下降趋势的地区除了南亚之外，还有西亚地区，西亚地区 NRCA 指数从 2011 年的 1.011 下降至 2017 年的 0.918，降幅为 9.20%，但西亚地区服务业 NRCA 指数在 2014 年"一带一路"倡议提出来之后下降速度有所放缓。

（二）国家视角

图 9 - 2 为 2011 ~ 2017 年中国服务业整体 NRCA 指数动态变化，从图 9 - 2 可知，自 2014 年"一带一路"倡议提出以来，中国服务业整体 NRCA 指数呈现出缓慢的上升趋势，至 2017 年达到 0.825，比 2011 年上升了 4.56%，

但依然小于 1，表明中国服务业整体在国际市场上依然竞争力不足。

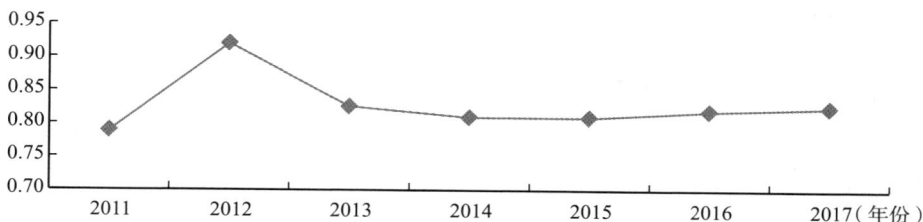

图 9 - 2　2011 ~ 2017 年中国服务业整体 NRCA 指数动态变化

资料来源：对外经贸大学全球价值链研究院 UIBE GVC Indicators 的 ADB - MRIO 数据库。

　　表 9 - 2 和表 9 - 3 统计了 2011 ~ 2017 年"一带一路"沿线国家服务业整体基于产业部门前向联系测算的 NRCA 指数及其变化情况，从沿线国家 2017 年服务业整体 NRCA 指数来看，竞争力排在前三的是马尔代夫、尼泊尔和新加坡，NRCA 指数分别高达 1. 704、1. 552 和 1. 546。马尔代夫是南亚地区人均 GDP 最高的国家，近年来基础设施和互联互通水平有较大提升，旅游业和海运业是其主要经济支柱，尼泊尔经济基础薄弱，但旅游业相对发达，目前两国服务业增加值占比都超过了经济总量的一半，分别为 70.7% 和 51.5% [1]，远远大于农业和工业在 GDP 中的占比，且增长势头比较乐观。虽然马尔代夫、尼泊尔 2017 年基于产业部门前向联系计算的服务业国内增加值（$dva\_f_i^r$）仅为 13.93 亿美元和 7.51 亿美元 [2]，但依据前几章我们对"一带一路"沿线国家服务业全球价值链位置的测度结果，这两国服务业均位于价值链的上游环节，为中间服务的供应大国，能够从价值链分工中获取较高的收益，隐含的服务业国内增加值占该国出口中总国内增加值的比例相对于"一带一路"沿线所有国家出口中服务业所创造的增加值占全球总出口国内增加值的比例的比较值较大，因此，马尔代夫、尼泊尔服务业较之其他"一带一路"沿线国家竞争力更强。而新加坡在"一带一路"沿线国家

---

　　[1]　资料来源：世界银行，https：//data. worldbank. org. cn/indicator。
　　[2]　数据依据对外经贸大学全球价值链研究院 UIBE GVC Indicators 的 ADB - MRIO 数据库计算得到。

表9-2　2011～2017年"一带一路"沿线国家服务业整体NRCA指数动态变化

排名	2011年		2012年		2013年		2014年		2015年		2016年		2017年	
	国家	NRCA	国家	NRCA	国家	NRCA	国家	NRCA	国家	NRCA	国家	NRCA	国家	NRCA
1	马尔代夫	1.899	马尔代夫	2.042	马尔代夫	1.890	马尔代夫	1.939	马尔代夫	1.673	马尔代夫	1.699	马尔代夫	1.704
2	新加坡	1.564	新加坡	1.786	新加坡	1.651	尼泊尔	1.582	新加坡	1.484	新加坡	1.533	尼泊尔	1.552
3	尼泊尔	1.409	尼泊尔	1.760	尼泊尔	1.651	新加坡	1.567	尼泊尔	1.478	尼泊尔	1.495	新加坡	1.546
4	拉脱维亚	1.380	拉脱维亚	1.524	拉脱维亚	1.374	拉脱维亚	1.343	拉脱维亚	1.274	拉脱维亚	1.307	拉脱维亚	1.287
5	印度	1.360	印度	1.423	克罗地亚	1.265	克罗地亚	1.222	立陶宛	1.251	立陶宛	1.252	奥地利	1.250
6	克罗地亚	1.237	克罗地亚	1.379	孟加拉国	1.246	立陶宛	1.206	克罗地亚	1.178	克罗地亚	1.235	克罗地亚	1.237
7	立陶宛	1.209	斯里兰卡	1.345	立陶宛	1.231	印度	1.191	印度	1.160	菲律宾	1.210	菲律宾	1.215
8	爱沙尼亚	1.159	爱沙尼亚	1.337	菲律宾	1.221	爱沙尼亚	1.176	爱沙尼亚	1.144	罗马尼亚	1.202	爱沙尼亚	1.206
9	菲律宾	1.154	立陶宛	1.334	印度	1.208	保加利亚	1.172	菲律宾	1.139	爱沙尼亚	1.191	立陶宛	1.198
10	波兰	1.150	波兰	1.303	爱沙尼亚	1.201	罗马尼亚	1.167	罗马尼亚	1.133	斯里兰卡	1.188	印度	1.198
11	保加利亚	1.146	菲律宾	1.293	斯里兰卡	1.172	斯里兰卡	1.165	保加利亚	1.128	保加利亚	1.138	罗马尼亚	1.195
12	孟加拉国	1.135	罗马尼亚	1.262	罗马尼亚	1.170	菲律宾	1.160	斯里兰卡	1.081	泰国	1.135	泰国	1.152
13	巴基斯坦	1.130	孟加拉国	1.26	保加利亚	1.155	波兰	1.102	奥地利	1.072	奥地利	1.121	保加利亚	1.114
14	斯里兰卡	1.111	保加利亚	1.259	波兰	1.147	泰国	1.087	波兰	1.059	波兰	1.089	斯里兰卡	1.113
15	泰国	1.075	泰国	1.204	泰国	1.124	奥地利	1.049	泰国	1.058	斯洛伐克	1.072	斯洛伐克	1.094
16	奥地利	1.060	土耳其	1.131	奥地利	1.087	斯洛伐克	0.992	斯洛伐克	1.047	斯洛文尼亚	1.065	波兰	1.071
17	土耳其	1.011	吉尔吉斯斯坦	1.125	斯洛伐克	1.066	孟加拉国	0.964	哈萨克斯坦	0.980	斯洛文尼亚	0.970	斯洛文尼亚	0.969

续表

排名	2011年 国家	NRCA	2012年 国家	NRCA	2013年 国家	NRCA	2014年 国家	NRCA	2015年 国家	NRCA	2016年 国家	NRCA	2017年 国家	NRCA
18	俄罗斯	1.006	斯洛伐克	1.103	俄罗斯	0.979	俄罗斯	0.943	斯洛文尼亚	0.968	匈牙利	0.942	匈牙利	0.954
19	匈牙利	0.974	柬埔寨	1.093	吉尔吉斯斯坦	0.972	土耳其	0.921	匈牙利	0.916	土耳其	0.936	吉尔吉斯斯坦	0.928
20	斯洛文尼亚	0.970	俄罗斯	1.089	土耳其	0.968	匈牙利	0.911	土耳其	0.915	哈萨克斯坦	0.928	土耳其	0.918
21	罗马尼亚	0.957	匈牙利	1.066	匈牙利	0.960	斯洛文尼亚	0.906	吉尔吉斯斯坦	0.912	吉尔吉斯斯坦	0.927	哈萨克斯坦	0.908
22	柬埔寨	0.926	斯洛文尼亚	1.05	柬埔寨	0.952	柬埔寨	0.888	俄罗斯	0.894	俄罗斯	0.922	俄罗斯	0.901
23	捷克	0.840	奥地利	1.021	斯洛文尼亚	0.935	吉尔吉斯斯坦	0.883	孟加拉国	0.872	孟加拉国	0.894	孟加拉国	0.879
24	斯洛伐克	0.838	巴基斯坦	1.01	捷克	0.828	中国	0.809	柬埔寨	0.829	柬埔寨	0.860	柬埔寨	0.875
25	吉尔吉斯斯坦	0.827	捷克	0.926	中国	0.825	巴基斯坦	0.807	捷克	0.825	中国	0.819	中国	0.825
26	中国	0.789	中国	0.92	巴基斯坦	0.817	哈萨克斯坦	0.805	中国	0.809	巴基斯坦	0.793	巴基斯坦	0.810
27	马来西亚	0.756	马来西亚	0.85	马来西亚	0.766	捷克	0.775	韩国	0.779	捷克	0.793	韩国	0.771
28	不丹	0.740	韩国	0.846	韩国	0.754	韩国	0.768	巴基斯坦	0.765	韩国	0.791	捷克	0.762
29	韩国	0.736	哈萨克斯坦	0.844	哈萨克斯坦	0.742	马来西亚	0.744	马来西亚	0.728	马来西亚	0.754	马来西亚	0.758
30	哈萨克斯坦	0.732	不丹	0.828	越南	0.688	不丹	0.740	越南	0.629	不丹	0.706	不丹	0.718
31	越南	0.635	越南	0.754	不丹	0.678	越南	0.664	不丹	0.707	越南	0.649	越南	0.652
32	印度尼西亚	0.461	印度尼西亚	0.523	印度尼西亚	0.448	印度尼西亚	0.439	印度尼西亚	0.457	印度尼西亚	0.485	印度尼西亚	0.469
33	老挝	0.395	老挝	0.372	老挝	0.280	老挝	0.417	老挝	0.456	老挝	0.432	老挝	0.399
34	文莱	0.135	文莱	0.157	文莱	0.147	文莱	0.192	文莱	0.189	文莱	0.205	文莱	0.211

资料来源:对外经贸大学全球价值链研究院 UIBE GVC Indicators 的 ADB-MRIO 数据库。

中一直位居最大服务贸易国地位，商业服务、运输服务、金融、通信信息等服务业非常发达，2017 年基于产业部门前向联系计算的服务业国内增加值（dva_f$_i^r$）高达 1104.10 亿美元，隐含的服务业国内增加值占新加坡服务出口中总国内增加值的比例相对于"一带一路"沿线所有国家出口中服务业所创造的增加值占全球总出口国内增加值的比例的比较值较大，因此，具有较高的竞争力。

表 9 – 3   2011 ~ 2017 年"一带一路"沿线国家服务业整体 NRCA 指数变化

国家	Δ（2014 ~ 2011 年）	Δ（2017 ~ 2014 年）	国家	Δ（2014 ~ 2011 年）	Δ（2017 ~ 2014 年）
中国	0.020	0.015	尼泊尔	0.174	– 0.031
韩国	0.032	0.003	哈萨克斯坦	0.073	0.103
新加坡	0.002	0.003	吉尔吉斯斯坦	0.056	0.045
印度尼西亚	– 0.022	0.030	土耳其	– 0.090	– 0.003
马来西亚	– 0.011	0.014	俄罗斯	– 0.062	– 0.042
菲律宾	0.006	0.055	斯洛文尼亚	– 0.064	0.062
泰国	0.012	0.064	克罗地亚	– 0.015	0.015
越南	0.029	– 0.012	罗马尼亚	0.210	0.027
老挝	0.022	– 0.017	保加利亚	0.026	– 0.059
文莱	0.057	0.019	爱沙尼亚	0.017	0.030
柬埔寨	– 0.038	– 0.013	立陶宛	– 0.003	– 0.008
印度	– 0.169	0.007	拉脱维亚	– 0.037	– 0.056
孟加拉国	– 0.171	– 0.085	波兰	– 0.047	– 0.031
斯里兰卡	0.054	– 0.052	捷克	0.154	– 0.012
巴基斯坦	– 0.323	0.002	斯洛伐克	0.154	0.102
不丹	0.000	– 0.021	奥地利	– 0.011	0.201
马尔代夫	0.040	– 0.235	匈牙利	– 0.064	0.043

资料来源：对外经贸大学全球价值链研究院 UIBE GVC Indicators 的 ADB – MRIO 数据库。

竞争力最小的三个国家依次是文莱、老挝和印度尼西亚，NRCA 指数分别只有 0.211、0.399 和 0.469，较之其他"一带一路"沿线国家处于竞争劣势。文莱、老挝和印度尼西亚 2017 年服务业增加值占 GDP 比重分别为 40.9%、41.5% 和 43.6%①。文莱以石油和天然气开采为主,农业为辅,老挝的经济发展水平相对落后,主要输出矿产、能源、农产品等低端初级产品,印度尼西亚采矿业、纺织和轻工业在国民经济中发挥重要作用,近年来服务业发展较快,但主要以旅游、运输等传统服务部门为主,现代服务业发展滞后。文莱、老挝 2017 年基于产业部门前向联系计算的服务业国内增加值（dva_f_i^r）仅为 5.35 亿美元和 10.27 亿美元,印度尼西亚 2017 年基于产业部门前向联系计算的服务业国内增加值（dva_f_i^r）较高,为 439.67 亿美元,但依据前几章我们对"一带一路"沿线国家服务业全球价值链位置的测度结果,文莱、老挝服务业均位于价值链的下游环节,印度尼西亚位于价值链的中上游环节,从价值链分工中获取的收益均较低,尤其是文莱和老挝,隐含的服务业国内增加值占该国出口中总国内增加值的比例相对于"一带一路"沿线所有国家出口中服务业所创造的增加值占全球总出口国内增加值的比例的比较值较小,因此,文莱、老挝和印度尼西亚服务业较之其他"一带一路"沿线国家没有竞争力。

从服务业 NRCA 指数排名位次变化情况来看,"一带一路"倡议提出之后,有 12 个国家 NRCA 指数排名位次较 2011 年出现上升,其中奥地利、罗马尼亚、斯洛伐克、哈萨克斯坦位次上升得最多,分别上升了 11 位、10 位、9 位和 9 位。奥地利属经济发达国家,服务业发达,在金融和旅游等领域有较强竞争力。在罗马尼亚,服务业已成为国家经济发展的主要引擎,服务业贯彻欧盟"统一、非歧视"的市场准入政策,金融、租赁、商业活动、贸易、酒店餐饮业、运输业、科研、咨询等行业均得到迅速发展。哈萨克斯坦是中亚地区的头号经济体,2017 年服务业增加值占 GDP 比重为 57.4%,交通运输、住宿和餐饮业、教育、金融近几年增速明显。有 13 个国家排名位次出现了下降,其中巴基斯坦和孟加拉国位次下降得最多,分别下降了 13 位和 11 位,这与巴基斯坦还处在传统服务业为主的发展阶段,生产性服务业为较为落后,而孟加拉国长期以农业为主的单一产业结构有着较为密切的关系。

---

① 资料来源:世界银行,https://data.worldbank.org.cn/indicator。

总体来看，考察期内，南亚地区的马尔代夫、尼泊尔，东南亚地区的新加坡和东欧地区的拉脱维亚、克罗地亚和立陶宛一直占据着 NRCA 指数排名的前列，这些国家的服务业在"一带一路"沿线 34 个国家中竞争力最强，而东南亚地区的越南、印度尼西亚、老挝和文莱考察期内均处于 NRCA 指数排名的垫底位置，在"一带一路"沿线国家中竞争力最弱。就中国而言，服务业 NRCA 指数在"一带一路"沿线国家中处于较低的水平，2011 年为 0.789，位居第 26 位（倒数第 9 位），2012～2016 年一直在第 26 位和第 25 位徘徊，至 2017 年，NRCA 指数为 0.825，位居第 25。中国服务业 NRCA 指数比较落后，这与中国服务贸易量及产业发展水平处于显著的不对称状态。

二、服务业细分部门比较

（一）区域视角

图 9-3 描绘了"一带一路"沿线 7 个地区服务业细分部门全球价值链 NRCA 指数，从劳动密集型服务业全球价值链 NRCA 指数来看，东亚地区仅在 1 个劳动密集型部门（c21 零售）具有比较优势；东南亚地区在 4 个劳动密集型部门（c20 燃油零售批发，c21 零售，c22 住宿和餐饮业、c35 私人雇佣的家庭服务业）具有比较优势，其中，c35 私人雇佣的家庭服务业的竞争力在沿线区域中位居第一，NRCA 指数为 2.670，c22 住宿和餐饮业的竞争力位居第二，NRCA 指数为 2.656；南亚地区在 3 个劳动密集型部门（c19 汽车及摩托车的销售、维护及修理，c21 零售，c22 住宿和餐饮业）具有比较优势，且 c22 住宿和餐饮业的竞争力在沿线区域中位居第一，NRCA 指数高达 6.346，c21 零售的竞争力位居第二，NRCA 指数为 2.366；中亚地区在 2 个劳动密集型部门（c20 燃油零售批发，c21 零售）具有比较优势，NRCA 指数分别为 1.428 和 2.474，竞争力在沿线区域中均位居第一；西亚地区在 3 个劳动密集型部门（c19 汽车及摩托车的销售、维护及修理，c21 零售，c26 旅行社业务）具有比较优势，其中，c19 汽车及摩托车的销售、维护及修理的竞争力在沿线区域中位居第一，NRCA 指数为 3.161，在 c21 零售的竞争力位居第二，NRCA 指数为 2.194；东欧地区在 4 个劳动密集型部门（c19 汽车及摩托车的销售、维护及修理，c20 燃油零售批发，c21 零售，

c26 旅行社业务）具有比较优势，其中，c26 旅行社业务竞争力在沿线区域中位居第一，NRCA 指数为 3.028；中欧地区在 3 个劳动密集型部门（c19 汽车及摩托车的销售、维护及修理，c21 零售，c26 旅行社业务）具有比较优势，其中，c19 汽车及摩托车的销售、维护及修理和 c26 旅行社业务竞争力在沿线区域中均位居第二，NRCA 指数分别为 2.769 和 1.547。

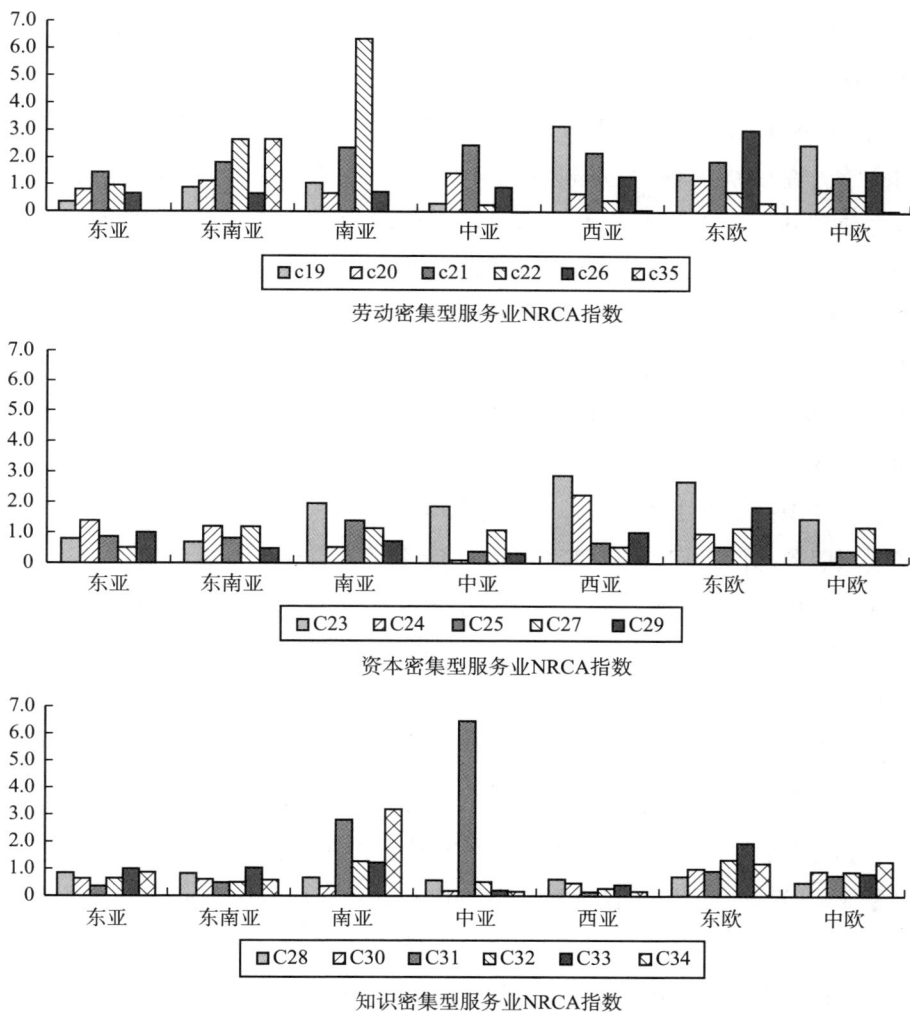

劳动密集型服务业NRCA指数

资本密集型服务业NRCA指数

知识密集型服务业NRCA指数

图 9 - 3　2017 年"一带一路"沿线区域服务业细分部门全球价值链 NRCA 指数

资料来源：对外经贸大学全球价值链研究院 UIBE GVC Indicators 的 ADB - MRIO 数据库。

从资本密集型服务业全球价值链 NRCA 指数来看，东亚地区仅在 2 个资本密集型部门（c24 水路运输，c29 房地产业）具有比较优势；东南亚地区仅在 2 个资本密集型部门（c24 水路运输，c27 邮政通信业）具有比较优势；南亚地区在 3 个资本密集型部门（c23 陆路运输，c25 航空运输，c27 邮政通信业）具有比较优势，其中，c25 航空运输竞争力在沿线区域中位居第一，NRCA 指数为 1.388，c27 邮政通信业竞争力位居第二，NRCA 指数为 1.144；中亚地区在 2 个资本密集型部门（c23 陆路运输，c27 邮政通信业）具有比较优势；西亚地区在 3 个资本密集型部门（c23 陆路运输，c24 水路运输，c29 房地产业）具有比较优势，其中，c23 陆路运输竞争力在沿线区域中位居第一，NRCA 指数为 2.888，c24 水路运输竞争力位居第二，NRCA 指数为 2.247；东欧地区在 3 个资本密集型部门（c23 陆路运输，c27 邮政通信业，c29 房地产业）具有比较优势，其中，c23 陆路运输竞争力在沿线区域中位居第二，NRCA 指数为 2.687；中欧地区在 2 个资本密集型部门（c23 陆路运输，c27 邮政通信业）具有比较优势，其中 c27 邮政通信业竞争力在沿线区域中均位居第一，NRCA 指数为 1.193。

从知识密集型服务业全球价值链 NRCA 指数来看，南亚地区在 4 个知识密集型服务部门（c31 公共管理和国防及社会保障业，c32 教育，c33 卫生和社会工作，c34 其他社区、社会及个人服务业）均具有比较优势，其中，c34 其他社区、社会及个人服务业竞争力在沿线区域中位居第一，NRCA 指数为 3.193，c31 公共管理和国防及社会保障业，c32 教育和 c33 卫生和社会工作竞争力均位居第二；中亚地区在 1 个知识密集型服务部门（c31 公共管理和国防及社会保障业）具有极强的竞争力，在沿线区域中位居第一，NRCA 指数高达 6.467；东欧地区在 4 个知识密集型服务部门（c30 租赁和商务服务业，c32 教育，c33 卫生和社会工作和 c34 其他社区、社会及个人服务业）具有比较优势，其中，c32 教育和 c33 卫生和社会工作竞争力在沿线区域中均位居第一，NRCA 指数分别为 1.325 和 1.941；中欧地区在 1 个知识密集型服务部门（c34 其他社区、社会及个人服务业）具有比较优势，在沿线区域中位居第二，NRCA 指数为 1.272。

我们发现,"一带一路"沿线有些地区服务业发展相对较为滞后,大部分服务业细分部门都不具备竞争力,例如,东亚地区除了 1 个劳动密集型部门和 2 个资本密集型部门具有比较优势,其余 14 个细分部门均不具备竞争力,尤其是知识密集型部门,所有细分部门 NRCA 指数均小于 1;东南亚地区在 4 个劳动密集型部门和 2 个资本密集型部门具有比较优势,其余的细分部门包括全部的知识密集型服务业细分部门 NRCA 指数均小于 1,不具备竞争力;西亚地区在所有的知识密集型服务业细分部门 NRCA 指数均小于 1,不具备竞争力。总体来看,"一带一路"沿线区域在劳动密集型服务业细分部门的竞争力最大,沿线区域 NRCA 指数均大于 1 的部门为 20 个(东亚 1 个、东南亚 4 个、南亚 3 个、中亚 2 个、西亚 3 个、东欧 4 个、中欧 3 个),资本密集型服务业细分部门次之,NRCA 指数均大于 1 的部门为 17 个(东亚 2 个、东南亚 2 个、南亚 3 个、中亚 2 个、西亚 3 个、东欧 3 个、中欧 2 个),知识密集型服务业细分部门的竞争力最小,NRCA 指数均大于 1 的部门为 11 个(东南亚 1 个、南亚 4 个、中亚 1 个、东欧 4 个、中欧 1 个)。

(二)国家视角

格里芬(Gereffi,1999)指出一国要在一条价值链各个环节起主导作用,需要该国在价值链分工中具有核心控制和支配能力,特别是对价值链高附加值环节的掌控。接下来本书从区域视角和国家视角对"一带一路"沿线国家服务业细分部门在全球价值链中的竞争力进行探究,以了解我国构建服务业区域价值链的控制能力。

从图 9 - 4 中国不同要素密集度服务业 NRCA 指数动态变化来看,2011 ~ 2017 年中国资本密集型服务业的 NRCA 指数位置最高,考察期内 NRCA 指数均值为 0.932,劳动密集型服务业的位置次之,NRCA 指数均值为 0.885,知识密集型服务业的位置最低,NRCA 指数均值为 0.543,表明中国资本密集型服务业竞争力高于劳动密集型服务业和知识密集型服务业,但是即使是竞争力最强的资本密集型服务业,NRCA 指数均值也依然小于 1,在国际市场上不具备竞争力。

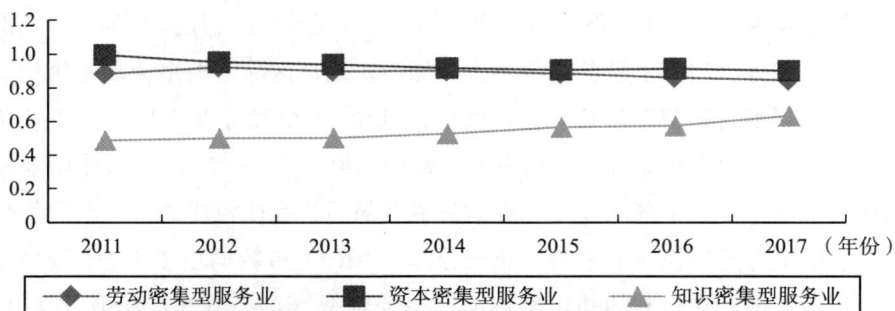

图 9-4 中国不同要素密集度服务业在全球价值链中的 NRCA 指数动态变化

资料来源：对外经贸大学全球价值链研究院 UIBE GVC Indicators 的 ADB - MRIO 数据库。

从图 9-5 和表 9-4 中国服务业细分部门 NRCA 指数动态演化来看，劳动密集型服务业 4 个细分部门①只有 c26 旅行社业务 NRCA 指数呈现出小幅上升趋势；资本密集型服务业 5 个细分部门中 c23 陆路运输和 c29 房地产业 NRCA 指数保持较为稳定的趋势，其余 3 个部门包括 c24 水路运输、c25 航空运输和 c27 邮政通信业呈现下降趋势；知识密集型服务业 6 个细分部门均呈现出上升趋势，表明中国知识密集型服务业竞争力上升潜力最大。

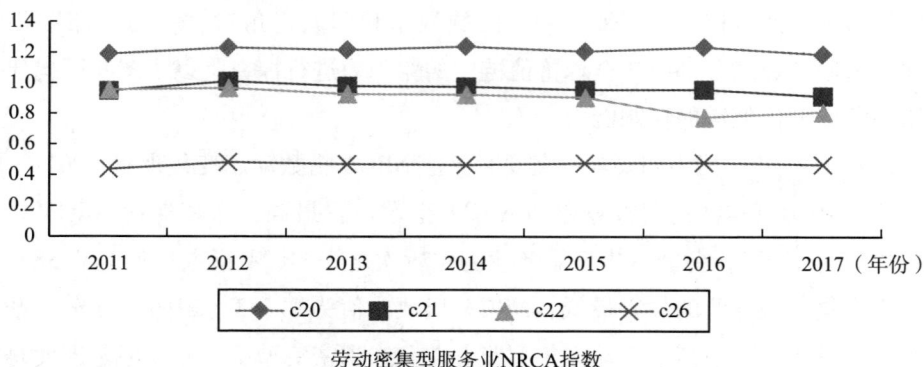

劳动密集型服务业NRCA指数

---

① c19 汽车及摩托车的销售、维护及修理和 c35 私人雇佣的家庭服务业数据缺失。

资本密集型服务业NRCA指数

知识密集型服务业NRCA指数

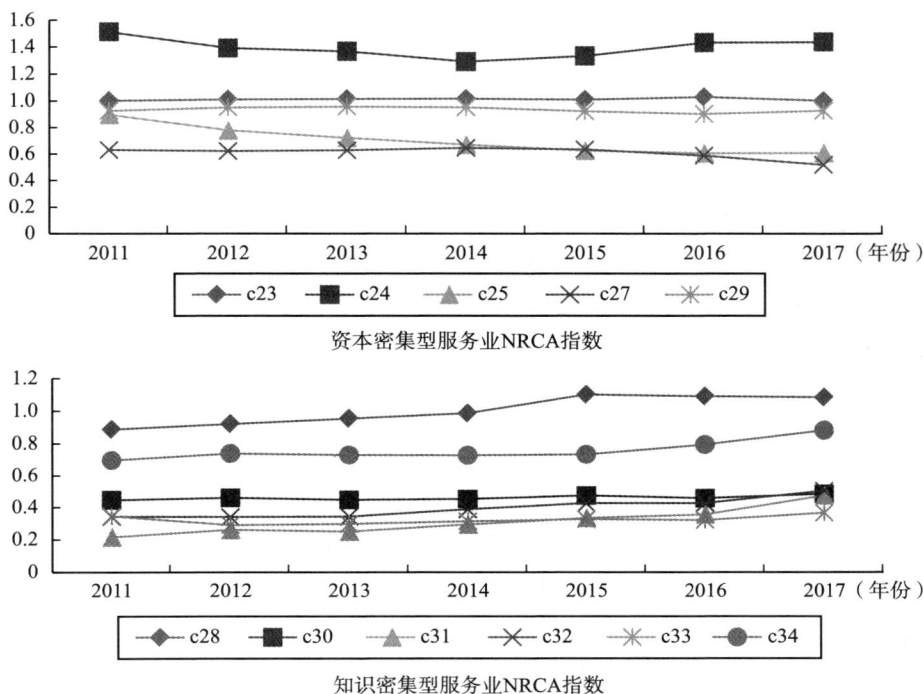

图 9 – 5　中国服务业细分部门在全球价值链中的 NRCA 指数动态演化

资料来源：对外经贸大学全球价值链研究院 UIBE GVC Indicators 的 ADB – MRIO 数据库。

表 9 – 4　　中国服务业细分部门在全球价值链中的 NRCA 指数变化

行业代码	Δ（2014 ~ 2011 年）	Δ（2017 ~ 2014 年）	2017 年	行业代码	Δ（2014 ~ 2011 年）	Δ（2017 ~ 2014 年）	2017 年
c19	0	0	0	c28	0.098	0.099	1.085
c20	0.046	− 0.051	1.187	c29	0.026	− 0.025	0.928
c21	0.026	− 0.061	0.913	c30	0.007	0.032	0.485
c22	− 0.035	− 0.112	0.809	c31	0.078	0.182	0.476
c23	0.015	− 0.014	1.004	c32	0.045	0.118	0.506
c24	− 0.220	0.148	1.440	c33	− 0.031	0.054	0.367
c25	− 0.227	− 0.061	0.610	c34	0.031	0.153	0.882
c26	0.027	0.003	0.468	c35	0	0	0
c27	0.015	− 0.127	0.520				

资料来源：对外经贸大学全球价值链研究院 UIBE GVC Indicators 的 ADB – MRIO 数据库。

从 2017 年劳动密集型服务业细分部门 NRCA 指数来看，c20 燃油零售批发 NRCA 指数最大，为 1.187，在国际市场上具备一定的竞争力，其余 3 个细分部门 NRCA 指数均小于 1，不具备竞争力；而资本密集型服务业细分部门中，c24 水路运输 NRCA 指数最大，为 1.440，在国际市场上竞争力较强，c23 陆路运输指数第二，为 1.004，其余 3 个细分部门 NR-CA 指数均小于 1，处于竞争劣势；知识密集型服务业细分部门中，仅有 c28 金融业 NRCA 指数大于 1，为 1.085，具备一定的竞争力，其余 5 个部门 NRCA 指数均小于 1，分别为 0.485、0.476、0.506、0.367 和 0.882，竞争劣势非常明显。

图 9-6 描绘了 2014 年和 2017 年"一带一路"沿线国家服务业细分部门在全球价值链中的 NRCA 指数，可以看出，在劳动密集型服务业部门，2014 年中国、印度、巴基斯坦、吉尔吉斯斯坦和斯洛文尼亚 NRCA 指数大于 1 的细分部门只有 1 个，韩国、菲律宾、柬埔寨、不丹、哈萨克斯坦、斯洛伐克和匈牙利有 2 个细分部门 NRCA 指数大于 1，印度尼西亚、马来西亚、泰国、越南、老挝、孟加拉国、斯里兰卡、马尔代夫、尼泊尔、土耳其、俄罗斯、克罗地亚、保加利亚、爱沙尼亚、立陶宛、奥地利和捷克有 3 个细分部门 NRCA 指数大于 1，罗马尼亚、拉脱维亚和波兰有 4 个细分部门 NRCA 指数大于 1，而文莱 NRCA 指数大于 1 的细分部门为 0 个。2017 年，尼泊尔、俄罗斯 NRCA 指数大于 1 的细分部门增为 4 个，孟加拉国、哈萨克斯坦降为 1 个，印度尼西亚、马尔代夫降为 2 个，罗马尼亚降为 3 个，其余国家 NRCA 指数大于 1 的细分部门数相比 2014 年都没有发生变化。

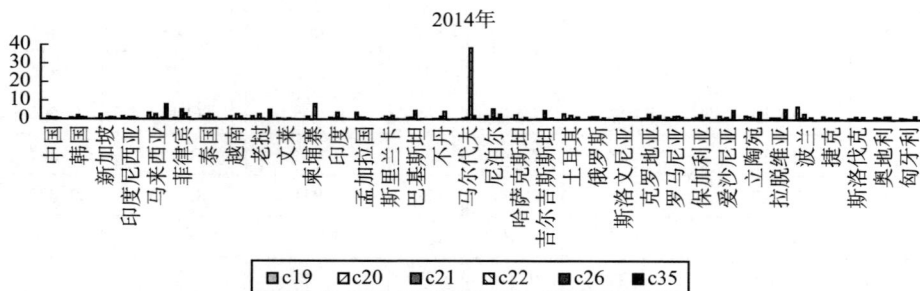

234

2017年

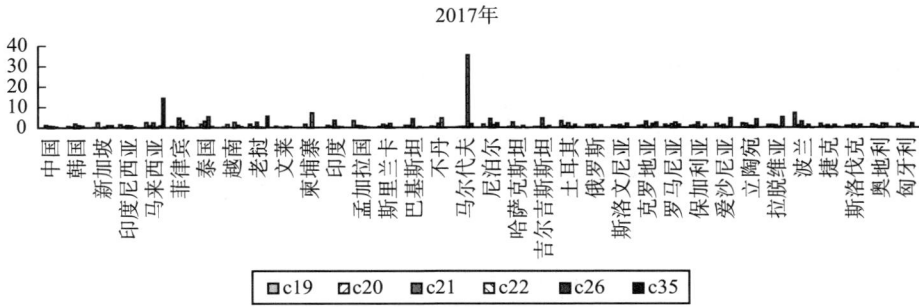

图例：c19　c20　c21　c22　c26　c35

（a）劳动密集型服务业

2014年

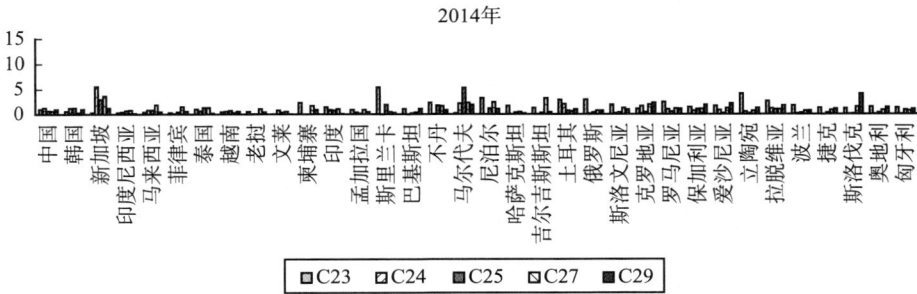

图例：C23　C24　C25　C27　C29

2017年

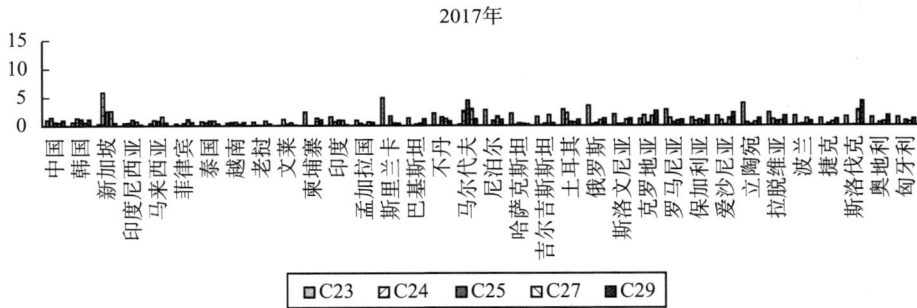

图例：C23　C24　C25　C27　C29

（b）资本密集型服务业

2014年

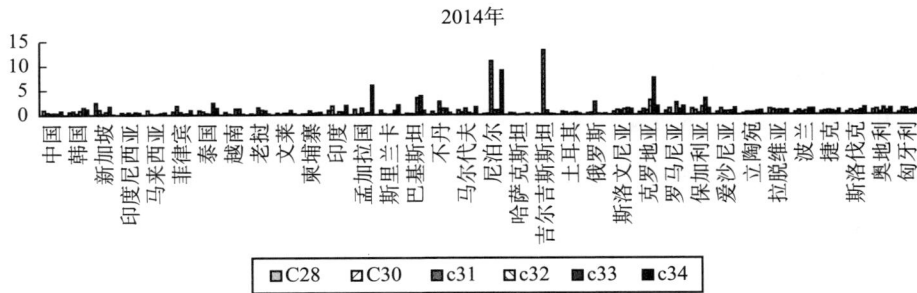

图例：C28　C30　c31　c32　c33　c34

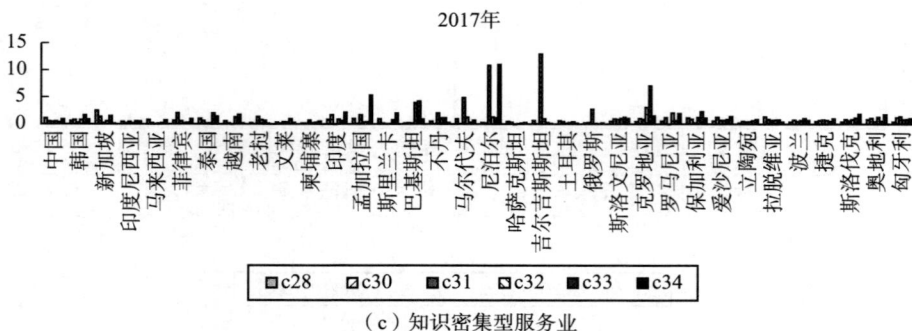

（c）知识密集型服务业

图 9 - 6　2014 年和 2017 年"一带一路"沿线国家服务业细分部门
在全球价值链中的 NRCA 指数

资料来源：对外经贸大学全球价值链研究院 UIBE GVC Indicators 的 ADB - MRIO 数据库。

　　在资本密集型服务业部门，2014 年中国 NRCA 指数大于 1 的细分部门只有 2 个，马来西亚、菲律宾、老挝、哈萨克斯坦、俄罗斯和波兰 NRCA 指数大于 1 的细分部门只有 1 个，韩国、泰国、柬埔寨、印度、斯里兰卡、巴基斯坦、吉尔吉斯斯坦、斯洛文尼亚、立陶宛、奥地利、捷克和匈牙利 NR-CA 指数大于 1 的细分部门也只有 2 个，不丹、土耳其、爱沙尼亚和斯洛伐克有 3 个细分部门 NRCA 指数大于 1，马尔代夫、尼泊尔、克罗地亚、罗马尼亚和保加利亚有 4 个细分部门 NRCA 指数大于 1，拉脱维亚有 5 个细分部门 NRCA 指数大于 1，而印度尼西亚、越南、文莱和孟加拉国 NRCA 指数大于 1 的细分部门为 0 个。2017 年，文莱 NRCA 指数大于 1 的细分部门增加为 1 个，俄罗斯和波兰增加为 2 个，韩国、柬埔寨和斯洛文尼亚增加为 3 个，尼泊尔、保加利亚和拉脱维亚降为 3 个，泰国、老挝降为 0 个，其余国家 NRCA 指数大于 1 的细分部门数相比 2014 年都没有发生变化。

　　在知识密集型服务业部门，2014 年中国 NRCA 指数大于 1 的细分部门为 0 个，而印度尼西亚、马来西亚、文莱、柬埔寨、哈萨克斯坦、吉尔吉斯斯坦、土耳其、立陶宛和捷克 NRCA 指数大于 1 的细分部门也为 0 个，菲律宾、老挝、斯里兰卡、俄罗斯、拉脱维亚和斯洛伐克 NRCA 指数大于 1 的细分部门为 1 个，韩国、泰国、越南、印度、巴基斯坦、马尔代夫、尼泊尔、爱沙尼亚和波兰 NRCA 指数大于 1 的细分部门为 2 个，孟加拉国、不丹、斯洛文尼亚、奥地利和匈牙利 NRCA 指数大于 1 的细分部门为 3 个，克罗地亚、罗马尼亚和保加利亚 NRCA 指数大于 1 的细分部门为 4 个。2017 年，中国和吉尔吉斯斯坦 NRCA 指数大于 1 的细分部门增加为 1 个，斯洛伐克增加为 2 个，尼泊尔增加为 4 个，韩国和波兰降为 1 个，菲律宾降为 0 个，其余国家 NRCA 指数大于 1 的细分部门数相比 2014 年都没有发生变化。

综上所述，中国在 c20 燃油零售批发、c23 陆路运输、c24 水路运输和 c28 金融业四个部门具有明显的竞争优势，其他沿线国家例如马尔代夫在 c22 住宿和餐饮业、c25 航空运输、c31 公共管理和国防及社会保障业等部门具有明显的竞争优势，尼泊尔在 c21 零售、c31 公共管理和国防及社会保障业、c34 其他社区、社会及个人服务业等部门具有明显的竞争优势，而克罗地亚、罗马尼亚、保加利亚、拉脱维亚、波兰等中东欧国家在 c19 汽车及摩托车的销售、维护及修理、c26 旅行社业务、c23 陆路运输等部门具有明显的竞争优势。

为进一步分析"一带一路"沿线国家服务业各细分部门的比较优势，表 9-5 描述了 2017 年"一带一路"沿线国家服务业各细分部门 NRCA 指数大于 1 的分布情况。从表 9-5 可以看出，中国服务业各细分部门 NRCA 指数在"一带一路"沿线国家中排名差异较大，其中排名最靠前的是 c24 水路运输、c28 金融业和 c20 燃油零售批发，在"一带一路"沿线 34 国中排名分别为第 4、第 4、第 9 位，这些部门是中国较早融入全球价值链生产的服务类行业，已经逐步从起初的中游低附加值阶段成功实现向上游高附加值环节攀升，为该部门中间服务的供应大国，能够从价值链分工中获取较高的收益，隐含的服务业国内增加值占中国出口中总国内增加值的比例相对于"一带一路"沿线所有国家出口中服务业所创造的增加值占全球总出口国内增加值的比例的比较值较大。接下来依次是 c22 住宿和餐饮业（排名第 13 位），c25 航空运输（排名第 15 位），c34 其他社区、社会及个人服务业（排名第 17 位），c30 租赁和商务服务业、c31 公共管理和国防及社会保障业（排名均为第 18 位），c29 房地产业（排名第 19 位），而 c32 教育、c23 陆路运输、c26 旅行社业务、c21 零售、c33 卫生和社会工作、c27 邮政通信业排名则较靠后，分别排第 21、第 23、第 25、第 25、第 27、第 28 位，当前中国在此类服务领域对外开放程度较低，仍未深入融入全球价值链生产，这些部门大多处于价值链的下游环节，从价值链分工中获取的收益较低，隐含的服务业国内增加值占中国出口中总国内增加值的比例相对于"一带一路"沿线所有国家出口中服务业所创造的增加值占全球总出口国内增加值的比例的比较值较小，显示了这些部门国际竞争力较弱，仍有很大的提升与发展空间。

表 9 – 5 　　　　　2017 年"一带一路"沿线国家的 NRCA 指数分布

服务业部门		NRCA 指数大于 1 的国家	中国 NRCA 指数，位次
劳动密集型服务业	c19 汽车及摩托车的销售、维护及维理	14 个，波兰（6.989）、孟加拉国（3.256）、土耳其（3.16）、马来西亚（2.504）、立陶宛（1.952）、爱沙尼亚（1.905）、捷克（1.768）、老挝（1.556）、匈牙利（1.540）、奥地利（1.429）、印度尼西亚（1.412）、罗马尼亚（1.248）、俄罗斯（1.165）、拉脱维亚（1.136）	—
	c20 燃油零售批发	12 个，哈萨克斯坦（2.549）、新加坡（2.442）、立陶宛（1.697）、泰国（1.613）、越南（1.516）、斯里兰卡（1.514）、柬埔寨（1.483）、俄罗斯（1.256）、中国（1.187）、拉脱维亚（1.174）、保加利亚（1.100）、波兰（1.058）	1.187，第 9 位
	c21 零售	20 个，菲律宾（4.812）、吉尔吉斯斯坦（4.656）、尼泊尔（4.382）、印度（3.562）、泰国（3.131）、克罗地亚（3.075）、波兰（3.010）、老挝（2.608）、马来西亚（2.549）、保加利亚（2.428）、土耳其（2.194）、韩国（1.974）、不丹（1.913）、罗马尼亚（1.661）、斯洛伐克（1.411）、爱沙尼亚（1.353）、斯洛文尼亚（1.253）、拉脱维亚（1.149）、印度尼西亚（1.135）、斯里兰卡（1.013）	0.913，第 25 位
	c22 住宿和餐饮业	11 个，马尔代夫（35.451）、柬埔寨（7.169）、泰国（5.432）、不丹（4.574）、菲律宾（3.373）、越南（2.563）、罗马尼亚（2.439）、斯里兰卡（2.012）、奥地利（1.937）、尼泊尔（1.303）、韩国（1.113）	0.809，第 13 位
	c26 旅行社业务	18 个，拉脱维亚（5.098）、爱沙尼亚（4.605）、立陶宛（4.081）、尼泊尔（2.187）、匈牙利（2.099）、斯洛文尼亚（1.914）、马尔代夫（1.817）、奥地利（1.796）、克罗地亚（1.756）、罗马尼亚（1.415）、土耳其（1.320）、捷克（1.287）、斯洛伐克（1.290）、波兰（1.263）、保加利亚（1.198）、俄罗斯（1.133）、越南（1.101）、新加坡（1.046）	0.468，第 25 位
	c35 私人雇佣的家庭服务业	4 个，克罗地亚（2.454）、马来西亚（14.365）、老挝（5.428）、新加坡（1.109）	—

续表

服务业部门		NRCA 指数大于 1 的国家	中国 NRCA 指数,位次
资本密集型服务业	c23 陆路运输	23 个,斯里兰卡(4.930)、立陶宛(3.951)、俄罗斯(3.553)、土耳其(2.888)、罗马尼亚(2.822)、尼泊尔(2.759)、柬埔寨(2.381)、拉脱维亚(2.299)、哈萨克斯坦(2.163)、不丹(2.151)、斯洛文尼亚(1.959)、爱沙尼亚(1.715)、波兰(1.702)、斯洛伐克(1.580)、吉尔吉斯斯坦(1.551)、印度(1.528)、奥地利(1.420)、匈牙利(1.415)、保加利亚(1.376)、巴基斯坦(1.304)、捷克(1.235)、克罗地亚(1.133)、中国(1.004)	1.004,第 23 位
	c24 水路运输	8 个,马尔代夫(2.568)、土耳其(2.247)、克罗地亚(1.828)、中国(1.440)、韩国(1.331)、罗马尼亚(1.324)、拉脱维亚(1.102)、文莱(1.089)	1.440,第 4 位
	c25 航空运输	7 个,新加坡(5.908)、马尔代夫(4.440)、斯里兰卡(1.670)、不丹(1.461)、韩国(1.127)、保加利亚(1.027)、印度尼西亚(1.016)	0.610,第 15 位
	c27 邮政通信业	13 个,马尔代夫(2.952)、斯洛伐克(2.715)、新加坡(2.590)、吉尔吉斯斯坦(1.840)、克罗地亚(1.663)、尼泊尔(1.636)、马来西亚(1.570)、爱沙尼亚(1.305)、柬埔寨(1.276)、波兰(1.246)、不丹(1.192)、菲律宾(1.070)、斯洛文尼亚(1.013)	0.520,第 28 位
	c29 房地产业	17 个,斯洛伐克(4.313)、克罗地亚(2.602)、爱沙尼亚(2.291)、奥地利(1.767)、拉脱维亚(1.715)、保加利亚(1.647)、立陶宛(1.299)、斯洛文尼亚(1.236)、俄罗斯(1.207)、匈牙利(1.194)、捷克(1.140)、巴基斯坦(1.141)、马尔代夫(1.111)、韩国(1.084)、尼泊尔(1.047)、土耳其(1.017)、柬埔寨(1.013)	0.928,第 19 位
知识密集型服务业	c28 金融业	5 个,新加坡(2.488)、拉脱维亚(1.366)、保加利亚(1.152)、中国(1.085)、孟加拉国(1.019)	1.085,第 4 位
	c30 租赁和商务服务业	8 个,菲律宾(2.035)、印度(1.690)、新加坡(1.352)、爱沙尼亚(1.267)、罗马尼亚(1.196)、匈牙利(1.182)、奥地利(1.080)、克罗地亚(1.021)	0.485,第 18 位
	c31 公共管理和国防及社会保障业	8 个,吉尔吉斯斯坦(12.934)、尼泊尔(10.868)、马尔代夫(4.862)、俄罗斯(2.722)、不丹(2.052)、孟加拉国(1.674)、匈牙利(1.398)、老挝(1.330)	0.476,第 18 位
	c32 教育	10 个,巴基斯坦(3.898)、克罗地亚(3.072)、罗马尼亚(2.040)、奥地利(1.315)、尼泊尔(1.305)、越南(1.296)、马尔代夫(1.256)、保加利亚(1.186)、不丹(1.151)、斯洛文尼亚(1.062)	0.506,第 21 位

服务业部门		NRCA 指数大于 1 的国家	中国 NRCA 指数, 位次
知识密集型服务业	c33 卫生和社会工作	12 个, 克罗地亚 (7.055)、巴基斯坦 (4.219)、保加利亚 (2.278)、泰国 (2.011)、越南 (1.748)、韩国 (1.626)、新加坡 (1.519)、斯洛文尼亚 (1.248)、不丹 (1.171)、尼泊尔 (1.158)、斯洛伐克 (1.129)、波兰 (1.055)	0.367, 第 27 位
	c34 其他社区、社会及个人服务业	13 个, 尼泊尔 (11.003)、孟加拉国 (5.309)、印度 (2.158)、斯里兰卡 (1.989)、罗马尼亚 (1.919)、斯洛伐克 (1.823)、奥地利 (1.764)、克罗地亚 (1.498)、爱沙尼亚 (1.410)、泰国 (1.404)、保加利亚 (1.110)、匈牙利 (1.069)、斯洛文尼亚 (1.041)	0.882, 第 17 位

注：中国 c19 汽车及摩托车的销售、维护及修理和 c35 私人雇佣的家庭服务业数据缺失。

资料来源：对外经贸大学全球价值链研究院 UIBE GVC Indicators 的 ADB - MRIO 数据库。

第四节 结论与启示

本章采用对外经贸大学全球价值链研究院 UIBE GVC Indicators 的 ADB - MRIO 数据库的增加值贸易数据从区域和国家两个视角对"一带一路"沿线 34 国服务业整体以及细分部门在全球价值链中的竞争力进行测度与比较。研究表明：自"一带一路"倡议提出以来，中国服务业 NRCA 指数呈现出缓慢的上升趋势，但依然竞争力不足，在"一带一路"沿线国家中处于较低的水平，2017 年 NRCA 指数排名靠后，位居第 25，而越南、印度尼西亚、老挝和文莱 NRCA 指数排名处于垫底位置，在"一带一路"沿线国家中竞争力最弱。考察期内，马尔代夫、尼泊尔、新加坡、拉脱维亚、克罗地亚和立陶宛一直占据着 NRCA 指数排名的前列，在"一带一路"沿线国家中竞争力最强。

就服务业细分部门而言，"一带一路"沿线大部分国家发展滞后，在大多数细分部门不具备竞争力，例如，文莱在劳动和知识密集型的所有细分部门都不具备竞争力，印度尼西亚在资本密集型和知识密集型的所有细分部门都不具备竞争力，泰国、老挝、越南和孟加拉国在资本密集型所有细分部门都不具备竞争力。中国资本密集型服务业竞争力高于劳动密集型和知识密集型，但即使是竞争力最强的资本密集型服务业，NRCA 指数也依然小于 1，不具备竞争力。中国大部分服务业细分部门 NRCA 指数在"一带一路"沿线国家中排名比较靠后，排名比较靠前的是金融业、水路运输、燃油零售批发、住宿和餐饮、航空运输，在沿线 34 国中排名分别为第 4、第 4、第 9、第 13 位和第 15 位，具有一定的竞争力。这些部门是中国较早融入全球价值链生产的服务类行业，已经逐步从起初的中游低附加值阶段成功实现向上游高附加值环节攀升，为中间服务的供应大国，能够从价值链分工中获取较高的收益，隐含的服务业国内增加值占中国出口中总国内增加值的比例相对于"一带一路"沿线所有国家出口中服务业所创造的增加值占全球总出口国内增加值的比例的比较值较大。

本章的研究对于推进"一带一路"沿线国家服务贸易的分工与合作具有一定的政策借鉴意义。中国在与"一带一路"沿线国家进行贸易时，应将服务贸易作为"一带一路"倡议的重要内容，实施优势服务业"走出去"、弱势服务业"引进来"的差异化战略，大力发展具有竞争优势的服务业。中国服务贸易的出口潜力主要在金融业、水路运输、燃油零售批发等，对于金融业，中国应加快推进金融服务的网络化布局，加强金融基础设施互联互通，积极构建和完善多层次、多种类的金融服务体系，有效发挥金融在"一带一路"建设中的重要支撑作用。对于水路运输，应以双边、多边海运会谈为平台，与沿线国家在海上运输、港口物流等领域开展更多的战略合作，完善沿线国家间海运服务网络，提升我国在国际海事组织和航行安全合作中的话语权和影响力。对于燃油零售批发，"一带一路"辐射区域是全球能源需求增长最快的地区，应加快新技术创新与应用和中国油企走出去的步伐。通过培育金融业、水路运输等具有显性比较优势的服务出口产业，带动中国知识密集型服务业的发展。

对于中国与"一带一路"沿线国家存在优势冲突的服务业，需要进一步细分，寻找各自的独特优势点，发展产业内服务贸易，以形成合理的服务业分工体系，创造新的贸易增长点和"双赢"局面。中国的租赁和商务服务业，与东南亚、南亚和东欧地区存在一定程度的竞争性，应经常与这些地区举办服务推介洽谈会，加强企业管理、法律、咨询、人力资源服务等方面的相互交流，进行差异性竞争与合作。对于陆路运输，可以利用与东南亚、独联体接壤的地理优势，与之进行基础设施合作。而对于中国存在比较劣势的服务业，可以与"一带一路"沿线国家进行互补性合作与产业间贸易。中国的卫生和社会工作，邮政通信业，汽车及摩托车的销售、维护及修理出口潜力较弱，需分别与东欧、南亚、东南亚地区和南亚、中欧、中亚地区以及中欧、南亚、西亚地区进行互补性贸易。

当前世界经济处于深刻调整中，国际经贸格局和全球治理模式正在不断演变，中国经济增长开始结构性减速。中国需要进一步加快推进"一带一路"建设的深化发展，通过实施差异化战略，既获得资源、开拓市场，又学习技术，获得技术溢出效应，摆脱"被锁定"和"悲惨增长"等比较优势陷阱倾向，借助"一带一路"进一步扩大服务贸易对外开放程度，利用中国服务业在"一带一路"沿线国家中的比较优势，构建以中国为主导的区域价值链服务贸易开放体系，不断开拓服务市场，为未来提高全球价值链地位打下坚实基础。

第IV篇

中国与"一带一路"沿线国家
服务业在全球价值链中的
互补性与合作潜力

中国与"一带一路"沿线国家服务业在全球价值链中的互补性分析

2020 年，突如其来并迅速席卷全球的新冠疫情引发了全球政治经济的剧烈变动，全球产业链、供应链和价值链受到了疫情的严重破坏，面临着断裂的风险，经济发展区域化、本土化的局面正在形成。在这一背景下，中国亟须加强与周边地区的合作，深化区域价值链以应对前所未有的危机与挑战。"一带一路"倡议的提出为中国服务业更好地参与全球价值链分工提供了新的途径和思路，加强同"一带一路"沿线国家服务业的全球价值链合作，是中国推进"一带一路"建设的重要手段。中国服务业若想在"一带一路"区域价值链中实现持久的良性发展，前提是中国与"一带一路"沿线各国在服务领域的发展需要具备一定的互补性和融合性，通过服务业之间的互补性，与"一带一路"沿线各国的服务相互交换从而实现国内资源的扬长补短。

许多学者对中国与"一带一路"区域价值链合作进行了研究，例如，魏龙和王磊（2016）利用世界投入产出表构建了显示性比较优势指数、价值链显性比较优势指数和价值链位置指数，证实了我国与"一带一路"沿线国家在产业间和产业内的互补性均强于竞争性。钱书法等（2017）选取"一带一路"沿线具有代表性的 11 个国家，以显性比较优势指数为基础构建了基于引领能力的显性产业合作优势指数，总结了我国与这 11 国之间开展合作的优势产业组合，并提出了构建"一带一路"区域价值链的产业合作路径。

纵观已有文献，关于中国与"一带一路"区域价值链合作的研究已经取得较为丰富的成果，但关于服务业在全球价值链中合作的研究却几乎没有。那么，中国与"一带一路"沿线各国服务业互补性的基础和动因是什么？互补性水平到底如何？具体到各服务业细分部门又有何种特征表现？本书拟对这些问题展开系统梳理，从而更加准确地评估中国与"一带一路"沿线国家服务业增加值贸易关系和各自的利益所得，进一步发挥沿线各国服务业比较优势，促进中国与沿线国家服务业的合作。

第一节　中国与"一带一路"沿线国家服务业互补性的基础

20 世纪 80 年代，中国经历了制度改革所带来的分工优化下的斯密增长模式，20 世纪 90 年代，又经历了以人力、资本、资源、技术投入为特征的库兹涅茨增长模式。但是，2010 年以来，中国经济连续 6 年持续下行，在经历了 30 多年快速增长之后，原有的增长模式已难以为继。在内部人力、资源红利日渐式微、环境约束不断加强、外部需求疲软以及国际环境日趋复杂的宏观背景下，中国经济增速进入换挡期，从需求侧，即对消费、投资、出口这"三驾马车"进行管理的边际效益递减。目前来看，中国经济发展的主要问题是长期性的，核心矛盾来自于供给侧的结构性问题，主要表现为：首先，中国过去具有比较优势的低端制造业供给，对内已经无法适应人们收入水平提高所带来的消费升级，在外不断受到来自东南亚、非洲等更具备资源、劳动力优势的制造业的挑战；其次，中国目前正在着力发展的高端制造业，也受到发达国家制造业回流趋势所形成的竞争挤压。最后，虽然近年来中国服务业一直在持续稳步增长，2016 年服务业在国内生产总值的占比达到了 51.6%，但是还远低于 60% 的世界平均水平，相较于发达国家 70% 以上的服务业占比，我国服务业还存在明显的供给不足。因此，从产业发展现状来看，低端与高端制造业的结构失衡以及服务业供给不足，成为中国产业结构优化并进一步实现经济可持续增长的主要障碍。从世界强国的兴衰史可知，制造业是立国之本、兴国之器、强国之基，而后工业化时代，制造业与服务业特别是与生产性服务业的融合发展已是大势所趋，因此，解决制造业与服务业发展问题，优化中国产业结构，就不能将二者孤立或者对立起来，应当充分重视和发挥生产性服务这一高级投入要素对制造业的产业拉动作用以及二者的相互决定和塑造作用。供给侧改革的主要内容之一即为要素市场改革，内容涉及到要素价格的市场化、要素供给的公平流动等，这些都很大程度上关系到金融、电信等生产性服务领域，为此，在理解制造业与生产性服务理论互促机制的基础上，正确评估中国制造业生产性服务供给的数量、结构以及效率对中国制造业要素服务市场的供给侧改革具有一定的参考价值，这是由于只有对制造业的现实服务要素供给有了清晰、准确的评估，才能在此基础上进一步补足生产性服务供给市场的发展短板，将企业的抽象服务需求转化为现实的服务供给，实现服务供给对制造业需求的创造、改造和优化，最终实现中国产业结构的优化和升级。

一、制造业与生产性服务业的互促机制

根据亚当·斯密对市场范围影响劳动分工的论述可知，只有当对某一产品或者服务的需求随着市场范围扩大增长到一定程度时，专业化的生产者才可能出现和存在，因此，只有当服务供给达到一定水平后，才能形成专业化的生产性服务市场，在市场规模不断扩大的过程中，生产性服务的种类不断增长，服务供给成本不断下降，这是因为服务特别是生产性服务要素具有知识、技术密集性，其生产往往需要一个较高的初始投资成本，一旦获取了相应的知识，后续的提供成本将会降低，从而具有规模报酬递增的性质。较低的服务供给成本，将会促使制造业将原本内化的服务活动外包，服务需求的增长进一步促进生产性服务市场的扩张和发展，服务供给数量和种类增长的同时，供给结构也将优化，催生出新兴的生产性服务供给，并进一步塑造出高端的制造业需求。从生产性服务的供给效率来看，有效的服务供给能够促进制造业产业结构的优化。作为高级的生产要素，生产性服务不仅直接参与到生产过程中，降低制造业的生产成本（Dnniels，1991；Karaomerlioglu & Carlsson，1999），还被作为一种间接投入，起到连接各个生产阶段纽带和润滑剂作用，降低制造业的交易成本（Francois，1990）。江静等（2007）、邦加和戈尔达尔（Banga & Goldar，2004）、刘斌等（2016）均证实了生产性服务对制造业价值链升级的积极促进作用。虽然现有研究更多的以需求侧为

切入点，强调制造业的生产性服务需求对要素服务市场形成所发挥的基础性作用（Bhagwati，1984；Guerrieri & Meliciani，2005），但是，当制造业难以形成对生产性服务的有效需求时，生产性服务供给的数量、结构以及效率特征对制造业需求形成的塑造作用和对制造业竞争力提升的促进作用应当受到重视。早期研究多是基于投入产出表，通过测算直接消耗系数或者完全消耗系数来衡量制造业对生产性服务的使用情况，直接消耗系数反映的是生产性服务作为一种中间投入品直接参与到制造业的生产过程中，在制造业总投入中所占的比重，完全消耗系数则同时考虑了制造业通过直接和间接的产业联系对生产性服务的使用情况（程大中，2006，2008）。随着研究角度的不断深入，开始有研究将上述投入产出系数与计量模型相结合，考察生产性服务投入对制造业的影响效应（Francois，2008；Arnold，2011；彭水军和李虹静，2014a）。另外，基于中国本土生产性服务发展不足对制造业促进作用乏力的现实基础，近几年的相关研究多是将制造业的进口生产性服务从生产性服务投入总量中分离出来，单独考察进口生产性服务对制造业的影响效应（陈启斐和刘志彪，2014；周大鹏，2015）。但是，整体来看，对于生产性服务供给情况的评估还是仅仅停留在简单的投入产出系数测算的层面，为了准确评估制造业的生产性服务供给数量、结构以及效率，笔者将投入产出子系统模型和敏感度分析方法引入该问题的研究。首先，利用投入产出子系统模型，考察生产性服务供给的数量以及结构特征，其次，利用敏感度分析方法，构建敏感度指标，考察生产性服务的供给效率，对于制造业与生产性服务的理论互动机制和研究方法的有效统一如图 10 – 1 所示。本书的研究方法充分考虑了生产性服务的直接供给和间接供给，并从"直接效应"和"间接效应"[①] 两个方面考察生产性服务供给效率，其中"间接效应"在大部分文献中几乎没有被涉及到。

---

① "直接效应"指某一制造业部门通过增加生产性服务投入对本部门产出所带来的促进作用，"间接效应"指某一制造业部门通过增加生产性服务投入，由于间接的产业关联性，对其他制造业部门产出所带来的促进作用，例如：交通运输设备制造业由于增加了信息传输服务投入，带动了本部门的产出增长则视为生产性服务投入的"直接效应"，而交通运输设备制造业由于增加了信息传输服务投入，间接带动了通用设备制造业的产出增长，则视为生产性服务投入的"间接效应"，"直接效应"和"间接效应"的具体计算方式见文中表 10 – 1。

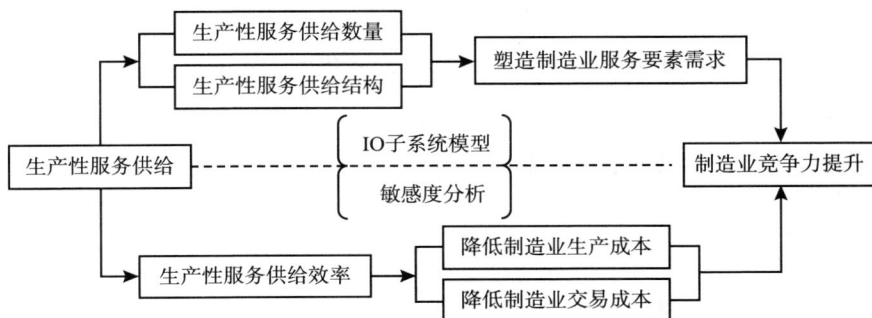

图 10 - 1 制造业与生产性服务业的互动机制

二、模型、数据来源及处理

（一）投入产出子系统模型

投入产出模型基本恒等式可以用式（10 - 1）表示：

$$X = AX + Y \tag{10 - 1}$$

其中，X 为总产出向量，Y 为最终需求向量，A 为技术矩阵。求解式（10 - 1）可以得到满足最终需求 Y 所需的产出水平 X，如式（10 - 2）所示：

$$X = (I - A)^{-1}Y = BY \tag{10 - 2}$$

其中，$B = (I - A)^{-1}$ 是里昂惕夫逆矩阵，矩阵 I 为单位阵。

将式（10 - 2）代入式（10 - 1）的右边得到式（10 - 3）：

$$X = ABY + Y \tag{10 - 3}$$

式（10 - 3）把总产出 X 分解为最终需求 Y 和生产 Y 所需要的中间投入品 ABY 两个部分。为了分离出服务业与制造业的生产系统，对式（10 - 3）进行分解，得到式（10 - 4）：

$$\begin{pmatrix} X^1 \\ X^2 \\ X^3 \\ X^4 \\ X^5 \end{pmatrix} = \begin{pmatrix} A_{11} & A_{12} & A_{13} & A_{14} & A_{15} \\ A_{21} & A_{22} & A_{23} & A_{24} & A_{25} \\ A_{31} & A_{32} & A_{33} & A_{34} & A_{35} \\ A_{41} & A_{42} & A_{43} & A_{44} & A_{45} \\ A_{51} & A_{52} & A_{53} & A_{54} & A_{55} \end{pmatrix} \begin{pmatrix} B_{11} & B_{12} & B_{13} & B_{14} & B_{15} \\ B_{21} & B_{22} & B_{23} & B_{24} & B_{25} \\ B_{31} & B_{32} & B_{33} & B_{34} & B_{35} \\ B_{41} & B_{42} & B_{43} & B_{44} & B_{45} \\ B_{51} & B_{52} & B_{53} & B_{54} & B_{55} \end{pmatrix} \begin{pmatrix} Y^1 \\ Y^2 \\ Y^3 \\ Y^4 \\ Y^5 \end{pmatrix} + \begin{pmatrix} Y^1 \\ Y^2 \\ Y^3 \\ Y^4 \\ Y^5 \end{pmatrix}$$

$$\tag{10 - 4}$$

式（10-4）中，上标 1 表示服务部门，上标 2、3、4 分别表示劳动密集型制造业部门、资本密集型制造业部门、技术密集型制造业部门，上标 5 表示其他部门①，式（10-4）反映了服务部门、劳动密集型制造业部门、资本密集型技术部门、技术密集型制造业部门和其他部门这 5 个子系统之间的经济联系。其中，X^1、X^2、X^3、X^4 和 X^5 分别表示这 5 个子系统的产出向量，Y^1、Y^2、Y^3、Y^4 及 Y^5 为对应的最终需求向量。式（10-4）左边的总产出向量是一个国家提供所有最终消费品所需要进行的生产。令 Y^1，Y^3，Y^4 以及 Y^5 中的各元素为零，利用式（10-4）可得到 X^{12}、X^{22}、X^{32}、X^{42} 以及 X^{52} 的表达式，分别表示劳动密集型制造业对服务部门、劳动密集型技术部门、资本密集型技术部门、技术密集型制造业和其他部门这 5 个子系统的中间需求量。以 X^{12} 为例，其表达式可写为：

$$X^{12} = (A_{11}B_{12} + A_{12}B_{22} + A_{13}B_{32} + A_{14}B_{42} + A_{15}B_{52})Y^2 \qquad (10-5)$$

X^{12} 是 S×1 的列向量（S 是服务部门的个数），其元素表示生产性服务各部门对劳动密集型制造业的中间品供给量，即劳动密集型制造业部门的服务要素供给量。

按照类似的方法，我们还可以得到 X^{13} 和 X^{14} 的表达式，如式（10-6）和式（10-7）所示：

$$X^{13} = (A_{11}B_{13} + A_{12}B_{23} + A_{13}B_{33} + A_{14}B_{43} + A_{15}B_{53})Y^3 \qquad (10-6)$$

$$X^{14} = (A_{11}B_{14} + A_{12}B_{24} + A_{13}B_{34} + A_{14}B_{44} + A_{15}B_{54})Y^4 \qquad (10-7)$$

X^{13} 和 X^{14} 也是 S×1 的列向量，其元素分别表示资本密集型制造业部门、技术密集型制造业部门的生产性服务供给量。

（二）敏感度分析模型

令 Y = HG，其中，H 为一个 n×m 的矩阵（n 为部门数，m 为最终需求种类数），H 的某一个元素 h_{ip}，$h_{ip} = y_{ip}/g_p$，表示 i 部门的产出被用于第 p 种最终需求的部分 y_{ip} 在第 p 种最终总需求 g_p 中所占的比重（i = 1，2，…，n；p = 1，2，…，m）。g 是一个 m×1 的列向量，该向量第 p 行的元素 g_p =

---

① 其他部门包括：农业，采选业，建筑业，电力、燃气和水的生产供应业，工业品及其他工业，废品废料。

$\sum\limits_i y_{ip}$ 表示第 p 类最终需求总量。因此，可以将式（10－2）写为：

$$X = (I - A)^{-1}HG = BHG \qquad (10-8)$$

若将矩阵形式写为一维运算式，则有：

$$x_i = \sum_{q=1}^{n} \sum_{p=1}^{m} b_{iq} h_{qp} g_p \qquad (10-9)$$

根据敏感度分析方法，为了分析某一投入产出系数，即生产性服务供给变动对制造业产出的影响，令制造业部门 i 的产出 x_i 关于某一投入产出系数 a_{kl} 的弹性为 $\varepsilon(x_i a_{kl})$，其表达式为：

$$\varepsilon(x_i a_{kl}) = \frac{\Delta x_i / x_i}{\Delta a_{kl} / a_{kl}} \qquad (10-10)$$

显然，a_{kl} 的变动会导致里昂惕夫逆矩阵的变动，进而对制造业部门 i 的产出 x_i 产生影响，这一关系可通过谢尔曼和莫里森（Sherman & Morrison，1950）得到：

$$\Delta b_{ij} = b_{ik} b_{lj} \Delta a_{kl} / (1 - b_{lk} \Delta a_{kl}) \qquad (10-11)$$

结合式（10－9）和式（10－11），得到 Δx_i 的表达式为：

$$\Delta x_i = \frac{b_{ik} \Delta a_{kl}}{1 - b_{lk} \Delta a_{kl}} x_l \qquad (10-12)$$

参考莫兰和冈萨雷斯（Morán & González，2007）的做法，本书同样假设 a_{kl} 发生 d＝1% 的变动，即 $\Delta a_{kl} = d \times a_{kl}$。将式（10－12）代入式（10－10），得到产出 x_i 关于投入产出系数 a_{kl} 的弹性表达式：

$$\varepsilon[x_i a_{kl}(d)] = b_{ik} a_{kl} x_l / (1 - b_{lk} d a_{kl}) x_i \qquad (10-13)$$

式（10－13）即为敏感度指标，表示某一投入产出系数 a_{kl} 变动 1% 导致另一部门 i 产出变动的百分比，即如果部门 l 对部门 k 的中间投入需求发生变化，通过直接和间接的产业关联效应，这一生产交易活动将会对任意部门 i 的产出产生影响。该值越大，表明部门 l 和 k 之间的生产交易活动对部门 i 产出增长的拉动作用就越大。由此，便可以有效评估生产性服务供给变动对制造业产出增长的影响效应，本书用该敏感度指标衡量生产性服务的供给效率。

由于本书主要考察的是生产性服务变动对制造业产出增长的影响效率，因此，这里 k 为要素服务部门，i 和 l 为制造业部门。另外，如表 10－1 所示，当 i＝l 时，我们将 a_{kl} 变动带来的 i 部门产出的变动定义为"直接效应",这是由某一制造业部门的生产性服务供给变动对本部门产出产生的影响;若 $i \neq 1$,则定义为"间接效应",这是由其他制造业部门的生产性服务供给变动对另一制造业部门产出产生的影响。需要特别指出的是,本书中的"直接效应"反映的才是通常文献中所指的生产性服务对制造业效率的影响机制,即通过提高某一制造业部门的生产性服务供给,使生产成本或者交易成本降低,进而带来本部门自身效率的提升。而本书中的"间接效应"在已有的相关文献中则很少被涉及,此时生产性服务供给变动影响效应的发挥主要依赖于各个部门间密切的间接产业关联性。可以说,本书的研究更加全面、充分地考察了生产性服务供给对制造业产出增长的影响效率。

表 10 – 1   生产性服务供给的"直接效应"和"间接效应"

x_i (i 为制造业部门)	a_{kl}		
	供给方(k)	需求方(l)	
	k 为生产性服务部门	l 为制造业部门	若 l = i,表示生产性服务的"直接效应"
			若 l ≠ i,表示生产性服务的"间接效应"

(三)数据来源及处理

本书所需数据来自于中国国家统计局 2002 年、2007 年和 2012 年的投入产出表。通过对部门进行归并整理,本书选取 14 个制造业部门、15 个服务部门以及 9 个其他部门作为研究对象。综合借鉴钱学锋等(2011)的分类方法,将 14 个制造业部门按照要素密集度的不同,划分为劳动密集型、资本密集型和技术密集型三类。其中,劳动密集型制造业包括:食品制造业、纺织业、木材加工及家具制造业、造纸印刷业;资本密集型制造业包括:石油炼焦及核燃料加工业、非金属矿物制品业、金属冶炼压延业、金属制品业、通用专用设备制造业;技术密集型制造业包括:化学工业、运输设备制造业、电气机械制造业、通信及电子设备制造业、仪器仪表制造业。15 个服务部门为:信息传输服务业;商务服务业;金融业;交通运输业;科学研究事业;综合技术服务业;批发零售业;住宿餐饮业;房地产业;居民和其他服务业;水利环境公共设施管理业;卫生社会保障福利业;教育事业;

文化体育娱乐业；公共管理社会组织。另外，本书将农业部门、4 个采选业部门、废品废料、其他制造业、电力及热力生产供应业及建筑业共 9 个部门归入其他部门。

数据处理方面，笔者将 2007 年和 2012 年投入产出表转化为以 2002 年为基期的可比价投入产出表。其中，农业部门选用农产品生产价格指数进行平减，工业部门选用工业生产者出厂价格分类指数进行平减，服务业选用服务项目价格指数中对应的细项价格指数进行平减，没有对应价格指数的用居民消费价格分类指数代替，数据来源于《中国统计年鉴》《中国农产品价格调查年鉴》《中国物价年鉴》等，具体转化方法参照刘起运和彭志龙（2010）[1]的研究。

三、实证研究结果分析

（一）制造业的生产性服务供给数量和结构分析

由式（10－5）、式（10－6）、式（10－7）分别计算劳动密集型、资本密集型及技术密集型制造业的生产性服务供给情况，结果如表 10－2 所示。由表 10－2 可知，从供给数量上看，2002～2012 年，制造业的生产性服务供给总量显著增加，由 54945 亿元增长到 317758 亿元，增长了近 5 倍，其中技术密集型制造业的生产性服务供给量最大，其次为资本密集型制造业、劳动密集型制造业。从变化量来看，资本密集型制造业、技术密集型制造业的生产性服务供给增长较为显著，增长了 5 倍多，劳动密集型制造业则相对较慢，增加了 2 倍多。由此可以得出，2002～2012 年，制造业的生产性服务供给市场有所扩张和发展，并且主要服务于技术密集型制造业部门。

从制造业的生产性服务供给结构来看，2002 年批发零售业、交通运输业、金融业以及商务服务业这 4 个部门的供给量最大，由表 10－2 数据进一步计算可知，批发零售业和交通运输业这两个部门在服务业总供给中占比就

---

① 根据刘起运、彭志龙 2010 年出版于中国统计出版社的《中国 1992—2005 年可比价投入产出序列表及分析》，首先，需要编制基于当前市场价格的投入产出表，接着，构建各年份的价格指数，这些指数用于调整不同年份的价格差异，以便进行比较。最后，利用现价投入产出表和构建的价格指数，通过一定的数学方法和模型，推算出可比价的投入产出序列表。这些步骤共同构成了将投入产出表从现价转换为可比价的过程，使得不同年份的数据可以进行有效比较和分析。

表10-2　　制造业的生产性服务供给

单位：亿元

	2002 年				2007 年				2012 年			
	劳密型	资密型	技密型	合计	劳密型	资密型	技密型	合计	劳密型	资密型	技密型	合计
信息传输服务业	930	1385	1659	3974	1290	2857	3120	7267	1283	3129	3888	8300
商务服务业	1514	1230	2197	4941	3375	3545	6273	13194	7465	14811	19393	41669
金融业	1861	2347	2735	6943	5055	8511	10229	23795	9988	28740	29252	67980
交通运输业	3624	5335	5463	14422	8898	14771	15296	38966	11944	28338	30925	71207
科学研究事业	34	71	100	205	368	793	1649	2810	712	2554	4164	7430
综合技术服务业	219	303	292	814	1152	2094	2342	5588	1963	5224	7347	14534
批发零售业	4714	4643	6075	15432	5913	8652	11729	26294	14150	19083	30765	63998
住宿餐饮业	881	1007	1199	3087	2250	3785	4164	10199	2515	5390	6284	14189
房地产业	394	371	552	1317	1290	1376	1875	4542	1850	3748	4545	10143
居民服务和其他服务业	494	744	775	2013	1195	2131	2103	5429	1345	3608	4215	9168
水利环境公共设施管理	74	75	90	239	325	343	389	1057	581	983	1113	2677
卫生社会保障福利业	129	148	142	419	336	829	769	1934	103	322	261	686
教育事业	117	157	176	450	237	379	411	1027	169	409	445	1023
文化体育娱乐业	188	222	279	689	510	797	916	2222	526	1434	1508	3468
公共管理社会组织	0	0	0	0	48	70	79	197	185	442	659	1286
合计	15173	18038	21734	54945	32242	50933	61344	144521	54779	118215	144764	317758

注："劳密型"，"资密型"和"技密型"分别为"劳动密集型"、"资本密集型"和"技术密集型"的简写，结果由2002年、2007年及2012年中国投入产出表数据计算得到。

超过50%，其次为金融业和商务服务业，占比约为13%和9%，这说明制造业的生产性服务供给主要来源于较低端的传统服务部门，先进生产性服务供给还有待增加。2007年和2012年，排名前四的依旧是这4个服务部门。从需求结构的变动情况来看，2002~2012年，生产性服务的供给结构有所改善，主要体现为对批发零售业、交通运输业等传统服务部门的供给占比有所下降，分别下降为20%和22%，而金融业、商务服务业等新兴服务部门占比有所提升，分别上升到了21%和13%。值得注意的是，直到2012年，科学研究、综合技术服务等先进生产性服务的供给占比依旧很低，另外，信息传输服务的供给占比不仅没有提高反而大幅度下降，信息传输服务投入不足反映出我国制造业信息化程度依旧有待提高。因此，制造业的要素服务供给结构还较为单一且低端，主要集中于传统的服务部门，在研究期间，先进服务供给占比虽然有所提高，但是依旧存在很大改善空间。

（二）制造业的生产性服务供给效率分析

借助式（10-13）可考察制造业的生产性服务供给变动时，通过直接及间接的产业关联效应，对本部门及其他制造业部门的影响。如表10-1所示将生产性服务的影响效应分为"直接效应"和"间接效应"。通过计算，每年可以得到2940（14×15×14）组数据，受限于篇幅同时为了提高信息的有效性，本书仅报告2002年、2007年或者2012年中"相关弹性"大于0.002的数据，即制造业生产性服务供给增加1%，引起相关部门产出变动大于0.002%的弹性值，这样做的好处是，剔除了相对不重要的数据，仅以更能带动产出增长的生产交易活动作为考察对象。生产性服务供给对制造业的"直接效应"如表10-3所示，"间接效应"如表10-4所示。

表10-3　　　　生产性服务供给对制造业的"直接"拉动效应

制造业部门	供给方	弹性值		
		2002年	2007年	2012年
食品制造业	住宿餐饮业	0.0010	0.0023	0.0015
造纸印刷业	批发零售业	0.0037	0.0010	0.0012
	商务服务业	0.0011	0.0010	0.0023

制造业部门	供给方	弹性值		
		2002 年	2007 年	2012 年
石油加工炼焦业	交通运输业	0.0074	0.0060	0.0039
金属冶炼压延业	交通运输业	0.0030	0.0022	0.0020
	批发零售业	0.0021	0.0008	0.0003
通用专用设备制造业	交通运输业	0.0022	0.0019	0.0017
化学工业	交通运输业	0.0026	0.0027	0.0031
	批发零售业	0.0037	0.0014	0.0012
	商务服务业	0.0014	0.0024	0.0025
交通运输设备制造业	交通运输业	0.0028	0.0021	0.0039
	批发零售业	0.0024	0.0015	0.0009
电气机械及器材制造业	商务服务业	0.0014	0.0020	0.0012
通信及其他电子设备制造业	商务服务业	0.0051	0.0018	0.0016

资料来源：由历年中国投入产出表数据根据式（10－13）计算得到。

表 10－4　　　　　　生产性服务供给对制造业的"间接"拉动效应

制造部门	供给方	需求方	弹性值		
			2002 年	2007 年	2012 年
食品制造业	住宿餐饮业	通用专用设备制造业	0.0026	0.0026	0.0020
		化学工业	0.0022	0.0032	0.0042
		非金属矿物制品业	0.0011	0.0020	0.0023
造纸印刷文教体育用品制造业	商务服务业	食品制造业	0.0046	0.0057	0.0042
		纺织业	0.0042	0.0038	0.0021
		通用专用设备制造业	0.0023	0.0027	0.0051
		化学工业	0.0046	0.0069	0.0087
		交通运输设备制造业	0.0025	0.0032	0.0041
		电气机械及器材制造业	0.0022	0.0045	0.0034
		通信及其他电子设备制造业	0.0038	0.0035	0.0038
	交通运输业	金属冶炼及压延业	0.0025	0.0019	0.0021
		化学工业	0.0027	0.0023	0.0031

续表

制造部门	供给方	需求方	弹性值		
			2002 年	2007 年	2012 年
造纸印刷文教体育用品制造业	金融业	金属冶炼及压延业	0.0008	0.0028	0.0076
		化学工业	0.0014	0.0029	0.0054
		通信及其他电子设备制造业	0.0010	0.0032	0.0039
	批发零售业	纺织业	0.0072	0.0020	0.0041
		金属冶炼及压延业	0.0059	0.0030	0.0011
		通用专用设备制造业	0.0045	0.0029	0.0009
		化学工业	0.0079	0.0032	0.0040
		交通运输设备制造业	0.0035	0.0030	0.0034
		通信及其他电子设备制造业	0.0050	0.0036	0.0031
石油加工炼焦及核燃料加工业	交通运输业	纺织业	0.0090	0.0096	0.0074
		木材加工及家具制造业	0.0050	0.0040	0.0033
		造纸印刷文教体育用品制造业	0.0067	0.0039	0.0045
		非金属矿物制品业	0.0092	0.0105	0.0103
		金属冶炼压延业	0.0177	0.0150	0.0130
		金属制品业	0.0059	0.0042	0.0053
		通用专用设备制造业	0.0114	0.0110	0.0117
		化学工业	0.0193	0.0181	0.0187
		交通运输设备制造业	0.0060	0.0064	0.0105
		电气机械及器材制造业	0.0057	0.0065	0.0070
		通信及其他电子设备制造业	0.0063	0.0062	0.0058
	批发零售业	食品制造业	0.0044	0.0023	0.0000
		纺织业	0.0046	0.0015	0.0026
		金属冶炼及压延业	0.0037	0.0022	0.0007
		通用专用设备制造业	0.0029	0.0021	0.0016
		化学工业	0.0050	0.0024	0.0026
		交通运输设备制造业	0.0020	0.0022	0.0022
		通信及其他电子设备制造业	0.0032	0.0027	0.0020

制造部门	供给方	需求方	弹性值		
			2002 年	2007 年	2012 年
石油加工炼焦及核燃料加工业	商务服务业	食品制造业	0.0015	0.0025	0.0027
		化学工业	0.0016	0.0030	0.0055
		电气机械及器材制造业	0.0007	0.0020	0.0021
金属冶炼及压延业	交通运输业	化学工业	0.0033	0.0026	0.0028
金属制品业	商务服务业	化学工业	0.0020	0.0023	0.0032
	交通运输业	化学工业	0.0021	0.0021	0.0024
通用专用设备制造业	交通运输业	食品制造业	0.0021	0.0023	0.0000
		金属冶炼及压延业	0.0035	0.0026	0.0018
		化学工业	0.0038	0.0031	0.0027
化学工业	交通运输业	金属冶炼及压延业	0.0024	0.0022	0.0022
交通运输设备制造业	交通运输业	食品制造业	0.0048	0.0043	0.0000
		纺织业	0.0041	0.0032	0.0027
		石油加工炼焦及核燃料加工业	0.0034	0.0020	0.0014
		非金属矿物制品业	0.0042	0.0035	0.0038
		金属冶炼及压延业	0.0081	0.0050	0.0048
		金属制品业	0.0027	0.0050	0.0019
		通用专用设备制造业	0.0052	0.0036	0.0043
		化学工业	0.0089	0.0060	0.0069
		电气机械及器材制造业	0.0026	0.0021	0.0026
		通信及其他电子设备制造业	0.0029	0.0021	0.0021
电气机械及器材制造业	信息传输服务业	纺织业	0.0020	0.0004	0.0002
		金属制品业	0.0021	0.0002	0.0001
		通用专用设备制造业	0.0025	0.0004	0.0004
		化学工业	0.0024	0.0008	0.0003
		金属冶炼及压延业	0.0015	0.0021	0.0002
	商务服务业	食品制造业	0.0029	0.0025	0.0015
		化学工业	0.0029	0.0030	0.0031

续表

制造部门	供给方	需求方	弹性值		
			2002 年	2007 年	2012 年
通信及其他电子设备制造业	信息传输服务业	纺织业	0.0024	0.0005	0.0004
		金属制品业	0.0025	0.0002	0.0003
		通用专用设备制造业	0.0030	0.0005	0.0008
		化学工业	0.0029	0.0009	0.0006
		交通运输设备制造业	0.0020	0.0003	0.0002
		电气机械及器材制造业	0.0022	0.0003	0.0003
		金属冶炼及压延业	0.0018	0.0024	0.0003
	商务服务业	食品制造业	0.0062	0.0030	0.0017
		纺织业	0.0056	0.0020	0.0009
		通用专用设备制造业	0.0031	0.0014	0.0021
		化学工业	0.0062	0.0036	0.0036
		电气机械及器材制造业	0.0029	0.0024	0.0014
	综合技术服务业	通用专用设备制造业	0.0001	0.0006	0.0022
		化学工业	0.0002	0.0009	0.0027
		交通运输设备制造业	0.0001	0.0006	0.0025
仪器仪表制造业	信息传输服务业	纺织业	0.0023	0.0006	0.0002
		金属制品业	0.0024	0.0002	0.0001
		金属冶炼及压延业	0.0018	0.0028	0.0001
		通用专用设备制造业	0.0030	0.0006	0.0003
		化学工业	0.0028	0.0010	0.0003
		交通运输设备制造业	0.0020	0.0003	0.0001
		电气机械及器材制造业	0.0021	0.0003	0.0001
	交通运输业	非金属矿物制品业	0.0016	0.0022	0.0026
		金属冶炼及压延业	0.0031	0.0031	0.0033
		通用专用设备制造业	0.0020	0.0023	0.0030
		化学工业	0.0033	0.0038	0.0048

资料来源：由历年中国投入产出表数据根据式（10-13）计算得到。

　　由表10-3可知,经过数据筛选后,每年210组(14×15)数据中仅有9组数据保留下来,这说明整体上生产性服务供给对制造业的直接带动效应并不突出。从这9组数据中可以看到,能够显著直接带动制造业产出增长的服务部门相对单一,主要集中于交通运输业、批发零售业及商务服务业这3个部门,还可以看到住宿餐饮业也位列其中,但是仅对食品制造业具有显著的直接带动作用,这揭示出这两个部门间天然的内在联系。从变化趋势来看,2002~2012年,批发零售业的直接带动效应整体上出现下降的趋势,如2002~2012年,造纸印刷业对批发零售业的敏感度指标由0.0037下降至0.0012;交通运输业和商务服务业的直接带动效应虽未体现出统一的变化趋势,但是可以看到大部分情况下它们的直接带动效应还是有所下降,比如,商务服务业对通信及其他电子设备制造业的直接带动效应由0.0051下降至0.0016。

　　表10-4为生产性服务供给对制造业产出的间接拉动效应。经过统计,以0.002为标准筛选结果,表10-4共报告了92组数据,其中劳动密集型、资本密集型以及技术密集型制造业分别为21组、27组及44组,可见,生产性服务供给对技术密集型制造业的间接拉动作用最为显著,其次分别为资本密集型和劳动密集型制造业。

　　类似于直接效应,具有显著间接拉动效应的服务部门依旧为交通运输业、商务服务业以及批发零售业这3个部门。另外,由表10-4可知,不同服务部门对制造业的"间接效应"也体现出显著的部门差异性。其中,与食品制造业最为密切相关的依旧是住宿餐饮业;金融服务仅仅对造纸印刷业有显著的间接带动效应;综合技术服务业对通信及其他电子设备制造业具有显著的"间接效应";另外,信息传输服务业则对通信及其他电子设备、仪器仪表这两类技术密集型制造业的"间接效应"更为显著。

　　从变化趋势来看,2002~2012年,生产性服务供给对制造业的间接带动效应整体上也呈现出下降趋势,并且对技术密集型制造业的影响效应下降得最为明显。其中,对于劳动密集型制造业的21组数据中有10组下降,主要由批发零售业所致,11组上升,主要得益于商务服务业及金融业;资本密集型制造业27组数据中有17组下降,主要由交通运输业、批发零售业所致，10组上升；技术密集型制造业44组数据中有36组下降，其中，信息传输服务业的间接拉动效应下降是主要原因；有8组上升，其中，综合技术服务的带动作用突出。综合以上数据可以看出，传统服务部门对制造业的间接带动效应近年来出现下降趋势，而先进服务部门的影响效应还很有限，即便个别部门的间接作用有所提高，却也仅限于针对个别制造业部门，如金融业仅仅对劳动密集型制造业的间接带动效应有所提高，对资本、技术密集型制造业依旧未体现出明显的带动效应。

四、结论和启示

实证研究结果表明，2002～2012年，我国制造业的生产性服务供给总量显著增长，这为专业化要素服务市场的形成和发展奠定了规模基础，但是制造业的生产性服务供给主要来源于批发零售业、交通运输业等传统服务部门，先进服务部门的供给还很有限，服务供给结构的低端化不利于培育出高端的制造业需求，也限制了制造业的服务供给效率的提升，另外，低端服务供给效率日渐式微，而高端服务供给效率却未显著提升。因此，我国生产性服务供给不管是数量、结构还是效率都有待进一步提升和优化。在以上结论的基础上进一步分析可知，虽然从时间维度来看，制造业的生产性服务供给量显著增加，但是若进行横向比较，相较于美国等其他国家，我国的生产性供给水平还明显偏低（彭水军和李虹静，2014b）。究其原因，制造业服务内化现象严重，制造业与生产性服务还未出现大规模主辅分离，而这导致生产性服务难以形成规模性的市场，从而抑制了服务供给成本的下降和种类的增加，也无法发挥其规模经济效益。另外，由于我国制造业在融入全球价值链的过程中存在低端锁定的问题，其自身对高端生产性服务的需求有限，加之代工的发展模式使得即便是需要高端服务投入，也多是通过外资企业或者跨国公司的母国获得（谭洪波和郑江淮，2012）。内外交困使得我国生产性服务市场发展步履维艰。

针对以上问题，在供给侧改革的大背景下，笔者认为，首先，应当进一步促进生产性服务特别是新兴生产性服务的有效供给，这是由于制造业对生产性服务要素的需求在没有满足前是抽象的，抽象的需求并不能创造出自身的要素服务供给，并且我国制造业受制于代工发展模式，还存在"低端锁定"的问题，而现实充分、多样化的生产性服务供给则可以创造并进一步塑造制造业的需求。其次，在有限的资源供给下，应当引导生产性服务供给向产出效率更高的高端制造领域流动，以提高生产性服务的利用效率。对此，政府应当通过一定的激励机制，如税收优惠等，引导资源向信息技术服务等新供给形式或扩张领域转移，通过要素服务供给结构的更新，带动制造业需求结构的优化，实现传统制造业的转型升级，促进新业态、新模式的产生。

第二节　中国与"一带一路"沿线
国家服务业互补性的动因

改革开放以后，顺应经济全球化的发展契机，中国制造业凭借人口红利下的低成本优势成功嵌入全球价值链，成为世界工厂。但是，在中国创造增长奇迹的同时，在全球价值链底端高能耗、高污染、低附加值的发展模式弊端也开始凸显，特别是在 2008 年全球性的金融危机导致外部发展环境不再宽松的情况下，中国制造业迫切需要寻求向全球价值链顶端攀升的路径，通过产业结构优化升级，实现高质量发展的目标。借鉴国外的发展经验，制造业的服务化以及制造业与服务业的融合发展已经成为并行不悖的产业发展趋势，当下全球服务贸易发展势头迅猛，一国的经济技术实力和竞争力越来越体现在服务业之上，因此，充分利用国内外服务业特别是生产性服务业与制造业的产业互促机制，促进制造业与服务业的共同发展，无疑将达到事半功倍的效果。在理论上，生产性服务作为一种知识、人力资本密集型的高级投入要素，对制造业的产业促进作用主要通过两条路径实现，一方面生产性服务直接参与到制造业生产过程中，降低制造业的生产成本；另一方面则作为一种间接投入要素，起到连接制造业各个生产阶段的纽带和润滑剂作用，降低制造业的交易成本，现有理论研究文献主要从以上两个角度解释生产性服务业对制造业的影响机制，并且已有经验研究是利用中介效应模型对这两种影响机制进行验证,该领域早期相关经验研究文献的重点主要是验证生产性服务业对制造业的影响效应,并大多得出了积极的结论,证实了生产性服务业对制造业发展具有积极影响。

然而,值得注意的是,中国服务业在国民经济中占比远低于发达国家的平均水平,新兴生产性服务业更是由于缺乏良好的制造业需求市场作为支撑而发展乏力,早期服务业发展相对滞后已是不争的事实,基于这一现实,中国本土的服务供给很难满足制造业对生产性服务的多样化需求,更无法通过从服务供给侧的优化实现对制造业需求的再塑造,与此同时,以加工贸易模式为主导的中国制造业本就面临低端锁定的风险,这使得中国面临着服务业与制造业发展双双陷入困境的窘迫。那么,在中国将进一步扩大开放的大趋势下,中国制造业能否主动融入全球价值链,通过从外部获取生产性服务而谋求自身发展呢?现有研究表明,进口生产性服务与国内服务在功能上具有互补性,可以成为国内高技术劳动的替代品,因为其能够提供一国所缺失的关键性服务要素,使得制造业可以使用进口服务完善生产流程,进而改变本国的比较优势,另外,还有研究表明由于进口生产性服务可能内含更高的人力和技术资本,会通过密切的产业关联性对制造业产生"技术溢出"效应,并通过"竞争效应"和"示范效应"推动制造企业更多的研发投入,因此,能够促进技术创新,最终促进企业生产率的提升。还有研究指出进口生产性服务的使用有助于增加一国中间服务品的种类,从而满足制造企业多样化的服务需求,并带来最终品生产率的提升和产出的多样化。最后,服务获取方式的多样化和便利化也将有助于改变制造企业将所需要的服务内部化的倾向,形成对生产性服务的有效需求市场,进而促进生产性服务市场的发展,最终实现制造业与生产性服务业互促发展的良性循环。基于此,近年来,国内相关经验研究开始关注进口生产性服务对中国制造业的影响效应,如有研究考察了进口生产性服务与我国制造业全球价值链分工地位的关系,还有研究则验证了进口生产性服务对我国服务贸易技术复杂度提升的促进作用。

总体来看,国内的研究多是基于产业层面的数据,基于微观企业层面数据的研究则相对较少,也缺少对进口和国内生产性服务投入影响效应的比较分析。在已有研究的基础上,本书的主要贡献在于:首先,不同于已有文献从宏观产业层面的分析，本书利用中国工业企业数据库，结合投入产出数据，提供了来自微观企业层面数据的经验证据；其次，已有文献多是从单一角度考察进口生产性服务的影响，本书从服务的来源、类型上进行比较分析，分别考察了进口、国内生产性服务投入以及其他服务投入对制造业全要素生产率（total factor productivity，TFP）的影响效应，研究角度更全面，有助于准确评估国内及进口中间服务投入的功能异质性。

一、模型构建、数据来源及处理

（一）模型构建

1. 因变量：全要素生产率（TFP）。

本章选取全要素生产率作为因变量，这是由于提高制造业全要素生产率是实现经济可持续发展的需要，也是衡量增长质量的重要指标。利用中国工业企业数据库的数据，基于索洛剩余法计算全要素生产率 TFP_{it}，假设生产函数为三要素的 C–D 生产函数，即：

$$Y_{it} = A_i(t) K_{it}^{\alpha_k} L_{it}^{\alpha_l} M_{it}^{\alpha_m} \qquad (10-14)$$

其中，Y_{it}、$A_i(t)$、K_{it}、L_{it} 和 M_{it} 分别为 i 企业第 t 年的总产值、技术水平、固定资本、劳动和中间投入；α_k、α_l 和 α_m 分别为资本、劳动、中间投入的产出弹性。我们再设 $A_i(t) = A_{0i}(t) e^{a_t t}$ 对两边求对数可得：

$$\ln Y_{it} = a_{0i} + a_t t + \alpha_k \ln K_{it} + \alpha_l \ln L_{it} + \alpha_m \ln M_{it} \qquad (10-15)$$

其中，$a_{0i} = \ln(A_{0i})$，代表个体影响。本书借鉴李小平和朱钟棣的做法，利用企业 i 在 t 时期的工业总产值作为衡量产出的标准，以 2002 年为基期，根据该企业所在行业工业品出厂价格指数将工业总产值折算为 2002 年不变价格。另外，本书利用企业 i 在 t 时期的年末人员数代表劳动投入。最后，参照郑京海和胡鞍钢对资本投入的定义，选取固定资产净值年平均余额作为资本投入的数量指标。按照固定资产投资价格指数对固定资产净值进行平减。计算资本投入最关键的问题就是确定固定资产投资价格指数，根据国家统计局固定资产投资统计司的规定，固定资产价格指数分为建筑安装工程价格指数、设备价格指数和其他费用价格指数，本书的行业固定资产投资价格指数表达式如下：

$$P_{it} = \omega_{1t}P_{1t} + \omega_{2t}P_{2t} + \omega_{3t}P_{3t} \tag{10-16}$$

其中，P_{it}，P_{1t}，P_{2t} 和 P_{3t} 分别表示 t 时期行业 i 的固定资产投资价格指数、建筑安装工程价格指数、设备投资价格指数和其他费用价格指数。ω_{1t}、ω_{2t} 和 ω_{3t} 分别表示建筑安装工程费用、设备费用以及其他费用在固定资产总值中所占的比例。

对于企业的中间投入 M_{it}，用企业所属产业部门的中间投入价格指数进行平减，本书利用投入产出表提供的直接消耗系数和各产业部门的出厂价格指数采用如下公式推算得到中间投入价格指数：

$$P_{m,j(t)} = \sum_{i=1}^{n} P_{i(t)} \times a_{ij} \tag{10-17}$$

笔者将制造业企业按照所属产业部门划分为 14 个制造业部门，并利用 14 个制造业部门企业层面的面板数据根据式（10-15）分别进行普通最小二乘法回归，可以计算出资本、劳动和中间投入的产出弹性 α_k、α_l 和 α_m。正规化后得到：

$$\alpha_k^* = \alpha_k/(\alpha_k + \alpha_l + \alpha_m); \quad \alpha_l^* = \alpha_l/(\alpha_k + \alpha_l + \alpha_m); \quad \alpha_m^* = \alpha_m/(\alpha_k + \alpha_l + \alpha_m) \tag{10-18}$$

全要素生产率的计算公式为：

$$TFP_{it} = \ln Y_{it} - \alpha_k^* \ln K_{it} - \alpha_l^* \ln L_{it} - \alpha_m^* \ln M_{it} \tag{10-19}$$

2. 核心解释变量。

（1）服务联系指数：service_linkage。首先，需要构建一个自由化指数以反映服务部门的开放度水平和竞争程度，服务部门 k 在 t 时期的自由化指数表示为 liberalization_index$_{kt}$，基于数据的可获得性，笔者以非国有单位就业人数占总就业人数的比重来代表自由化指数。其次，构建"联系指数"用以衡量开放经济下生产性服务投入对制造业的影响。由于无法获得企业层面的要素服务使用数据，本书在阿诺德等（Arnold et al.）研究方法的基础上，借助相关系数来评估制造业部门与服务部门间的相互依赖程度，并在其基础上对相应指标加以改进和拓展，进而测算制造企业的国内和进口生产性服务投入，指标构建如下：

$$services\_linkage_{jt} = \sum_{k} a_{kjt} \times liberalization\_index_{kt} \tag{10-20}$$

式中，a_{kj} 表示制造业部门 j 所使用的服务部门 k 的投入品在其总投入中所占的比重，$liberalization\_index_{kt}$ 如前文所述表示服务部门自由化程度的衡量指标。

阿诺德等使用的投入产出系数是基于竞争型投入产出表得出的，没有将进口投入要素和国内投入要素进行区分，而实际上每一个制造业部门所使用的国内和进口服务比例是有很大差别的，有必要将要素服务按照来源加以区分后，构造相应指标以进一步考察开放条件下进口和国内生产性服务投入对制造业影响的差异性。为此，笔者将 a_{kj} 拆分为 a_{kj}^{D} 和 a_{kj}^{M}，分离出制造业部门 j 所使用的服务部门 k 的进口、国内投入品在其总投入中所占的比重。经过拓展后的指标如下：

$$services\_linkage_{kt}^{M} = \sum_{j} a_{kjt}^{M} \times liberalization\_index_{kt} \quad (10-21)$$

$$services\_linkage_{kt}^{D} = \sum_{j} a_{kjt}^{D} \times liberalization\_index_{kt} \quad (10-22)$$

（2）上游制造业联系指数：manu_linkage。制造企业的全要素生产率也会受到其上游制造业部门开放度水平的影响，从而带来上游投入品的数量和种类的变化。上游制造业联系指数的构造方法与服务业联系指数的构造方法相同，在此不再赘述，与服务联系指数相类似，上游制造业联系指数反映了上游制造业中间投入要素对制造业的影响。

（3）上游制造业的关税保护水平：imfiltrate。本章参照现有研究方法，采用进口渗透率指标来衡量进口关税变动，即用行业的进口数值除以该行业的总产出所计算出来的进口渗透率来衡量中国进口关税水平的削减程度，这是由于高进口渗透率意味着贸易高度自由化，也即意味着更低的进口关税。与联系指数的构造方法相同，该指标也可用投入产出系数进行加权。

3. 模型设定。

$$TFP_{it} = \alpha + \beta_1 \times service\_linkage_{jkt-1}^{\mu M} + \beta_2 \times service\_linkage_{jkt-1}^{\mu D} + \gamma \times X_{jt-1} + \eta_{it}$$

$$(10-23)$$

式（10-23）为模型的基本表达式，TFP_{it} 表示 i 企业在 t 时期的全要素生产率，在对企业数据处理过程中剔除了港澳台商独资经营企业、港澳台商投资股份有限公司、外资企业和外商投资股份有限公司，从而考察生产性服务对本土制造业的影响；service_linkage$_{jkt-1}^{\mu M}$为进口生产性服务的联系指数，service_linkage$_{jkt-1}^{\mu D}$为国产生产性服务的联系指数，其中，$\mu = PS$，OS，PS 和 OS 分别表示生产性服务和其他服务；X_{jt-1}是其他影响制造业全要素生产率的变量，具体包括上游制造业联系指数，构造方法与服务业联系指数相同，还包括用投入产出系数加权后的进口渗透率指标，用以反映上游制造业部门的关税保护水平。由于生产性服务投入需要时间才会对 TFP 产生影响，因此，模型中相关变量均滞后一期。根据上述基本模型，表 10 - 5 对本章中面板数据回归模型中的变量进行了简要说明。

表 10 - 5　　　　　　　　　面板数据回归模型相关变量说明

因变量	TFP	制造企业的全要素生产率
自变量	PSADserlin	国产生产性服务联系指数，反映了开放经济条件下制造业生产过程中受国产生产性服务的影响
	PSAMserlin	进口生产性服务联系指数，反映了开放经济条件下制造业生产过程中受进口生产性服务的影响
	OSADserlin	国产其他服务联系指数，反映了开放经济条件下制造业生产过程中受国产其他服务的影响
	OSAMserlin	进口其他服务联系指数，反映了开放经济条件下制造业生产过程中受进口其他服务的影响
	Manulin	制造业联系指数，反映了开放经济条件下制造业生产过程中受上游制造业投入品的影响
	Imfiltrate	进口渗透率，反映了上游制造业进口关税的削减程度和贸易开放度水平

（二）数据来源及处理

根据研究需要，笔者将中国官方公布的 2002 年、2005 年、2007 年、2010 年以及 2012 年投入产出表合并为 38 部门投入产出表，包括 1 个农业部门，4 个采选业部门，16 个制造业部门，15 个服务业部门，以及电力及热力的生产和供应业、建筑业两个部门。在此基础上，本书选取 14 个制造业部门（剔除了其他制造业和废品废料两个部门）和 15 个服务部门作为研究对象。这 14 个制造业部门包括：4 个劳动密集型制造业部门，即：食品制造业、纺织业、木材加工及家具制造业、造纸印刷及文教体育用品制造业；5 个资本密集型制造业部门，即：石油加工炼焦及核燃料加工业、非金属矿物制品业、金属冶炼及压延加工业、金属制品业、通用专用设备制造业；5 个技术密集型制造业部门，即：化学工业、交通运输设备制造业、电气机械及器材制造业、通信设备和计算机及其他电子设备制造业、仪器仪表及文化办公用机械制造业。根据服务部门的性质，将 15 个服务部门进一步归并为生产性服务部门和其他部门，其中，生产性服务部门包括：信息传输业、租赁和商务服务业、金融业、交通运输仓储邮政业、科学研究事业、综合技术服务业 6 个部门；其他服务部门则包括：批发零售业、住宿餐饮业、房地产业、居民及其他服务业、水利环境设施管理业、卫生社会保障福利业、教育业、文化体育娱乐业、公共管理业 9 个部门。

在计量回归中，由于本书需要 2002～2012 年连续的投入产出表数据，而国家统计局仅公布了 2002 年、2005 年、2007 年、2010 年及 2012 年投入产出表，对于缺省年份的投入产出表及其相应系数需要自行推算。由于投入产出系数反映的是技术水平，短期内一国技术水平不会出现明显的变动，因此，本书使用相邻年份或者后一年份的投入产出系数代替缺省年份投入产出表的相应数值。

对于中国工业企业数据库，由于其各年数据参差不齐、企业改制、更名和在不同地区之间迁徙，致使法人代码、工商注册号等均不能作为唯一的企业识别码，因此，本书首先参照已有研究采用的贯序识别匹配法对 2002～2012 年中国工业企业数据库数据进行匹配。其次，基于数据的可获得性，本书选取了 14 个制造业部门作为研究对象，按照国民经济行业分类（GB/T 4754-2002）的两位数行业代码，进一步剔除不属于这 14 个制造业部门的代码。最后，由于本书主要考察对境内企业的影响，因此，如前文所述剔除港澳台商独资经营企业、港澳台商投资股份有限公司、外资企业和外商投资股份有限公司。

计算制造企业全要素生产率所需的企业层面数据来自于中国工业企业数据库。制造业整体的固定资产投资价格指数、建筑安装工程价格指数、设备投资价格指数和其他费用价格指数来自《中国统计年鉴》。此外，《中国统计年鉴》没有 2002 年和 2003 年按行业划分的各类固定资产投资权重指标，因此，本书按照已有研究，以 2004～2012 年的平均值代替 2002 年和 2003 年的权重指标。另外，对制造企业中间投入品剔除价格因素时所需要的相应部门的工业品出厂价格指数来自《中国工业经济统计年鉴》。构建制造业联系指数及进口渗透率指标所需的制造业产值、外资占比等数据来自《中国统计年鉴》和《中国工业经济统计年鉴》。构建服务业联系指数所需的服务业相关数据来自于相应年份的《中国统计年鉴》和《中国第三产业统计年鉴》，缺失的 2004 年数据则来自于 2004 年《中国经济普查年鉴》。其中，信息传输、计算机服务和软件业缺失 2001 年及 2002 年按注册类型划分的就业数据，笔者采用 2003～2004 年的就业增长率逆推计算得到，观察 2003 年之后的数据发现，该部门就业按照相对稳定的速率逐年递增，因此，该处理方法具有一定的合理性。

二、异质性服务投入对制造业全要素生产率的影响效应

通过对式（10－23）进行普通最小二乘回归分析，考察进口、国产的生产性服务投入和其他服务投入对制造业 TFP 的影响效应，具体结果如表 10－6 所示。

表 10－6   中间服务投入对制造业全要素生产率的影响效应

因变量：TFP	制造业整体	劳动密集型	资本密集型	技术密集型
PSAMserlin	0.7426 *** (9.18)	0.6212 (0.57)	0.8360 *** (4.00)	0.8541 *** (6.78)
OSAMserlin	0.2932 *** (4.12)	－0.3561 *** (－5.67)	0.4468 *** (6.90)	0.2022 *** (5.42)
PSADserlin	0.4012 * (1.99)	0.7063 * (1.89)	－0.1194 ** (－3.18)	0.8037 (0.81)
OSADserlin	0.1214 ** (3.69)	0.9647 *** (7.29)	0.3202 (1.09)	0.8533 (0.95)
Manulin	－0.0459 (－0.69)	0.1772 *** (6.24)	0.7608 * (1.87)	－0.8026 *** (－6.22)

续表

因变量：TFP	制造业整体	劳动密集型	资本密集型	技术密集型
Imfiltrate	0.9978 *** (7.16)	0.2986 *** (10.90)	0.2462 ** (2.23)	0.3165 ** (2.14)
R²	0.0150	0.0732	0.0165	0.0442
样本数	369336	126012	122322	121002

注：括号内为 t 值； *、** 和 *** 分别表示在 10%、5% 和 1% 的水平下显著。

　　从整体来看，进口生产性服务投入的回归系数是显著为正的，这表明在开放经济条件下生产性服务进口增加将会促进制造业 TFP 的提升，但是，其对不同类型制造业的影响存在显著差异性，对技术密集型制造业的促进作用尤为突出，回归系数为 0.8541，对资本密集型制造业，回归系数是 0.8360，对劳动密集型制造业的回归系数虽然为正却不显著，这很可能是由于作为一种知识密集型投入要素，生产性服务与技术密集型制造业具有更为密切的产业关联性，因此，更能促进技术密集型制造业竞争力的提升，已有研究也得出类似的结论。此外，进口其他服务投入对制造业整体以及不同类型制造业的回归系数均是显著的，但是影响效果表现出明显的差异性，进口其他服务能够很大程度上促进制造业整体 TFP 的提升，分类型来看，其对资本密集型和技术密集型制造业同样具有显著的正向影响效应，但是，由于回归系数为 -0.3561，并且是显著的，进口其他服务投入并不利于劳动密集型制造业的发展。因此，综合来看，进口服务的使用能够促进我国制造业 TFP 的提升，并且进口服务投入更有利于资本密集型、技术密集型制造业 TFP 的提升，在很大程度上有利于我国制造业产业结构的优化升级。

　　另外，国产生产性服务投入对整体制造业 TFP 具有显著的正向影响，但是其回归系数为 0.4012，小于进口生产性服务投入的 0.7426，这说明相对于进口服务而言，国产生产性服务的影响效应相对较小。从不同制造业类型来看，其对劳动密集型制造业的回归系数为 0.7063 并且显著为正，这说明国产生产性服务投入有利于劳动密集型制造业 TFP 的提升，但是其对资本密集型制造业的回归系数则显著为负，因而不利于资本密集型制造业 TFP

的提升,与此同时,对技术密集型制造业的影响则不显著。此外,国内其他服务也表现出与国内生产性服务相类似的影响效应,虽然对制造业整体竞争力的提升具有积极的影响,但是这主要体现在劳动密集型制造业部门,对资本密集型以及技术密集型制造业部门的影响效应并不显著。由此可见,目前我国生产性服务市场发展还难以起到对制造业的产业促进作用,特别是作为高级投入要素的生产性服务投入对制造业的产业促进作用还有待进一步提升。

上游制造业联系指数反映了开放经济条件下上游制造业中间投入对制造业的影响,如表 10-6 所示,虽然其对劳动密集型、资本密集型制造业的回归系数分别为 0.1772 和 0.7608,并且显著为正,因而能够促进劳动密集型、资本密集型制造业 TFP 的提升,但却不利于技术密集型制造业 TFP 的提升,这说明上游制造业中间投入的使用不利于我国制造业产业结构的优化,这可能是由于我国制造业自身在全球价值链中处于较为低端的位置,这一不利的价值链分工地位影响了制造业对上游进口中间投入品的需求水平和需求结构,使得上游制造业投入品的使用不利于高技术领域制造业竞争力的提升,使制造业进一步被锁定在全球价值链低端。此外,进口渗透率对制造业具有积极的影响效应,这与预期是相符的,说明贸易开放度水平的提高有助于我国制造业竞争力的提升。

三、结论与启示

本书将中国工业企业数据库与投入产出数据相结合,通过构建服务联系指数,进行面板数据回归分析,考察了不同来源及类型的异质性服务投入对中国制造业 TFP 的影响效应,研究结果表明:进口生产性服务投入和其他服务投入对我国制造业整体 TFP 的提升具有显著的促进作用,特别是对资本密集型、技术密集型制造业,能够很大程度上促进我国制造业产业结构的优化升级,相较而言,国内生产性服务和其他服务投入对制造业 TFP 提升的作用较小,且主要体现在劳动密集型制造业部门,对技术密集型制造业的影响并不显著。由此可见,在国内中间服务市场发展不足的情况下,通过从外部获取中间服务投入在很大程度上有助于我国制造业竞争力的提升和产业结构的优化。从本章的结论可以得出以下重要启示。

首先，应当进一步促进服务部门，特别是生产性服务部门开放度水平的提升，与此同时，积极成为全球服务贸易的"发包方"，由被动锁定于全球价值链低端的状态转变为主动参与方，积极在全球价值链和"一带一路"价值链中谋求新利益。通过外部获取的方式，弥补国内生产性服务市场缺失的不足，使国内企业能够以更低的成本获得更加多样化的中间服务。其次，努力增加对"一带一路"沿线国家生产性服务的进口，积极与更多国家签订共建"一带一路"合作文件，着力改变进口来源地高度集中于中国周边地区的现状，通过参与生产性服务的进口还能为制造业部门提供更为优质的中间投入，使得制造业部门各生产环节更好地吸收来自上游环节的技术溢出，进而促进本部门的技术提升。最后，对外国生产性服务的引入还有助于创造良性的竞争环境，从而利用竞争机制倒逼本土生产性服务市场的发展，与此同时，为更好地消化、吸收进口生产性服务投入，也会倒逼制造业自身进行结构优化。

第三节　中国与"一带一路"沿线国家服务业增加值贸易互补性测度

一、互补性测度指标

贸易关系主要体现在竞争性和互补性两个方面。如果两国在资源禀赋、经济发展阶段、人才资源储备等方面差异性较大，一国具有出口优势的贸易部门正好为另一国具有进口需求的贸易部门，则两国该部门贸易具有互补性。

本书采用格鲁贝尔—劳埃德指数（grubel-lloyd index，GL）对中国与"一带一路"沿线国家服务业增加值贸易的互补关系进行全面深入的分析。该指数由格鲁贝尔和劳埃德于1975年提出，是测算产业内贸易水平的重要指标，可以准确地反映产业内贸易水平的发展变动。具体计算公式为：

$$GL_{ij}^k = 1 - \frac{|EX_{ij}^k - IM_{ij}^k|}{EX_{ij}^k + IM_{ij}^k} \tag{10-24}$$

其中，GL_{ij}^k 表示 i、j 两国在 k 产品上的格鲁贝尔—劳埃德指数，EX_{ij}^k、IM_{ij}^k 分别表示 i、j 两国在 k 产品上的出口额和进口额。该指标的变动范围为 [0，1]，若 $GL_{ij}^k > 0.5$，则说明两国之间在该产品上的贸易以产业内贸易为主，数值越大，产业内贸易水平越高即竞争性越强，当 $GL_{ij}^k = 1$ 时，代表完全产业内贸易，此时竞争性达到最大；若 $GL_{ij}^k < 0.5$，则说明两国之间在该产品上的贸易以产业间贸易为主，数值越小，产业间贸易水平越高即互补性越强，当 $EX_{ij}^k = 0$ 或 $IM_{ij}^k = 0$，即 $GL_{ij}^k = 0$ 时，代表完全产业间贸易，此时互补性达到最强，存在极大的贸易合作利益和明显的贸易机遇。

二、中国与"一带一路"沿线区域服务业增加值贸易互补性测度

表 10-7 是 2011 年、2017 年中国与"一带一路"沿线区域服务业增加值贸易 G-L 指数，结合 2017 年中国与"一带一路"沿线区域服务业细分部门增加值进出口情况，可以发现，就 c19 汽车及摩托车的销售、维护及修理而言，中国与"一带一路"沿线 7 个地区均具有强贸易互补性，但该部门对"一带一路"沿线 7 个地区的出口量均为 0，中国与 7 个地区的强贸易互补性为中国进口与 7 个地区出口的强互补性。就 c20 燃油零售批发而言，中国与东欧、东亚等 4 个地区贸易互补程度较大，与中亚、西亚具有强互补性，但中国该部门对西亚的出口量为 0，与西亚的强互补性为中国进口与西亚出口的强互补性。就 c21 零售而言，中国与东南亚贸易互补程度较大，与东亚、中亚、西亚、东欧、中欧 5 个地区具有强贸易互补性，但中国该部门对中亚、西亚的出口量为 0，与中亚、西亚的强互补性为中国进口与中亚、西亚出口的强互补性。就 c22 住宿和餐饮业而言，中国与中欧贸易互补程度较大，与中亚、西亚具有强互补性，但中国该部门对中亚、西亚的出口量为 0，与中亚、西亚的强互补性为中国进口与中亚、西亚出口的强互补性。

表 10－7　中国与"一带一路"沿线区域服务业增加值贸易 G－L 指数

贸易部门	东亚 2011 年	东亚 2017 年	东南亚 2011 年	东南亚 2017 年	南亚 2011 年	南亚 2017 年	中亚 2011 年	中亚 2017 年	西亚 2011 年	西亚 2017 年	东欧 2011 年	东欧 2017 年	中欧 2011 年	中欧 2017 年
汽车及摩托车销售、维护及修理	0	0	0	0	0	0	0.67	0	0	0	0	0	0	0
燃油零售批发	0.34	0.09	0.22	0.36	0.64	0.68	0.20	0	0	0	0.02	0.02	0.09	0.11
零售	0	0	0.08	0.16	0.46	0.59	0.02	0	0	0	0.02	0	0	0
住宿和餐饮业	0.49	0.66	0.82	0.99	0.98	0.81	0	0	0	0	0.52	0.71	0.72	0.45
陆路运输	0.21	0.27	0.24	0.28	0.29	0.60	0.72	0.32	0.10	0.07	0.04	0.06	0.86	0.90
水路运输	0.36	0.27	0.32	0.38	0.02	0.01	0.80	0.30	0.65	0.41	0.37	0.49	0.06	0.08
航空运输	0.53	0.57	0.67	0.69	0.81	0.66	0.77	0.69	0.08	0.04	0.37	0.42	0.84	0.90
旅行社业务	0.04	0.03	0.75	0.63	0.10	0.12	0.84	0.71	0.13	0.06	0.30	0.88	0.68	0.76
邮政通信业	0.29	0.45	0.70	0.62	0.64	0.62	0.95	0.83	0.08	0.03	0.17	0.65	0.28	0.33
金融业	0.20	0.32	0.50	0.57	0.15	0.15	0.78	0.98	0.21	0.10	0.14	0.30	0.16	0.26
房地产业	0	0	0.61	0	0	0	0.36	0	0	0	0	0	0	0
租赁和商务服务业	0.58	0.69	0.78	0.52	0.92	0.85	0.45	0.28	0.04	0.12	0.83	0.98	0.94	0.84
公共管理和国防及社会保障业	0.50	0.40	0.10	0.05	0.03	0.01	0.13	0	0.21	0.09	0.21	0.25	0.22	0.28
教育	0.03	0.03	0.28	0.39	0.03	0.09	0	0	0	0	0.08	0.05	0.03	0.03
卫生和社会工作	0	0	0.69	0.57	0.04	0.08	0.02	0.08	0	0	0.04	0.03	0.06	0.08
其他社区、社会及个人服务业	0.66	0.38	0.55	0.42	0.68	0.56	0.02	0.11	0.69	0.62	0.66	0.89	0.47	0.88
私人雇佣的家庭服务业	—	—	0	0	0	—	—	—	—	—	—	—	—	—

资料来源：对外经贸大学全球价值链研究院 UIBE GVC Indicators 的 ADB－MRIO 数据库。表中"—"表示中国与该地区无该部门产品的进口与出口。

就 c23 陆路运输而言,中国与东欧、西亚等 5 个地区贸易互补程度较大。就 c24 水路运输而言,中国与 7 个地区贸易互补程度均较大。就 c25 航空运输而言,中国与西亚、东欧贸易互补程度较大。就 c26 旅行社业务而言,中国与东亚、南亚、西亚贸易互补程度较大。就 c27 邮政通信业而言,中国与东亚、西亚、中欧贸易互补程度较大。就 c28 金融业而言,中国与南亚、西亚等 5 个地区贸易互补程度较大。就 c29 房地产业而言,中国与 7 个地区均具有强贸易互补性,但该部门对 7 个地区的出口量均为 0,中国与 7 个地区的强贸易互补性为中国进口与 7 个地区出口的强互补性。

就 c30 租赁和商务服务业而言,中国与中亚、西亚贸易互补程度较大;就 c31 公共管理和国防及社会保障业而言,中国与南亚、东亚等 7 个地区贸易互补程度均较大;就 c32 教育而言,中国与东亚、中欧等 5 个地区贸易互补程度较大,与中亚、西亚具有强互补性;就 c33 卫生和社会工作而言,中国与中亚、东欧等 4 个地区贸易互补程度较大,与东亚、西亚具有强互补性;就 c34 其他社区、社会及个人服务业而言,中国出口与东亚、东南亚、中亚贸易互补程度较大;就 c35 私人雇佣的家庭服务业而言,中国进口与东南亚、东欧出口具有强互补性,但中国与"一带一路"沿线其余地区均无进出口贸易往来。

中国与"一带一路"沿线区域尤其是东亚、中亚、西亚、东欧服务业增加值贸易以互补性为主,竞争性较弱,互补性行业主要为 c19 汽车及摩托车的销售、维护及修理,c20 燃油零售批发,c21 零售,c23 陆路运输,c24 水路运输,c29 房地产业,c31 公共管理和国防及社会保障业,c32 教育,c33 卫生和社会工作,与这些行业存在较大的服务贸易合作潜能。

三、中国与"一带一路"沿线国家服务业增加值贸易互补性测度

表 10-8 是 2017 年中国与"一带一路"沿线国家服务业细分部门增加值贸易 G-L 指数排名,结合中国与"一带一路"沿线国家服务业细分部门增加值进出口情况,可以发现,就 c19 汽车及摩托车的销售、维护及修理而言,中国与波兰、奥地利等 27 个"一带一路"国家具有强贸易互补性,但

该部门对"一带一路"沿线各国的出口量均为0，中国与这27个国家的强互补性为中国进口与这27个国家出口的强互补性；就c20燃油零售批发而言，中国与哈萨克斯坦、俄罗斯等14个国家贸易互补程度较大，与老挝、越南等12个国家具有强互补性，但中国该部门对这12个国家的出口量为0，强互补性为中国进口与这12个国家出口的强互补性；就c21零售而言，中国与柬埔寨、菲律宾等5个国家贸易互补程度较大，与韩国、波兰等21个国家具有强互补性，但中国该部门对韩国、波兰等21个国家的出口量为0，强互补性为中国进口与这21个国家出口的强互补性；就c22住宿和餐饮业而言，中国与文莱、斯洛伐克等12个国家贸易互补程度较大，与马尔代夫、波兰等7个国家具有强互补性，但中国该部门对马尔代夫、波兰等7个国家的出口量为0，强互补性为中国进口与这7个国家出口的强互补性。

表 10 – 8　　　2017 年中国与"一带一路"沿线国家服务业细分部门
增加值贸易 G – L 指数排名

位次	汽车及摩托车的销售、维护及修理		位次	燃油零售批发		位次	零售		位次	住宿和餐饮业	
	国别	指数		国别	指数		国别	指数		国别	指数
1	新加坡	0	1	马尔代夫	0.88	1	马尔代夫	0.95	1	立陶宛	0.98
1	老挝	0	1	斯里兰卡	0.88	2	文莱	0.73	2	拉脱维亚	0.95
1	马来西亚	0	3	立陶宛	0.73	3	泰国	0.51	2	尼泊尔	0.95
1	泰国	0	4	斯洛文尼亚	0.67	4	斯里兰卡	0.46	4	保加利亚	0.85
1	文莱	0	5	文莱	0.57	5	新加坡	0.26	5	匈牙利	0.76
1	越南	0	6	泰国	0.40	6	马来西亚	0.12	6	爱沙尼亚	0.72
1	爱沙尼亚	0	7	新加坡	0.30	7	菲律宾	0.01	7	柬埔寨	0.67
1	保加利亚	0	8	捷克	0.24	7	柬埔寨	0.01	8	韩国	0.66
1	克罗地亚	0	9	拉脱维亚	0.21	9	老挝	0	9	罗马尼亚	0.62
1	拉脱维亚	0	9	斯洛伐克	0.21	10	爱沙尼亚	0	10	泰国	0.56
1	立陶宛	0	11	马来西亚	0.13	11	保加利亚	0	11	俄罗斯	0.54
1	罗马尼亚	0	12	柬埔寨	0.12	12	克罗地亚	0	12	奥地利	0.46
1	斯洛文尼亚	0	12	奥地利	0.12	13	拉脱维亚	0	13	捷克	0.33

续表

位次	汽车及摩托车的销售、维护及修理		位次	燃油零售批发		位次	零售		位次	住宿和餐饮业	
	国别	指数		国别	指数		国别	指数		国别	指数
1	韩国	0	12	匈牙利	0.12	14	立陶宛	0	14	马来西亚	0.27
1	巴基斯坦	0	15	韩国	0.09	15	罗马尼亚	0	15	菲律宾	0.25
1	不丹	0	16	波兰	0.06	16	斯洛文尼亚	0	16	克罗地亚	0.24
1	马尔代夫	0	17	菲律宾	0.03	17	韩国	0	17	越南	0.23
1	孟加拉国	0	18	俄罗斯	0.02	18	俄罗斯	0	17	斯里兰卡	0.23
1	尼泊尔	0	19	哈萨克斯坦	0.01	19	巴基斯坦	0	19	斯洛文尼亚	0.22
1	斯里兰卡	0	20	老挝	0	20	不丹	0	20	印度尼西亚	0.20
1	土耳其	0	20	越南	0	21	孟加拉国	0	21	巴基斯坦	0.16
1	奥地利	0	20	爱沙尼亚	0	22	尼泊尔	0	22	斯洛伐克	0.08
1	波兰	0	20	保加利亚	0	23	土耳其	0	23	文莱	0.02
1	捷克	0	20	克罗地亚	0	24	奥地利	0	24	新加坡	0
1	斯洛伐克	0	20	罗马尼亚	0	25	波兰	0	24	不丹	0
1	匈牙利	0	20	巴基斯坦	0	26	捷克	0	24	马尔代夫	0
1	哈萨克斯坦	0	20	不丹	0	27	斯洛伐克	0	24	孟加拉国	0
	菲律宾	—	20	孟加拉国	0	28	匈牙利	0	24	土耳其	0
	柬埔寨	—	20	尼泊尔	0	29	吉尔吉斯斯坦	0	24	波兰	0
	印度尼西亚	—	20	土耳其	0		印度尼西亚	—	24	吉尔吉斯斯坦	0
	俄罗斯	—	20	吉尔吉斯斯坦	0		越南			老挝	
	印度	—		印度尼西亚	—		印度			印度	
	吉尔吉斯斯坦	—		印度	—		哈萨克斯坦			哈萨克斯坦	

位次	陆路运输		位次	水路运输		位次	航空运输		位次	旅行社业务	
	国别	指数		国别	指数		国别	指数		国别	指数
1	克罗地亚	0.98	1	印度	1	1	奥地利	0.96	1	匈牙利	0.96
2	奥地利	0.94	2	俄罗斯	0.99	2	斯洛文尼亚	0.92	2	斯洛伐克	0.93

续表

位次	陆路运输		位次	水路运输		位次	航空运输		位次	旅行社业务	
	国别	指数		国别	指数		国别	指数		国别	指数
2	捷克	0.94	3	老挝	0.97	3	罗马尼亚	0.90	3	奥地利	0.86
4	斯洛伐克	0.93	4	克罗地亚	0.92	4	越南	0.87	4	泰国	0.81
5	拉脱维亚	0.84	5	哈萨克斯坦	0.71	5	泰国	0.84	5	哈萨克斯坦	0.78
6	保加利亚	0.83	6	罗马尼亚	0.62	6	波兰	0.83	6	捷克	0.62
7	柬埔寨	0.78	7	新加坡	0.46	7	拉脱维亚	0.80	7	吉尔吉斯斯坦	0.59
7	马尔代夫	0.78	8	拉脱维亚	0.44	7	马尔代夫	0.80	8	波兰	0.57
9	立陶宛	0.71	8	匈牙利	0.44	9	捷克	0.79	9	马来西亚	0.47
9	波兰	0.71	10	马来西亚	0.42	10	哈萨克斯坦	0.72	10	马尔代夫	0.40
11	吉尔吉斯斯坦	0.68	11	土耳其	0.41	11	文莱	0.71	11	保加利亚	0.35
12	印度尼西亚	0.67	12	斯洛文尼亚	0.28	11	不丹	0.71	12	斯洛文尼亚	0.30
13	老挝	0.63	13	韩国	0.27	13	保加利亚	0.70	13	克罗地亚	0.29
14	斯里兰卡	0.62	14	爱沙尼亚	0.24	14	老挝	0.67	14	老挝	0.26
15	文莱	0.57	15	印度尼西亚	0.22	15	克罗地亚	0.66	15	新加坡	0.24
16	匈牙利	0.50	16	马尔代夫	0.16	16	韩国	0.57	16	菲律宾	0.17
17	斯洛文尼亚	0.43	17	菲律宾	0.15	16	匈牙利	0.57	17	拉脱维亚	0.13
18	马来西亚	0.42	17	泰国	0.15	18	爱沙尼亚	0.52	18	文莱	0.10
18	爱沙尼亚	0.42	19	波兰	0.10	19	马来西亚	0.49	19	罗马尼亚	0.09
20	不丹	0.29	20	文莱	0.09	20	菲律宾	0.46	20	尼泊尔	0.08
21	韩国	0.27	21	立陶宛	0.08	21	新加坡	0.36	21	巴基斯坦	0.06
22	新加坡	0.26	22	斯里兰卡	0.07	22	斯里兰卡	0.31	21	土耳其	0.06
23	越南	0.14	22	奥地利	0.07	23	立陶宛	0.24	23	爱沙尼亚	0.05
23	罗马尼亚	0.14	24	捷克	0.05	23	尼泊尔	0.18	24	立陶宛	0.03
25	泰国	0.12	25	斯洛伐克	0.02	25	吉尔吉斯斯坦	0.18	24	韩国	0.03
26	土耳其	0.07	26	保加利亚	0.01	26	俄罗斯	0.15	26	不丹	0.02
27	哈萨克斯坦	0.06	26	吉尔吉斯斯坦	0.01	27	印度尼西亚	0.14	27	印度尼西亚	0

续表

位次	陆路运输		位次	水路运输		位次	航空运输		位次	旅行社业务	
	国别	指数		国别	指数		国别	指数		国别	指数
28	俄罗斯	0.05	27	越南	0	28	印度	0.11	28	越南	0
29	菲律宾	0.04	27	巴基斯坦	0	29	斯洛伐克	0.09	29	俄罗斯	0
30	尼泊尔	0.03	27	不丹	0	30	土耳其	0.04	30	印度	0
31	巴基斯坦	0	27	孟加拉国	0	31	巴基斯坦	0.01		柬埔寨	—
31	孟加拉国	0		柬埔寨	—	32	孟加拉国	0		孟加拉国	—
	印度	—		尼泊尔	—		柬埔寨	—		斯里兰卡	—

位次	邮政通信业		位次	金融业		位次	房地产业		位次	租赁和商务服务业	
	国别	指数		国别	指数		国别	指数		国别	指数
1	立陶宛	0.96	1	克罗地亚	1	1	新加坡	0	1	斯洛文尼亚	0.77
1	哈萨克斯坦	0.96	2	哈萨克斯坦	0.97	1	菲律宾	0	2	印度尼西亚	0.72
3	爱沙尼亚	0.92	3	菲律宾	0.93	1	柬埔寨	0	3	爱沙尼亚	0.71
4	克罗地亚	0.88	3	吉尔吉斯斯坦	0.93	1	文莱	0	3	奥地利	0.71
5	老挝	0.73	5	泰国	0.89	1	越南	0	5	韩国	0.69
6	保加利亚	0.72	6	斯里兰卡	0.87	1	爱沙尼亚	0	6	匈牙利	0.68
7	吉尔吉斯斯坦	0.69	7	捷克	0.82	1	保加利亚	0	7	越南	0.62
8	柬埔寨	0.62	8	马尔代夫	0.75	1	克罗地亚	0	8	斯洛伐克	0.60
9	马来西亚	0.61	9	文莱	0.69	1	拉脱维亚	0	9	克罗地亚	0.58
10	斯洛文尼亚	0.58	10	印度尼西亚	0.67	1	立陶宛	0	10	印度	0.58
11	波兰	0.56	11	马来西亚	0.49	1	罗马尼亚	0	11	波兰	0.54
12	罗马尼亚	0.55	12	拉脱维亚	0.46	1	斯洛文尼亚	0	12	罗马尼亚	0.53
13	泰国	0.52	13	波兰	0.37	1	韩国	0	13	立陶宛	0.52
14	俄罗斯	0.49	14	越南	0.35	1	巴基斯坦	0	14	捷克	0.52
15	韩国	0.45	15	韩国	0.32	1	斯里兰卡	0	15	保加利亚	0.51
15	奥地利	0.45	16	匈牙利	0.30	1	土耳其	0	16	拉脱维亚	0.35
17	越南	0.42	17	柬埔寨	0.24	1	奥地利	0	17	斯里兰卡	0.35
18	巴基斯坦	0.36	17	立陶宛	0.24	1	波兰	0	18	柬埔寨	0.30

续表

位次	邮政通信业		位次	金融业		位次	房地产业		位次	租赁和商务服务业	
	国别	指数		国别	指数		国别	指数		国别	指数
19	菲律宾	0.23	17	不丹	0.24	1	捷克	0	19	哈萨克斯坦	0.28
20	拉脱维亚	0.16	20	印度	0.23	1	斯洛伐克	0	20	马来西亚	0.25
20	不丹	0.16	21	斯洛伐克	0.20	1	匈牙利	0	21	泰国	0.20
20	马尔代夫	0.16	22	保加利亚	0.19	1	哈萨克斯坦	0	22	巴基斯坦	0.15
20	印度	0.16	23	老挝	0.14		老挝	—	23	马尔代夫	0.14
24	尼泊尔	0.14	23	爱沙尼亚	0.14		马来西亚	—	24	土耳其	0.12
25	文莱	0.11	25	罗马尼亚	0.10		泰国	—	25	尼泊尔	0.09
26	孟加拉国	0.09	25	土耳其	0.10		印度尼西亚	—	26	俄罗斯	0.08
26	斯里兰卡	0.09	27	新加坡	0.08		俄罗斯	—	27	文莱	0.05
28	印度尼西亚	0.08	28	俄罗斯	0.05		不丹	—	28	菲律宾	0.03
29	新加坡	0.04	28	孟加拉国	0.05		马尔代夫	—	29	不丹	0.01
29	匈牙利	0.04	30	巴基斯坦	0.03		孟加拉国	—	30	新加坡	0
31	土耳其	0.03	31	奥地利	0.02		尼泊尔	—	30	老挝	0
32	捷克	0.02	32	斯洛文尼亚	0.01		印度	—		孟加拉国	—
32	斯洛伐克	0.02	33	尼泊尔	0		吉尔吉斯斯坦	—		吉尔吉斯斯坦	—

位次	公共管理和国防及社会保障业		位次	教育		位次	卫生和社会工作		位次	其他社区、社会及个人服务业	
	国别	指数		国别	指数		国别	指数		国别	指数
1	斯洛伐克	0.93	1	罗马尼亚	0.87	1	越南	0.90	1	文莱	0.97
2	保加利亚	0.72	2	马来西亚	0.75	2	文莱	0.67	2	斯洛文尼亚	0.96
3	立陶宛	0.65	3	文莱	0.67	3	马来西亚	0.51	3	克罗地亚	0.92
4	匈牙利	0.54	4	匈牙利	0.45	4	匈牙利	0.36	3	波兰	0.92
5	斯洛文尼亚	0.43	5	爱沙尼亚	0.38	5	泰国	0.34	5	罗马尼亚	0.91
6	韩国	0.40	6	越南	0.37	6	波兰	0.27	6	立陶宛	0.87
7	拉脱维亚	0.35	7	波兰	0.28	7	菲律宾	0.23	7	拉脱维亚	0.79
8	印度尼西亚	0.20	8	斯洛伐克	0.24	8	罗马尼亚	0.22	8	越南	0.73
9	新加坡	0.17	9	拉脱维亚	0.19	9	印度尼西亚	0.18	9	马尔代夫	0.73

续表

位次	公共管理和国防及社会保障业		位次	教育		位次	卫生和社会工作		位次	其他社区、社会及个人服务业	
	国别	指数		国别	指数		国别	指数		国别	指数
10	捷克	0.15	10	斯洛文尼亚	0.08	10	爱沙尼亚	0.10	10	印度尼西亚	0.70
11	奥地利	0.14	11	菲律宾	0.07	11	斯洛伐克	0.08	11	土耳其	0.62
12	土耳其	0.09	11	保加利亚	0.07	12	保加利亚	0.07	12	奥地利	0.60
13	爱沙尼亚	0.06	13	印度尼西亚	0.03	13	俄罗斯	0.07	13	菲律宾	0.56
13	克罗地亚	0.06	13	立陶宛	0.03	14	斯洛文尼亚	0.06	14	斯洛伐克	0.55
13	俄罗斯	0.06	13	韩国	0.03	15	立陶宛	0.03	15	尼泊尔	0.46
16	马来西亚	0.04	13	俄罗斯	0.03	16	奥地利	0.02	16	保加利亚	0.43
17	巴基斯坦	0.02	13	捷克	0.03	17	克罗地亚	0.01	16	印度	0.43
18	菲律宾	0.01	18	泰国	0.01	17	尼泊尔	0.01	18	柬埔寨	0.41
19	柬埔寨	0	18	克罗地亚	0.01	19	新加坡	0	18	马来西亚	0.41
19	老挝	0	18	奥地利	0.01	19	柬埔寨	0	20	韩国	0.38
19	文莱	0	21	新加坡	0	19	拉脱维亚	0	21	爱沙尼亚	0.35
19	不丹	0	21	柬埔寨	0	19	韩国	0	22	斯里兰卡	0.25
19	马尔代夫	0	21	巴基斯坦	0	19	巴基斯坦	0	22	捷克	0.25
19	尼泊尔	0	21	不丹	0	19	不丹	0	24	巴基斯坦	0.22
19	波兰	0	21	马尔代夫	0	19	马尔代夫	0	24	匈牙利	0.22
19	吉尔吉斯斯坦	0	21	尼泊尔	0	19	斯里兰卡	0	26	泰国	0.19
	泰国	—	21	印度	0	19	印度	0	27	哈萨克斯坦	0.11
	越南	—	21	土耳其	0	19	土耳其	0	28	俄罗斯	0.03
	罗马尼亚	—	21	吉尔吉斯斯坦	0	19	捷克	0	29	新加坡	0.02
	孟加拉国	—		老挝	—	19	吉尔吉斯斯坦	0	30	孟加拉国	0.01
	斯里兰卡	—		孟加拉国	—		老挝	—	31	老挝	0
	印度	—		斯里兰卡	—		孟加拉国	—	31	不丹	0
	哈萨克斯坦	—		哈萨克斯坦	—		哈萨克斯坦	—		吉尔吉斯斯坦	—

续表

位次	私人雇佣的家庭服务业		位次	私人雇佣的家庭服务业		位次	私人雇佣的家庭服务业		位次	私人雇佣的家庭服务业	
	国别	指数		国别	指数		国别	指数		国别	指数
1	菲律宾	0		越南	—		巴基斯坦	—		波兰	—
1	马来西亚	0		爱沙尼亚	—		不丹	—		捷克	—
1	克罗地亚	0		保加利亚	—		马尔代夫	—		斯洛伐克	—
	柬埔寨	—		拉脱维亚	—		孟加拉国	—		匈牙利	—
	老挝	—		立陶宛	—		尼泊尔	—		哈萨克斯坦	—
	泰国	—		罗马尼亚	—		斯里兰卡	—		吉尔吉斯斯坦	—
	文莱	—		斯洛文尼亚	—		印度	—			
	印度尼西亚	—		韩国	—		土耳其	—			
	新加坡	—		俄罗斯	—		奥地利	—			

资料来源：对外经贸大学全球价值链研究院 UIBE GVC Indicators 的 ADB – MRIO 数据库。表中"—"表示中国与该国无该部门产品的进口与出口。

就 c23 陆路运输而言，中国与尼泊尔、菲律宾等 14 个国家贸易互补程度较大，与巴基斯坦、孟加拉国 2 个国家具有强互补性，但中国该部门对巴基斯坦、孟加拉国的出口量为 0，强互补性为中国进口与这 2 个国家出口的强互补性；就 c24 水路运输而言，中国与吉尔吉斯斯坦、保加利亚等 21 个国家贸易互补程度较大，与越南、巴基斯坦等 4 个国家具有强互补性，但中国该部门对越南、巴基斯坦等 4 个国家的出口量为 0，强互补性为中国进口与这 4 个国家出口的强互补性；就 c25 航空运输而言，中国与巴基斯坦、土耳其等 13 个国家贸易互补程度较大，与孟加拉国具有强互补性，该强互补性为中国进口与孟加拉国出口的强互补性；就 c26 旅行社业务而言，中国与不丹、韩国等 18 个国家贸易互补程度较大，与印度尼西亚、越南、俄罗斯和印度具有强互补性，该强互补性为中国进口与印度尼西亚、越南、俄罗斯和印度出口的强互补性；就 c27 邮政通信业而言，中国与斯洛伐克、捷克等 20 个国家贸易互补程度较大；就 c28 金融业而言，中国与斯洛文尼亚、奥地利等 22 个国家贸易互补程度较大，与尼泊尔具有强互补性，该强互补性为中国进口与尼泊尔出口的强互补性；就 c29 房地产业而言，中国与韩国、奥地利等 22 个国家具有强贸易互补性，但该部门对"一带一路"沿线各国的出口量均为 0，中国与这 22 个国家的强互补性为中国进口与这 22 个国家出口的强互补性。

就 c30 租赁和商务服务业而言，中国与不丹、菲律宾等 14 个国家贸易互补程度较大，与老挝、新加坡具有强互补性，但中国该部门对老挝、新加坡的出口量为 0，强互补性为中国进口与老挝、新加坡出口的强互补性；就 c31 公共管理和国防及社会保障业而言，中国与菲律宾、巴基斯坦等 14 个国家贸易互补程度较大，与尼泊尔、柬埔寨等 8 个国家具有强互补性，但中国该部门对尼泊尔、柬埔寨等 8 个国家的出口量为 0，强互补性为中国进口与尼泊尔、柬埔寨等 8 个国家出口的强互补性；就 c32 教育而言，中国与奥地利、克罗地亚等 17 个国家贸易互补程度较大，与巴基斯坦、新加坡、尼泊尔等 9 个国家具有强互补性，该强互补性为中国进口与巴基斯坦、新加坡、尼泊尔等 9 个国家出口的强互补性；就 c33 卫生和社会工作而言，中国与尼泊尔、克罗地亚等 15 个国家贸易互补程度较大，与巴基斯坦、韩国等 12 个国家具有强互补性，该强互补性为中国进口与巴基斯坦、韩国等 12 个国家出口的强互补性；就 c34 其他社区、社会及个人服务业而言，中国与孟加拉国、俄罗斯等 16 个国家贸易互补程度较大，与老挝、不丹具有强互补性，该强互补性为中国进口与老挝、不丹出口的强互补性；就 c35 私人雇佣的家庭服务业而言，中国进口与菲律宾、马来西亚、克罗地亚 3 个国家出口具有强互补性，但中国与这三个国家均无进出口贸易往来。

中国与"一带一路"沿线国家尤其是韩国、新加坡、菲律宾、不丹、尼泊尔、土耳其、巴基斯坦、爱沙尼亚的服务业增加值贸易以互补性为主，竞争性较弱，特别是在 c19 汽车及摩托车的销售、维护及修理，c20 燃油零售批发，c21 零售，c24 水路运输，c28 金融业，c29 房地产业，c31 公共管理和国防及社会保障业，c33 卫生和社会工作等行业存在较大的服务贸易合作潜能。值得注意的是，中国 c19 汽车及摩托车的销售、维护及修理，c29 房地产业对"一带一路"沿线国家的出口量均为 0，c31 公共管理和国防及社会保障业对"一带一路"沿线国家的出口额非常低，这些部门主要表现为中国进口与"一带一路"沿线国家出口的强互补性。

第四节 结论与启示

本章基于中国国家统计局 2002～2012 年投入产出数据，运用投入产出子系统模型和敏感度分析对中国制造业的生产性服务供给情况进行评估，结果表明：首先，2002～2012 年，中国制造业的生产性供给数量虽显著提升，但相较于发达国家依旧有待提高。其次，生产性服务供给结构单一、信息技术等新兴服务供给不足。最后，不管是"直接效应"还是"间接效应"，传统生产性服务供给效率日渐式微，新兴生产性服务供给效率普遍需要提升。因此，应当进一步促进生产性服务特别是生产性服务的有效供给，以塑造制造业对服务的多样化、高端化需求，引导生产性服务供给向产出效率更高的高端制造领域流动。

在此基础之上，利用中国投入产出数据，结合中国工业企业数据，通过构建服务联系指数，考察制造业的异质性服务投入情况，分析不同来源及类型服务投入对中国制造业全要素生产率的影响。结果表明：进口生产性服务和进口其他服务对中国制造业全要素生产率的提升具有显著促进作用，特别是对技术密集型制造业。相比较而言，国内生产性服务和国内其他服务投入对制造业全要素生产率提升的促进作用则较小。因此，应当通过进一步开放中间服务市场，增加对"一带一路"沿线国家生产性服务的进口，提高服务的可获得性，以弥补国内中间服务市场发展不足的短板。

中国与"一带一路"沿线国家服务业细分部门增加值贸易 G－L 指数测算结果显示，中国与"一带一路"沿线国家尤其是韩国、新加坡、菲律宾、不丹、尼泊尔、土耳其、巴基斯坦、爱沙尼亚服务业增加值贸易以互补性为主，竞争性较弱，特别是在 c19 汽车及摩托车的销售、维护及修理，c20 燃油零售批发，c21 零售，c24 水路运输，c28 金融业，c29 房地产业，c31 公共管理和国防及社会保障业，c33 卫生和社会工作等行业存在较大的服务贸易合作潜能。值得注意的是，中国 c19 汽车及摩托车的销售、维护及修理，c29 房地产业对"一带一路"沿线国家的出口量均为 0，c31 公共管理和国防及社会保障业对"一带一路"沿线国家的出口额非常低，这些部门主要表现为中国进口与"一带一路"沿线国家出口的强互补性。

鉴于以上分析，本书认为，对于中国与"一带一路"沿线国家存在优势互补的服务部门，双方应该进行合作以形成合理的服务部门分工体系，创造新的贸易增长点和"双赢"局面。中国竞争力排名比较靠前的是金融业、水路运输、燃油零售批发、住宿和餐饮业和航空运输等，对于这些具有出口潜力的服务部门，应该积极实施"走出去"，推动与"一带一路"沿线国家进口之间的服务贸易合作。同时增加对"一带一路"沿线国家服务特别是新兴生产性服务的进口，提高服务的可获得性，以弥补国内中间服务市场发展不足的短板，进一步促进新兴生产性服务的有效供给，以塑造制造业对服务的多样化、高端化需求。

对于金融业，应加强与"一带一路"沿线如南亚（尼泊尔、孟加拉国）、中东欧（斯洛文尼亚、罗马尼亚、奥地利）等国家的金融项目研究和合作，为沿线基础设施建设、跨境并购活动等提供金融支持，发展绿色金融和普惠金融，不断提升金融业债务和风险管理水平。对于运输服务，中国应发挥交通运输的网络优势，完善"一带一路"沿线国家间海运、陆运和空运服务网络，推动沿线国家的交通运输基础设施建设，为货物贸易提供良好的运输服务，减少运输费用和运输时间，重点推动运输服务出口与南亚（不丹、孟加拉国、巴基斯坦）、东南亚（越南、泰国、菲律宾、马尔代夫）、中亚（吉尔吉斯斯坦）和中东欧（保加利亚、捷克、斯洛伐克）等国家进口之间的贸易合作。"一带一路"沿线区域是全球能源需求增长最快的区域，也是能源资源、产业基础比较完善的区域，为中国能化产业合作提供了重大机遇，应加快中国油企"走出去"的步伐和新技术创新与应用，积极发展下游项目，满足沿线国家对能源及化工产品的需求，努力开创全方位对外开放的新格局。对于旅行社业务，中国应合理利用与"一带一路"沿线国家的旅游资源、地理人文资源，分区域推动单向和双向旅行社业务合作。单向旅行社业务合作重点推进中国旅游服务进口与南亚（马尔代夫）

和东南亚（印度尼西亚、罗马尼亚）、东亚（韩国）、独联体（俄罗斯）、中东欧（立陶宛、爱沙尼亚）等国家的旅游服务出口合作，推进中国旅游服务出口与东南亚（越南）等国家进口之间的贸易合作。此外，在将政治风险降低在可控范围的前提下推动与东南亚（菲律宾、老挝、马来西亚、泰国）、南亚（不丹）、中东欧（爱沙尼亚、保加利亚、波兰、捷克）等国家的双向贸易合作。

对于存在优势互补但中国竞争优势比较小的服务部门，中国可积极实施"引进来"战略，例如，放开菲佣市场，同时在管理咨询、技术研发方面加强交流，与"一带一路"沿线国家中发展较好的部门开展合作，积极寻求差异性竞争与合作的机会，开展产业内贸易，从而弥补自身的弱势。此外，中国尚处于融资租赁产业发展初级阶段，通过与沿线国家如中东欧（斯洛文尼亚、爱沙尼亚、奥地利）、东南亚（印度尼西亚）、东亚（韩国）等国的优势企业合作，可以拓宽我国融资租赁企业在市场上的业务范围，提升专业化和国际化运营水平，促进产业转型升级；对于邮政通信业，中国应紧紧抓住电子商务的发展机遇，利用中欧铁路大通道进一步拓宽"买全球、卖全球"新邮路，深化与"一带一路"沿线重点国家和地区的网络连接，为跨境电商提供高效、快捷的全方位解决方案，让更多企业和消费者充分享受电子商务、跨境交易及物流系统的便利。

中国与"一带一路"沿线国家服务业
在全球价值链中的合作潜力分析

　　积极发展与沿线国家的经济合作并构成紧密的经济伙伴关系是中国推进"一带一路"倡议的重要手段和成功的基础。在全球价值链成为当前经济全球化主要特征的背景下，这种经济合作必然要求沿线国家形成互利共赢且持续发展的价值链，即"一带一路"区域价值链，中国与沿线每一个国家以适合双方的最优模式开展价值链合作。推进中国与"一带一路"沿线国家的服务业合作，充分发挥国家间的服务业互补性，对形成以我国为主导的"一带一路"区域价值链，加速服务业产业结构升级和高质量发展从而带动中国经济发展具有非常重要的意义。鉴于此，本章首先就中国与"一带一路"沿线国家服务业在全球价值链中合作潜力的影响因素予以理论分析，在此基础上采用扩展的贸易引力模型对各影响因素进行实证检验，以此提出促进中国与"一带一路"沿线国家服务业合作、提升中国服务出口潜力的政策建议。该研究对于"一带一路"倡议平稳、顺利地推进具有重要的现实指导意义。

第一节　服务业合作潜力影响因素

一、政策沟通——政治文明程度、经济开放度

政策沟通是"一带一路"建设的首要保障，也是沿线国家深度合作的

重要基础,通过构建多层次政府间宏观政策沟通交流机制,共商经济发展战略和对策,制定推进区域合作的规划和措施,协商解决政策壁垒和其他人为的合作障碍,以坦诚合作赢取政治互信,以政策、法律和国际协议为区域经济融合保驾护航。如果一个国家的政治文明程度和经济开放度较低,政策沟通不顺畅,则不利于服务贸易发展。因此,"一带一路"沿线国家的政治文明程度和经济开放度在很大程度上会影响我国服务贸易的出口。服务贸易不仅需要服务业自身产业发展的支持,也依赖于外部市场的开放程度。为保护本国服务业的发展,一国往往会设置各种服务贸易壁垒,服务业市场进入限制越多,开放程度就越低,该国也就越少参与国际贸易,从而阻碍服务贸易的发展(易行健,2010)。反之,如果一国推崇自由贸易,政府开明、经济自由,外国公司在对该国进行贸易和投资时有更多的经济保障和经济利益,则更利于双方的贸易往来。因此,衡量沿线各国的政治文明程度和经济开放度对双边服务贸易的影响是很有必要的。

二、设施联通——基础设施水平

基础设施的联通是"一带一路"建设的关键领域和核心内容,沿线各国应加强基础设施建设规划和技术标准体系的对接。良好的基础设施是一个国家或地区发展的先决条件,能显著促进一国的进出口贸易。如果一个国家拥有相对完善的基础设施,那么贸易成本会降低,同时,贸易便利化、安全和有利的程度会提高。基础设施主要包括交通运输类基础设施和通信类基础设施,其中,通信类基础设施主要指移动和固定电话网、电视网、互联网、无线和卫星网络等业务,交通运输类基础设施主要包括陆地、航空和海洋相关基础设施。

三、贸易畅通——地理距离

"一带一路"建设涉及的地理范围广,不可避免会产生通信和运输成本,进而影响贸易发展。沿线各国应该就贸易便利化问题进行协商并做出适当安排,降低贸易成本,加强贸易畅通,提升区域经济发展质量,实现互利共赢。崔日明(2017)指出,相比于其他因素,提升贸易便利化水平,建立更加便利化的贸易体制和机制对促进中国向"一带一路"沿线国家出口的作用最大,其中运输因素的影响最为显著。一般而言,如果两国地理距离越远,两国货物贸易往来的成本会越高,但是服务贸易又有别于货物贸易,地理距离是否同样会阻碍服务贸易的开展呢?有学者认为,中国的双边服务贸易同样会受空间距离的影响,但这在中国与"一带一路"沿线国家的服务贸易中是否成立还需要进一步的探究和验证。

四、资金融通——经济发展水平与金融环境

资金融通是"一带一路"建设有序向好发展的重要支撑。"一带一路"建设需要庞大的资金支持,为基础设施互联互通、贸易畅通等提供源源不断的资金来源,这离不开中国与"一带一路"沿线国家的经济发展水平与金融环境,而一国的经济发展水平和融资环境可由国内生产总值、人口规模和收入水平来体现。

(一) 国内生产总值

国内生产总值反映了一国的经济发展状况,随着经济发展水平的提高,服务经济会成为经济增长最具活力的部分,服务贸易的总需求将上升,因此,潜在的服务进口能力越大。然而,当一国国内生产总值达到一定高度的时候,将对其本国服务业发展产生助推作用,使得其国内制造业服务化、智能化及数字经济快速发展,达到自给自足甚至出口的水平,潜在出口能力上升,可能会遏制本国对服务的进口。

(二) 人口规模

如果一国的人口规模大,人口基数的快速增长会增加服务的需求量,对外进口服务的数量、品种便也会随之增加;倘若一国的人口规模小,其服务的需求量也不大,从而进口服务的数量、品种也会少。然而,如果人口规模的增长速度大于其国内生产总值,则该国的经济发展环境将恶化,对服务的需求量也随之减少;若人口规模的增长速度小于其国内生产总值,国民生活、福利将得到更好的保障,对服务的需求量则会增加。

(三) 收入水平

随着一国收入水平的上升,消费结构会从以往的生存型消费为主向享受

型、发展型消费为主转变，服务消费逐步成为拉动内需市场增长的重点和关键。瑞典经济学家斯戴芬·伯伦斯坦·林德在《论贸易和转变》（1961）提出需求相似理论，指出一国产品的出口结构、贸易流向及贸易量的大小取决于本国的需求偏好，而需求偏好又由该国的平均收入水平来决定，两国收入水平越相似越有利于其双边贸易的发展。

五、民心相通——制度环境与共同语言

民心相通是"一带一路"建设的社会基础，是传承和弘扬"一带一路"倡议友好合作精神的基础。通过与沿线国家信息沟通、文化交流、宣传互动等方式，积极推进双方民心民意的沟通，深入开展人文合作，促进文化交融，促成文化认同感，推动包容开放理念的形成和扩散，不断深化理解互信。民心相通可由制度环境、共同语言来体现。"一带一路"沿线国家众多，各国法律、经济、政治、社会制度差异很大，制度差异会影响中国与沿线国家服务贸易的发展，只有跨越制度差异，才能实现制度互联互通下资源、要素等的充分配置和流动。若两国有相同语言，沟通障碍会减少，业务处理起来更容易，则中国对其的出口贸易流量会增加。

第二节　理论模型的设定与数据来源

一、模型的设定

贸易引力模型常用来测算贸易潜力，丁伯根（Tinbergen，1962）和波伊霍宁（Poyhonen，1963）最早分别运用该模型分析双边贸易流量。随后学者们依据自己的研究重点设置了不同的解释变量来分析这些因素对双边贸易流量的影响方向和影响程度。基于前文对中国与"一带一路"沿线国家服务贸易影响因素的理论分析，本章在贸易引力模型基本形式的基础上，构造了如下扩展的贸易引力模型：

$$\ln T_{ijt} = \beta_0 + \beta_1 \ln GDP_{it} + \beta_2 \ln GDP_{jt} + \beta_3 \ln POP_{it} + \beta_4 \ln POP_{jt} + \beta_5 \ln PGDP_{ijt}$$

$$+ \beta_6 \ln OPEN_{jt} + \beta_7 \ln INFRA_{jt} + \beta_8 \ln DIST_{ijt} + \beta_9 ROLD_{jt}$$
$$+ \beta_{10} LANG_{ijt} + \varepsilon_{it} \qquad\qquad (11-1)$$

其中，i 代表中国，j 代表"一带一路"沿线国家。被解释变量 T_{ijt} 包含 3 层含义，将 t 时期中国对"一带一路"沿线国家 j 服务业增加值出口额、进口额和贸易总额分别作为被解释变量纳入引力方程，分别以 TE_{ijt}、TI_{ijt} 和 TEI_{ijt} 表示，通过对不同被解释变量的估计进行分析，可以更全面地了解相关因素对服务贸易的影响。出于在"一带一路"政策框架下提升中国服务贸易竞争力及推动服务出口的研究目的，将重点关注中国的服务业增加值出口额变量。

解释变量 GDP_{it} 表示 t 时期中国的国内生产总值；GDP_{jt} 表示 t 时期沿线国家 j 的国内生产总值；POP_{it} 表示 t 时期中国的总人口；POP_{jt} 表示 t 时期沿线国家 j 的总人口；$PGDP_{ijt}$ 表示 t 时期沿线国家 j 与中国人均收入差额的绝对值；$OPEN_{jt}$ 表示经济开放度，定义为 t 时期沿线国家 j 的商品和服务进出口总额占国内生产总值的比重；$INFRA_{jt}$ 表示 t 时期沿线国家 j 的基础设施水平；$DIST_{ijt}$ 表示 t 时期沿线国家 j 首都与中国首都的距离；$ROLD_{jt}$ 表示 t 时期沿线国家 j 与中国的法治环境差异。

控制变量 $LANG_{ijt}$ 为虚拟变量，表示 t 时期沿线国家 j 与中国是否有共同语言，如果有取 1，否则取 0。

为了减少异方差对模型估计所带来的影响，本模型对 TE_{ijt}、TI_{ijt}、TEI_{ijt}、GDP_{it}、GDP_{jt}、POP_{it}、POP_{jt}、$PGDP_{ijt}$、$OPEN_{jt}$、$INFRA_{jt}$、$DIST_{ijt}$、$ROLD_{jt}$、$LANG_{ijt}$ 变量分别作对数化处理。各变量的类型、名称、含义及其说明如表 11-1 所示。

表 11-1　　　　　　　变量类型、名称、含义及其理论说明

变量类型	变量名称	变量含义	变量说明
被解释变量	TE_{ijt}	中国对沿线国家 j 服务业增加值出口额	数值越大，服务贸易合作潜力越大
	TI_{ijt}	中国自沿线国家 j 服务业增加值进口额	数值越大，服务贸易合作潜力越大
	TEI_{ijt}	中国与沿线国家 j 服务业增加值贸易总额	数值越大，服务贸易合作潜力越大

变量类型	变量名称	变量含义	变量说明
解释变量	GDP_{it}	中国的国内生产总值	反映中国经济规模,经济总量(规模)越大,潜在的出口能力越大
	GDP_{jt}	沿线国家 j 的国内生产总值	反映"一带一路"国家进口需求能力,经济规模总量越大,潜在的进口能力越大
	POP_{it}	中国的总人口	人口规模越大,贸易潜力越大
	POP_{jt}	沿线国家 j 的总人口	人口越多,随着收入水平的提升,则进口需求的数量和进口品种数都会增加
	$PGDP_{ijt}$	沿线国家 j 与中国人均收入差额的绝对值	人均收入差额越小,收入水平越相似,越有利于双边服务贸易发展
	$OPEN_{jt}$	沿线国家 j 的经济开放度	开放程度越高,越有助于开展服务贸易
	$INFRA_{jt}$	沿线国家 j 的基础设施水平	基础设施水平越高,越有利于双边服务贸易发展
	$DIST_{ijt}$	沿线国家 j 的首都与中国首都的距离	两国若接壤,会大大降低运输成本,有利于双边服务贸易发展
	$ROLD_{jt}$	沿线国家 j 与中国的法制环境差异	制度环境越好,越有利于双边服务贸易发展
控制变量	$LANG_{ijt}$	沿线国家 j 与中国是否有共同语言(是取 1,否则取 0)	语言相通,交流更便利,服务贸易便利化程度更高

二、数据来源及说明

本章选取对外经贸大学全球价值链研究院 UIBE GVC Indicators 的 ADB - MRIO 数据库包含的 2011 ~ 2017 年中国对"一带一路"沿线 33 国服务业增加值出口额、进口额和贸易总额数据作为样本数据。"一带一路"沿线国家的国内生产总值、人口规模、人均收入、经济开放度均来源于世界银行世界发展指标数据库(WDI);首都间地理距离、是否有共同语言数据来源于法国国际经济研究中心 CEPII 数据库。

基础设施水平 $INFRA_{jt}$ 主要体现沿线国家 j 交通运输类基础设施和通信类基础设施水平状况,其中交通运输类基础设施包括铁路(总公里数)、货柜码头吞吐量和航空运输量，通信类基础设施包括移动蜂窝电话订阅数量、固定宽带用户数、固定电话用户数和安全的互联网服务器，这些指标均源自世界银行世界发展指标数据库（WDI）。由于各细分指标性质和意义存在差异，各指标数据的量纲也不同，不存在相互比较的意义，因此，需要对各指标的原始数据进行处理，消除数据当中的纲量。我们采用各指标原始数据除以该指标最大值的方法进行分析，公式如下：

$$F_{jt} = \frac{A_{jt}}{A_{max}} \qquad (11-2)$$

其中，A_{jt} 为所获取的各原始数据，A_{max} 为相应指标中所有数值中的最大值，F_{jt} 为经过无量纲化处理的各指标数据。在对各原始指标数据作无量纲化处理后，得到交通运输类基础设施指标 $INFRA_{1jt}$ 和通信类基础设施指标 $INFRA_{2jt}$，然后计算交通运输类基础设施指标 $INFRA_{1jt}$ 和通信类基础设施指标 $INFRA_{2jt}$ 数值的算术平均数，便可得到 j 国基础设施水平指标 $INFRA_{jt}$，如下所示：

$$通信类基础设施 \; INFRA_{1jt} = （移动蜂窝电话订阅数量 \; CF_{1jt}$$
$$+ 固定宽带用户数 \; CF_{2jt}$$
$$+ 固定电话用户数 \; CF_{3jt}$$
$$+ 安全的互联网服务器 \; CF_{4jt}）/4 \qquad (11-3)$$

$$交通运输类基础设施 \; INFRA_{2jt} = （铁路 \; TF_{1jt} + 货柜码头吞吐量 \; TF_{2jt}$$
$$+ 航空运输量 \; TF_{3jt}）/3 \qquad (11-4)$$

$$基础设施水平 \; INFRA_{jt} = （通信类基础设施 \; INFRA_{1jt}$$
$$+ 交通运输类基础设施 \; INFRA_{2jt}）/2 \qquad (11-5)$$

$ROLD_{jt}$ 表示沿线国家 j 与中国的法治环境差异，取沿线国家 j 法治水平与中国法治水平的差值，用于反映法治环境的影响。世界银行全球治理指数 WGI 将制度划分为话语权和责任、政治稳定性和不存在暴力、政府效率、规制质量、法制、腐败控制六个主指标，法治水平作为指标之一，在保障经济转型发展、维护社会和谐稳定上发挥重要作用，与其他指标相比更适合分析法治环境对贸易发展的影响（胡超，2011）。

三、描述性统计分析

做实证分析之前，先对文中被解释变量（$\ln TE_{ijt}$、$\ln TI_{ijt}$、$\ln TEI_{ijt}$）、解释变量（$\ln GDP_{it}$、$\ln GDP_{jt}$、$\ln POP_{it}$、$\ln POP_{jt}$、$\ln PGDP_{ijt}$、$\ln OPEN_{jt}$、$\ln INFRA_{jt}$、$\ln DIST_{ijt}$、$ROLD_{jt}$）和控制变量（$LANG_{ijt}$）进行描述性分析，对数据的分布状态、数字特征等进行集中趋势分析与离中趋势分析，常用的指标是均值、标准差、25%分位数、中位数、75%分位数、最小值和最大值。均值、25%分位数、中位数、75%分位数可以反映数据的集中趋势；离中趋势主要依赖全距（最大值减最小值）、标准差和方差等来体现，全距体现数据变化的范围，标准差体现数据偏离均值的程度，标准差越小，说明数据越具有稳定性。

表11-2是本章被解释变量、解释变量和控制变量的描述性统计结果。$\ln TE_{ijt}$均值、最小值、75%分位数和最大值分别为4.956、1.501、6.516和8.493，$\ln TI_{ijt}$均值、最小值、75%分位数和最大值分别为5.084、0.912、6.877和9.641，$\ln TEI_{ijt}$均值、最小值、75%分位数和最大值分别为5.860、2.258、7.529和9.911，表明中国对沿线各国增加值服务出口和进口处于不平衡的现状。$\ln GDP_{jt}$、$\ln POP_{jt}$、$\ln PGDP_{ijt}$和$ROLD_{jt}$均值分别为25.395、16.528、8.688和-1.684，最小值分别为21.286、12.849、4.836和-11，最大值分别为28.607、21.015、10.860和1，说明沿线各国国内生产总值、总人口、人均收入和法治环境水平的国家差异较大。

表11-2　　　　　　　　　主要变量描述性统计

变量	样本数	均值	标准差	p25	中位数	p75	最小值	最大值
$\ln TE_{ijt}$	231	4.956	1.824	3.602	4.448	6.516	1.501	8.493
$\ln TI_{ijt}$	231	5.084	2.234	3.349	4.613	6.877	0.912	9.641
$\ln TEI_{ijt}$	231	5.860	2.003	4.307	5.520	7.529	2.258	9.911
$\ln GDP_{it}$	231	29.932	0.158	29.775	29.980	30.050	29.653	30.141
$\ln GDP_{jt}$	231	25.395	1.747	24.018	25.676	26.547	21.286	28.607
$\ln POP_{it}$	231	21.034	0.010	21.024	21.034	21.044	21.019	21.050

续表

变量	样本数	均值	标准差	p25	中位数	p75	最小值	最大值
$lnPOP_{jt}$	231	16.528	1.895	15.486	16.542	18.049	12.849	21.015
$lnPGDP_{ijt}$	231	8.688	1.038	8.348	8.711	9.219	4.836	10.860
$lnOPEN_{jt}$	231	4.536	0.621	4.022	4.645	4.969	0	5.938
$lnINFAR_{jt}$	231	-0.393	0.255	-0.516	-0.327	-0.214	-1.228	-0.014
$lnDIST_{ijt}$	231	8.415	0.503	8.038	8.426	8.905	6.907	8.992
$ROLD_{jt}$	231	-1.684	2.594	-2	-1	0	-11	1
$LANG_{ijt}$	231	0.061	0.174	0	0	0	0	1

第三节　服务业在全球价值链中合作潜力影响因素实证分析

一、模型检验

由于本章所选用的是平衡面板数据，需要进行不同多元回归方法的检验。适用于面板数据回归模型的估计方法主要有三种，即混合 OLS 模型、固定效应模型以及随机效应模型。首先，对前文构建的扩展贸易引力模型进行 F 检验，F 统计量显示固定效应模型优于混合 OLS 模型；接着进行 LM 检验，检验结果表明随机效应非常显著，随机效应模型优于混合 OLS 模型；然后通过 Hausman 检验，发现随机效应模型优于固定效应模型。因此，本章选取随机效应模型估计方法对样本数据进行回归检验。

接下来进行样本面板数据异方差和自相关检验，检验结果如表 11 - 3 所示。异方差检验和自相关检验的原假设均被拒绝，说明样本面板数据存在异方差和自相关问题。为修正样本数据异方差和自相关问题，本章在上述选用的随机效应模型基础之上，进一步采用 PCSE（panel-corrected standard error）方法对样本面板数据进行回归分析。

表 11 −3 异方差和自相关检验结果

检验	统计量	（1）$\ln TE_{ijt}$	（2）$\ln TI_{ijt}$	（3）$\ln TEI_{ijt}$
异方差	LR Chi2（32）	346. 41 ***	289. 91 ***	363. 30 ***
自相关	F（1，32）	3. 101 *	26. 857 ***	10. 876 ***

注：被解释变量依次为 $\ln TE_{ijt}$、$\ln TI_{ijt}$、$\ln TEI_{ijt}$；*** 、* 分别表示在 1% 和 10% 的水平上显著。

二、回归结果分析

本章利用 2011 ~ 2017 年中国对"一带一路"沿线 33 国服务业增加值出口额、进口额和贸易总额数据，在随机效应模型基础之上，采用 PCSE （panel-corrected standard error）方法对前文构建的扩展贸易引力模型样本面板数据进行回归分析，回归结果如表 11 −4 所示，大多数解释变量的符号与预期相符合。

表 11 −4 贸易引力模型回归结果

变量	（1）$\ln TE_{ijt}$	（2）$\ln TI_{ijt}$	（3）$\ln TEI_{ijt}$
$\ln GDP_{it}$	0. 626 （1. 431）	0. 421 （1. 280）	0. 747 ** （2. 539）
$\ln GDP_{jt}$	0. 555 *** （15. 431）	1. 263 *** （29. 680）	0. 945 *** （25. 386）
$\ln POP_{it}$	− 8. 174 （− 1. 100）	6. 979 （1. 092）	− 3. 664 （− 0. 660）
$\ln POP_{jt}$	0. 377 *** （6. 018）	− 0. 086 * （− 1. 938）	0. 153 *** （2. 889）
$\ln PGDP_{ijt}$	− 0. 030 （− 1. 126）	− 0. 376 *** （− 14. 605）	− 0. 231 *** （− 13. 476）
$\ln OPEN_{jt}$	0. 645 *** （3. 383）	0. 430 *** （3. 280）	0. 476 *** （3. 043）
$\ln INFRA_{jt}$	0. 464 ** （2. 405）	− 0. 598 ** （− 2. 242）	− 0. 115 （− 0. 547）

续表

变量	（1）lnTE$_{ijt}$	（2）lnTI$_{ijt}$	（3）lnTEI$_{ijt}$
lnDIST$_{ijt}$	−0.931 *** (−22.675)	−0.823 *** (−21.037)	−0.871 *** (−26.873)
ROLD$_{jt}$	−0.008 (−0.655)	0.047 *** (4.459)	0.005 (0.404)
Constant	143.2 (0.990)	−176.8 (−1.401)	41.28 (0.378)
LANG$_{ijt}$	控制	控制	控制
R^2	0.774	0.816	0.853
Wald 检验（Chi 值）	16532.36 ***	37314.91 ***	63612.63 ***
N	231	231	231

注：被解释变量依次为 lnTE$_{ijt}$、lnTI$_{ijt}$、lnTEI$_{ijt}$；括号内为 Z 值；＊、＊＊、＊＊＊分别表示在 10%、5%、1%的水平上显著。

（1）中国的国内生产总值同中国与"一带一路"沿线国家服务业增加值的贸易额在5%的显著性水平上呈正相关关系，在其他因素不变的情况下，中国的国内生产总值每上升1%，中国与"一带一路"沿线国家服务业增加值的贸易额将上升0.75%。国内生产总值代表一国的市场规模，规模越大，服务需求就越大，潜在的服务进口能力越强，同时，市场规模也代表着生产能力、服务输出能力。

（2）"一带一路"沿线国家的国内生产总值同中国与"一带一路"沿线国家服务业增加值的贸易额包括出口和进口在1%的显著性水平上呈正相关关系，表明"一带一路"沿线国家的国内生产总值能显著促进中国与"一带一路"沿线国家的服务贸易往来。在其他因素不变的情况下，"一带一路"沿线国家国内生产总值上升1%，其与中国服务业增加值贸易额将上升0.95%。其对"一带一路"沿线国家国内生产总值的影响系数较大，表明其是影响中国与"一带一路"沿线国家服务业增加值贸易的主要因素之一。

（3）中国的人口规模同中国与"一带一路"沿线国家的服务业增加值

贸易呈负相关关系，但不显著。这表明中国人口的增加抑制了中国对"一带一路"沿线国家服务业增加值出口，虽然进口额有所增加，但增加的幅度小于出口额的减少幅度。中国人口的增加会增加对国内服务的需求、减少国内服务的出口，进而削减中国与"一带一路"沿线国家服务业增加值贸易额。

（4）"一带一路"沿线国家的人口规模在1%的显著性水平上促进了中国对"一带一路"沿线国家服务业增加值贸易，尤其是服务业增加值出口。在其他因素不变的情况下，"一带一路"沿线国家人口上升1%，中国对其服务业增加值出口额将上升0.38%。"一带一路"沿线国家人口规模越大，越会增加服务业消费数量和消费品种，中国越有可能向其出口更多的服务数量和品种，同时由于"一带一路"沿线国家自身人口增加导致内需的增加，一定程度上减少了中国自"一带一路"沿线国家增加值服务的进口，但减少的幅度小于中国对其增加值服务出口的增加幅度。

（5）"一带一路"沿线国家与中国人均收入的差额在1%的显著性水平上同中国与"一带一路"沿线国家的服务业增加值贸易尤其是进口呈负相关关系。在其他因素不变的情况下，"一带一路"沿线国家与中国人均收入差额增加1%，中国与"一带一路"沿线国家服务业增加值贸易额将减少0.23%。根据林德的需求相似理论，人均收入差额越大，两国需求结构重叠的部分越少，需求偏好相异，对于两国贸易的发展将带来一定阻碍，本文实证结果与之相一致。

（6）"一带一路"沿线国家经济开放度在1%的显著性水平上促进了中国与"一带一路"沿线国家的服务业增加值贸易。在其他因素不变的情况下，沿线国家经济开放度上升1%，中国对"一带一路"沿线国家增加值服务出口额将上升0.65%，而自"一带一路"沿线国家增加值服务进口额将上升0.43%。这表明沿线国家的经济开放度越高，与国际市场的联系更加紧密，贸易管制就越低，从而促进与中国的服务贸易，符合理论预期。

（7）"一带一路"沿线国家基础设施水平同中国与"一带一路"沿线国家的服务业增加值贸易呈负相关关系，但影响系数较小，且不显著，这与理论预期不一致。但"一带一路"沿线国家基础设施水平显著促进了中国对沿线国家增加值服务出口，在其他因素不变的情况下，沿线国家基础设施水平提高1%，中国对"一带一路"沿线国家增加值服务出口额将上升0.46%。

（8）"一带一路"沿线国家首都与中国首都的距离在1%的显著性水平上阻碍了中国与"一带一路"沿线国家的服务业增加值贸易，这意味着距离对服务贸易依然有影响，两国距离越远，服务贸易成本越大，服务业贸易越受影响。在其他因素不变的情况下，两国距离每增加1%，由贸易成本带来的服务业增加值出口减少0.93%，进口减少0.82%。然而随着互联网技术日益成熟和数字经济的发展，计算机和信息服务、其他商业服务和金融服务等多种"可数字化"服务活动均可通过互联网进行跨境交付，受地理距离的限制变小，因而两国开展服务贸易的阻碍系数较小。地理距离的影响系数较大，表明其是影响中国与"一带一路"沿线国家服务业增加值贸易的主要因素之一。

（9）"一带一路"沿线国家与中国的法治环境差异同中国与"一带一路"沿线国家的服务业增加值贸易呈正相关关系，但不显著。该值越大，代表沿线国家的法治环境越好，沿线国家良好的法治环境有利于中国服务业增加值贸易，能显著地促进双边服务业增加值贸易往来。

第四节　结论与启示

在全球产业链、供应链和价值链受到严重破坏，经济发展区域化、本土化局面正在形成的大背景下，中国逐步形成以国内大循环为主体、国内国际双循环相互促进的新发展格局，通过利用好两个市场、两种资源，推动实现了两个循环的相互促进。随着新发展格局的逐步形成，共建"一带一路"倡议将进一步走深走实，中国与"一带一路"沿线国家的服务贸易合作将会更加紧密。

本章在理论探讨中国与"一带一路"沿线国家服务业增加值贸易影响因素的基础之上，以对外经贸大学全球价值链研究院 UIBE GVC Indicators

的 ADB – MRIO 数据库包含的 2011～2017 年中国对"一带一路"沿线 33 国服务业增加值出口额、进口额和贸易总额数据为研究样本，对中国与"一带一路"沿线国家增加值服务贸易的影响因素进行实证检验，研究表明，影响中国与"一带一路"沿线国家服务业增加值贸易的主要因素是中国与"一带一路"沿线国家的国内生产总值与人口规模、人均收入、经济开放度、基础设施水平、地理距离和法治环境。基于此研究结论，为进一步释放我国与"一带一路"沿线国家的服务贸易潜力，开拓与沿线国家的服务贸易合作空间，本书提出如下建议。

1. "一带一路"沿线国家的国内生产总值和人口规模是影响中国与"一带一路"沿线国家服务贸易合作潜力的重要因素，要优先选择与经济规模和人口规模比较大的沿线国家开展服务贸易合作，经济规模和人口规模越大则需求越大。由于"一带一路"沿线国家首都与中国首都的距离和中国与"一带一路"沿线国家的服务贸易额呈负相关关系，因此，中国在选择"一带一路"沿线经济规模和人口规模比较大的国家作为服务贸易伙伴时还要兼顾考虑与中国相邻或距离比较近的国家开展服务贸易活动，逐步构建区域经济合作发展新局面。

2. "一带一路"沿线国家经济开放度能显著促进中国与"一带一路"沿线国家的服务业增加值贸易，应积极构建"一带一路"区域内良好的服务贸易环境，消除服务贸易壁垒。"一带一路"沿线国家以发展中国家和不发达国家为主，其关税壁垒仍处于较高水平，在多边贸易谈判暂时难以取得实质进展的形势下，可以优先推进双边、区域自由贸易协定谈判，逐步推进区域内服务贸易自由化和一体化发展。

3. 加快"一带一路"沿线国家交通运输基础设施建设和数字基础设施建设，提升与沿线国家的互联互通水平。部分"一带一路"沿线国家数字基础设施较为薄弱，需要对现有的基础设施进行数字化、信息化改造，以及构建新的互联网设施。中国在宽带基础设施等方面的建设做得非常突出，可以通过经验分享、数字基建合作等方式，助力沿线各国数字经济的发展，同时在沿线国家布局好数据中心、云计算中心等新基建项目。

4. 以文化交流、教育开放推动中国与"一带一路"沿线国家服务贸易的发展。大力推进文化交流品牌建设，打造中国国际文化和旅游品牌，邀请"一带一路"沿线国家的媒体来中国就中国经济、文化、民族、宗教等领域进行研修、交流、考察，从而增进对中国的理解和认识，增强文化认同感，以文化促进交流，以交流促进贸易。扩大教育开放，深入推进教育深度合作，促进中外语言互通，为文化交流提供支撑。

第 V 篇

基本结论与政策建议

第十二章

结论与政策建议

第一节　全书基本结论

在世界各国积极融入全球价值链的背景下，服务业也不可避免地处于全球分工的压力之中。如何培育一国服务业的竞争优势，提升一国服务业在全球价值链中的分工地位和参与度是各国亟须解决的问题。我国服务业在发达国家和服务大国主导下的全球价值链中处于被支配地位，产业发展水平与发达国家和服务大国相距甚远，"一带一路"倡议的提出为我国服务业在全球价值链中实现高质量发展提供了新的思路，"一带一路"倡议不仅能够带动"一带一路"沿线国家经济的发展，同时也有助于沿线国家在全球价值链中国际竞争新优势的培育和发展，促进产业协同升级。我国服务业在"一带一路"区域价值链中拥有良好的发展基础，同时"一带一路"沿线区域良好的发展前景使得我国服务业在"一带一路"区域价值链中的发展空间巨大。以中国为主导的"一带一路"区域价值链是实现我国服务业从全球价值链低端环节结构升级和打破区域经济发展不平衡的有效措施和手段。本书以全球价值链理论和增加值贸易理论为基础，围绕中国与"一带一路"沿线国家服务业在全球价值链中的竞合关系进行深入探讨，并结合中国与"一带一路"沿线国家在全球价值链的贸易依赖关系、位置和参与度进行细致的分析，总结全书，得出以下几个结论。

1. 自"一带一路"倡议提出以来，中国与"一带一路"沿线国家在服务业领域不断深化合作，服务业增加值贸易呈现出平稳上升的趋势，出口产品结构持续优化，以租赁和商务服务业，其他社区、社会及个人服务业，水路运输，陆路运输，航空运输的发展最为突出。在"一带一路"区域价值链中，中国服务业增加值贸易对沿线大多数国家尤其是东南亚、南亚、东亚国家的依赖程度与贡献程度均较大，服务业增加值贸易整体呈现为逆差，新加坡、韩国、泰国是中国最重要的出口市场，韩国、俄罗斯、印度是中国最重要的进口市场。"一带一路"倡议提出之后，"一带一路"沿线国家相互之间的价值链关系更紧密复杂，增加值嵌入比例更高。

2. 中国服务业在全球价值链中属于高位置、低参与度，陆路运输、水路运输、航空运输、房地产业等生产性服务业细分部门通过自身产业升级向全球价值链高端攀升的能力较强，服务业被支配地位逐步改善。中国劳动密集型、资本密集型和知识密集型服务业均处于价值链的上游环节，劳动密集型服务业在价值链中的位置最高，知识密集型服务业的位置最低，和印度较为相似，中国需要进一步优化服务业的产业结构，特别是高技术含量的知识密集型行业，从而提升知识密集型服务业在全球价值链中的位置。

3. 中国多数服务业长期处于相对垄断状态，前后向价值链参与度还维持在非常低的水平，2017 年在"一带一路"沿线国家中分别位居第 30 位和第 31 位，落后于除印度、巴基斯坦之外的其余 31 个"一带一路"沿线国家。服务业价值链活动多为"简单的 GVC 活动"，只涉及到简单的一次跨境活动。劳动密集型、资本密集型服务业的前向参与程度高于后向参与程度，主要是作为供给者向下游国家出口中间服务参与价值链分工，知识密集型服务业的后向参与程度高于前向参与程度，对国外增加值投入的依赖性较强，主要是通过进口上游国家的中间服务参与全球价值链分工。

4. 中国服务业竞争力不足，NRCA 指数在"一带一路"沿线国家中处于较低的水平，2017 年排名第 25 位。就服务业细分部门而言，"一带一路"沿线大部分国家发展滞后，在大多数细分部门不具备竞争力。中国资本密集型服务业的竞争力最强，劳动密集型服务业的竞争力次之，知识密集型服务业竞争力最弱，但即使是竞争力最强的资本密集型服务业，NRCA 指数也依然小于 1，不具备竞争力。中国服务业细分部门 NRCA 指数在"一带一路"

沿线国家中排名差异较大，大部分排名比较靠后，排名比较靠前的是金融业、水路运输、燃油零售批发、住宿和餐饮、航空运输，在"一带一路"沿线国家中排名分别为第 4、第 4、第 9、第 13 位和第 15 位。

5. 中国与"一带一路"沿线国家尤其是韩国、新加坡、菲律宾、不丹、尼泊尔、土耳其、巴基斯坦、爱沙尼亚服务业增加值贸易以互补性为主，竞争性较弱，特别是在 c19 汽车及摩托车的销售、维护及修理，c20 燃油零售批发，c21 零售，c24 水路运输，c28 金融业，c29 房地产业，c31 公共管理和国防及社会保障业，c33 卫生和社会工作等行业存在较大的服务贸易合作潜能。值得注意的是，中国 c19 汽车及摩托车的销售、维护及修理，c29 房地产业对"一带一路"沿线国家的出口量均为 0，c31 公共管理和国防及社会保障业对"一带一路"沿线国家的出口额非常低，这些部门主要表现为中国进口与"一带一路"沿线国家出口的强互补性。

6. 进口生产性服务和进口其他服务对中国制造业全要素生产率的提升具有显著促进作用，特别是对技术密集型制造业，应当增加对"一带一路"沿线国家服务特别是生产性服务的进口，提高服务的可获得性，以弥补国内中间服务市场发展不足的短板。对于竞争力排名比较靠前、具有出口潜力的服务部门，积极实施"走出去"。扩展的贸易引力模型实证研究表明受"一带一路"沿线国家国内生产总值、人口规模、人均收入、经济开放度、基础设施水平、地理距离、法治环境和共同语言等因素的影响，中国对"一带一路"沿线国家的服务出口贸易潜力存在不同程度的差异。

第二节　政策建议

2020 年初以来，一场突如其来的新冠肺炎疫情席卷全球，致使世界经济全面深度衰退，国际贸易和投资大幅度下滑，国际金融市场剧烈动荡，国家间政治风险不断上升。同时，受大国博弈激烈复杂和国际贸易保护主义加剧等因素影响，全球化出现了局部逆转，国际贸易和投资规则面临重大变革，全球价值链体系的脆弱性凸显，呈现出在纵向分工上趋于缩短，在横向分工上趋于区域化的集聚趋势，中国经济发展外部环境的不稳定性、不确定性增大，中国经济高质量发展面临前所未有的巨大挑战。

为应对国内外严峻复杂的经济形势，2020 年 5 月 14 日，中共中央政治局常务委员会会议首次提出"构建国内国际双循环相互促进的新发展格局"，5 月 23 日，习近平总书记在参加全国政协十三届三次会议经济界委员联组会时强调"要把满足国内需求作为发展的出发点和落脚点，加快构建完整的内需体系，逐步形成以国内大循环为主体、国内国际双循环相互促进的新发展格局，培育新形势下我国参与国际合作和竞争新优势"；2020 年 10 月，党的十九届五中全会通过"十四五"规划和 2035 年远景目标，正式将"加快构建以国内大循环为主体、国内国际双循环相互促进的新发展格局"写入建议。

"双循环"新发展格局为中国经济发展指明了方向，"双循环"并不是要封闭式发展，而是要更好地利用国际国内两个市场、两种资源，在扩大内需的基础上坚持更高质量的对外开放，积极参与到经济全球化以及全球价值链生产分工中，实现可持续、高质量经济发展。在"双循环"新发展格局的背景下，全球产业链、供应链和价值链进入亟待重构的新阶段，经济发展本土化、区域化和多元化特征进一步凸显。"双循环"新发展格局是"一带一路"建设的新契机，将为"一带一路"建设的进一步发展形成强大的推动力，"一带一路"建设所实现的政策沟通、设施联通、贸易畅通、资金融通、民心相通也为"双循环"提供了更为坚实的支撑和发展平台。"双循环"新发展格局与"一带一路"倡议密切相连，通过推进"一带一路"建设，加强与"一带一路"沿线国家的经济交流与产业合作，形成优势互补、互通有无的国际发展格局，实现国际经济大循环的联动效应和"1＋1＞2"的叠加效应，加快打造中国竞争新优势。

"双循环"新发展格局下中国应如何进一步加强与"一带一路"沿线国家服务业的合作，结合前文的研究，现提出如下几点政策建议。

1. 实施优势服务业与弱势服务业差异化战略。中国与"一带一路"沿线国家尤其是东亚、中亚、西亚和东欧国家服务业增加值贸易以互补性为主，竞争性较弱，且各服务业细分部门的互补性差异明显，互补程度大为不同，应采取针对于"一带一路"沿线各个国家的不同措施，实施优势服务业"走出去"、弱势服务业"引进来"的差异化战略。对于金融业、水路运输、燃油零售批发、住宿和餐饮、航空运输等中国竞争力排名比较靠前的部门，积极实施"走出去"，重点推动中国出口与"一带一路"沿线国家进口之间的单向服务贸易合作，通过强化产业优势来巩固和加强贸易互补性。对于存在优势冲突的服务部门，需要进一步细分，寻找各自的独特优势点，积极实施"引进来"战略，发展产业内服务贸易，以形成合理的服务业分工体系。例如，放开菲佣市场，同时，在管理咨询、技术研发方面加强交流，与"一带一路"沿线国家中发展较好的部门开展合作，积极寻求差异性竞争与合作的机会，从而弥补自身的弱势。此外，中国尚处于融资租赁产业发展初级阶段，应通过与沿线国家如中东欧（斯洛文尼亚、爱沙尼亚、奥地利）、东南亚（印度尼西亚）、东亚（韩国）等国的优势企业合作，拓宽我国融资租赁企业在市场上的业务范围，提升专业化和国际化运营水平，促进产业转型升级。

2. 强化传统服务业与新兴服务业的协同发展。中国与"一带一路"沿线各国服务贸易基本上均为逆差，尤其是与韩国、俄罗斯、印度、印度尼西亚、菲律宾、泰国等国逆差额较大。中国服务业主要通过劳动密集型、资本密集型服务业向下游国家出口中间服务参与价值链，知识密集型服务业出口所占比重非常少。根据国家"十四五"规划和"一带一路"倡议的具体要求，中国应对内全面推进落实服务业发展布局，调整产业结构，对外坚持"走出去"战略，推动服务业尤其是具有高附加值的新兴服务业双向开放。尽管中国知识密集型服务贸易并未处于主导地位，但受"一带一路"建设的影响，其贸易增速较快。商务部统计数据显示，2020 年我国知识密集型服务进出口同比增长 8.3%，占服务进出口总额的比重达到 44.5%，提升了9.9%。出口增长较快的领域是知识产权使用费、通信和计算机及信息服务、保险服务，进口增长较快的领域是金融服务、通信和计算机及信息服务。中国传统服务贸易发展优势已然非常明显，中国在继续深化与沿线国家传统服务贸易合作的同时，应该拓展具有高附加值的金融、保险、通信和计算机及信息服务等新兴服务业、生产性服务业领域，不断调整产业结构，推动服务贸易发展核心逐渐向高附加值新兴服务业、生产性服务业转变。金融、保险、通信和计算机及信息服务等领域的服务企业应抓住"一带一路"倡议实施机遇,"走出去"设立跨国子公司,以点对点的方式将服务输出国门,充分释放中国对沿线国家的服务出口潜力,最终实现服务贸易进出口平衡。

3. 继续推进我国服务业在"一带一路"区域价值链深化发展。我国服务业应在充分了解和随时掌握"一带一路"沿线各国经济社会发展状况的情况下,深入参与"一带一路"区域分工,利用在"一带一路"的位置优势进行比较优势产业和竞争优势产业的动态调整,实现"一带一路"沿线各区域之间价值链分工格局的优化。加强区域统筹协调,积极推进"一带一路"建设,发挥出"桥梁"和"枢纽"作用,与沿线其他国家共同努力,推动区域内价值链升级,提升在价值链中的地位,努力向上游靠拢。加快推进对内对外双向开放,持续发挥国内外两个市场、两种资源作用,推动形成高质量的对外开放新格局,一方面,通过 OFDI 构建中国服务贸易企业面向"一带一路"区域"走出去"的支持体系,鼓励邮政通信业、陆路运输、水路运输、航空运输、金融业、租赁和商务服务业落地韩国、新加坡、菲律宾、不丹、尼泊尔、土耳其、巴基斯坦和爱沙尼亚等与中国服务业形成较强互补性的国家,立足"一带一路"区域市场实现自身的长远投资和良性跨国经营;另一方面,加大外资引进力度,对于目前没有实现深度合作的行业应着重调整并扩大开放程度,改变国有资本操控和主导的局面,使其接受来自于"一带一路"沿线各国家同类行业的竞争,并在"一带一路"沿线区域这一市场环境下实现资源的合理配置,达到资源利用效率最大化的效果,提高整体生产效率和国际竞争力,最终使我国服务业全球价值链地位实现质的飞跃。

4. 大力提升服务业的自主创新能力。新时代下,互联网 + 、人工智能、云计算、大数据等技术不断突破和广泛应用,中国要努力跟上时代步伐,加速服务内容、业态和商业模式创新,推动服务网络化、智慧化、平台化。中国服务业在信息技术领域与科学研发领域存在着自主创新能力薄弱的现象,服务业整体来说还是以传统服务业为主,知识和技术含量不高,应当大力提升服务业的自主创新能力,建立创新联盟以降低创新成本,以创新大国身份向全球价值链以及"一带一路"区域价值链中高端迈进。鼓励利用新一代信息技术改造提升服务业，推动服务产品数字化、个性化、多样化，推进"一带一路"数字经济发展和数字丝绸之路建设，共建数字经济"利益共同体"，这既可以推动中国经济从要素驱动转向创新驱动，推动中国经济向高质量发展转变，加速形成国内国际双循环新发展格局，同时，也可以提升"一带一路"沿线国家信息化水平和福利水平，积累新的国际竞争优势，为全球经济增长注入中国动力。积极优化专业人才培养，挖掘素质高、专业性强的技术性人才，推动服务行业创新驱动能力的全面提升，不断提升中国服务业在全球价值链中的地位。

5. 推动基础设施建设。虽然相对于货物贸易，服务的无形性决定了服务贸易对于空间距离的依赖性相对较小，但扩展的贸易引力模型实证结果表明，地理距离仍然是影响中国对"一带一路"沿线国家服务出口潜力的重要因素之一。中国与东欧、中欧等"一带一路"沿线国家地理距离较远，双边服务贸易潜力远远没有实现。应加快中国与"一带一路"沿线国家服务业相关基础设施建设，着力建设服务贸易及离岸服务外包业务公共服务平台，尽快实现互联互通，降低贸易成本，提高中国的服务出口，实现双边服务贸易的快速发展。依托"一带一路"沿线已有的自由贸易区，积极规划建设新兴服务出口实验基地，培育服务贸易增长创新点。拓展海关及保税区监管区域的服务贸易出口能力，扩充仓储、分销、国际结算、国际物流等功能，推动我国服务贸易转型升级。

6. 削减服务贸易壁垒，提高服务业开放水平。要积极构建区域内良好的服务贸易环境，加快推进开放型经济体制改革，提高服务贸易开放水平，以加强"一带一路"建设为新契机，削减服务贸易壁垒，对标高标准国际经贸规则，与"一带一路"沿线国家携手进一步促进服务业的开放和服务贸易自由化，统筹国内、国际两个市场，构建发达国家与发展中国家双轮驱动的全球服务市场布局，提升我国在全球的分工地位，打造"一带一路"的"中国服务"品牌和互利共赢的国际环境。

在经济全球化浪潮中，中国服务业积极参与全球价值链分工，但在自身发展起步晚、国际竞争力明显滞后且提高缓慢、经济"逆全球化"盛行、全球价值链体系脆弱性凸显的共同作用下，中国服务业在参与全球价值链分工的过程中仍面临诸多困境。"一带一路"倡议的提出为我国服务业在全球价值链中实现高质量发展提供了新思路，加强同"一带一路"沿线国家服务业的全球价值链合作，是中国推进"一带一路"建设的重要手段。中国应加快服务业本土产业链、供应链、价值链的培育和发展，适时并积极地扩大和深化"一带一路"服务价值链分工，在已形成的比较优势与分工格局上，实施相互参与的、互惠互利的更为开放的服务分工格局，反向吸收沿线各国高级的生产要素和成熟的科技成果，迅速完成向"一带一路"区域价值链附加值较高的两端攀升的目标，通过参与并主导"一带一路"区域价值链实现服务业带动中国经济发展的效果。

参 考 文 献

[1] 毕燕茹，师博. 中国与中亚五国贸易潜力测算及分析：贸易互补性指数与引力模型研究 [J]. 亚太经济，2010（3）：47-51.

[2] 蔡伟宏，李惠娟. 生产性服务进口对服务贸易出口技术复杂度的影响：基于跨国面板数据的实证分析 [J]. 科技管理研究，2017（3）：146-152.

[3] 陈继勇，陈大波. 中国对"一带一路"沿线国家出口商品贸易潜力的实证研究 [J]. 湖北大学学报（哲学社会科学版），2018（1）：109-117.

[4] 陈健，龚晓莺. 中国产业主导的"一带一路"区域价值链构建研究 [J]. 财经问题研究，2018（1）：43-49.

[5] 陈丽娴. 全球生产服务贸易网络特征及其对全球价值链分工地位的影响：基于社会网络分析的视角 [J]. 国际商务（对外经济贸易大学学报），2017（4）：60-72.

[6] 陈启斐，刘志彪. 生产性服务进口对我国制造业技术进步的实证分析 [J]. 数量经济技术经济，2014（3）：74-88.

[7] 陈淑梅，高敬云. 后 TPP 时代全球价值链的重构与区域一体化的深化 [J]. 世界经济与政治论坛，2017（7）：124-144.

[8] 陈雯，赵萍，房晶晶，等. 中国在全球价值链的地位、贸易收益与竞争力分析：基于增加值贸易核算方法 [J]. 国际商务研究，2017（4）：5-18.

[9] 程大中，魏如青，郑乐凯. 中国服务贸易出口复杂度的动态变化

及国际比较：基于贸易增加值的视角［J］. 国际贸易问题，2017（5）：103 –113.

［10］程大中. 中国参与全球价值链分工的程度及演变趋势：基于跨国投入产出分析［J］. 经济研究，2015（9）：4 – 16.

［11］程大中. 中国生产性服务业的水平、结构及影响：基于投入产出法的国际比较研究［J］. 经济研究，2008（1）：76 – 88.

［12］程大中. 中国生产性服务业的增长、结构变化及其影响：基于投入产出法的分析［J］. 财贸经济，2006（10）：45 – 52.

［13］迟福林. 以服务业开放释放共建"一带一路"动力［N］. 经济参考报，2019 – 04 – 26.

［14］戴翔，金碚. 服务贸易进口技术含量与中国工业经济发展方式转变［J］. 管理世界，2013（9）：21 – 31.

［15］戴卓. 国际贸易网络结构的决定因素及特征研究：以中国东盟自由贸易区为例［J］. 国际贸易问题，2012（12）：72 – 83.

［16］邓晓虹，黄满盈. 基于扩展引力模型的中国双边金融服务贸易出口潜力研究［J］. 财经研究，2014，40（6）：48 – 59.

［17］董也琳. 生产性服务进口会抑制中国制造业自主创新吗［J］. 财贸研究，2016（2）：47 – 55.

［18］方英，马芮. 中国与"一带一路"沿线国家文化贸易潜力及影响因素：基于随机前沿引力模型的实证研究［J］. 世界经济研究，2018（1）：112 – 121.

［19］冯泰文. 生产性服务业的发展对制造业效率的影响：以交易成本和制造成本为中介变量［J］. 数量经济技术经济研究，2009（3）：56 – 65.

［20］冯雄金，朱启才."一带一路"与我国生产性服务业发展［J］. 经济研究导刊，2016（14）：48 – 50.

［21］高翔，黄建忠，袁凯华. 价值链嵌入位置与出口国内增加值率［J］. 数量经济技术研究，2019（6）：41 – 61.

［22］高志刚，张燕. 中巴经济走廊建设中双边贸易潜力及效率研究：基于随机前沿引力模型分析［J］. 财经科学，2015（11）：101 – 110.

［23］公丕萍，宋周莺，刘卫东．中国与"一带一路"沿线国家贸易的商品格局［J］．地理科学进展，2015，34（5）：571-580.

［24］顾国达，周蕾．全球价值链角度下我国生产性服务贸易的发展水平研究：基于投入产出方法［J］．国际贸易问题，2010（5）：61-69.

［25］顾乃华，毕斗斗，任旺兵．中国转型期生产性服务业发展和制造业竞争力关系研究［J］．中国工业经济，2006（9）：14-21.

［26］顾乃华．生产性服务业对工业获利能力的影响和渠道：基于城市面板数据和SFA模型的实证研究［J］．中国工业经济，2010（5）：48-58.

［27］郭晶，刘菲菲．中国服务业国际竞争力的重新估算：基于贸易增加值视角的研究［J］．世界经济研究，2015（2）：52-60.

［28］郭永芹．"一带一路"倡议下中国对东南亚国家的出口贸易潜力研究［J］．广西财经学院学报，2020（8）：35-45.

［29］胡艳英，楼尔基．互联互通对中国服务贸易出口的影响：基于"一带一路"沿线50个国家面板数据的实证分析［J］．价格月刊，2018（4）：74-79.

［30］黄满盈，邓晓虹．中国双边金融服务贸易竞争力：基于动态面板引力模型的分析［J］．西部论坛，2018（12）：143-151.

［31］黄先海，余骁．以"一带一路"建设重塑全球价值链［J］．经济学家，2017（3）：32-39.

［32］贾怀勤．中国贸易统计如何应对全球化挑战：将增加值引入贸易统计：改革还是改进［J］．统计研究，2012，29（5）：11-15.

［33］江静，刘志彪，于明超．生产性服务业发展与制造业效率提升：基于地区和行业面板数据的经验分析［J］．世界经济，2007，30（8）：52-62.

［34］鞠建东，余心玎．全球价值链上的中国角色：基于中国行业上游度和海关数据的研究［J］．南开经济研究，2014（3）：39-52.

［35］蓝庆新，姜峰．"一带一路"以中国为核心的国际价值链体系构建［J］．人文杂志，2016（5）：29-34.

［36］李兵，丁琳，陈妍君．中国服务贸易出口潜力及效率研究：基于

随机前沿引力模型的分析 ［J］. 山东财经大学学报，2015，27（1）：44 - 52.

［37］李博英. 构建新发展格局，实现经济社会可持续高质量发展：基于中国与"一带一路"沿线国家经贸合作的实证研究 ［J］. 西北大学学报（哲学社会科学版），2020（11）：115 - 126.

［38］李惠茹，陈兆伟. "一带一路"倡议对高端产业区域价值链构建的影响 ［J］. 河北经贸大学学报，2018（7）：36 - 44.

［39］李建军，孙慧. 全球价值链分工、制度质量与丝绸之路经济带建设研究 ［J］. 国际贸易问题，2016（4）：40 - 49.

［40］李江帆，毕斗斗. 国外生产服务业研究述评 ［J］. 外国经济与管理，2004（11）：16 - 25.

［41］李敬，陈旎，万广华，等. "一带一路"沿线国家货物贸易的竞争互补关系及动态变化：基于网络分析方法 ［J］. 管理世界，2017（4）：10 - 19.

［42］李俊久，蔡琬琳. 对外直接投资与中国全球价值链分工地位升级：基于"一带一路"的视角 ［J］. 四川大学学报（哲社版），2018（5）：157 - 168.

［43］李琪. "一带一路"与我国对外服务贸易发展探究 ［J］. 中国商论，2020（12）：95 - 96.

［44］李小平，朱钟棣. 中国工业行业的全要素生产率测算：基于分行业面板数据的研究 ［J］. 管理世界，2005（4）：56 - 64.

［45］李玉辉. 我国制造业在"一带一路"沿线国家的贸易竞争性和互补性的分析 ［J］. 经济论坛，2020（8）：52 - 59.

［46］林颖. 贸易摩擦对中国构建区域价值链的影响 ［J］. 哈尔滨师范大学社会科学学报，2020（5）：79 - 82.

［47］刘东升，张志醒. 供给侧结构性改革进程中对外贸易的发展、结构与作用分析：以我国与"一带一路"沿线国家双边贸易为例 ［J］. 工业技术经济，2018（3）：122 - 128.

［48］刘起运，彭志龙. 中国 1992～2005 年可比价投入产出序列表及分

析［M］. 北京：中国统计出版社，2010.

［49］刘秀玲，陈浩. 中国与"一带一路"沿线国家服务贸易影响因素探究［J］. 国际商务研究，2020（1）：29－39.

［50］刘志彪，于明超. 生产性服务业发展与制造业效率提升：基于地区和行业面板数据的经验分析［J］. 世界经济，2007（8）：52－62.

［51］刘遵义，Leonard K. Cheng，K. C. Fung，等. 非竞争型投入占用产出模型及其应用：中美贸易顺差透视［J］. 中国社会科学，2007（5）.

［52］卢迪颖. 中国生产性服务贸易国际竞争力指数分析［J］. 经济论坛，2013（7）：8－11.

［53］鲁晓东，赵奇伟. 中国的出口潜力及其影响因素：基于随机前沿引力模型的估计［J］. 数量经济技术经济研究，2010，27（10）：21－35.

［54］马风涛. 中国制造业全球价值链长度和上游度的测算及其影响因素分析：基于世界投入产出表的研究［J］. 世界经济研究，2015（8）：3－10.

［55］马涛，陈曦. "一带一路"包容性全球价值链的构建：公共产品供求关系的视角［J］. 世界经济与政治，2020（4）：131－154.

［56］马晓东，何伦志. 融入全球价值链能促进本国产业结构升级吗：基于"一带一路"沿线国家数据的实证研究［J］. 国际贸易问题，2018（7）：95－107.

［57］孟东梅，姜延书，何思浩. 中国服务业在全球价值链中的地位演变：基于增加值核算的研究［J］. 经济问题，2017（1）：79－84.

［58］孟斐. 中间服务贸易自由化的货物出口效应：关于二者影响机制的研究综述［J］. 国际经贸探索，2018，34（1）：19－32.

［59］倪红福，龚六堂，夏杰长. 生产分割的演进路径及其影响因素：基于生产阶段数的考察［J］. 管理世界，2016（4）：10－23.

［60］牛华，兰森，马艳昕. "一带一路"沿线国家服务贸易网络结构动态演化及影响机制［J］. 国际商务（对外经济贸易大学学报），2020（5）：78－93.

［61］牛华，宋旭光，马艳昕. 全球价值链视角下中国制造业实际有效

汇率测算 [J]. 上海经济研究,2016 (5):19 - 29.

[62] 彭冬冬,林珏."一带一路"沿线自由贸易协定深度提升是否促进了区域价值链合作 [J]. 财经研究,2021 (2):109 - 123.

[63] 彭水军,李虹静. 中国服务业发展悖论:基于服务需求视角的实证分析 [J]. 厦门大学学报(哲学社会科学版),2014b (4):24 - 33.

[64] 彭水军,李虹静. 中国生产者服务业、制造业与出口贸易关系的实证研究 [J]. 国际贸易问题,2014a (4):67 - 76.

[65] 彭薇,熊科. 全球价值链嵌入下"一带一路"沿线国家产业转移研究:基于世界投入产出模型的测度 [J]. 国际商务(对外经济贸易大学学报),2018 (3):38 - 48.

[66] 平新乔,郝朝艳. 中国出口贸易中的垂直专门化与中美贸易 [J]. 世界经济,2006 (5):3 - 11.

[67] 钱学锋,梁琦. 测度中国与 G - 7 的双边贸易成本:基于一个改进引力模型方法的应用 [J]. 数量经济技术经济研究,2008 (2):53 - 62.

[68] 钱学锋,王胜,黄云湖,等. 进口种类与中国制造业全要素生产率 [J]. 世界经济,2011 (5):3 - 25.

[69] 乔小勇,王耕,郑晨曦. 我国服务业及其细分行业在全球价值链汇总的地位研究:基于"地位 - 参与度 - 显性比较优势"视角 [J]. 世界经济研究,2017 (2):99 - 112.

[70] 乔小勇. 中国制造业、服务业及其细分行业在全球生产网络中的价值增值获取能力研究:基于"地位—参与度—显性比较优势"视角 [J]. 国际贸易问题,2017 (3):63 - 74.

[71] 邱立成,刘灿雷. 外资企业:任务变迁与内资企业全要素生产率:基于价值链上下游关系的观察 [J]. 世界经济研究,2016 (3):12 - 24.

[72] 曲智,杨碧琴,段华友."一带一路"沿线国家和地区不同种类基础设施对我国服务贸易出口规模的影响分析 [J]. 学术研究,2018 (6):50 - 55.

[73] 任会利,刘辉煌. 生产性服务贸易对制造业国际竞争力的影响研

究：基于中国的实证分析：1982～2008［J］. 技术与创新管理，2010，31
（3）：323－326.

［74］尚庆琛．"一带一路"倡议下中国服务贸易发展策略研究［J］.
国际贸易，2017（9）：15－23.

［75］尚涛．全球价值链与我国制造业国际分工地位研究：基于增加值
贸易与 Koopman 分工地位指数的比较分析［J］. 经济学家，2015（4）：
91－100.

［76］尚涛，殷正阳．中国与"一带一路"沿线国家的服务贸易动态比
较优势及其结构性演进分析［J］. 国际商务（对外经贸大学学报），2018
（1）：60－71.

［77］沈国兵，李韵．全球生产网络下中国出口竞争力的变化及其成
因：基于增加值市场渗透率的分析［J］. 财经研究，2017，43（3）：81－
93.

［78］施炳展，张夏．中国出口潜力：趋势、分布与源泉［J］. 产业经
济研究，2015（6）：52－61.

［79］孙铭壕，侯梦薇，钱馨蕾，等．"一带一路"沿线国家参与全球
价值链位势分析：基于多区域投入产出模型和增加值核算法［J］. 湖北社会
科学，2019（2）：94－101.

［80］孙艳琳，王诗慧，刘琴．中国与"一带一路"沿线国家服务贸易
的互补性和竞争性［J］. 武汉理工大学学报（社会科学版），2020（1）：
104－114.

［81］谭洪波，郑江淮．中国经济高速增长与服务业滞后并存之谜：基
于部门全要素生产率的研究［J］. 中国工业经济，2012（9）：5－17.

［82］唐保庆，陈志和，杨继军．服务贸易进口是否带来国外 R&D 溢
出效应［J］. 数量经济技术经济研究，2011（5）：94－109.

［83］汪建新，黄鹏．价格贸易条件变动、进口关税削减与中国加入
WTO 的生产率效应［J］. 世界经济研究，2011（12）：3－9.

［84］汪素芹，胡玲玲．我国生产性服务贸易的发展及国际竞争力分析
［J］. 国际商务（对外经济贸易大学学报），2007（6）：11－17.

［85］汪素芹，孙燕. 中国生产性服务贸易发展及其结构分析［J］. 商业经济与管理，2008（11）：62－67.

［86］王江，陶磊，黄雨婷. 中国与"一带一路"沿线十国生产性服务贸易竞争力比较［J］. 商业研究，2017（4）：48－54.

［87］王岚，李宏艳. 中国制造业融入全球价值链路径研究：嵌入位置和增值能力的视角［J］. 中国工业经济，2015（2）：76－88.

［88］王领，胡晓涛."一带一路"背景下中国企业主导的全球价值链构建［J］. 云南社会科学，2017（1）：1－5.

［89］王恕立，吴楚豪."一带一路"倡议下中国的国际分工地位：基于价值链视角的投入产出分析［J］. 财经研究，2018（8）：18－30.

［90］王小玲."一带一路"背景下中国服务贸易的新特征及发展策略［J］. 国际经济合作，2019（3）：43－52.

［91］王振国，张亚斌，单敬，等. 中国嵌入全球价值链位置及变动研究［J］. 数量经济技术研究，2019（10）：77－95.

［92］王直，魏尚进，祝坤福. 总贸易核算法：官方贸易统计与全球价值链的度量［J］. 中国社会科学，2015（9）：108－127.

［93］魏龙，王磊. 从嵌入全球价值链到主导区域价值链："一带一路"战略的经济可行性分析［J］. 国际贸易问题，2016（5）：104－115.

［94］魏如青，郑乐凯，程大中. 中国参与全球价值链研究：基于生产分解模型［J］. 上海经济研究，2018（4）：107－117.

［95］文东伟，冼国明. 中国制造业的垂直专业化与出口增长［J］. 经济学（季刊），2010（1）：81－108.

［96］伍先福. 贸易增加值分解与全球价值链地位测度研究综述［J］. 中国流通经济，2019（4）：33－44.

［97］肖文，樊文静. 产业关联下的生产性服务业发展：基于需求规模和需求结构的研究［J］. 经济学家，2011（6）：72－80.

［98］肖雪，刘洪愧. 日本参与全球价值链的成败经验：程度上升与地位下降［J］. 中央财经大学学报，2018（4）：115－128.

［99］徐婧."一带一路"多边合作贸易互补性测度与贸易拓展研究：

以中亚主要贸易伙伴国为例［J］. 上海经济研究, 2019（3）: 99 – 109.

［100］徐久香, 方齐云. 基于非竞争型投入产出表的我国出口增加值核算［J］. 国际贸易问题, 2013（11）: 34 – 44.

［101］许统生, 黄静. 中国对美日欧服务贸易总量及结构出口潜力测算: 基于变截距面板数据的引力模型分析［J］. 经济经纬, 2011（5）: 50 – 55.

［102］许统生, 黄静. 中国服务贸易的出口潜力估计及国际比较: 基于截面数据引力模型的实证分析［J］. 南开经济研究, 2010（6）: 123 – 136.

［103］闫东升, 马训. "一带一路" 倡议、区域价值链构建与中国产业升级［J］. 现代经济探讨, 2020（3）: 73 – 79.

［104］闫云凤. 中日韩服务业在全球价值链中的竞争力比较［J］. 现代日本经济, 2018（1）: 48 – 59.

［105］杨晨, 王海鹏, 韩庆潇. 基于 SNA 方法的国际服务贸易网络结构特征及其影响因素识别: 来自亚太地区的经验证据［J］. 国际商务（对外经济贸易大学学报）, 2017（6）: 65 – 75.

［106］姚星, 梅鹤轩, 蒲岳. 国际服务贸易网络的结构特征及演化研究: 基于全球价值链视角［J］. 国际贸易问题, 2019（4）: 113 – 128.

［107］姚星, 王博, 蒲岳. "一带一路" 沿线国家服务中间投入的网络结构特征及其影响因素［J］. 世界经济研究, 2018（1）: 122 – 133.

［108］姚星, 王博, 王磊. 区域产业分工、生产性服务进口投入与出口技术复杂度: 来自 "一带一路" 国家的经验证据［J］. 国际贸易问题, 2017（5）: 68 – 79.

［109］叶祥松, 李苏苏. 中国对外贸易效率及其影响因素分析: 基于 "一带一路" 沿线国家与其他国家的比较［J］. 山东社会科学, 2018（8）: 159 – 165.

［110］尹伟华. 中美服务业参与全球价值链分工程度与地位分析: 基于最新世界投入产出数据库［J］. 世界经济研究, 2017（9）: 120 – 131.

［111］余道先, 王露. 金砖国家服务贸易国际竞争力研究: 基于贸易

增加值和全球价值链的视角［J］．世界经济研究，2016（8）：36－46．

［112］袁剑琴．"一带一路"贸易和投资结构变化及影响因素［J］．中国经贸导刊，2019（11）：14－19．

［113］袁晓楠．"一带一路"沿线国家与中国的贸易潜力研究［J］．成都大学学报（社会科学版），2020（10）：45－55．

［114］曾楚宏，王钊．中国主导构建"一带一路"区域价值链的战略模式研究［J］．社会科学文摘，2020（8）：11－13．

［115］张定胜，刘洪愧，杨志远．中国出口在全球价值链中的位置演变：基于增加值核算的分析［J］．财贸经济，2015（11）：114－130．

［116］张会清，翟孝强．中国参与全球价值链的特征与启示：基于生产分解模型的研究［J］．数量经济技术经济研究，2018（1）：3－22．

［117］张会清．中国与"一带一路"沿线地区的贸易潜力研究［J］．国际贸易问题，2017（7）：85－95．

［118］张珺，钟湘玥．中国与"一带一路"沿线地区的贸易关系研究：基于2001~2013年增加值贸易核算的实证分析［J］．西部论坛，2017（9）：102－110．

［119］张琼．服务贸易助推"一带一路"高质量合作的思路与对策［J］．国际经济合作，2019（6）：62－70．

［120］张卫华，温雪，梁运文．"一带一路"区域价值网络结构演进与国家角色地位变迁：基于43国的社会网络动态分析［J］．财经理论与实践，2021（1）：133－140．

［121］张彦．RCEP区域价值链重构与中国的政策选择：以"一带一路"建设为基础［J］．亚太经济，2020（5）：14－24．

［122］张远鹏．"一带一路"与以我为主的新型全球价值链构建［J］．世界经济与政治论坛，2017（11）：39－53．

［123］张志新，黄海蓉，林立．中国与"一带一路"沿线西亚国家贸易关系及潜力研究［J］．华东经济管理，2019（12）：13－19．

［124］赵玉焕，史巧玲，尹斯祺，等．中国参与全球价值链分工的测度及对就业的影响研究［J］．经济与管理研究，2019（2）：13－26．

［125］郑京海，胡鞍钢．中国改革时期省际生产率增长变化的实证分析（1979～2001 年）［J］．经济学季刊，2005（2）：263－296.

［126］钟惠芸．中国服务业在全球价值链上的角色研究：基于行业上游度的视角［J］．重庆理工大学学报（社会科学），2018（5）：58－63.

［127］钟晓君，丁绒．服务业对外直接投资与服务贸易出口：替代抑或创造？［J］．产经评论，2020，11（6）：101－103.

［128］周大鹏．进口服务中间投入对我国制造业全球价值链分工地位的影响研究［J］．世界经济研究，2015（8）：27－36.

［129］周念利．基于引力模型的中美双边服务贸易流量与出口潜力研究［J］．数量经济技术经济研究，2010，27（12）：67－79.

［130］周启良，湛柏明．中国与"一带一路"沿线国家服务贸易潜力研究［J］．西部论坛，2017（9）：111－123.

［131］庄博，洪晨翔．CAFTA 框架下贸易便利化对中国进口贸易的影响：基于随机前沿引力模型［J］．上海管理科学，2020（10）：8－15.

［132］Ahn Lee. Service Industries in the North-east Asian Countries［J］. Global Economic Review，2007.

［133］Ajay Chhibber. China's One Belt One Road Strategy：The New Financial Institutions and India's Options［J］. National Institute of Public Finance and Policy Working Paper，2015，（155）：1－37.

［134］Andrea Morrison，Carlo Pietrobelli & Roberta Rabellotti. Global Value Chains and Technological Capabilities：A Framework to Study Learning and Innovation in Developing Countries［J］. Working Papers，2008，36（1）：39－58.

［135］Antras P，Chor D，Fally T，et al. Measuring the Upstreamness of Production and Trade Flows［J］. American Economic Review，2012，102（3）：412－416.

［136］Antras P，Chor D. On the Measurement of Upstreamness and Downstreamness in Global Value Chains［R］. NBER Working Paper No. 24185，2018.

［137］ Antras P, Chor D. Organizing the Global Value Chain ［J］. Econometrica, 2013, 81 (6): 2127 – 2204.

［138］ Arnold J M, Javorcik B S & Mattoo A. Does Services Liberalization Benefit Manufacturing Firms: Evidence from the Czech Republic ［J］. Journal of International Economics, 2011, 85 (1): 136 – 146.

［139］ Balassa Bela. Trade Liberalization and Revealed Comparative Advantage ［J］. The Manchester School of Economics and Social Studies, 1965 (33): 99 – 123.

［140］ Bangar R, Goldar B. Contribution of Services to Output Growth and Productivity in Indian Manufacturing: Pre and Post Reforms ［J］. Economic and Political Weekly, 2004, 42 (26): 2769 – 2777.

［141］ Bhagwati, J N. Splintering and Disembodiment of Services and Developing Countries ［J］. The World Economy, 1984, 7 (2): 133 – 144.

［142］ Biswajit Nag. Trade Cooperation and Performance in East and South Asia: Towards a Future Integration ［J］. Asia-Pacific Development Journal, 2005, 12 (1): 1 – 24.

［143］ Brandt L, Biesebroeck J V, Zhang Yifan. Challenges of Working with the Chinese NBS Firm-Level Data ［J］. China Economic Review, 2014 (30): 339 – 352.

［144］ Bruce Kogut. Designing Global Strategies: Comparative and Competitive Value-Added Chains ［J］. Sloan Management Review, 1985, 26 (4): 15 – 28.

［145］ Buongiorno J. Gravity Models of Forest Products Trade: Applications to Forecasting and Policy Analysis ［J］. Forestry, 2016, 89 (2): 117 – 126.

［146］ David Hummels, Jun Ishii & Kei-Mu Yi. The Nature and Growth of Vertical Specialization in World Trade ［J］. Journal of International Economics, 2001, 54 (1): 75 – 96.

［147］ Dietzenbacher E, Luna I R & Bosma N S. Using Average Propagation Lengths to Identify Production Chains in the Andalusian Economy ［J］. Estudios

De Economia Aplicada, 2005 (23): 405 – 422.

[148] Fagiolo G, Reyes J & Schiavo S. The Evolution of the World Trade Web: a Weighted – Network Analysis [J]. Journal of Evolutionary Economics, 2010, 20 (4): 479 – 514.

[149] Fally T. On the Fragmentation of Production in the US [R]. University of Colorado: Working Paper, 2011.

[150] Francois J F. Trade in Producer Services and Returns due to Specialization under Monopolistic Competition [J]. Canadian Journal of Economics, 1990, 23 (1): 109 – 204.

[151] Freddy Cepeda-López, Fredy Gamboa-Estrada, Carlos León-Rincón, et al. The Evolution of World Trade from 1995 to 2014: a Network Approach [J]. Borradores De Economia, 2017 (2): 1 – 39.

[152] Fukunari Kimura, Hyun-Hoon Lee. The Gravity Equation in International Trade in Services [J]. Review of World Economics, 2006, 142 (1): 92 – 121.

[153] Gary Gereffi. A Commodity Chains Framework for Analyzing Global Industries [J]. Working Paper for IDS, 1999.

[154] Gary Gereffi. A Global Value Chain Perspective on Industrial Policy and Development in Emerging Markets [J]. Duke Journal of Comparative and International Law, 2014, 24 (433): 433 – 458.

[155] Gary Gereffi. International Trade and Industrial Upgrading in the Apparel Commodity Chain [J]. Journal of International Economics, 1999, (48): 37 – 70.

[156] Geng J B, Ji Q & Fan Y. A Dynamic Analysis on Global Natural Gas Trade Network [J]. Applied Energy, 2014, 132 (1): 23 – 33.

[157] Guerrieri, P, Meliciani, V. Technology and International Competitiveness: The Interdependence Between Manufacturing and Producer Services [J]. Structural Change and Economic Dynamics, 2005, 16 (4): 489 – 502.

[158] Hoekrnan, B, Karsenty, G. Economic Development and Interna-

tional Transaction in Services [J]. Development Police Review, 1992, 21 (10):
211 –236.

[159] Inomata, S. Trade in Value Added: An East Asian Perspective [C].
Tokyo: Asian Development Bank Institute, 2013, No. 452.

[160] Johnson, R C, Noguera, G. Accounting for Intermediates: Produc-
tion Sharing and Trade in Value-Added [J]. Journal of International Economics,
2012, 86 (2): 224 –236.

[161] Joseph Francois, Miriam Manchin & Patrick Tomberger. Service
Linkages and the Value Added Content of Trade [C]. World Bank Policy Re-
search Working Paper, 2013, No. 6432.

[162] Joseph Y S Cheng. China – ASEAN Economic Co-operation and the
Role of Provinces [J]. Journal of Contemporary Asia, 2013, 43 (2): 314 –
337.

[163]] Kaplinsky R, Farooki M. How China Disrupted Global Commodi-
ties: The Reshaping of the World's Resource Sector [M]. London Routledge,
2011.

[164] Karao Merlioglu D C, Carlsson B. Manufacturing in Decline: A Mat-
ter of Definition [J]. Economics of Innovation and New Technology, 1999, 8
(3): 175 –196.

[165] Kasahara H, Lapham B. Productivity and the Decision to Import and
Export: Theory and Evidence [J]. Journal of International Economics, 2013, 89
(2): 297 –316.

[166] Koopman, R, Powers W, Wang Z, Wei, S J. Give Credit Where
Credit Is Due: Tracing Value Added in Global Production Chains [J]. NBER
Working Paper, 2010, No. 16426.

[167] Koopman, R, Powers W, Wang Z, Wei, S J. Tracing Value-add-
ed and Double Counting in Gross Exports [J]. American Economic Review,
2014, 104 (2): 459 –494.

[168] Laget E, Osnago A, Rocha N, et al. Deep Trade Agreements and

Global Value Chains [R]. Policy Research Working Paper, 2018, No. 8491.

[169] Benedictis L D, Tajoli L. The World Trade Network [J]. World Economy, 2011, 34 (8): 1417 – 1454.

[170] Markusen J R. Trade in Producer Services and in Other Specialized Intermediate Inputs [J]. American Economic Review, 1989, 179 (1): 85 – 95.

[171] Mattoo A, Mulabdic A, Ruta M, et al. Trade Creation and Trade Diversion in Deep Agreements [R]. Policy Research Working Paper, 2017, No. 8206.

[172] Miller R E, Temurshoev U. Output Upstreamness and Input Down-streamness of Industries/Countries in World Production [J]. International Regional Science Review, 2015, 40 (5): 443 – 475.

[173] Moran, M A T, Gonzalez, P D R. A Combined Input-output and Sensitivity Analysis Approach to Analyze Sector Linkages and CO_2 [J]. Emissions. Energy Economics, 2007, 29 (3): 578 – 597.

[174] Pananond P. Where do We Go from Here?: Globalizing Subsidiaries Moving up the Value Chain [J]. Journal of International Management, 2013, 19 (3): 207 – 219.

[175] Peter David, Drysdale. Japanese Australian Trade: an Approach to the Study of Bilateral Trade Flows [D]. Australian National University, 1967.

[176] Peterson, J, Barras, R. Measuring International Competitiveness in Service [J]. Service Industries Journal, 1987, 7 (2): 131 – 142.

[177] Skowron P, Karpiarz M, Fronczak A, et al. Spanning Trees of the World Trade Web: Real – World Data and the Gravity Model of Trade [J]. Acta Physica Polonica, 2014, 127 (3): 294 – 297.

[178] Rainer, Lanz, Maurer, Andreas. Services and Global Value Chains: Some Evidence on Servicification of Manufacturing and Services Networks [C]. TO Staff Working Paper, No. ERSD, 2015.

[179] Ramonette B. APEC 2015: Global Value Chains and services [C].

Discussion Paper Series, 2014, No. 2015.

[180] Robert C Johnson. Five Facts about Value-added Exports and Implications for Macroeconomics and Trade Research [J]. Journal of Economic Perspectives, 2014, 28 (2): 119 – 142.

[181] Robert E Lispsey. Measuring International Trade in Services. International Trade in Services and Intangibles in the Era of Globalization [C]. University of Chicago Press, 2009, 27.

[182] Robert Stehrer. Trade in Value Added and the Value Added in Trade, WIOD Working Paper, 2012, (8): 1 – 19.

[183] Romero I, Dietzenbacher E & Hewings G J D. Fragmentation and Complexity: Analyzing Structural Change in the Chicago Regional Economy [J]. Economy Revista De Economia Mundial, 2009, (23): 15 – 23.

[184] Sadykzhan Ibraimov. China – Central Asia Trade Relations: Economic and Social Patterns [J]. China and Eurasia Forum Quarterly, 2009, 7 (1): 47 – 59.

[185] Seyoum, B. Revealed Comparative Advantage and Competitiveness in Services: A Study With Special Emphasis on Developing Countries [J]. Journal of Economic Studies, 2007, 34 (5): 376 – 388.

[186] Sherman, J, Morrison, W J. Adjustment of An Inverse Matrix Corresponding to A Change in One Element of a Given Matrix [J]. Annals of Mathematical Statistics, 1950, 21 (1): 124 – 127.

[187] Shintaro Hamanaka. Services Trade Integration in Asia: Comparison with Europe and North America [J]. Journal of the Asia Pacific Economy, 2014, 19 (1): 137 – 155.

[188] Sonja Grater. Comparative Advantage of Value-Added Services: The Case of South Africa [J]. Managing Global Transitions International Research Journal, 2014, 12 (3): 279 – 295.

[189] Stherer R. Trade in Value Added and the Value Added in Trade [Z]. WIIW Working Paper, 2012, No. 81.

［190］ZhiWang, Shang-Jin Wei, Kunfu Zhu. Quantifying International Pro-
duction Sharing at the Bilateral and Sector Levels ［J］. NBER Working Paper,
2013, No. 19677.

［191］ Zhi Wang, Shang-Jin Wei, Xinding Yu, Kunfu Zhu. Characterizing
Global Value Chains: Production Length and Upstreamness ［J］. NBER Working
Paper 2017a, No. 23261.

［192］ Zhi Wang, Shang-Jin Wei, Xinding Yu, Kunfu Zhu. Measures of
Participation in Global Value Chains and Global Business Cycles ［J］. NBER
Working Paper 2017b, No. 23222.